Die Juden in Lemberg während des Zweiten Weltkriegs und im Holocaust 1939–1944

Eliyahu Yones

Übersetzt von Heike Zaun-Goshen
Herausgegeben von Susanne Heim und Grzegorz Rossoliński-Liebe

DIE JUDEN IN LEMBERG WÄHREND DES ZWEITEN WELTKRIEGS UND IM HOLOCAUST 1939–1944

Eliyahu Yones

Übersetzt von Heike Zaun-Goshen
Herausgegeben von Susanne Heim und Grzegorz Rossoliński-Liebe

ibidem-Verlag
Stuttgart

Bibliografische Information der Deutschen Nationalbibliothek
Die Deutsche Nationalbibliothek verzeichnet diese Publikation in der
Deutschen Nationalbibliografie; detaillierte bibliografische Daten sind im
Internet über http://dnb.d-nb.de abrufbar.

Bibliographic information published by the Deutsche Nationalbibliothek
Die Deutsche Nationalbibliothek lists this publication in the Deutsche Nationalbibliografie;
detailed bibliographic data are available in the Internet at http://dnb.d-nb.de.

Coverabbildung: Lemberger Ghetto nach den Deportationen. © United States Holocaust Memorial Museum 02598 (National Museum of American Jewish History).

∞

Gedruckt auf alterungsbeständigem, säurefreien Papier
Printed on acid-free paper

ISBN-13: 978-3-8382-1186-2

© *ibidem*-Verlag
Stuttgart 2018

Alle Rechte vorbehalten

Das Werk einschließlich aller seiner Teile ist urheberrechtlich geschützt. Jede Verwertung außerhalb der engen Grenzen des Urheberrechtsgesetzes ist ohne Zustimmung des Verlages unzulässig und strafbar. Dies gilt insbesondere für Vervielfältigungen, Übersetzungen, Mikroverfilmungen und elektronische Speicherformen sowie die Einspeicherung und Verarbeitung in elektronischen Systemen.

All rights reserved. No part of this publication may be reproduced, stored in or introduced into a retrieval system, or transmitted, in any form, or by any means (electronical, mechanical, photocopying, recording or otherwise) without the prior written permission of the publisher. Any person who does any unauthorized act in relation to this publication may be liable to criminal prosecution and civil claims for damages.

Printed in the EU

Inhaltsverzeichnis

Vorwort 7

Prolog 11

Quellen 15

Einleitung: Juden in Lemberg bis zum Beginn des Zweiten
Weltkriegs 21

Teil I: Die sowjetische Herrschaft
September 1939–Juni 1941 51

Kapitel 1: Lemberg unter sowjetischer Herrschaft 53

Kapitel 2: Die Juden unter sowjetischer Herrschaft 63

Teil II: Die deutsche Besatzung
Juni 1941–Juli 1943 101

Kapitel 3: Der erste Monat 103

Kapitel 4: Die jüdische „Autonomie" in Lemberg
und ihre Führer 140

Kapitel 5: Im Ghetto 180

Kapitel 6: Zwei Jahre fortwährender „Aktionen" 221

Teil III: Jenseits des Ghettozauns 253

Kapitel 7: In den Zwangsarbeitslagern 255

Kapitel 8: Im Untergrund und in den Wäldern 296

Kapitel 9: Die „Gerechten unter den Völkern" 325

Nachwort 350

Glossar 363

Anhang 1: Zwangsarbeitslager in Ostgalizien 367
Anhang 2: Jüdische Widerstandsgruppen in Ostgalizien 394
Bibliografie 407
Personenregister.. 423

Vorwort

Eliyahu Yones ist deutschen Leserinnen und Lesern, die an der Literatur zum Holocaust interessiert sind, kein Unbekannter. 1999 sind im Fischer Taschenbuch Verlag seine Erinnerungen an die Judenverfolgung, die Zeit im Zwangsarbeitslager und später bei den Partisanen unter dem Titel „Die Straße nach Lemberg" erschienen. In diesen bereits 1960 auf Hebräisch publizierten Aufzeichnungen hat der 1915 in Vilnius geborene Yones neben dem eigenen auch das Schicksal der Juden während der Shoah in Ostgalizien geschildert, wo er seit der Zeit der sowjetischen Besatzung (1939-1941) lebte. Yones war unter den wenigen, denen es gelang, den Holocaust in diesem von Polen, Ukrainern und Juden bewohnten Teil Europas zu überleben. Nach dem Krieg und seiner Emigration nach Israel arbeitete er viele Jahre als Rundfunkredakteur in Jerusalem. Im fortgeschrittenen Alter entschied er sich, an der Hebräischen Universität Geschichtswissenschaft zu studieren und anschließend bei Israel Gutman zu promovieren. Die vorliegende Monografie ist die überarbeitete deutsche Übersetzung seiner Dissertation. Wissenschaftlich beraten haben ihn auch Dalia Ofer, Israel Kolatt, Yehuda Bauer, Yitzhak Arad und Dina Porat. Die Dissertation ist 1999 auf Russisch und Polnisch, 2001 auf Hebräisch und 2004 auf Englisch erschienen. Zusammen mit der Übersetzerin Heike Zaun-Goshen hat er auch an einer deutschen Ausgabe gearbeitet, deren Erscheinen jedoch nicht mehr erlebt. Im Januar 2011 ist er im Alter von 96 Jahren gestorben.

Eliyahu Yones gehörte nicht zu der Gruppe von Historikern, die wie Filip Friedmann, Rachel Auerbach, Josef Kermisz, Szymon Datner oder Joseph Wulf bereits von 1944 an den Holocaust dokumentierten und wissenschaftlich erschlossen. Nach dem Krieg hat er zwar vorübergehend in den Lagern für *displaced persons* in Berlin unterrichtet und die Lagerzeitung „Undser Leben" mit aufgebaut, aber zunächst nicht über den Judenmord geforscht.[1] Im Gegenteil, vieles weist darauf hin, dass er, nachdem er 1950 nach Israel emigriert war, erst einmal die Schrecken des Krieges vergessen

---

[1] Joseph Fink, Director AJDC Berlin, an Central Committee for Liberated Jews in Berlin, 29.12.1948, in: YIVO, Leo W. Schwarz Papers, fol. 528.

und sich mit seiner jüngsten Vergangenheit nicht befassen wollte. Das änderte sich jedoch 1954, als Rachel Auerbach ihm vorschlug, seine Verfolgungsgeschichte für das Archiv der Gedenkstätte Yad Vashem, das Zeugenaussagen von Überlebenden sammelt, niederzuschreiben. Das Erinnern an die Shoah fiel ihm nicht leicht. „Die Erinnerungen an jene Tage überfielen mich in den Nächten wie Angstträume", schrieb er dazu im Vorwort seines Buches.[2] In den folgenden Jahrzehnten beanspruchte die Auseinandersetzung mit der Vergangenheit sein Leben maßgeblich. Yones war Zeuge des größten Pogroms in der Westukraine, der Anfang Juli 1941 in Lemberg verübt wurde, sowie verschiedener Mordaktionen im Ghetto und in ostgalizischen Arbeitslagern geworden. Er trat in Kriegsverbrecherprozessen, darunter im Verfahren gegen Theodor Oberländer, als Zeuge auf und berichtete in israelischen Schulen über das Leben und Sterben der Juden während der Shoah in Ostgalizien. Die Auseinandersetzung mit dem Holocaust führte schließlich dazu, dass er sich nach der Pensionierung entschied, seine von extremer Gewalt geprägte Geschichte auch wissenschaftlich zu untersuchen.

Für das vorliegende Buch hat Yones eine immense Anzahl von Quellen und Publikationen in deutscher, englischer, hebräischer, jiddischer, polnischer, ukrainischer und russischer Sprache ausgewertet. Sein großes Verdienst ist es, Dokumente und Literatur in die Forschung eingeführt zu haben, die aufgrund der Sprachbarrieren nur wenigen Historikern bekannt sind. Viele der Zeitzeugen, die auf den folgenden Seiten zu Wort kommen, hat er selbst interviewt; er hat mit Überlebenden korrespondiert und ihre Angaben mit anderen Quellen oder der Forschungsliteratur abgeglichen und nicht zuletzt auch die umfangreichen Sammlungen von Erinnerungsberichten im Archiv von Yad Vashem und in der Hebräischen Universität ausgewertet. Auf einfühlsame Weise schildert er das jüdische Leben sowohl unter der sowjetischen als auch unter der deutschen Besatzung. Es gibt bislang kaum Veröffentlichungen, in denen man ein vergleichbares Maß an Informationen über das vielfältige kulturelle Leben der galizischen Juden, über die zionistischen Bewegungen in der sowjetischen Besatzungszeit oder über die Organisationen jüdischer Jugend in Ostgalizien findet. In der Forschung ist vielfach

---

[2] Eliyahu Yones, Die Straße nach Lemberg: Zwangsarbeit und Widerstand in Ostgalizien 1941–1944, Frankfurt am Main 1999, S. 9.

dargelegt, wie konsequent und erbarmungslos die Judenverfolgung gerade in Ostgalizien vonstatten ging. Doch das ganze Universum der Zwangsarbeitslager, das Leben im Ghetto und die Bedeutung, die die Hinrichtungsstätte in den Dünen bzw. Sandhügeln (Poln.: Piaski) im Leben der Lemberger Juden eingenommen hat, sind selten so eindrücklich geschildert worden. Dadurch leistet Yones einen Beitrag zu der von Saul Friedländer skizzierten „integrierten Geschichtsschreibung" des Holocaust, also einer Historiografie, die sowohl die Dokumente der Täter als auch der Opfer ernst nimmt, kritisch auswertet und zusammenführt, um ein möglichst vollständiges Bild der Verfolgung zu gewinnen.

Eliyahu Yones war nicht nur Historiker, sondern auch Augenzeuge des Geschehens, das er erforscht hat. Dies wird bei aller wissenschaftlich gebotenen Zurückhaltung auch in seinem Buch deutlich. Dem Historiker Yones waren die Möglichkeiten und Grenzen seiner Forschung durchaus bewusst. Dass ihm die Schilderung der jüdischen Welt, die der Holocaust in Ostgalizien ausgelöscht hat, wichtiger war als die Rekonstruktion der Entscheidungsprozesse und Motive der Täter, ist unverkennbar. Eine stringent, analytische Meistererzählung wird man in der vorliegenden Arbeit vergebens suchen. Zudem sind, da die Fertigstellung des Manuskripts bald zwei Jahrzehnte zurückliegt, manche seiner Erkenntnisse inzwischen von der Forschung ausdifferenziert worden oder gar überholt. Dies gilt u.a. für die Darstellung der „Gerechten unter den Völkern". Da ihm jedoch gerade dieses Kapitel besonders am Herzen lag – immerhin hat er selbst viele Jahre in der Abteilung in Yad Vashem mitgearbeitet, die die Geschichte der nichtjüdischen Helfer und Retter erforscht – ist es unverändert auch in diesem Buch enthalten.

Die Herausgeber haben sich entschieden, nur einige offensichtliche Fehler zu korrigieren und in wenigen Fällen auf besondere Aspekte oder abweichende Angaben in später erschienenen Publikationen hinzuweisen, ansonsten aber wenig in den Text einzugreifen, um Yones' Rekonstruktion und Interpretation der selbst erlebten Vergangenheit nicht zu verfälschen.

Die Schreibweise der Namen wurde an die in der deutschen Sprache gängigen angepasst. Bei den Ortsnamen haben sich die Herausgeber für die deutsche Version entschieden. Wenn solche nicht existieren, wurden die Namen der Orte laut der damaligen Nomenklatur geschrieben.

Die Publikation des Buches wäre ohne die Hilfe mehrerer Personen, bei denen sich die Herausgeber bedanken möchten, nicht möglich gewesen. Angelika Königseder hat das Manuskript lektoriert, sprachliche Unebenheiten geglättet und Ungenauigkeiten präzisiert. Adina Stern und Riki Bodenheimer haben die Schreibweise der hebräischen Titel überprüft. Ingo Loose und Thomas Schmid haben das Manuskript durchgesehen und kommentiert. Antony Polonsky und John-Paul Himka haben Gutachten für die Claims Conference erstellt, die zusammen mit dem Zukunftsfonds Österreich die Herausgabe des Buches finanziell unterstützt hat. Eliezer Yones und dem Internationalen Institut für Holocaust-Forschung Yad Vashem ist für die Publikationserlaubnis zu danken.

Berlin im Februar 2018
Susanne Heim, Grzegorz Rossoliński-Liebe

Prolog

Ich wurde in Wilna geboren und nicht in Lemberg, der Stadt, deren Schicksal während der nationalsozialistischen Herrschaft in diesem Buch beschrieben wird. Es war mein Unglück, dass mich die Umstände zwangen, nach Lemberg umzuziehen und während der Kriegsjahre dort zu leben. Als mir vorgeschlagen wurde, eine historische Studie über die Juden in Lemberg während des Krieges zu verfassen, befiel mich zunächst große Unsicherheit. Ich zweifelte, ob ich die erforderliche seelische Kraft aufbringen würde, diese Tage abermals zu durchleben, meinen eigenen Spuren zu folgen und das traurige, brutale Schicksal der Juden in dieser Stadt, von denen nicht alle vor dem Krieg dort zuhause waren, zu erforschen. Doch ich empfand es als meine Pflicht, die Geschichte derjenigen, die ums Leben gekommen und verstummt sind, vor dem Vergessen zu bewahren. Möge dieses Buch ihnen ein Denkmal setzen.

Lemberg, die Hauptstadt Ostgaliziens und heute Teil der Ukrainischen Republik, war eine Vielvölkerstadt, in der zahlreiche Minderheiten vertreten waren. Polen, Ukrainer, Juden und Angehörige anderer Volksgruppen lebten hier seit vielen Generationen zusammen. Seit ihrer Gründung im 13. Jahrhundert machte diese Stadt unter dem Einfluss der unterschiedlichen Kulturen der sie prägenden Völker zahlreiche Verwandlungen durch.

Lemberg war ein ständiger Zankapfel zwischen Polen und Ukrainern. Beide betrachteten die Stadt als Teil ihres Nationalstaats und erhoben Anspruch auf sie. Da Lemberg für lange Zeit zur österreichisch-ungarischen Monarchie gehörte, hatte es den Geist der deutsch-wienerischen Kultur in sich aufgesogen; als die Stadt an Polen zurückfiel, gewann der polnische Charakter die Oberhand. Zu allen Zeiten wollten auch die Ukrainer der Stadt ihren Stempel aufdrücken.

Die Juden betrachteten Lemberg ebenfalls als „ihre" Stadt, als Zentrum des religiösen und chassidischen Lebens, der jüdischen Aufklärung, des Zionismus und des Sozialismus. In der Zeit zwischen den beiden Weltkriegen war die jüdische Gemeinde Lembergs die drittgrößte in Polen, die zahlenmäßig nur von den Gemeinden in Warschau und Łódź übertroffen wurde; vor dem Zweiten Weltkrieg lebten dort knapp 100.000 Juden. Nach der Unterzeichnung des Ribbentrop-Molotow-Pakts im August 1939 strömten aus den Gebieten, die unter deutsche Kontrolle fallen sollten, Massen an jüdischen Flüchtlingen in die Stadt. Ihre Zahl wird auf 130.000 geschätzt. Folglich wuchs die jüdische Bevölkerung um mehr als das Doppelte an und machte nun mehr als ein Drittel der Gesamtbevölkerung der Stadt aus.

Im Holocaust unterschied sich das Schicksal der Juden in Lemberg von dem anderer jüdischer Gemeinden, die von den Nationalsozialisten ausgelöscht wurden. Diese Einzigartigkeit wurzelt in den unterschiedlichen historischen, politischen, wirtschaftlichen und gesellschaftlichen Bedingungen, unter denen die Juden von Lemberg und in Ostgalizien seit vielen Generationen lebten.

Im Verlauf meiner Recherchen habe ich versucht, die historischen Ereignisse zu rekonstruieren und die Geschichte mit dem Augenmerk auf die wichtigsten Protagonisten zu schildern. Zudem habe ich mich bemüht, die politischen, sozialen, ideologischen und psychologischen Implikationen des damaligen Geschehens zu untersuchen und die Beziehungen zwischen den verschiedenen ethnischen Gruppen zu beschreiben.

Meine Arbeit beginnt mit einem kurzen historischen Überblick; es folgt ein detaillierter Bericht über die Geschichte der Juden in Lemberg in der Zeit des Zweiten Weltkriegs. Diese Periode von fünf Jahren wird in die sowjetische Herrschaft vom 17. September 1939 bis zum 30. Juni 1941 (Kapitel 1 und 2) und in die deutsche Herrschaft vom 30. Juni 1941 bis zum 27. Juli 1944 (Kapitel 3 bis 6) gegliedert.

Der nationalsozialistischen Besatzung wird dabei mehr Platz eingeräumt. Geschildert werden der Charakter des deutschen Regimes und dessen Folgen für die Juden in Lemberg, die Einstellung der Deutschen gegenüber den jüdischen Institutionen sowie die Reaktion der Juden auf die Politik und die administrativen Maßnahmen in Lemberg.

Seit Generationen hatten die Juden inmitten der anderen Volksgruppen in Lemberg gelebt, vor allem in enger Nachbarschaft mit den Ukrainern und Polen. Zwischen diesen drei Gruppen veränderten sich die Beziehungen im Laufe der Jahre mehrfach. Besondere Aufmerksamkeit verdienen sie während der sowjetischen Herrschaft, da sich daraus schicksalhafte Folgen für die Zeit der deutschen Besatzung ergaben.

Im Zentrum des Buches stehen einerseits die Kollaboration der Polen und Ukrainer mit den Deutschen und andererseits die Initiative, Planung und Durchführung der „Endlösung der Judenfrage" durch die Deutschen. Untersucht werden zudem sowohl die Motive der Kollaborateure als auch diejenigen der Retter von Juden, der „Gerechten unter den Völkern".

Zudem wird das schwierige Thema des Judenrats erörtert, den die Nationalsozialisten einsetzten, sowie die Unterstützung, die die Mitglieder des Rates – willentlich oder unwillentlich – den Verfolgern ihrer Brüder leisteten. Dies ist ein dunkles Kapitel bei jeder Untersuchung zum Holocaust, aber in Lemberg war es aufgrund der den Juden von den Deutschen in kurzer Zeit auferlegten Maßnahmen und wegen des Charakters der Leute, die sich an diesen Aktionen beteiligten, noch finsterer. Die jüdische Polizei im Lemberger Ghetto zeichnete sich durch besondere Niedertracht aus. Dabei urteile ich nicht über einzelne an diesen Ereignissen beteiligte Personen, sondern nur über die Maßnahmen und Aktionen; zudem sollen – soweit möglich – die dahinterstehenden Motive untersucht werden.

Das Lemberger Ghetto war nicht der einzige Ort, an dem Juden und Flüchtlinge, die sich in Lemberg zusammengefunden hatten, die letzten Tage ihres Lebens verbrachten. Neben dem Ghetto – dessen Einrichtung in Kapitel 5 beschrieben wird – errichteten die Deutschen ein Netz von Zwangsarbeitslagern in Lemberg und Umgebung, in denen sie zahlreiche Juden zu körperlicher Schwerstarbeit zwangen. Ein eigener Abschnitt (Kapitel 7) beschreibt das Leben in den Zwangsarbeitslagern und den Tagesablauf der Insassen.

Wie andernorts waren auch in Lemberg jüdische Widerstandsgruppen aktiv. Leider sind die Quellen dazu recht dürftig, und die meisten wurden bereits eingehend untersucht. Ich hoffe, das vorliegende Werk wird weiteren Forschern Anlass geben, sich mit diesem Thema zu befassen. Ebenfalls spärlich sind die Quellen über Juden, die mit den sowjetischen Partisanen in den Wäldern Ostgaliziens kämpften und dort bei polnischen und ukrainischen Partisanen Unterschlupf – und oftmals den Tod – fanden. Kapitel 8 widmet sich diesem Thema, das jedoch noch weiterer Forschungen bedarf. Das letzte Kapitel erzählt die Geschichte der „Gerechten unter den Völkern": Nichtjuden, die unter Gefährdung des eigenen Lebens und ihrer Familien Juden in Ostgalizien retteten. Unter den 16.500 Nichtjuden, die von der Gedenkstätte Yad Vashem als „Gerechte unter den Völkern" (bis 1998) ausgezeichnet wurden, finden sich mehr als 70 christliche – polnische oder ukrainische – Familien aus Ostgalizien.

Quellen

Bis heute sind mehrere grundlegende Studien über die Geschichte der Lemberger Juden bis zum Zweiten Weltkrieg erschienen. Die wichtigsten haben J. Karo, Meir Balaban, A.I. Barur und N.M. Gelber verfasst; sie thematisieren das Mittelalter und die Neuzeit bis zum Zweiten Weltkrieg.

Informationen über die Forschungsarbeiten, Bücher und Aufsätze, die in verschiedenen Sprachen über die Juden in Polen, Galizien und Lemberg erschienen sind und dieser Studie zugrunde liegen, findet der Leser in den Fußnoten und der Bibliografie der Dissertation des Verfassers, auf der das vorliegende Buch basiert.

Für die Zeit des Zweiten Weltkriegs in Lemberg ist ein 1945 verfasster historischer Überblick von Filip Friedman erwähnenswert.[3] Allerdings hatte Friedman keinen Zugang zu den Primärquellen und -dokumenten, die uns heute zur Verfügung stehen. Seine Arbeit befasst sich mit den Jahren der deutschen Besatzung und berührt die vorhergehende Periode der sowjetischen Herrschaft und deren Folgen für den Holocaust nicht. 1980 erschien ein historischer Überblick über die Juden von Lemberg in der von Yad Vashem publizierten Reihe *Pinkas ha-Kehillot* (Enzyklopädie der jüdischen Gemeinden). Obwohl sich darin Hinweise auf die Geschichte der jüdischen Gemeinde in Lemberg von ihren Anfängen bis zur Befreiung der Stadt nach dem Holocaust finden, fallen die Artikel zu den einzelnen Gemeinden, dem Charakter einer Enzyklopädie entsprechend, knapp aus. Die Besonderheit meines Buches hingegen liegt – so hoffe ich – darin, dass es sich ausschließlich mit Lemberg und den Lemberger Juden während der Zeit des Holocaust befasst und versucht, die Gründe für das besondere Schicksal der Lemberger Juden im Vergleich zu anderen jüdischen Gemeinden in Polen, wo die große und fruchtbare Gemeinschaft des osteuropäischen Judentums so brutal ausgelöscht wurde, zu analysieren.

---

[3] Filip Friedman, Die Vernichtung der Lemberger Juden, in: Frank Beer/Wolfgang Benz/Barbara Distel (Hrsg.), Nach dem Untergang. Die ersten Zeugnisse der Shoah in Polen 1944-1947, Dachau/Berlin 2014, S. 27-63.

Die verschiedenen Dokumentensammlungen waren dabei ebenso hilfreich wie die standesamtlichen Unterlagen der Gemeinde und die Gedenkbücher der Gemeinden Ostgaliziens; sie sind im Anhang aufgelistet.

Für die vorliegende Studie wurden eine enorme Zahl von Primärquellen – viele davon erstmalig – ausgewertet sowie jüdische und nichtjüdische Quellen in verschiedenen Sprachen benutzt.

Die Zeugenaussagen und Tagebücher der Holocaust-Überlebenden im östlichen Galizien waren eine zentrale Quelle. In den 1950er-Jahren wurden in Israel und andernorts enorme Anstrengungen zur Sammlung der Zeugenaussagen von Überlebenden unternommen. Niederschriften von Interviews und Manuskripte von Tagebüchern Überlebender und Ermordeter sind in den folgenden Archiven in Israel und in der ganzen Welt überliefert: Yad Vashem, Yitzhak Katznelson Ghetto Fighters' House im Kibbutz Lochamei HaGhettaot, Moreshet Archive in Giv'at Chaviva, Oral Documentation Division im Institute of Contemporary Jewry an der Hebrew University of Jerusalem, Central Archives for the History of the Jewish People in Jerusalem, Central Zionist Archive in Jerusalem, Massuah Archive im Kibbuz Tel Yitzchak, National and University Library in Jerusalem, Fighters' and Partisans' Museum in Metsudat Ze'ev in Tel Aviv, YIVO Institute for Jewish Studies in New York, Bund Archives in New York, Jüdisches Historisches Institut in Warschau und (bis zur Auflösung der Einrichtungen der Überlebenden in Deutschland) die Jüdische Historische Kommission in München, deren Unterlagen sich heute in Yad Vashem befinden.

Obwohl die meisten Zeugenaussagen in den unmittelbaren Nachkriegsjahren aufgenommen wurden, als die Ereignisse noch sehr präsent waren, sind die Aussagen von Menschen der Natur nach von ihren Emotionen geprägt. Retrospektive Zeugenaussagen sind häufig nur detailbezogen, möglicherweise auch tendenziös. Folglich müssen sie mit möglichst vielen anderen Aussagen sowie mit Dokumenten und Studien – jüdischen, deutschen, polnischen, ukrainischen etc. – abgeglichen werden. Um zu einer präzisen Beschreibung der Vorgänge zu gelangen, muss der Forscher sich bemühen, die persönliche Erzählung zu durchdringen und offenzulegen, was sich dahinter verbirgt.

Tagebücher und Memoiren müssen ebenfalls gründlich geprüft werden, da sie häufig umgeschrieben und unter Umständen zudem für die Veröffentlichung redaktionell bearbeitet wurden. Da davon auszugehen ist, dass sie Fehler beinhalten oder Informationen außen vor bleiben – beabsichtigt oder nicht –, erfordert ihre Benutzung intensive Recherchen und eine sorgfältige Prüfung. Aus diesem und aus anderen Gründen ziehe ich Zeugenaussagen in Manuskriptform den bereits publizierten vor; außerdem gilt es zu beachten, wie viel Zeit zwischen den dort beschriebenen Ereignissen und der Abfassung der schriftlichen Quelle vergangen ist. Im Anhang ist eine Liste der verwendeten und in Archiven zugänglichen Zeugenaussagen und Tagebücher abgedruckt.

Zeitgenössische Zeitungen aus Lemberg und Krakau, der Hauptstadt des Generalgouvernements – dem von den Deutschen besetzten zentralen Teil Polens –, stellten eine weitere wichtige Quelle dar, um Informationen mit dem umfangreichen Archivmaterial abzugleichen sowie Daten und weitere Details zu verifizieren.

In den letzten Jahren knüpften Forschungsinstitute in Israel Beziehungen zu ähnlichen Institutionen in der ehemaligen Sowjetunion, und da die dortigen Archive für Wissenschaftler aus dem Ausland nun zugänglich sind, konnten wir auf umfangreiches Material aus Russland und der Ukraine zurückgreifen, darunter auch aus Lemberg selbst. Nennenswert sind das Zentrale Staatsarchiv der Oktoberrevolution, das Zentralarchiv des Distrikts Lemberg, das Historische Zentralarchiv der sowjetischen Ukraine in Lemberg, das Staatsarchiv des Innenministeriums der sowjetischen Ukraine, das Archiv der Oberstaatsanwaltschaft der Sowjetunion des Distrikts Lemberg und das Archiv des Zentralkomitees zur Untersuchung der von den Nationalsozialisten begangenen Kriegsverbrechen in Moskau und Lemberg. Der Großteil dieses wertvollen historischen Materials, das in Kopie in Yad Vashem liegt, wurde für diese Arbeit erstmals ausgewertet – darunter Bekanntmachungen, Befehle und die Korrespondenz verschiedener Behörden.

Diese Studie stützt sich zudem auf die veröffentlichten Protokolle von Komitees, die die Verbrechen der Nationalsozialisten und ihrer Komplizen untersuchten und die von den Regierungen der Sowjetunion und Polens unmittelbar nach der Befreiung eingesetzt wurden, sowie auf Protokolle der Nachkriegsprozesse gegen NS-Verbrecher und ihre Helfer, die in Lemberg und Ostgalizien während der deutschen Besatzung ihr Unwesen trieben.

Mehrere Dokumentensammlungen im Archiv von Yad Vashem in Jerusalem sowie im YIVO Institute in New York müssen genannt werden: (1) die Sammlung Michael Silverberg, die Kopien aus dem

General Sikorski Archiv in London enthält; (2) die Sammlung von Hirsch Wasser, dem Sekretär des Untergrundarchivs Oneg Shabbat von Emanuel Ringelblum, der unter der deutschen Besatzung und im Warschauer Ghetto agierte; (3) der Bestand der Berlin-Sammlung im YIVO Institute. Viele dieser Unterlagen sind im Archiv von Yad Vashem entweder im Original oder als Kopie zugänglich.

Die beispiellose Häufung der deutschen, als „Aktionen" bezeichneten Mordkampagnen machte die Erforschung der Geschichte Lembergs während des Zweiten Weltkriegs besonders kompliziert. Es war schwierig, die Zeugenaussagen zu prüfen und die Berichte durch einen Abgleich mit jüdischen, deutschen, polnischen, ukrainischen, russischen und anderen Dokumenten sowie Zeugenaussagen zu ergänzen. Meine Arbeit ähnelte dem Konstruieren eines Mosaiks, in das ich zahllose Steinchen einsetzen musste, um ein deutlich erkennbares Bild zu erhalten. Dabei musste ich entscheiden, wer unter den Zeugen glaubwürdiger war. Das in dem vorliegenden Buch entstehende Bild kann kein vollständiges und einheitliches sein; vieles fehlt noch. Mögen andere Forscher in meine Fußstapfen treten und meine Versäumnisse beheben!

**

Zuletzt noch eine Bemerkung zu diesem Buch:

Die Arbeit basiert auf einer umfangreichen Studie, die der Verfasser an der Hebrew University in Jerusalem als Dissertation vorlegte. Um den an der Geschichte Lembergs während des Krieges interessierten Leser nicht zu überfordern, habe ich die Dissertation gekürzt sowie zahlreiche Fußnoten und Hinweise gestrichen, die für eine akademische Studie erforderlich sind, die Lektüre eines Buches hingegen beschwerlich machen. Diejenigen Leser, die an der ausführlicheren Version interessiert sind, mögen Einsicht in die Dissertation nehmen.

**

Es ist mir eine angenehme Pflicht, mich vor allem bei meinem Lehrer und Mentor, Prof. Israel Gutman, zu bedanken, der mich dazu inspirierte, das Schicksal der Juden in Lemberg zu erforschen, mich ermutigte und auf dem Weg begleitete – einem Weg, der mehrere

Jahre in Anspruch nahm. Auch danke ich den Lehrenden am Institute of Contemporary Jewry an der Hebrew University in Jerusalem, und hier vor allem den Professoren Dalia Ofer, Israel Kolatt und Yehuda Bauer, die mich zu jedem Zeitpunkt unterstützten. Darüber hinaus bedanke ich mich bei den Mitarbeitern des Instituts und vor allem bei Dr. Yitzhak Arad und Prof. Dina Porat von der Tel Aviv University, die dem akademischen Rat angehörten, der diese Arbeit als Dissertation akzeptierte.

Zudem danke ich den Mitarbeitern des Archivs und der Bibliothek in Yad Vashem, und vor allem den Bibliothekarinnen Clara Gibi, Hadassah Modlinger und Yehudit Kleinman; des Weiteren Dr. Yehoshua Buchler und den Mitarbeitern des Moreshet Archives in Giv'at Chaviva; dem Bibliothekar des Massuah Institute in Tel Yitzhak, Nethanel (Sanjo) Avi-Yona; dem Direktor des YIVO Institute for Jewish Research in New York sowie Sam Urich und den Archivaren; den Direktoren des Bund Archives in New York, Prof. Baruch Nadel und Leon Greenbaum; den Bibliothekaren des Central Archives for the History of the Jewish People und des Central Zionist Archives in Jerusalem; den Mitarbeitern der National and University Library sowie der Gershom Sholem Library in Givat Ram in Jerusalem und den Bibliothekaren der Humanities and Social Sciences Library der Hebrew University of Jerusalem, Mount Scopus.

Rafael Julius hat sich kompetent und mit viel Engagement um die redaktionelle Bearbeitung meines hebräischen Manuskripts bemüht, bevor es beim International Center for Holocaust Studies zur Publikation eingereicht wurde. Shifra Kolatt hat sich um die Drucklegung verdient gemacht. Beiden gebührt mein aufrichtiger Dank.

Ein Stipendium des Institute of Contemporary Jewry der Hebrew University in Jerusalem sowie der Yitzhak Sandman Prize of the Organization of Disabled Veterans of the War against the Nazis stellten die Finanzierung der Forschung sicher.

Gewidmet ist das Buch Simah Yones, seligen Angedenkens, der Mutter meines Sohnes.

Eliyahu Yones

Einleitung:
Juden in Lemberg bis zum Beginn des Zweiten Weltkriegs

Lemberg[4] wurde Mitte des 13. Jahrhunderts durch den König von Halicz (worauf die Bezeichnung der Provinz Galizien zurückgeht) und Wolhynien gegründet; er benannte die Stadt nach seinem Sohn Lew. Sie liegt an der Schnittstelle zweier bedeutender Handelsrouten des Mittelalters: Die eine führte vom Kaspischen zum Schwarzen Meer und nach Osteuropa, die andere verlief von Byzanz nach Norden zur Ostsee. Aufgrund der geografischen Lage wurde Lemberg zu einem wichtigen Handels- und Handwerkszentrum und erregte zudem die Aufmerksamkeit von Invasoren und Eroberern. Die Stadt war häufig Schauplatz militärischer Auseinandersetzungen, und durchziehende fremde Armeen plünderten, mordeten und brannten mitunter ganze Stadtviertel nieder. Mehr als einmal wurde Lemberg völlig dem Erdboden gleichgemacht. Zudem wurde die Stadt wiederholt von todbringenden Naturkatastrophen und Seuchen heimgesucht.

Lemberg zog aufgrund seiner Lage Menschen verschiedener Ethnien an. Vor allem Polen, Ukrainer („Ruthenen") und Juden ließen sich hier nieder. In geringerer Zahl kamen auch Deutsche, Armenier, Tataren, Tschechen und sogenannte Zigeuner. Über die Generationen hinweg entwickelten diese Volksgruppen, und vor allem die drei größten unter ihnen, komplexe Beziehungen, die von Spannungen, Rivalitäten und mitunter von gewaltsamen Zusammenstößen geprägt waren.

Bis zur Mitte des 14. Jahrhunderts gehörten Lemberg und seine Umgebung zum Fürstentum von Reißen (das auch als Halicz-Lwow oder „Rotruthenien" bekannt ist). Bis 1772 waren Lemberg und das Umland dann Teil des Königreichs Polen. Eine Wirtschaftskrise im westlichen und nördlichen Polen in der Mitte des 16. Jahrhunderts

---

4 Lemberg ist die jiddische und die deutsche Bezeichnung für die Stadt. Auf Ukrainisch heißt sie L'viv, auf Russisch L'vov und auf Polnisch Lwów.

löste eine Abwanderung der Bevölkerung aus: Im frühen 17. Jahrhundert zogen Bauern, polnische Adelige und Juden nach Osten in die dünn besiedelte Wildnis Russlands. In dieser Zeit entstanden dort die riesigen Landgüter der polnischen Gutsherren.

Die Zuwanderung und Ansiedlung im südlichen Russland und in Ostgalizien spielten in der Geschichte des polnischen Judentums eine bedeutende Rolle. Im späten 18. Jahrhundert wurde Polen unter den Großmächten Österreich, Deutschland und Russland aufgeteilt. Das gesamte Gebiet um Lemberg wurde einschließlich der Stadt selbst dem österreichischen Herrschaftsgebiet einverleibt und hieß nun Ostgalizien.

Als Ende 1918 ein unabhängiger polnischer Staat ins Leben gerufen wurde, geriet die Region wieder unter polnische Kontrolle. Bis zur Besetzung Polens im September 1939 stand Lemberg im Mittelpunkt der Streitigkeiten zwischen Ukrainern und Polen. Was sich hier während des Zweiten Weltkriegs zutrug, wird in diesem Buch detailliert beschrieben.

* * *

Die ersten Hinweise auf jüdisches Leben in Lemberg stammen aus dem 14. Jahrhundert.[5] Am Ende des Jahrhunderts existierten in Lemberg zwei jüdische Gemeinden und eine Gemeinde der Karaiten. Die größere der jüdischen Gemeinden war außerhalb des Stadtgebiets in einem Vorort namens Krakau angesiedelt. Diese Gemeinde wurde erstmals im Jahr 1352 erwähnt; ihre Mitglieder galten im Vergleich mit jenen der „jüngeren" Gemeinde (zu der der

---

5 Vgl. dazu Simon Dubnow, Weltgeschichte des jüdischen Volkes, Berlin 1925-1929 [zitiert nach der hebräischen Übersetzung, Tel Aviv 1958]; Y. Shiffer, Auf dem ukrainischen Vulkan (1600–1948), in: Israel Halperin (Hrsg.), Die Juden in Polen: Von den Anfängen bis zum Holocaust, Jerusalem 1954–1958, S. 182–184 [hebr.]; Filip Friedman, Ukrainisheyidishe betsiyungen in der tsayt fun der natsisher okupatsia, in: YIVO Blätter 41, New York 1957/58, S. 230–263 ; Jecheskiel Caro, Geschichte der Juden in Lemberg von den ältesten Zeiten bis zur Teilung Polens im Jahre 1792, Krakau 1894; Nathan M. Gelber, Geschichte der Juden Lembergs, in: Enzyklopädie der Diaspora, Bd. D, Teil A, Lemberg, Jerusalem/Tel Aviv 1956 [hebr.].

erste Hinweis aus dem Jahr 1387 stammt), die innerhalb der Stadtmauern in der Judenstraße[6] lebten, als sozial schwächer. Jede Gemeinde unterhielt ihre eigenen religiösen und sozialen Einrichtungen; lediglich den Friedhof, der erstmals 1411 erwähnt wurde, nutzten sie gemeinsam; dort begruben auch die Karaiten ihre Toten. Bis ins späte 16. Jahrhundert spielten die Juden eine wichtige Rolle im Wirtschaftsleben, insbesondere im Handel zwischen dem westlichen und dem östlichen Europa. Die politischen Unruhen und wirtschaftlichen Schwierigkeiten, die Polen im 17. und 18. Jahrhundert belasteten, griffen auch auf Galizien über. Die Lemberger Juden traf es dabei besonders hart.

Die Juden fristeten ihr Dasein mit Hausieren, Kleinhandel, Handwerk und mit religiösen Dienstleistungen (als Rabbiner, Schächter und Lehrer, die von der Gemeinde unterstützt wurden). Die meisten von ihnen lebten in großer Armut; nur wenigen gelang es, eine wirtschaftlich gesicherte Stellung zu erreichen.

Manche Juden gliederten sich in das Feudalsystem ein und erwarben vom polnischen Adel auf der Grundlage des Pachtrechts (*arende*) Ländereien. Sie verwalteten die Landgüter oder pachteten von den polnischen Adeligen Konzessionen zur Eintreibung von Steuern oder Zöllen aus Schenken und Herbergen, Getreidemühlen, Fischteichen, Schmelzöfen für Pottasche und sogar aus ganzen Dörfern und Städten. Der Adel oder die Inhaber von Ansprüchen auf Grundbesitz beauftragten bevorzugt Juden mit der Verwaltung ihres Besitzes und der Maximierung ihrer Einkünfte. Dabei zögerten die Herren nicht, ihre jüdischen Pächter unter Druck zu setzen, sie zu bestrafen und dazu zu zwingen, ihrerseits die Bauern brutal zu unterdrücken und zu erpressen. Die Gutsherren waren dafür bekannt, ihre *Moszke* zu nötigen und zu erniedrigen, wann immer es „ihren" Juden nicht gelang, ihre Forderungen zu erfüllen.

Um den überaus harten Bedingungen des Pachtverhältnisses gerecht zu werden, waren die jüdischen Pächter (damals *arender* genannt) manches Mal gezwungen, auf Tricks zurückzugreifen, um die Steuern für ihre Herren einzutreiben, etwa indem sie Eigentum in Besitz nahmen, das wegen eines Zahlungsversäumnisses verpfändet worden war, wie zum Beispiel ein Stück Land eines Bauern

---

6   In der Sprache der Christen bedeutete „die Stadt" die christliche Stadt; damals wurde das jüdische Viertel als „Judenstraße" bezeichnet.

oder eines Händlers oder die Schlüssel zu einer Kirche. Es überrascht nicht, dass dieses Vorgehen die Juden bei den Bauern und den Bürgern in Misskredit brachte. Die wechselseitigen Beziehungen unterlagen ständigen Spannungen, da, vom Standpunkt der Bauern und Bürger aus betrachtet, der jüdische Steuereintreiber der unmittelbare Ausbeuter war. Häufig kam es zu Zusammenstößen, die für die ukrainischen und ostgalizischen Juden schwerwiegende Folgen hatten.

Zu den ersten Opfern des Bauernaufstands gegen den polnischen Adel im 17. Jahrhundert zählten Juden. Der aufgestaute Hass der Bauern auf die polnische Aristokratie und deren *arender* entlud sich in Plünderungen und Morden, deren Opfer die sofort und leicht greifbaren Vertreter der Aristokratie waren, die Juden. In den Jahren 1594 bis 1596 verübten rebellierende Bauern unter der Führung von Seweryn Naliwajko Massaker an den Juden, 1637 taten es ihnen die Kosaken unter ihrem Anführer Pawlo Pawluk gleich. 1648 und 1649 wurden im Verlauf des Aufstands der Ukrainer gegen die Polen unter Bohdan Chmelnyzkyj (den die Juden als *Chmiel ha-Rascha*, Chmiel den Bösartigen, bezeichneten) ganze jüdische Gemeinden in der Ukraine und in Galizien vernichtet und ihre Mitglieder durch Feuer und Schwert getötet.

Diese Ereignisse fanden großen Widerhall in Nathan Nota Hanovers zeitgenössischem Buch *Yiven Metsula* – der „griechische Abgrund". Darin erklärt der Autor den Hintergrund der Pogrome: „Das griechische Volk[7] wurde ärmer und ärmer [...] und wurde zu Sklaven der Polen und Juden. [...] Dies war der Ursprung der schrecklichen Dekrete."

In seinem Bericht beschreibt Hanover, was den Bewohnern von Lemberg widerfuhr:

> „Chmiel, dessen Name ausgelöscht werden möge, schickte seine gesamte Streitmacht zur Belagerung der heiligen Gemeinde von Lemberg, einer großen Stadt vor dem Herrn, in der Gelehrte und Schriftsteller lebten. Die Feinde drangen bis zur großen Zitadelle vor und töteten Tausende von Griechen [Ukrainern] und *Kadarim* [Tataren], bis die Polen gezwungen waren, die Zitadelle

---

[7] Nathan Nota Hanover, Sefer Yiven metsula: Die Pogrome von 1648–1649, Tel Aviv 1966 [hebr.]. Hanover nennt die Ukrainer yevanim, d.h. „Griechen", da sie der griechisch-ukrainischen Kirche angehörten. Vgl. Ya'akov Fichman, Einführung zu Sefer yiven metsula, und Franciszek Rawita-Gawroński, Bogdan Chmielnicki, Lvov 1909.

wegen Wassermangels zu verlassen. Die Polen machten sich von der großen Zitadelle aus in andere Teile der Stadt auf, und die ortsansässigen Bewohner brannten alle Bauten um die Mauer herum nieder, um zu verhindern, dass der Feind sich in der Nähe der Stadt verbarg. Dennoch eroberten die Feinde die Zitadelle und belagerten die Stadt von allen Seiten. [...] Seuchen und Hungersnöte brachen aus [wie in der Prophezeiung in Deut. 32,25] ‚Straßher rafft Schwert, stubenher Entsetzen, so Jüngling so Mädchen, Säugling samt greisem Mann' und etwa 10.000 Menschen[8] in Lemberg fielen ihnen zum Opfer."

Hanover erwähnt die aktive Rolle der Juden bei der Verteidigung der Stadt. Sie waren mit Schusswaffen, Schaufeln und Sensen ausgestattet. Er berichtet außerdem, dass die Einwohner von Lemberg, vertreten durch einen Juden, mit Chmelnyzkyj über ein Ende der Belagerung verhandelten. Im Ergebnis wurde die 23 Tage dauernde Belagerung zur Freude der Bevölkerung gegen die Zahlung von „200.000 Złoty in Silber und Gold" aufgehoben. Hanover deutet die Ereignisse so:

„Hätte Gott nicht Mitleid mit den Tausenden und Abertausenden Angehörigen seines jüdischen Volkes gehabt, die alle herausragende Gelehrte waren und leidenschaftlich Buße taten, bis ihr Flehen den Himmel erreichte und Gott veranlasste, das Gesindel zu Kompromissen zu bewegen – wäre dies nicht gewesen und wären sie für eine weitere Woche belagert worden, so wäre die gesamte Stadtbevölkerung verhungert und verdurstet."[9]

Die sich in Polen ausbreitende Anarchie und die Verarmung der jüdischen Gemeinden untergruben auch das Ansehen der Führung und Einrichtungen der *Kehilla* (jüdische Gemeinde) im ganzen Land. Die Auswirkungen waren in den Gebieten der Westukraine mit ihrem hohen jüdischen Bevölkerungsanteil nicht weniger schwerwiegend. Das Schwinden der Hoffnungen auf den Messias ließ in Verbindung mit materieller und spiritueller Not die chassidische Bewegung entstehen. An dieser Stelle können die Prinzipien des Chassidismus, die Gründe für seine Verbreitung und die Ausei-

---

[8] Die neue Forschung schätzt die Zahl der durch die Kosaken 1648-1649 ermordeten Juden auf 13.000. Vgl. Antony Polonsky, The Jews in Poland and Russia, 1350-1880, Oxford 2010, Bd. 1, S. 137.

[9] Hanover, Sefer yiven metsula, S. 61 f.

nandersetzung mit seinen Gegnern, den *Mitnaggedim*, nicht diskutiert werden. Für unsere Zwecke genügt die Tatsache, dass der Chassidismus in Ostgalizien tief verwurzelt war.[10]

Die erste chassidische Synagoge in Lemberg wurde 1838 gegründet. In der Stadt selbst ließ sich kein chassidischer *Zaddik* nieder, aber sie wurde von zahlreichen *Zaddikim* besucht. Aryeh Judah Leib – der „*Mochiach* [der ‚Tadler'] von Kolonnoye", ein Schüler des Ba'al Schem Tov, der später zum *Maggid* von Mezericz und zu einem der frühesten und bedeutendsten Verbreiter des Chassidismus wurde – gewann unter den Juden Galiziens und in Lemberg verstärkt Anhänger. Doch standen die Rabbiner von Lemberg dem Chassidismus ablehnend gegenüber und verboten den dortigen Juden, die sephardischen Elemente, die die Chassidim adaptiert hatten, in ihren liturgischen Ritus zu integrieren. Als die Chassidim im 19. Jahrhundert ihren Einfluss in Galizien stark ausdehnten, blieb auch Lemberg von den heftigen Disputen zwischen den Chassidim und ihren verschiedenen Gegnern sowie zwischen diesen beiden Gruppen und den Vertretern der *Haskalah*, der Aufklärung, nicht verschont.

Die Ära Österreich-Ungarns

Nach den drei Teilungen Polens wurde Galizien im späten 18. Jahrhundert in die österreich-ungarische Monarchie eingegliedert; Lemberg wurde Hauptstadt der Region. Unter der Regierung Österreich-Ungarns profitierten die Bewohner von den nun geltenden Gesetzen und Rechten sowie von der Verfassung, die liberaler war als die des unabhängigen polnischen Staates. Die Juden in Lemberg wurden Teil des politischen Lebens und partizipierten an der in Lemberg sowie in anderen Städten und Dörfern der Region eingerichteten Selbstverwaltung. 1867 erhielten die Juden gleiche Rechte, waren von nun an befugt, öffentliche Ämter zu bekleiden,

---

[10] Zum Chassidismus in Galizien vgl. Gelber, Geschichte der Juden Lembergs; Raphael Mahler, Chassidismus und Haskala in Galizien und Polen in der ersten Hälfte des 19. Jahrhunderts: die gesellschaftlichen und politischen Entstehungsbedingungen, Merhavia 1961 [hebr.]; Simon Dubnow, Geschichte des Chassidismus, Berlin 1931/32; Mendel Piekarz, Chassidismus in Polen: Zwischen den zwei Weltkriegen und dem Holocaust 1939-1945, Jerusalem 1990 [hebr.].

und ihre Kinder durften staatliche Schulen besuchen. Viele galizische Juden erwarben eine moderne Bildung – beeinflusst von der deutschen Kultur –, studierten in der Hauptstadt Wien und schafften den sozialen Aufstieg.[11]

Im Unterschied zu Polen und Ukrainern wurden die Juden nicht als eigene Nationalität anerkannt. Die Regierung in Wien hoffte, sie als „germanisierendes" und ausgleichendes Element im Konflikt zwischen der ukrainischen Mehrheit und der polnischen Minderheit einsetzen zu können. Im Gegensatz dazu wollten die Polen die Juden Ostgaliziens als Verbündete gegen die österreichischen Herrscher und vor allem gegen die Ukrainer gewinnen.[12]

Während der österreichisch-ungarischen Herrschaft waren die Beziehungen zwischen den Ethnien Galiziens relativ gut. Die Juden unterhielten nachbarschaftliche, ja sogar freundschaftliche Kontakte zu den Ukrainern und Polen, mit denen sie auf Märkten und Messen einen engen Umgang pflegten. Jüdische Folklore und Volkslieder – vor allem chassidische – bezeugen dies.[13]

* * *

Die uns zur Verfügung stehenden statistischen Daten zeigen, dass die jüdische Bevölkerung in Galizien und Lemberg im 19. Jahrhundert und bis zum Ersten Weltkrieg stark anstieg:

Die Bevölkerung Galiziens im 19. Jahrhundert:[14]

Jahr	Jüdische Bevölkerung	Prozent der Gesamtbevölkerung
1817	200.277	5,6
1857	448.973	9,6
1869	575.918	10,6
1880	686.596	11,5
1890	772.213	11,6
1900	811.371	11,1
1910	872.972	10,9

---

11 Ezra Mendelsohn, Polen, in: Yaakov Tsur (Hrsg.), Die Diaspora – Osteuropa, Jerusalem 1976 [hebr.], S. 178.
12 Shiffer, Auf dem ukrainischen Vulkan, S. 184.
13 Salomon Ansky, genzaytike kulturele ayflusn, in: Gesammelte Shriftn, Bd. 15, Vilnius, Warschau, New York 1928, S. 257–268.
14 Jacob Leshchinsky, Dos yiddishe folk in tsifern, Berlin 1922, S. 87–90.

Die Bevölkerung von Lemberg, 1550–1939:[15]

Jahr	Gesamtbevölkerung	Jüdische Bevölkerung		Prozent
		Nach *Pinkas ha-Kehillot*	Nach der *Encyclopaedia Hebraica*	
1550	(?)	Etwa 1000	352	
1557	(?)	Etwa 2400		
1765	(?)	6142		
1772	(?)	6642		
1796	(?)	12.486		
1800	(?)	13.412	18.302	
1810	(?)	14.979		
1820	(?)	17.931		
1826	(?)	19.217		
1869	(?)	26.694		
1880	109.746	30.961		28,2
1890	127.943	36.130		28,2
1900	159.877	44.258		27,7
1910	206,113	57.387		27,8
1921	219.388	76.854		35,0
1931	(?)	99.595		31,9
1939	(?)	(?)	109.500	

---

[15] Siehe Pinkas ha-Kehillot Polin, Bd. 2: Ostgalizien, Jerusalem 1980 [hebr.], S. 1; Bohdan Wasiutyński, Ludność żydowska w Polsce w wiekach XIX i XX, Warschau 1930.

Die ethnische Zusammensetzung der Bevölkerung von Lemberg:

Jahr	Polen (Prozentsatz der Gesamtbevölkerung)	Juden (Prozentsatz der Gesamtbevölkerung)	Ukrainer (Prozentsatz der Gesamtbevölkerung)	Andere (Prozentsatz der Gesamtbevölkerung)
1880	53,4	28,2	15,9	2,5
1890	52,6	28,2	17,1	2,1
1900	51,7	27,7	18,3	2,3
1910	51,2	27,8	19,1	1,9

Im Jahre 1785 war Galizien die Heimat von mehr als 75 % der Juden Österreichs gewesen; 1910 lebten hier noch immer mehr als 66 %.

* * *

In der Ära Österreich-Ungarns verschmolzen die beiden jüdischen Gemeinden in Lemberg. Seit den 1840er-Jahren standen ihnen zwei *Maskilim* („Aufgeklärte", im eigentlichen Sinne auch „Gebildete") vor: Immanuel Blumenfeld und Emil Byk. Die Rabbiner der Gemeinde waren Moses Babad, Joseph Saul Nathanson, Jakob Meschulam, Zwi Hirsch Orenstein, Isaak Aaron Ettinger, Isaak Judah Schmelkes und Aryeh Leib Braude. Dr. S.A. Schwabacher, Dr. Y.B. Lewinstein und Dr. Esekiel Karo hielten Predigten im *Heichal* (der Hauptsynagoge). 1909 wurde der Letztgenannte zum Rabbiner der *Kehilla* ernannt, die zu dieser Zeit Rabbi Isaak Schmelkes leitete.

Als Mitteleuropa den „Völkerfrühling", die bürgerlichen Revolutionen von 1848/49, erlebte, gliederten sich die Juden von Lemberg im Großen und Ganzen in die politischen und kulturellen Aktivitäten der übrigen Bevölkerung ein und erhielten, wie schon erwähnt, 1867 die gleichen Rechte zugestanden.

Im Laufe des 19. Jahrhunderts gewann die chassidische Bewegung an Dynamik und breitete sich in den Shtetln Galiziens und in Lemberg aus. Die *Chassidim* richteten vor allem in den Shtetln Höfe für *Zaddikim* ein; die bekanntesten unter ihnen waren das Haus Belz, gegründet von R. Schalom Rokeach, das Haus Zanz, gegründet von R. Chaim Halberstadt, sowie Sadigora und Chortkow. Zunächst wetteiferten diese Höfe miteinander um Einfluss unter den Einwohnern der Shtetl. Die Ausbreitung der *Haskalah* zwang sie jedoch, diese Bemühungen einzuschränken und eine gemeinsame Front der *Chassidim* und *Mitnaggedim* gegen die *Maskilim* zu bilden, obwohl ihre internen Zwiste damit nicht beendet waren.[16]

Die *Maskilim* wehrten sich und kritisierten die Ignoranz der *Chassidim* und der *Mitnaggedim* sowie deren Anhänger auf jede mögliche Art. Einer der vehementesten anti-chassidischen Polemiker war I.L. Mieses (geboren 1798 in Lemberg), der in seinem Buch *Kin'at ha-Emet* (Wien 1828) gegen den Glauben an Geister, Dämonen und Hexenzauber wetterte, den das Volk mit der Ausbreitung des Chassidismus angenommen hatte.

Die *Haskalah* in Lemberg und Galizien wurde von der mitteleuropäischen Aufklärung inspiriert.[17] Die österreichischen Machthaber unterstützten die Verbreitung der Aufklärung unter den Juden. Wir werden hier nicht näher auf ihre Motive eingehen, aber gegen Ende des 18. Jahrhunderts beabsichtigten sie zweifelsohne, die Produktivität der Juden zu steigern und sie durch den Erlass diverser Verordnungen und Gesetze in „nützliche Bürger" zu verwandeln. Im Rahmen dieser Maßnahmen sandten die Wiener Behörden Naftali Herz Homberg (1749–1841) nach Lemberg und setzten ihn dort als Leiter des Erziehungssystems in Galizien ein, um dieses im Geiste der europäischen Kultur zu reformieren und handwerkliche Ausbildungen sowie die deutsche Sprache einzuführen. Die Lemberger Rabbiner, die um die Zukunft der traditionellen jüdischen Erziehung besorgt waren, fürchteten die Ergebnisse der drastischen Reformen, die Homberg durchzuführen versuchte, und widersetzten sich ihm vehement; im Jahre 1801 musste Homberg Lemberg verlassen.

Einer der frühesten Verbreiter der *Haskalah* in Galizien war Pinchas Elijahu Horowitz (geboren 1765 in Lemberg). In seinem Buch *Sefer ha-Berit* („Das Buch des Bundes") wandte er sich gegen den Aberglauben, dem die jüdischen Massen anhingen. Er verurteilte die herkömmlichen Erziehungsmethoden in Polen, „nach denen Kindern kein Handwerk gelehrt wird und jeder Vater von seinem Sohn erwartet, Rabbiner oder rabbinischer Richter zu werden. Wer das nicht schafft, muss Kinder unterrichten, und da die Lehrer

---

[16] Mendelsohn, Polen, S. 178.
[17] Mahler, Chassidismus und Haskala; Shmuel Werses, Der Chassidismus in den Augen der Haskala, in: Molad 144/5 (1950) [hebr.]; Mendelsohn, Polen.

den Kindern zahlenmäßig überlegen sind, [können sie] ihren Lebensunterhalt nicht verdienen, und in ihren Heimen fehlt es an Brot und Kleidung."[18]

Die intellektuelle *Haskalah* um ihrer selbst willen genügte den *Maskilim* Galiziens nicht. Sie trachteten danach, die Einrichtungen der jüdischen Gemeinde und ihre Schulen zu überprüfen und die Produktivität zu steigern. Sie engagierten sich für die Verbreitung der *Haskalah* in weiten Kreisen der Öffentlichkeit, lehrten die hebräische Sprache, studierten und erforschten die jüdische Geschichte und Literatur und unterrichteten Naturwissenschaften.

Im 19. Jahrhundert waren Galizien und seine Hauptstadt Lemberg Zentren lebhafter literarischer Aktivität in vielen Bereichen; dort erschienen unter anderem die philosophischen Schriften von Nachman Krochmal, die anti-chassidischen Polemiken und satirischen Essays von Joseph Perl und Isaak Erter, die Studien von Rabbi S. L. Hacohen, die Arbeiten von S. J. Rappaport und Salomon Buber in der „Wissenschaft des Judentums" sowie die Gesellschaftsromane von Reuben Asher Broides und David Isaiah Silberbusch. Diese Autoren waren die Vorgänger moderner hebräischer Literaten wie S. I. Agnon, U. Z. Grünberg und vieler anderer.

Lemberg war ein bedeutendes Zentrum des hebräischsprachigen Drucks; dort wurden Zeitungen, Broschüren und Abhandlungen publiziert. Die von Dr. A. Bleicher herausgegebene jiddische Zeitung *Di Idishe Post* erschien erstmals 1848 in Lemberg. Als politisch konservative Zeitung bekämpfte sie den revolutionären Zeitgeist in jüdischen Kreisen und positionierte sich gegen Leopold Zunz, der die galizischen Juden drängte, „im Geiste der Revolution für die Freiheit zu kämpfen". Das erste hebräischsprachige Magazin, *Ha-Ro'e ve-ha-Mevaker*, das J. Bodek und A. Mohr herausgaben, wurde von 1837 bis 1939 in Lemberg publiziert; es galt als Stimme jüdischer religiöser Reformbestrebungen.

Kurzzeitig (1824) kam in Lemberg die Zeitung *Ha-Zefira* heraus; Chefredakteur war Meir Halevi Letteris. Zwei weitere hebräische Zeitungen erschienen in Lemberg: *Zir Ne'eman*, gefolgt von *'Olat Schabbat*; die Herausgeber waren Joseph Perl aus Tarnopol und Jakob Samuel Bick. Seit 1867 veröffentlichte eine Gruppe pro-

---

[18] Pinchas Eliahu Horowitz, Divrey Emeth. The Jewish Presss in East Galicia, in: Jewish Press in the Past, Tel Aviv 1973, S. 41.

österreichischer *Maskilim* eine Wochenzeitung mit dem Titel *Israelit*, die in deutscher Sprache, aber mit hebräischen Schriftzeichen erschien.

Joseph Kohen-Zedek aus Lemberg publizierte die religiöse Monatsschrift *Meged Yerachim* und nachfolgend die Vierteljahresschrift *Otzar Chochma* mit den Schwerpunktthemen Geschichte, Bibel, Torah und Politik (1859–1865) sowie das Literaturjournal *Ha-Nescher* (1860–1870) – alle auf Hebräisch. Weitere Wochenzeitungen erschienen auf Hebräisch und Jiddisch.

In der zweiten Hälfte des 19. Jahrhunderts war das jüdische Lemberg bekannt für die dort erscheinenden Publikationen der jüdisch-nationalen Maskilimzirkel, die stark von der Zeitung *Ha-Shachar* von Peretz Smolenskin beeinflusst waren. Beispiele dafür sind *Ha-Mevasser*, eine von A. Minkes (1860–1876) herausgegebene hebräische Wochenzeitung, die sich mit Literatur und der Wissenschaft des Judentums beschäftigte, und zahlreiche andere hebräische und jiddische Zeitungen. Die erste zionistische Zeitung in Lemberg hieß *Przyszłość* („Die Zukunft") und erschien seit 1892 auf Polnisch. In den 1890er-Jahren liegen auch die Anfänge der sozialistischen jüdischen Presse in Lemberg. Das von Berl Loker herausgegebene Journal der *Po'alei Zion*, *Der Idischer Arbeter*, wurde zwischen 1904 und 1915 in Lemberg publiziert.

Die im späten 19. und frühen 20. Jahrhundert in Lemberg erscheinenden jüdischen Zeitschriften spiegelten das ganze Spektrum der jüdischen öffentlichen Meinung wider: Neben den Publikationen der *Maskilim* erschienen Schriften der Orthodoxen und Literaturjournale sowie humoristische und satirische Sammlungen, außerdem von den chassidischen Höfen veröffentlichte Traktate, die streng am Glauben festhielten und die Assimilierung und die Aufklärung bekämpften.[19]

Die Zeit der *Haskalah* in Galizien prägte auch die späteren Gründerväter der jüdischen Zeitgeschichtsschreibung: Siegfried Bernfeld, Salomon Buber, Moses Schorr, Meir Balaban, Matthias Mieses, J. Schell, Filip Friedman, Raphael Mahler, Josef Kermisz, J. Schiffer und andere. Galizien brachte bedeutende jüdische

---

[19] Shimon Samet, Die jüdische Presse in Ostgalizien, in: Geschichte der jüdischen Presse, Tel Aviv 1973 [hebr.]; Michael Weichert, Memoiren, Tel Aviv 1960 [hebr.]; Pinkas ha-Kehillot, Ostgalizien.

Schriftsteller hervor, die auf Polnisch schrieben, sowie große Künstler und Gelehrte, von denen einer, Professor A. Bick, 1915 Rektor der Universität Lemberg wurde.

Seit der zweiten Hälfte des 19. Jahrhunderts organisierten sich die galizischen Juden politisch. Die *Charedim* fanden sich in der Vereinigung *Machsikei Hadas* („Bewahrer des Glaubens") zusammen, der Rabbi Simon Schreiber (Sohn des Chatam Sofer) und der Belzer Rebbe vorstanden. In den Parlamentswahlen im Jahr 1879 schlossen sich die Orthodoxen den Polen an, während die assimilierten Juden, die sich in der Organisation *Schomer Israel* zusammengetan hatten, sich mit den Ruthenen gegen die Polen verbündeten und vier jüdische Abgeordnete in das Parlament entsandten.

Im späten 19. Jahrhundert stärkte das Habsburger Reich die Autonomie der Polen vor Ort, wodurch in Galizien ein Prozess der Polonisierung in Gang gesetzt wurde. Die assimilierte jüdische Intelligenz in Lemberg, die sich zunächst mit Österreich und dessen deutscher Kultur verbunden gefühlt hatte, wandte sich nun stärker der polnischen Kultur und Sprache zu.[20]

Von Weltkrieg zu Weltkrieg

Der Erste Weltkrieg stürzte Lemberg und Ostgalizien in eine schwere Krise, die von den Juden als „*Khurban* [Zerstörung] *Galiziens*"[21] bezeichnet wurde. Die Region wechselte wiederholt die Machthaber und diente Österreichern und Russen, Polen und Ukrainern als Schlachtfeld. In den ersten Kriegsmonaten vertrieben Einheiten der russischen Armee die Österreicher aus Ostgalizien. Dies hatte verheerende Konsequenzen für die Juden, vor allem wegen der Pogrome, die die Kosacken in allen von ihnen besetzten Gebieten anzettelten. Infolge der Misshandlungen, Morde, Plünderungen, Vergewaltigungen und Brandstiftungen durch die Kosacken wurden zahlreiche Juden ins russische Landesinnere vertrieben, und schätzungsweise 400.000 Juden flohen aus den

---

20 Mendelsohn, Polen, S. 178–181.
21 Ansky, Der hurban galicie (Die Zerstörung Galiziens), in: Gesammelte shriftn, Bd. 4, Vilnius 1922.

Städten und Shtetln der Region nach Österreich, in die Tschechoslowakei und nach Ungarn.²²

Als die Österreicher 1915 Teile Galiziens von den Russen zurückeroberten, erlebte die zerstörte Region eine tiefe wirtschaftliche Depression, die alle Einwohner betraf und die Not der Juden verschärfte. Viele Familien wurden obdachlos, litten unter Hunger und Kälte. Neben den Pogromen forderten auch Epidemien weitere Opfer, und viele Waisen durchstreiften Dörfer und Städte und bettelten. Wie während der vorangegangenen Pogrome kamen Juden aus anderen Gegenden ihren Glaubensbrüdern zuhilfe. Verschiedene Rettungskomitees sammelten Gelder und versuchten, die Not der galizischen Juden zu lindern. Die Juden Russlands und das American Jewish Joint Distribution Committee spielten bei diesen Bemühungen eine besondere Rolle.

Selbst nach dem Waffenstillstand in Europa kam Galizien nicht zur Ruhe. Der alte Streit zwischen Ukrainern und Polen loderte wieder auf. Die Polen beabsichtigten, Lemberg und seine Umgebung in die Zweite Polnische Republik einzugliedern, wohingegen die Ukrainer, die für ihre eigene Unabhängigkeit kämpften, dies verhindern wollten und die Region als „Westukraine" bezeichneten.

Während dieses polnisch-ukrainischen Konflikts brach unter der jüdischen Führung in Lemberg Zwietracht aus. Einige vertraten die Meinung, dass sich die Juden auf die Seite der Ukrainer stellen sollten. Andere waren davon überzeugt, dass die Juden als Angehörige des Bürgertums sich der polnischen und nicht der ukrainischen Kultur verpflichtet fühlen sollten. Nach zahlreichen Diskussionen wurde beschlossen, dass sich die jüdische Bevölkerung nicht in den Konflikt einmischen und für keine Seite Partei ergreifen solle. Die Juden gründeten eine Miliz zum Selbstschutz, die sich aus Veteranen der österreichischen Armee und pro-zionistischen Befehlshabern zusammensetzte. Als die Ukrainer und die Polen die Waffen gegeneinander erhoben, verhielten sich die Kommandeure der jüdischen Miliz strikt neutral.

Am 1. November 1918 wurde die Westukrainische Volksrepublik (Zachidno-Ukrajinska Narodna Republika) gegründet, und die

---

22 Dieses Kapitel der antijüdischen Gewalt seitens der russischen Truppen 1915 in Ostgalizien ist bis heute weitgehend unerforscht; Christoph Mick, Kriegserfahrungen in einer multiethnischen Stadt: Lemberg 1914-1947, Wiesbaden 2010, S. 79.

Polen zogen sich zurück. Nach Gefechten marschierten reguläre polnische Truppen in Lemberg ein, vertrieben die Bataillone der Ukrainer und übten Vergeltung an den Juden, die sich geweigert hatten, sich offen und eindeutig auf die Seite der Polen zu schlagen. Polen drangen in das jüdische Viertel ein und plünderten und mordeten sechs Wochen lang – unterstützt von der Hetze einiger Kirchenführer. Allein zwischen dem 21. und 24. November 1918 wurden in Lemberg 72 Juden ermordet und Hunderte verletzt.[23]

Zunächst standen die Ukrainer sowohl in der West- als auch in der Ostukraine den Juden wohlwollend gegenüber, da diese sich nicht mit den Polen verbündet hatten. Die Regierung der Ukrainischen Volksrepublik in Kiew (Ukrajinska Narodna Respublika) erklärte – auf Ukrainisch, Polnisch und Jiddisch –, dass sie die Juden auf dem Gebiet der Republik als eine nationale Gruppe mit gleichen Rechten anerkannte. Als sich das Regime jedoch stabilisierte, veränderte sich die Einstellung gegenüber den Juden schnell. Die jüdische Miliz wurde aufgelöst, und Übergriffe auf Juden und deren Eigentum nahmen in der Zentral- und Ostukraine zu. Unter den Tätern befand sich auch die Truppe von Symon Petljura.[24]

Die Republik „Westukraine" hatte in Ostgalizien nicht lange Bestand. Unter dem Druck der polnischen Armee stürzte das westukrainische Regime, und seine Vertreter flüchteten Hals über Kopf. Am 25. Mai 1919 besetzten die Polen Ostgalizien und annektierten es.

---

[23] Mendelsohn, Polen, S. 178–181; Yosef Tenenbaum, Die osteuropäischen Juden auf der Friedenskonferenz nach dem Ersten Weltkrieg, in: Y. Cohen/D. Sadan (Hrsg.), Geschichte Galiziens, Tel Aviv 1957 [hebr.]; J. Eisler, Die jüdische Miliz in Lemberg und der Lemberger Pogrom vom 22. bis 25. November 1918, Manuskript, Shulem Bibliothek, National and University Library, Jerusalem. Für die neue Forschung zum Lemberger Pogrom 1918, siehe Svjatoslav Pacholkiv, Zwischen Einbeziehung und Ausgrenzung: die Juden in Lemberg 1918–1919, in: Alexandra Binnenkade/Ekaterina Emaliantseva/Sjatoslav Pacholkiv (Hrsg.), Vertraut und fremd zugleich. Juden in interkulturellen Beziehungen, Köln/Weimar 2008, S. 187.

[24] Chaviv Knaan, Der Hass der Ukrainer auf die Juden: Ursachen und Entwicklung, in: Massua (1972) [hebr.], S. 63–110; vgl. Izaak Grünbaum, The Last Fifty Years of Polish Jewry, in: Encyclopedia of the Diaspora. Bd. 12, Jerusalem 1973, S. 78–81; Paul Robert Magocsi, Galicia: A Historical Survey and Bibliographical Guide, Toronto 1983.

Nach dem Ersten Weltkrieg verhandelten die am Versailler Friedensvertrag beteiligten Parteien über die zukünftigen Grenzen des unabhängigen Polen.[25] Bei der Diskussion über den Verlauf der südwestlichen Grenze beschlossen die Delegationsleiter, Polen das Mandat über Ostgalizien bis zum Fluss San (die Stadt Przemyśl nicht eingeschlossen) zu übertragen (12. September 1919). Man fürchtete jedoch die Wut der ukrainischen Bevölkerung und forderte Polen deshalb auf, der betreffenden Region Autonomie zuzusichern. Als die Polen 1920 die Rote Armee in der als das „Wunder an der Weichsel" bezeichneten Schlacht vernichtend schlugen, breitete sich unter den Leitern der Delegationen auf der Friedenskonferenz die Überzeugung aus, Polen könne als Pufferzone gegen das Vordringen der Roten Armee nach Westen dienen.

Sowohl die Polen als auch die Ukrainer widersetzten sich diesem Abkommen. Die Polen betrachteten die Entscheidung als eine Missachtung ihres Rechts, Galizien an ihr souveränes Staatsgebiet anzuschließen. Die Ukrainer werteten sie als Negierung ihres Rechts auf einen unabhängigen Staat „Westukraine", einschließlich Ostgalizien. Die Exilregierung der Ukrainer in Wien unter der Leitung von Dr. Jewhen Petruschewytsch initiierte einen politischen Kampf auf internationaler Ebene. Der politische und rechtliche Status Ostgaliziens und Lembergs blieb unklar. Erst am 15. März 1923 wurde die Region endgültig Polen zugesprochen. Die Polen versprachen jedoch, in drei polnischen Distrikten – Lemberg, Tarnopol und Stanisławów – eine nicht klar definierte ukrainische Selbstregierung einzuführen und in Lemberg eine ukrainische Universität zu gründen. Die Vertreter der Großmächte gaben sich mit dieser Entscheidung des polnischen Sejm zufrieden. In der Praxis hielt sich jedoch keine der Regierungen Polens zwischen den beiden Weltkriegen an diese Vereinbarung.

---

[25] Den Vorsitz bei den Gesprächen auf der Friedenskonferenz führten zwei Räte: Einer bestand aus vier Mitgliedern (Wilson, Lloyd George, Clemenceau und Orlando) und wurde 1919 ins Leben gerufen, und der andere setzte sich aus zehn Mitgliedern zusammen (den Leitern der amerikanischen, französischen, britischen und italienischen Delegationen und ihren Außenministern) und wurde von der Plenarsitzung des Friedenskomitees eingesetzt. Letztere bereiteten im Wesentlichen die Entscheidungen auf den Friedenskonferenzen vor.

Die Ukrainer reagierten auf den Verlust der Westukrainischen Republik auf die Art der (italienischen) *irredenta* und gründeten eine Untergrundbewegung, die sich in der gesamten Zwischenkriegszeit gegen die polnische Herrschaft auflehnte und sich dabei auch terroristischer Methoden zur Durchsetzung ihrer Gebietsansprüche bediente.[26] Gleichzeitig strebten die Ukrainer der Region die wirtschaftliche Unabhängigkeit an. Sie hatten damit zum großen Teil Erfolg. Geschäfte im Besitz von Ukrainern säumten die Straßen. Ukrainer boykottierten von Polen betriebene Läden, trieben nur mit ihren Landsleuten oder mit Juden Handel und richteten ihre eigenen Genossenschaften und Garküchen ein. Die polnischen Behörden intensivierten ihre Bemühungen zur Polonisierung der von Ukrainern bewohnten Gebiete, um ihre Autorität in der Region durchzusetzen, in der zwei Drittel der Einwohner keine Polen waren. Die polnischen Behörden verweigerten den Ukrainern sowohl das Recht, an der Universität Lemberg in ihrer eigenen Sprache zu lehren und die eigene Kultur zu pflegen, als auch die bereits zugesagte Gründung einer ukrainischen Universität. Sie erschwerten den Ukrainern die Zulassung zur Universität Lemberg und verringerten die Anzahl der ukrainischen Mitglieder der akademischen Fakultät im Vergleich zur Zeit unter der österreichisch-ungarischen Herrschaft. Junge Ukrainer, die im Ausland studierten, hatten Probleme, nach ihrer Rückkehr nach Lemberg Arbeit zu finden. Auf Anordnung des polnischen Innenministeriums mussten sich Ukrainer als „Ruthenen" deklarieren und wurden in offiziellen Dokumenten als solche bezeichnet.[27]

Die Juden als eine zahlenmäßig starke Minderheit in Polen zwischen den beiden Kriegen litten ebenfalls unter der Politik des unabhängigen Polen und den Übergriffen der Behörden auf nationale Minderheiten. Als das polnische Regime sich konsolidiert

---

[26] Über die Aktivität der Ukrainischen Militärischen Organisation (Ukrajinka Wijskowa Orhanizacja, UWO) und der Organisation Ukrainischer Nationalisten (Orhanizacja Ukrajiskich Nacionalistiw, OUN) siehe die Aussagen von Mykola Lebed und anderer UWO- und OUN-Mitglieder; YVA, M-37/108.

[27] Grünbaum, The Last Fifty Years, S. 109–114; Knaan, Der Hass der Ukrainer, S. 88; siehe auch den Abschnitt zur Einrichtung des „Minoritätenblocks".

hatte, wurde eine wachsende Zahl von Juden aus Regierungs- und kommunalen Einrichtungen, aus Lehrämtern und dem öffentlichen Dienst entlassen. Viele Juden verloren ihre Geschäftslizenzen, und sie wurden zunehmend aus Positionen in der Wirtschaft verdrängt. Die Stätten höherer Bildung wurden zu Brutstätten antisemitischer Aktivitäten.

Nach dem Tod von Marschall Józef Piłsudski im Jahre 1935 nahm der Antisemitismus auch innerhalb der Regierungspartei zu. Juden wurden aus Regierungsämtern und staatlich kontrollierten Unternehmen entlassen. Positionen im öffentlichen Dienst, bei der Eisenbahn, der Post, im Forstwesen und in anderen Branchen blieben ihnen verschlossen. Der Wirtschaftsboykott gegen jüdische Händler und Ladenbesitzer wurde verschärft. Der Zugang von Juden zur Universität und zum Polytechnikum in Lemberg und in anderen polnischen Städten wurde durch einen *numerus clausus* eingeschränkt. Wer zum Studium zugelassen wurde, musste auf für Juden reservierten Plätzen sitzen – auf „Ghettobänken". Wenn sich jüdische Studenten über diese Einschränkungen beschwerten, organisierten polnische Studenten der Nationaldemokratischen Partei bewaffnete Banden, um die Juden aus den Universitäten zu vertreiben. Am 4. November 1938 griffen Bandenmitglieder jüdische Studenten in der Pharmazeutischen Fakultät der Universität Lemberg mit Messern an und verletzten zwei von ihnen tödlich. Einige Monate später wurde am Polytechnikum ein weiterer jüdischer Student ermordet.[28]

Die ukrainische Bevölkerung hatte ihren tiefsitzenden Hass auf die Juden ebenfalls nicht aufgegeben. In der nicht enden wollenden Auseinandersetzung zwischen der ukrainischen Minderheit und der polnischen Mehrheit betrachteten sich die Ukrainer frustriert als Opfer von Diskriminierungen, und beide Seiten beschuldigten die Juden, jeweils für die andere Seite Partei zu ergreifen.

---

[28] *Der Moment* (Warschau), 6. und 28.11.1938; *Lemberger Togblatt* (Lemberg), 14.11.1931; *Der Moment* (Mittogblat, Warschau), 25.11.1938; Leshchinsky, Di progromen in poyln, in: Erev Khurbn, Buenos Aires 1947; Isaiah Trunk, Der ekonomisher antisemitism in poyln tvishn di tsvey welt-milkhommes, in: Studies vegn jidn in poyln 1919–1939, New York 1974, S. 3-98; *Nasz Przegląd* (Warschau), 4.11.1928, 6.10.1935.

Im Anschluss an die nationalsozialistische Machtübernahme und die polnische Annäherung an Deutschland eskalierten die antijüdischen Ausschreitungen. Körperliche Angriffe und Sachbeschädigung wurden zur alltäglichen Routine. Die extreme Rechte rief zur Vertreibung der Juden aus Polen auf, und die Regierung betrieb eine Politik, die die Auswanderung der Juden forcieren sollte; sie suchte nach Ländern, die zur Aufnahme der Juden bereit waren. Die polnischen Behörden betrachteten die Juden – im Gegensatz zu anderen Minderheiten – als ein überflüssiges und fremdes Element, das die polnische Wirtschaft belaste und kein Recht zum Aufenthalt im Lande habe; ihr Ziel war es, alle Juden zu vertreiben.[29]

* * *

Die Annexion Ostgaliziens durch Polen führte dazu, dass sich das galizische Judentum etwas anders entwickelte als die übrige jüdische Gemeinde Polens.[30] Wirtschaftlich gesehen war Galizien rückständig, die Industrie spärlich und die Arbeiterklasse von geringer Bedeutung. Die meisten Bewohner waren verarmte ukrainische und polnische Bauern; die Juden waren innerhalb der bürgerlichen Minderheit stark vertreten. Der städtische Charakter der jüdischen Bevölkerung Galiziens hatte sich nicht verändert. So waren laut dem Zensus von 1931 33 % der Einwohner Lembergs Juden, aber nur etwa 10 % der Gesamtbevölkerung Polens. In ganz Polen waren nur etwa 4 % der Juden in der Landwirtschaft tätig, aber mehr als die Hälfte von ihnen (54 %) lebte in Galizien, wo es tatsächlich eine kleine Gruppe jüdischer Landbesitzer gab.

---

29 Das ergibt sich eindeutig aus dem deutsch-polnischen Nichtangriffspakt vom 26.1.1934. Siehe dazu Grünbaum, The Last Fifty Years, S. 139–149. Siehe auch *Der Moment* (Warschau), 6. und 28.11.1938; *Lemberger Togblatt* (Lemberg), 14.11.1931; *Der Nayer Morgn* (Lemberg), November 1931; *Nowy Dziennik* (Lemberg), 24.11.1928.

30 Die folgenden Daten basieren auf: Pinkas ha-Kehillot, Ostgalizien, S. 17–25; Leshchinsky, Dos yiddishe folk in tsifhern, S. 77 ff.; Raphael Mahler, Die polnischen Juden zwischen den beiden Weltkriegen: Eine Sozialgeschichte, Tel Aviv 1953 [hebr.] (vor allem S. 22, 35, 42, 136, 194); Mendelsohn, Polen, S. 178–184; Jacob Leshchinsky, Yidn in die gresere shtet fun poyln, YIVO Bleter XXI, Nr. 1 (Januar/Februar 1943), S. 25.

Die meisten galizischen Juden verdienten ihren Lebensunterhalt durch Handel, ein Wirtschaftszweig, in dem sie die Mehrheit der Beschäftigten stellten. Nach dem Zensus von 1931 waren 36,6 % der Händler in Polen Juden; in Lemberg umfasste ihr Anteil 68 % der Großhändler und 80 % der Einzelhändler. Im Verlauf dieses Jahrzehnts ging ihr Anteil am gesamten Handel auf 68 % zurück.[31]

Art des Unternehmens	Anzahl der Unternehmen	Beschäftigte	
		Juden	Nichtjuden
Bekleidung, Hutmacher	1366	4376	221
Baubranche	221	1085	648
Wäschereien, Färbereien, Friseure	181	381	221
Metallbranche	179	602	72
Holzindustrie und Holzprodukte	159	719	200
Nahrungsmittel	148	871	816
Maschinen und Werkzeuge	92	202	--
Leder, Bürsten	55	184	2
Grafik	39	275	90
Papier	38	485	86
Chemie	18	132	167
Textilien	16	103	20
Stein, Glas und Keramik	9	40	123
Gummi und Gummiprodukte	1	12	--
Insgesamt	2522	9469	2666

Die Tabelle zeigt, dass sich das jüdische Engagement in Industrie und Handwerk vor allem auf Wirtschaftszweige wie die Bau-, Bekleidungs- und Nahrungsmittelindustrie sowie Dienstleistungen konzentrierte. Zehn Jahre später hatte sich diese Situation nicht verändert, wie die folgenden Angaben über den Anteil der Juden an den einzelnen Branchen zeigen (in Prozent):

---

[31] Mendelsohn, Polen, S. 184 f.; Pinkas ha-Kehillot, Ostgalizien, S. 25.

Branche	Lemberg (Stadt)	Lemberg (Landkreis)
Handel	40	43
Industrie und Handwerk	34	30
Öffentlicher Dienst, Erziehung und Kultur, Medizin, Wohlfahrt, Haushaltsdienste und andere Leistungen	22	15
Transport	4	3
Landwirtschaft	0	9

Obwohl die Wirtschaftskrise ganz Polen erfasste, ging es den jüdischen Ladenbesitzern und Handwerkern schlechter als der Durchschnittsbevölkerung. Die jüdische Einwohnerschaft lebte in ständiger Armut und Not. Im Jahr 1934 war – vor allem während der jüdischen Feiertage – mehr als die Hälfte der jüdischen Familien in Lemberg auf öffentliche Unterstützung angewiesen. Kurz vor dem Beginn des Zweiten Weltkriegs sah sich eine wachsende Zahl jüdischer Kleinhändler gezwungen, öffentliche Anleihen aufzunehmen. Dennoch wuchs die jüdische Bevölkerung Lembergs nach einem Rückgang in den ersten beiden Jahrzehnten des 20. Jahrhunderts weiter an: von 26.694 Einwohnern im Jahre 1900 und 44.258 im Jahre 1921 auf 99.595 im Jahre 1931. Ihr Anteil an der Gesamtbevölkerung der Stadt nahm ebenfalls zu, und zwar von 29 % zu Beginn des 20. Jahrhunderts auf 35 % im Jahre 1921; 1931 ging er auf 31 % zurück. Im Landkreis Lemberg waren zu Beginn der 1920er-Jahre 11,6 % der Bevölkerung, am Ende des Jahrzehnts 8,6 % Juden. Zahlreiche Juden aus ländlichen Gegenden und den Shtetln zogen in die großen Städte, wo sie entweder eine Beschäftigung fanden, mit der sie ihren Lebensunterhalt verdienten, oder unter elenden Bedingungen lebten.[32]

---

[32] Der Anteil der Juden, die vor dem Pessachfest der Sozialhilfe bedurften, deutet darauf hin, in welcher Not sich die polnischen Juden in den letzten Jahren vor dem Krieg befanden. Im Jahre 1934 erhielt mehr als die Hälfte der jüdischen Haushalte Unterstützung. Siehe Mahler, Die polnischen Juden zwischen den beiden Weltkriegen, S. 189, 194; Jacob Leshchinsky erlebte das deprimierende Schauspiel der Einreichung von Anträgen an die Vereinigung der Kleinhändler in Lemberg mit und beschreibt dies in seinem Buch Di ekonomishe lage fun die yidn in poyln, Berlin 1932, S. 65–69. Jacob Leshchinsky, Oyfn rond fun opgrunt, Buenos Aires 1947, S. 28.

Politische und gesellschaftliche Aktivitäten

Im Hinblick auf die Gesellschaftsordnung und das politische Regime war Galizien progressiver als die Gebiete „Kongresspolens", die früher vom Russischen Reich annektiert gewesen waren. Seit der österreichisch-ungarischen Herrschaft waren die Bewohner Galiziens einschließlich der Juden daran gewöhnt, dass Wahlen stattfanden und sie sich autonom und ungehindert politisch engagieren konnten. Sie waren in der öffentlichen und parlamentarischen Auseinandersetzung versiert und pflegten eine lebhafte politische Kultur. Die politischen Strömungen der Juden in Galizien unterschieden sich von jenen in den zuvor von Russland beherrschten Gebieten Polens. Chassidim, Haskalah, Orthodoxie, Reformjudentum, assimilierte Juden, Zionismus und die Arbeiterbewegung – alle hatten in Galizien einen besonderen Charakter.

Neben den traditionell lebenden Juden, die rabbinische Gewänder, Hüte und *Streimelach* trugen, kleideten sich in Galizien viele Juden nach der Mode, besaßen akademische Titel und übten freie Berufe aus. In der Zwischenkriegszeit gab es zahlreiche jüdische Gymnasiallehrer, Rechtsanwälte, Ärzte, Universitätsabsolventen und Doktoren galizischer Herkunft. Viele von ihnen ließen sich in den verstreut liegenden jüdischen Gemeinden nieder und leisteten bedeutende Beiträge zum jüdischen Erziehungssystem und zu den jüdischen Kultur-, Gesundheits- und Sozialeinrichtungen.

In der Zeit zwischen den beiden Weltkriegen war die jüdische Gemeinde in Lemberg – die drittgrößte in Polen – ein Zentrum vielfältiger politischer Aktivitäten. Ihre sozialen und politischen Verhältnisse waren in gewissem Maße von der österreichisch-ungarischen Herrschaft beeinflusst worden, hatten sich aber auch an die soziopolitischen Realitäten des jüdischen Lebens im unabhängigen Polen angepasst.

In den Zwischenkriegsjahren musste die Kommunistische Partei Polens im Untergrund operieren. Die polnische Regierung verfolgte ihre Mitglieder und inhaftierte viele von ihnen im Gefängnis und in dem 1934 von der polnischen Regierung errichteten Gefangenenlager von Bereza Kartuska.[33] Zahlreiche Juden waren in dieser

---

[33] Tania Fuchs, A vanderung iber okupirte gebitn, Buenos Aires 1947, S. 54–56.

Partei aktiv, und viele junge Juden schlossen sich ihrer illegalen Jugendbewegung an. Jüdische Kommunisten stammten aus allen Bevölkerungsschichten: Arbeiter, Handwerker und Intellektuelle. Im Jahre 1938 löste die Kommunistische Internationale (Komintern) die Kommunistische Partei Polens (Komunistyczna Partia Polski, KPP) auf, weil sie von der offiziellen Parteilinie abgewichen und es dem polnischen Geheimdienst gelungen war, ihre Reihen mit zahlreichen Informanten zu infiltrieren. Dennoch entließ die polnische Regierung keine Parteimitglieder aus der Haft. Und auch die illegal weiterhin aktive Kommunistische Partei hatte kein Interesse an ihrer Entlassung. Die Führung der Kommunistischen Partei Polens beschloss, Kommunisten in die Reihen bestehender Jugendbewegungen einzuschleusen, um aus ihrem Inneren heraus zu operieren. Im Falle der Sozialistischen Partei Polens (PPS) gelang dies in vergleichsweise großem Umfang. Junge jüdische Kommunisten schlossen sich den Jugendbewegungen des *Bund*, der *Zukunft* und sozialistisch-zionistischen Jugendbewegungen wie dem *Ha-Schomer Ha-Za'ir* an. Im legalen Rahmen des *Bunds* fanden die Kommunisten ein geeignetes Umfeld für gewerkschaftliches Engagement.

In den 1920er-Jahren spielte der *Bund* innerhalb der jüdischen Arbeiterbewegung die zentrale Rolle. Er bemühte sich intensiv um die Verbreitung der jiddischen Sprache. Auch wenn er in den Wahlen zum Sejm keine Mandate errang, war er doch bei den Kommunalwahlen eine bedeutende politische Kraft. 1939 stimmten etwa 40 % der jüdischen Wähler für mit dem *Bund* assoziierte Listen, und bei den Wahlen für die Einrichtungen der *Kehilla* und der jüdischen Ratsversammlungen konnte die Partei ihre Macht festigen.[34]

---

[34] Für Informationen über den Bund siehe Jacob Sholem Hertz (Hrsg.), Doyres Bundistn, Bd. II, New York 1956, S. 182–190; Pinkas ha-Kehillot, Ostgalizien, S. 29 f.; Mosche Kleinboim, Die Situation der Juden in Ostgalizien, in: Die Vernichtung der europäischen Juden, Jerusalem 1940 [hebr.], S. 33; Dov Levin, Eine Zeit in Klammern: 1939–1941. Episoden aus dem Leben der Juden in den von der Sowjetunion annektierten Gebieten bei Ausbruch des Zweiten Weltkriegs, Jerusalem/Tel Aviv 1989 [hebr.], S. 343, 259, 271; Interview mit Shmaya Rodnicki (im Besitz des Autors); siehe auch Kapitel 2. Gertrud Pickhan, Gegen den

Die Juden Galiziens vertraten sowohl in „externen" Angelegenheiten, also in Bezug auf die Beziehungen zu Polen und Ukrainern, als auch bei Interna, die die Organisation der Gemeinde betrafen, ihre eigenen politischen Ansichten, die sich von denen des polnischen Judentums unterschieden.

Als Lemberg und Galizien in das unabhängige Polen eingegliedert wurden, wurden die Bemühungen, die Region zu polonisieren, verstärkt, und die Fragen des Status und der Rechte der Minderheiten erlangten größere Bedeutung. Im Vorfeld der Wahlen zum ersten Sejm 1922 verschoben die Behörden die Grenzen der Wahlkreise, sodass sich die Polen in jedem Distrikt eine Mehrheit sicherten und sich die Zahl der Minderheitenvertreter im Sejm verringerte.

In Anbetracht dessen bot es sich für die Juden an, mit der ukrainischen Minderheit zu kooperieren. Aber obwohl die Bedingungen eine Zusammenarbeit nahelegten und es konkrete politische Absprachen gab, waren die tatsächlichen Ergebnisse enttäuschend. 1921 nahm die Idee, unter Einbeziehung aller jüdischen Parteien einen „Minderheitenblock" zu bilden, Form an. Die treibende Kraft hinter diesen Bemühungen war der polnische Zionistenführer Izaak Grünbaum,[35] der mit den Führern der ukrainischen und der deutschen Minderheiten über ein gemeinsames Vorgehen verhandelte, um die Pläne der polnischen Regierung zur Beschneidung der Minderheitenrechte zu vereiteln.

Im Unterschied zu Grünbaum und seinen Mitstreitern im übrigen Polen hielten die Zionisten in Lemberg, die durch die Angliederung Ostgaliziens an Polen an politischem Einfluss gewonnen hatten, es für erforderlich, die jüdische Politik mit den neuen Realitäten in Einklang zu bringen, ohne die bisher praktizierte Neutralität im polnisch-ukrainischen Konflikt aufzugeben. Sie

---

Strom. Der Allgemeine Jüdische Arbeiterbund „Bund" in Polen 1918-1939, Stuttgart 2011.

[35] Izaak Grünbaum (1879–1970), zionistischer Politiker in Polen, Delegierter im polnischen Sejm und Organisator des „Minoritätenblocks" für den Kampf um die nationalen Rechte des polnischen Judentums. Im Jahre 1933 wurde er Mitglied der Exekutive der Jewish Agency und der Zionistischen Organisation. Erster Innenminister des Staates Israel.

entsandten einen Sonderbeauftragten zu einem Treffen ukrainischer Repräsentanten nach Wien, um diesen zu versichern, dass sich die Haltung der Juden Ostgaliziens gegenüber der ukrainischen Bevölkerung nicht verändert habe; gleichzeitig propagierten sie jedoch die Zusammenarbeit mit den polnischen Behörden und deren Unterstützung. Anstatt sich dem „Minderheitenblock" Grünbaums anzuschließen, stellten sich die Zionisten in Ostgalizien mit einer eigenen Liste für den Sejm und den Senat zur Wahl, um sowohl dem Zorn der Ukrainer als auch dem der Polen zu entgehen.

Die Wahlen fanden am 5. November 1922 statt. 19 Listen standen zur Wahl (darunter auch eine separate Liste des *Bunds* und der *Po'alei Zion*, die keinen Sitz erhielt). Der Minderheitenblock, der Juden, Weißrussen, Russen und Deutsche umfasste, erhielt 66 der 444 Sitze, und die separate Liste der ostgalizischen Zionisten gewann 15. Im Block der 66 Sitze fielen 20 auf die Ukrainer, 17 auf die Juden, 17 auf die Deutschen, elf auf die Weißrussen und einer auf die Russen. Der Block gewann 23 der 111 Sitze des Senats, davon die Ukrainer sechs, die Juden acht, die Deutschen fünf, die Weißrussen drei und die Russen einen.

Als die gesetzgebende Versammlung zusammengetreten war, zerfiel der Block in nationale Fraktionen. Die jüdischen Abgeordneten beider Teile Galiziens schlossen sich zu einem „jüdischen Kreis" (*Koło żydowskie* auf Polnisch) zusammen, der 42 Abgeordnete in den Senat und den Sejm entsandte. Die Mehrheit der Ukrainer boykottierte die Wahlen, mit der Ausnahme der kleinen, propolnischen ukrainischen *Bauernpartei* (die „Chliboroby"), die als Partner im Block der Minderheiten 20 Sitze erhielt. Der Boykott der Ukrainer verschaffte den anderen Listen, einschließlich denen der Juden, mehr Sitze, als sie andernfalls gewonnen hätten.[36]

---

36 Knaan, Der Hass der Ukrainer, S. 89; Levin, Eine Zeit in Klammern: 1939–1941, S. 173 f.; *Der Moment* (Mittogblatt, Warschau), 20.11.1922, 6. und 12.11.1938; Y. Netzer, Die Politik der jüdischen Vertreter im neu gewählten Sejm in Polen (1918–1922), Dissertation, Universität Tel Aviv 1976 [hebr.], S. 310; M. Landau, Die Juden als nationale Minderheit in der Zeit des unabhängigen Polen (1918–1925), Dissertation, Hebräische Universität Jerusalem 1973 [hebr.], S. 96 ff.; *Togblat* (Lemberg), 26.6., 2. und 6.7.1925.

Zionistische Parteien in Ostgalizien

Die politischen Verhältnisse, in denen die Juden Galiziens lebten, beeinflussten die Einstellung der zionistischen Funktionäre in dieser Region zur Regierung des unabhängigen Polen. Die galizischen Zionisten kooperierten mit der zionistischen Bewegung in Polen, agierten aber separat und autonom. Die Leiter der Allgemeinen Zionisten in Galizien, Dr. Leon Reich aus Lemberg und Rabbi Dr. Joschua Thon aus Krakau, standen für eine gemäßigte Politik, mittels derer sie in einen Dialog mit den Polen zu treten hofften. Sie glaubten, dass die aufgeklärten Polen letztendlich die Stellung der Juden anerkennen würden. Die Unstimmigkeiten zwischen den Zionisten in Galizien und jenen im restlichen Polen setzten sich im Verlauf der gesamten Zwischenkriegszeit fort.[37]

Bei den Wahlen zum zionistischen Kongress erzielten die Parteien in Lemberg folgende Ergebnisse:[38]

Partei /Liste	15. Kongress 1927	17. Kongress 1931	18. Kongress 1933	19. Kongress 1935
Allgemeine Zionisten	433	1063	3166	4655
Arbeitendes Palästina	-	-	1935	3223
Radikale Zionisten	70	95	273	1964
Misrachi	301	443	744	1189
Staatspartei	-	-	303	876
Revisionisten	53	545	655	-
Union	190	656	205	-

Der Gegensatz zwischen den Positionen der Zionisten in Ostgalizien und im Rest Polens wurde Mitte der 1920er-Jahre erneut deutlich. Als die polnische Regierung den Zionisten Erleichterungen in der

---

[37] Folgende Personen waren unter den zionistischen Führern in Lemberg: Emil Zormerstein, Michael Ringel, Shimon Federbusch, Tsviya Heller, Fischel Rothenstreich, Henryk Rosmaryn, Abraham Silberstein. Mendelsohn, Polen, S. 181; *Togblatt* (Lemberg), 26./27.6.1925; *Der Moment* (Warschau), 6.10.1935; *Der Morgn* (Lemberg), 16.2.1929, 28.6.1925.

[38] Pinkas ha-Kehillot, Ostgalizien, S. 29.

Wirtschaftspolitik als Gegenleistung für ihren Austritt aus dem Minoritätenblock anbot, reagierten die zionistischen Führer in Galizien positiv. Dr. Reich und Rabbi Dr. Thon verhandelten mit der Regierung im Auftrag der Juden Galiziens und arbeiteten eine „Übereinkunft" oder einen „Kompromiss" aus (Poln. *ugoda*). Sie glaubten, dass dadurch die antijüdischen Diskriminierungen teilweise beseitigt und die Rechte der Juden in Polen festgelegt würden und so eine neue Ära in den polnisch-jüdischen Beziehungen eingeleitet würde. Izaak Grünbaum und die Zionisten Polens widersetzten sich der *ugoda*. Grünbaum argumentierte, dass die *ugoda* nur eine Illusion sei. „Die polnische Regierung kann ihre Versprechen nicht halten", beklagte er, „denn die Öffentlichkeit ist antisemitisch, und der Regierung fehlt die Macht, dagegen vorzugehen."[39]

Die Debatten um die *ugoda* machten die unterschiedlichen Positionen der galizischen Zionisten und der jüdischen Führung in Warschau deutlich. Dr. Reich befürwortete eine nüchterne Realpolitik. In der Praxis schätzte er seinen Spielraum jedoch falsch ein. Starke irrationale Faktoren sowie ökonomische und politische Inte-

---

[39] Über die Verhandlungen zwischen den Juden und der Regierung, *Ha-Yom* (Warschau), 29.6.1925; ein Artikel über das Thema von Dr. Reich, ebenda, 12.6.1925; ein Artikel von Dr. Yehoshua Thon, ebenda, 19.6.1925; Leitartikel, Artikel und Reportage über dasselbe Thema, ebenda, 15. und 29.6., 2. und 5.7.1925. Vgl. auch den Bericht über einen Vortrag von Izaak Grünbaum in Krakau über „Views on the Ugoda", wie in der polnisch-jüdischen Zeitung *Nowy Dziennik* vom 14. Januar 1926 wiedergegeben, zitiert nach M. Landau, Die Bedeutung der Ugoda von 1925 in den polnisch-jüdischen Beziehungen, in: Zion 37 (1972) [hebr.], S. 66–100.
Nach Angaben von *Ha-Yom* vom 8.7.1935 hatte eine offizielle Stelle bekannt gegeben, dass „die politischen Parteien der Regierung mitgeteilt haben, dass die Formulierung des Übereinkommens einer rechtlichen Prüfung nicht standhält" und „das Übereinkommen verfassungswidrig ist". Demzufolge „wird es Zeit in Anspruch nehmen, die erforderliche rechtliche Begründung zu entwickeln". Dennoch wurde ein Korrespondent von *Ha-Yom* informiert, der hauptsächliche Grund für den verzögerten Abschluss der Vertragsangelegenheit sei die Verschleppung vonseiten der Endek-Partei (Nationale Demokraten). Siehe auch *Togblat* (Lemberg), 2. bis 27.6. und 2.7.1925.

ressen machten seine Vorstellungen von den zukünftigen Beziehungen zwischen Polen und Juden zunichte. Grünbaum, der glaubte, dass die polnische Öffentlichkeit und ihre Führung von starken Emotionen getrieben wurden, lehnte den Dialog und ein Abkommen mit den Polen ab. Die *ugoda* wurde nicht zügig in Kraft gesetzt, und in der Zwischenzeit fand 1926 der Staatsstreich von Piłsudski statt. Anstatt abzuflauen, verstärkten sich die Interessenkonflikte, und die antisemitischen Vorfälle nahmen zu.

Ein Teil der ukrainischen Presse agitierte ebenfalls gegen die bilateralen Beziehungen. Vom Standpunkt der Ukrainer aus war die *ugoda* ein Indiz dafür, dass die jüdische Gemeinschaft nicht mehr hinter den nationalen Bestrebungen der Ukrainer stand; sie waren besorgt, dass die *ugoda* die galizischen Juden zu einem Werkzeug zur Polonisierung der ukrainisch besiedelten Gebiete machen würde. Die *ugoda* verstärkte auch den Antisemitismus unter den Ukrainern, wie die antijüdischen Tiraden in der ukrainischen Presse zeigten. Die polnische Presse – vor allem die der extremen Rechten – überzeichnete die Ängste der Ukrainer mutwillig und betonte den Sinneswandel, den die Juden infolge des Abkommens gegenüber den Polen und den anderen Minderheiten angeblich vollzogen hatten.[40]

Nach langwierigen Auseinandersetzungen fanden 1934 in Lemberg Kommunalwahlen statt. Im Vorfeld der Stimmabgabe gründete sich ein allgemeiner jüdischer Block, dem die Allgemeinen Zionisten, die *Misrachi*, die Revisionisten, Vertreter der Wirtschaftsorganisationen und die assimilierten Juden angehörten. Die *Po'alei Zion* stellte eine separate Liste der sozialistischen Zionisten auf, die die Behörden aber nicht zur Wahl zuließen, sodass dem jüdischen Block die Mehrheit der jüdischen Wählerstimmen sicher war. Der *Bund* stellte sich auf einer gemeinsamen Liste mit der *Sozialistischen Partei Polens* (PPS) zur Wahl. Der jüdische Block entsandte 16 der 72 Stadträte, darunter neun Zionisten. Die jüdische Vertretung suchte nach Wegen, mit den Polen ins Gespräch zu kommen, in der Hoffnung, dass Letztere die Forderungen der Juden nach Beendigung der Diskriminierungen und Aggressionen gegen die jüdische Bevölkerung unterstützen würden. Die polnische Mehrheit wies diese Annäherungsversuche jedoch zurück.

---

[40] Landau, Die Bedeutung der Ugoda; *Ha-Yom*, 1925.

* * *

Die Parteien hatten aktive Jugendbewegungen. Der *No'ar ha-Zioni*, die Jugendbewegung der Allgemeinen Zionisten, gründete in verschiedenen Stadtvierteln Lembergs Zellen. 1934 hatte er 875 Mitglieder. 1935 schloss sich ihm die *Ha-Tikwa* an. Die radikalen Zionisten hatten in Lemberg ihre eigene Jugendorganisation, *Ha-Schachar*. Auch die *Akiwa*-Bewegung war hier aktiv. Die Lemberger Abteilung der Jugendbewegung *Betar*, die zur Partei der Revisionisten gehörte, hatte 1930 165 Mitglieder. Nach der Spaltung der revisionistischen Bewegung 1933 entstand ein Zweig der Partei des jüdischen Staates, die eine Filiale in Lemberg hatte. Auf Initiative der Revisionisten hin wurden vier akademische Jugendvereine in Lemberg eingerichtet: *Menora*, *Nordiya*, *Kadima* und *Jehudiya*.

Eine Reihe von Jugendorganisationen stand der *Misrachi*-Bewegung nahe: *Ze'irei Misrachi*, *Bnot Misrachi*, *He-Chalutz ha-Misrachi*, *Bnei Akiwa* und *Tora ve-Avoda*.

Die Charedim (*Agudat Israel*) gründeten ebenfalls Jugendorganisationen: *Ze'irei Agudat Israel*, *Bnos Agudat Israel* und *Pirchei Agudat Israel*. Mit den *Po'alei Zion* waren die Organisationen *Ha-No'ar ha-Lomed*, *Ze'irei Zion* (eine radikale zionistische Gruppe), *Ze'irei Jehuda* (die Unterprivilegierte und Jugendliche aus Arbeiterkreisen rekrutierte) und *Haschmona'i*, eine Studentenvereinigung, verbunden. Einige Jugendorganisationen standen der Unionspartei nahe: *Gordonia* und *Busilia* sowie drei Studentengruppen: *Jehudiya*, *He-Atid* und der *A.D. Gordon*-Kreis. Der Zweig des *Ha-Schomer Ha-Za'ir* wurde im unabhängigen Polen wieder aktiv und hatte 1938 283 Mitglieder.

Seit 1919 war ein Zweig des *He-Chalutz* in Lemberg aktiv, und alle sozialistisch zionistischen Jugendbewegungen arbeiteten mit ihm zusammen. *He-Chalutz* organisierte Ausbildungsplätze in der Landwirtschaft und suchte nach Möglichkeiten, seine Mitglieder in Ostgalizien auf Bauernhöfen in jüdischem Besitz unterzubringen, um sie auf ihre Auswanderung nach Palästina vorzubereiten. Parallel zum *He-Chalutz* war ein Zweig der Bewegung *Dror* – (Freiheit) aktiv. Am Vorabend des Zweiten Weltkriegs besaßen *He-Chalutz* und die anderen zionistischen Pionierorganisationen

Ausbildungsfarmen („Kibbutzim") in der Gegend von Lemberg:[41] Unter anderem existierte dort ein Kibbutz mit 60 Pionieren, darunter 15 Jugendliche aus Deutschland. In einem anderen lebten 35 Jugendliche auf einem Bauernhof, der von allen zionistischen Gruppen Galiziens gemeinsam betrieben wurde. Ferner gab es mindestens noch vier weitere Kibbutzim, über die aber keine genaueren Informationen vorliegen. Darüber hinaus existierte eine Vielzahl pro-zionistischer Gesellschaften und Organisationen, darunter Frauenvereine, studentische Aktionskreise und die Jugendbewegung *Achwa*.

* * *

In der Zwischenkriegszeit erschien in Lemberg eine Vielzahl jüdischer Tages- und Wochenzeitungen sowie Bulletins auf Hebräisch, Jiddisch und Polnisch. Eine der bekanntesten war die Tageszeitung *Togblat*, deren erste Ausgabe Moshe Kleinmann[42] in Lemberg 1904 herausgab; sie erschien bis zum Beginn des Zweiten Weltkriegs.

Seit 1919 erschien in Lemberg eine zionistische jüdische Tageszeitung mit dem Titel *Chwila* (Moment) auf Polnisch. Sie war von Dr. Gerschon Cyper gegründet worden und für ihre außergewöhnliche Qualität, ihre vielfältigen Informationen und ihren anspruchsvollen Literaturteil bekannt. *Chwila* positionierte sich gegen die jüdische Assimilation und gegen den unter Polen und Ukrainern verbreiteten Antisemitismus.[43]

* * *

---

[41] R. Perlis, Die Pionierbewegungen im besetzten Polen während des Holocaust, Dissertation, Hebräische Universität Jerusalem 1982 (hebr.); siehe auch Kapitel 2.

[42] Moshe Kleinmann (1870-1948), zionistischer Schriftsteller und Journalist. In Lemberg war er Chefredakteur der Tageszeitung *Togblat* und anschließend in gleicher Position bei den Zeitungen *Gut Morgn* und *Unser Leben*. Nach der Russischen Revolution wurde er Chefredakteur der Zeitung *Ha-Am* in Moskau. Von 1922 bis zu seinem Tod war er Chefredakteur von *Ha-Olam*. 1935 zog er nach Palästina.

[43] Samet, Die jüdische Presse; Weichert, Memoiren; Pinkas ha-Kehillot, Ostgalizien.

Teil I:
Die sowjetische Herrschaft
September 1939–Juni 1941

Kapitel 1:
Lemberg unter sowjetischer Herrschaft

1. Der Beginn des Zweiten Weltkriegs und die Teilung Polens – die Rote Armee marschiert in Lemberg ein

Am Freitag, dem 1. September 1939, wurden die Bewohner Lembergs frühmorgens von Bombenlärm geweckt. Die Deutschen waren in Polen einmarschiert und der Zweite Weltkrieg hatte begonnen. Zunächst wollten die polnischen und jüdischen Einwohner Lembergs die Stadt verteidigen, doch die Deutsche Wehrmacht marschierte gar nicht in Lemberg ein.

Eine Woche vor der Invasion, am 23. August 1939, hatten die Außenminister der Sowjetunion und Deutschlands, Wjatscheslaw Michailowitsch Molotow und Joachim von Ribbentrop, einen Nichtangriffspakt unterzeichnet, der einen geheimen Anhang enthielt, dass Polen zwischen beiden Ländern geteilt werden sollte. Die Deutschen sollten den westlichen und zentralen Teil Polens erhalten; die Sowjets würden den östlichen Teil einschließlich dem Westen Weißrusslands und der Ukraine in Besitz nehmen.[44]

Infolgedessen besetzte die Wehrmacht nur für wenige Tage die Westukraine und zog sich dann auf die vereinbarte Grenzlinie auf dem anderen Ufer von Bug und San zurück. Am 17. September überschritten Einheiten der Roten Armee die östliche Grenze Polens und marschierten Richtung Westen. Am 20. September kreisten sie Lemberg ein. Zwei Tage später ergaben sich die Polen unter dem Befehl von General Langner den sowjetischen Gebietskommandeuren, und die Rote Armee marschierte in der Stadt ein.[45]

---

44 Siehe den geheimen Anhang des Übereinkommens in Walter Hofer, Die Entfesselung des Zweiten Weltkrieges. Eine Studie über die internationalen Beziehungen im Sommer 1939. Mit Dokumenten, Frankfurt a.M. 1960, S. 102 f. Vgl. auch Iwo Pogonowski, Poland. A Historical Atlas, New York 1987; Klaus Jürgen Thies, Der Polenfeldzug. Ein Lageatlas der Operationsabteilung des Generalstabs des Heeres, Osnabrück 1989.

45 Am 17. September wusste die polnische Regierung immer noch nichts vom Einmarsch der Roten Armee in das Land. Sie erfuhr davon aus einer Ansprache des sowjetischen Außenministers Molotow im Radio. Die polnische Regierung befahl der polnischen Armee, sich bis zum 20.

Die sowjetischen Kommandeure befahlen den polnischen Soldaten, die Waffen niederzulegen. Wer seine Waffen ablieferte, erhielt einen Teller Suppe und eine Scheibe Brot und wurde entlassen. Die Straßen waren voll mit Tausenden von heimatlosen, hungrigen polnischen Soldaten. Sie saßen in der Stadt in der Falle und wussten nicht wohin. Viele zogen es vor, sich als Kriegsgefangene festnehmen zu lassen, denn dann erhielten sie wenigstens eine warme Mahlzeit. An anderen Orten in der westlichen Ukraine und in Weißrussland nahmen die Sowjets jeden, der wollte, als Kriegsgefangenen fest, aber in Lemberg nicht. „Ich sah ein Land vor mir, das den Anschein einer Großmacht erweckt hatte und das nun wie ein Kartenhaus zusammenbrach", hielt ein junger Jude seine Erfahrungen fest.[46]

September im Distrikt von Lemberg zu sammeln, wo sie planmäßig eine Verteidigungslinie entlang der rumänischen Grenze errichten sollte. Bis zu diesem Zeitpunkt hatten die deutschen Panzer jedoch schon den Stadtrand von Lemberg und andere Orte in Ostgalizien erreicht, wie Przemyśl, Sambór, Drohobycz, Borysław und Stryj. Nach einigen Tagen zogen sie sich auf eine im Ribbentrop-Molotow-Pakt vereinbarte Linie zurück und übergaben das Gebiet den sowjetischen Besatzern. Stefan Szende, Der letzte Jude aus Polen, Zürich 1945; Leon Wieliczker-Wells, The Death Brigade, New York 1978, S. 26 ff.; Pinkas ha-Kehillot, Ostgalizien, S. 32 ff.; Levin, Eine Zeit in Klammern: 1939–1941; Zeugenaussage Walter Reiss, YVA, O-3/2241.

[46] Levin, Eine Zeit in Klammern: 1939–1941, S. 17; Z. Rennert, Drei Viehwaggons 1914–1954, Jerusalem 1988 [hebr.], S. 11; Szende, Der letzte Jude, S. 151 ff.

Treffen zwischen deutschen und sowjetischen Soldaten in Lemberg im September 1939. © United States Holocaust Memorial Museum 72957, mit freundlicher Genehmigung des Yad Vashem Photo Archives.

Mit der Ankunft der Roten Armee wurde in Lemberg ein völlig neuer Zeitabschnitt eingeläutet. Vom ersten Augenblick ihrer Präsenz an benahmen sich die Sowjets, als stünden sie unter dem Druck, die „alte Welt" und alles, was sie daran erinnerte, so schnell wie möglich regelrecht auszuradieren. In der Stadt hingen riesige rote Fahnen und Bilder von Stalin, kommunistischen Parteiführern und Kommandeuren der Roten Armee. Plakate in drei Sprachen – Ukrainisch, Polnisch und Jiddisch – wurden an die Hausmauern geklebt. Die Buchläden füllten sich mit sowjetischer Literatur, vorwiegend zu politischen Themen. Jeden Tag kreisten Flugzeuge über der Stadt und warfen Bündel mit sowjetischen Zeitungen in den Landessprachen ab. Erst das Erscheinen der neuen polnischsprachigen *Czerwony Sztandar* (Die Rote Fahne) setzte dem ein Ende.[47] Die Zeitungen der Vorkriegsära verschwanden spurlos.

Fast täglich fanden an allen Arbeitsstätten nach Betriebsschluss Versammlungen statt. Bei Straßenumzügen wurden riesige Banner

---

47 Aleksander Wat, Mój Wiek. Pamiętnik mówiony, Bd. 1, London 1977, S. 155.

und Portraits der sowjetischen Funktionäre gezeigt.[48] Volksküchen gaben Suppe und Brot an die Hungernden aus. In den ersten Tagen gestattete es das sowjetische Regime Flüchtlingen, sich zu organisieren, und versorgte sie mit Brot, Decken und anderen lebensnotwendigen Dingen. Sowjetische Soldaten positionierten sich auf den Plätzen und an den Straßenkreuzungen und machten die Passanten auf sich aufmerksam; sie schilderten in glühenden Farben das Leben in der Sowjetunion. Viele von ihnen sprachen Ukrainisch, einige Polnisch und sogar Jiddisch.

2. Die Reaktion der Bevölkerung auf die Ankunft der Sowjets

Der Ribbentrop-Molotow-Pakt und die sowjetische Okkupation Ostgaliziens versetzten den ukrainischen Nationalisten einen schweren Schlag. Die Ablehnung der polnischen Herrschaft durch die Ukrainer und die Reaktion der polnischen Sicherheitskräfte auf deren Widerstand hatten die Beziehungen zwischen den ukrainischen Nationalisten und den Nationalsozialisten gefestigt. Erstere hielten den Nationalsozialismus für eine nationale Bewegung, die Unterstützung und Nachahmung verdiente; die Nationalsozialisten wiederum anerkannten die ukrainischen Nationalisten als Verbündete in ihrem Kampf gegen den Kommunismus. Bestärkt durch die Besetzung Polens und den Einmarsch der Wehrmacht in die westukrainischen Gebiete waren die ukrainischen Nationalisten überzeugt, dass Hitler seinen Armeen nicht auf halber Strecke Einhalt gebieten würde. Es kam ihnen nicht in den Sinn, dass Hitler sie im Stich lassen könnte; vielmehr rechneten sie damit, dass er die Voraussetzungen für einen ukrainischen Staat schaffen würde. Sie betrachteten die Vereinigung der Westukraine mit der Sowjetrepublik Ukraine als eine von den Sowjets verursachte nationale Katastrophe. Die Deutschen instrumentalisierten die Situation und schürten die Hoffnungen der Ukrainer auf einen eigenen Staat.

---

[48] Bericht über jüdische Schulen in Lemberg, 1939–1941, unter dem Titel „Lwów-Szkolnictwo" nach Warschau geschickt und im Ringelblum-Archiv erhalten. Siehe YVA, M-10/75, S. 46; Wat, Mój Wiek, S. 28; siehe auch *Der Stern* (Kiew), 24.9.1939.

Die Sowjets wussten um die Befindlichkeiten der Ukrainer und bemühten sich, ihre Sympathie zu gewinnen sowie auf ihren verletzten Stolz und die Minderwertigkeitsgefühle, die sie dem polnischen *Pan* (Herr) gegenüber empfanden, Rücksicht zu nehmen. Sie hatten auch keine Skrupel, die Ukrainer gegen die Polen aufzuhetzen. Der Zusammenbruch der polnischen Armee, die erneute Teilung Polens und der Verlust der polnischen Unabhängigkeit machten in gewisser Weise den Ukrainern wieder Mut. Die Sowjets leiteten verschiedene Maßnahmen ein, um sich die unzufriedenen Ukrainer gewogener zu machen: Sie förderten die ukrainische Kultur einschließlich ihrer im Volk verwurzelten Bräuche und ließen das Ukrainische (dessen Gebrauch in Polen verboten gewesen war) als offizielle Verwaltungssprache und in den Schulen zu. Die Sowjets ließen keine Gelegenheit aus zu betonen, dass sie gekommen seien, um den Ukrainern (und den Weißruthenen) „eine brüderliche Hand zu reichen".[49]

Im Gegensatz dazu versetzten die Panzer der Roten Armee in Lemberg der unabhängigen Republik Polen den Todesstoß. Die Polen waren wie erstarrt, als sie mitansehen mussten, wie binnen drei Wochen ihr Nationalstolz und der „Glanz Polens" erloschen. Warschau und Krakau wurden von den Deutschen, Lemberg von der Roten Armee besetzt; Letztere erklärte offen, ihr Ziel sei die Befreiung der Ukraine vom Joch des polnischen *Pan*.

Die Polen in Lemberg wurden in zweifacher Weise gedemütigt; sie hatten nicht nur ihre Macht in der Region eingebüßt, sondern fanden sich nun auch dem Druck durch die Ukrainer ausgesetzt, die sie als minderwertig betrachteten. Weniger als 20 Jahre, nachdem die Polen gegen die Ukrainer in den Krieg gezogen waren, waren jene zurückgekehrt, um mithilfe der Bajonette der bolschewistischen Armee über sie zu herrschen. Die Ukrainer ergriffen sofort Vergeltungsmaßnahmen gegenüber den Polen.

Die jüdische Öffentlichkeit begrüßte die durch den Rückzug der Deutschen und die Zuteilung Lembergs und Ostgaliziens an die Sowjets entstandene unerwartete Wendung mit Erleichterung, wenn nicht gar Freude. „Es herrschte ein unfassbares Gefühl großer Erleichterung", schrieb ein Augenzeuge, obwohl den meisten Juden bewusst war, dass das sowjetische Regime auch Unternehmen, die

---

49 Jakob Maltiel, Aus Rache..., Tel Aviv 1957 [hebr.], S. 196 f.

in jüdischem Besitz waren, enteignete und verstaatlichte. Außerdem war ihnen die feindliche und unbeugsame Haltung der Sowjets gegenüber der Religion und religiösen Einrichtungen, der *Kehilla* sowie den jüdischen Parteien und Jugendbewegungen bekannt.

Für ein paar Tage zumindest drängte das überraschende Eintreffen der Roten Armee in Lemberg jedoch alle Zweifel und Sorgen in den Hintergrund. Die jüdische Öffentlichkeit interpretierte die Ankunft der Sowjets als Ende der unmittelbaren Gefahr, die von einer nationalsozialistischen Herrschaft in Lemberg ausging. Viele Juden, vor allem junge Leute, drückten ihre Freude und Erleichterung darüber aus, „indem sie auf die Panzer kletterten und lauthals jubelten". Erwachsene Juden, denen die Flucht über die Grenze nach Rumänien nicht geglückt war, und hier vor allem die wohlhabenden, reagierten reservierter; aus Furcht vor dem, was sie und ihr Eigentum erwartete, bejubelten sie das Eintreffen der Sowjets nicht.

Im Gegensatz zu den Ukrainern und Polen hatten die Juden keine nationalstaatlichen Bestrebungen. Dennoch waren viele Angehörige der jüdischen Intelligenz bereit, in die Dienste des neuen Regimes zu treten. Im Vorkriegs-Polen hatten Juden Diskriminierung und Verfolgung erlebt; viele von ihnen betrachteten die Sowjets als Befreier, und dies vor allem im Hinblick auf die Alternative einer Besetzung durch NS-Deutschland. In der Tat gestatteten die Sowjets es den Juden in den ersten Monaten ihrer Besatzungsherrschaft, in der Verwaltung von Kultur, Wissenschaft und Wirtschaft zentrale Positionen einzunehmen. Doch noch vor dem Jahresende 1940 wurden viele Juden wieder entlassen und durch ukrainische Funktionäre aus Russland und der östlichen Ukraine ersetzt. Dennoch beschweren sich Ukrainer und Polen regelmäßig darüber, dass die Juden angeblich Schlüsselpositionen u.a. in der Polizei und bei anderen Sicherheitskräften besetzten. Die Rede war von einem „jüdischen Regime". Die Sowjets wussten um diese Ressentiments und waren nicht daran interessiert, derartige Gerüchte zu bestätigen und den Eindruck zu erwecken, dass sie ausgerechnet die Juden bevorzugten. Als sie ihre Herrschaft gefestigt hatten, waren immer weniger Juden in ranghohen Stellungen vertreten, und diejenigen, die weiterhin für die Sowjets arbeiteten, hatten in der Regel niedrige Positionen und spielten keine nach außen sichtbare Rolle.

3. Die Einstellung der Sowjets gegenüber den Volksgruppen

Die Sowjets begegneten allen Bewohnern der besetzten Gebiete überaus misstrauisch, selbst den offensichtlichen Sympathisanten. Als Polen unabhängig gewesen war, waren viele Kommunisten in Lemberg festgenommen und wegen kommunistischer Umtriebe inhaftiert worden. Die traditionelle Feindschaft zwischen Polen und Ukrainern und der Hass dieser beiden Völker auf die Juden verstärkten dieses Misstrauen und veranlassten die Sowjets, die lokale Bevölkerung mit noch größerer Vorsicht zu behandeln.

Da das sowjetische Regime jedoch alle Unabhängigkeitsbestrebungen unterdrückte und keinerlei Aktivitäten duldete, die es nicht selbst förderte, kamen die Feindseligkeiten zwischen den ethnischen Gruppen nicht offen zum Ausdruck, drohten aber jederzeit wieder auszubrechen. Das sowjetische Verbot von politischen Aktivitäten lähmte auch die ukrainische Nationalbewegung in Lemberg, die vor dem Krieg aktiv gewesen war. Im Gegensatz zum Vorkriegs-Polen instrumentalisierte das Regime die Zusammenstöße und Spannungen unter den ethnischen Gruppen nicht.[50]

Nachdem die „Westukraine" an die Ukrainische Sozialistische Sowjetrepublik angeschlossen worden war, wurde das Ukrainische dort zur offiziellen Sprache erklärt. Ukrainer wurden von den Regierungsstellen bevorzugt behandelt und als Leiter der meisten Ämter eingesetzt. Die Ukrainer in Lemberg verstanden es, die Situation für sich zu nutzen, und viele gelangten in den Regierungseinrichtungen in Schlüsselpositionen. Den Sowjets blieb jedoch der Nationalismus vieler Ukrainer in Lemberg nicht verborgen, und sie wussten, dass diese das sowjetische Regime und alles, was es repräsentierte, verabscheuten. Innerhalb kurzer Zeit brachten die Sowjets Bewohner aus der östlichen Ukraine, die ihnen nützlichere Dienste leisteten (die meisten Mitglieder der Kommunistischen Partei), nach Lemberg. Allmählich übernahmen diese Neuankömmlinge die höheren Verwaltungspositionen und erhielten Zugang zu vertraulichen Informationen.

---

[50] S. Shapira, Erinnerungen eines im Holocaust gequälten Juden, Tel Aviv 1953, S. 27; Wells, The Death Brigade, S. 28; Wat, Mój Wiek, S. 269, 278; Levin, Eine Zeit in Klammern: 1939–1941, S. 229.

Obwohl die Polen vor dem Krieg die städtische Verwaltung und die Regierungsbehörden geleitet hatten und eine professionelle Ausbildung und Erfahrung besaßen, zögerten die misstrauischen Sowjets, sie in verantwortliche Stellen einzusetzen. Die Sowjets hielten lediglich jene Polen für zuverlässig, die nicht mit dem vorherigen Regime assoziiert waren; nur sie verblieben in ihren bisherigen Positionen oder bekamen in der neuen Verwaltung eine Stelle. Im Grunde hielten die Sowjets alle Polen für verdächtig, einschließlich derer, die als Kommunisten verhaftet worden waren. Sie stellten nur Polen ein, die beweisen konnten, dass sie aus dem einfachen Volk, aus der Arbeiterklasse stammten, die dem Regime ihre Treue schworen und bereit waren, mit ihm zusammenzuarbeiten. Selbst dann wurden sie üblicherweise mit Funktionen mittleren oder niedrigen Ranges betraut. Diese Atmosphäre bereitete einen fruchtbaren Boden für Opportunisten.

Die Sowjets hielten überraschenderweise die Juden für vertrauenswürdiger. Das Problem in diesem Falle war jedoch, wie man die Fähigkeiten der Juden nutzen konnte, ohne den Ukrainern und Polen Gründe zu der Annahme zu liefern, dass die Juden das sowjetische Regime übernahmen. Die Lösung dieser komplexen Gemengelage bestand in einem dreiteiligen Anstellungssystem, das in jedem Unternehmen und in jeder Institution galt: Vorrangig wurden Ukrainer eingestellt, Juden nur als Fachleute, hinzu kam eine relativ kleine Anzahl von Polen. Die Ukrainer nahmen ihre bevorzugte Stellung sehr ernst und wiesen aus Angst, sie könnten sich in „ihre" Angelegenheiten einmischen, oft Russen zurück, die mit Unterstützung der Behörden aus der übrigen Sowjetunion eingetroffen waren. Während ihrer gesamten Besatzungszeit in Lemberg blieb die Einstellung der Sowjets den drei Volksgruppen gegenüber ambivalent, und sie gingen in bewährter Weise damit um: Jeder, an dessen Loyalität sie zweifelten, wurde in einen Zug verfrachtet und in den Osten verbannt.[51]

---

[51] Shapira, Erinnerungen, S. 15 f., 18, 22, 27; Levin, Eine Zeit in Klammern: 1939–1941, S. 16 f., 29, 47; Wells, The Death Brigade, S. 28; Wat, Mój Wiek, S. 269, 278; Rennert, Drei Viehwaggons, S. 79 ff.; Zeugenaussage Shalom Lewinter, YVA, O-3/2252.

4. Flüchtlinge

Mit dem Einmarsch der Deutschen in Polen setzte eine Massenflucht Richtung Osten in die Sowjetunion ein. Bis Kriegsbeginn hatten die Einwohner Polens gedacht, dass ihre Armee im Kriegsfall durchhalten würde, bis Großbritannien und Frankreich ihr zuhilfe kämen und die Eindringlinge zurückschlügen. Als die Wehrmacht jedoch im „Blitzkrieg" nach Polen einmarschierte und zügig voranschritt, traten die polnischen Soldaten nach kurzem Widerstand den Rückzug an, der sich rasch in eine panikartige Flucht verwandelte. Als der militärische Widerstand zusammenbrach und kein anderes Land Polen zuhilfe kam, schlossen sich viele völlig enttäuschte Polen der Massenflucht Richtung Osten an.

Die neue sowjetisch-deutsche Grenze war bis Oktober 1939 in beide Richtungen passierbar. Zahlreiche polnische Soldaten gelangten nach Rumänien, und viele polnische Einwohner Lembergs flohen nach Westpolen. In den ersten Tagen ließen die Sowjets alle passieren, die die Stadt verlassen wollten. Zehntausende Polen – die meisten Angehörige der Mittelschicht und ehemalige polnische Bürokraten, die ein Leben unter den Sowjets ablehnten oder sich davor fürchteten – flohen über die westliche Grenze. Gleichzeitig versuchten Tausende, nach Süden zu flüchten und sich nach Rumänien und Ungarn zu retten.[52] Andere, vor allem Juden, versuchten, den Deutschen Richtung Osten zu entkommen. Unter allen diesen Gruppen befanden sich Massen demobilisierter Soldaten, die in alle Richtungen flohen. Einige Juden kehrten in die westpolnischen Gebiete zurück, von wo sie nur kurze Zeit vorher aus Angst vor der deutschen Besatzung geflohen waren. Zehntausende von Juden, die den Westteil des Landes zuvor in Panik verlassen hatten, waren nun auf der Suche nach ihren Familien und wollten nach Hause zurückkehren, anstatt unter dem sowjetischen Regime in Lemberg als Flüchtlinge ihr Dasein zu fristen. Junge Leute, die die Grenze überschreiten und nach Palästina gelangen wollten, begriffen nun, dass

---

[52] Polnische Regierungsbeamte konnten in den ersten Tagen des Krieges die rumänische Grenze überqueren, und taten dies auch. Zudem zogen sich auch die Einheiten der polnischen Armee hauptsächlich über die rumänische Grenze zurück. Und schließlich flohen auch viele Menschen aus anderen Ländern, die durch den Krieg in der Falle saßen, über die Grenze nach Rumänien, darunter auch einige Juden aus Palästina.

sie ihre Pläne schnell in die Tat umsetzen mussten, bevor es zu spät war.

Lemberg war mit Flüchtlingen überlaufen. Das Eintreffen der Roten Armee setzte nahezu allen Kampfhandlungen ein Ende. An einigen Orten kämpften noch Einheiten der polnischen Armee gegen die Sowjets, aber dies war ein letztes Aufbäumen, das rasch niedergeschlagen wurde. Tausende hungernder, obdachloser Flüchtlinge drängten sich auf den Straßen der Stadt, darunter zahlreiche ehemalige polnische Militärangehörige, die gefangen genommen worden waren. Die einfachen Soldaten waren entlassen worden, die Offiziere wurden jedoch in Kriegsgefangenenlager verlegt.[53]

---

[53] Zeugenaussage Maximilian Borowicz, YVA, O-16/79, S. 16; Wat, Mój Wiek, S. 266; Wells, The Death Brigade, S. 23; Levin, Eine Zeit in Klammern: 1939–1941, S. 15; Leon Schneider, Wie ein gejagtes Tier, Tel Aviv 1977 [hebr.], S. 13, 20, 24, 26; Rennert, Drei Viehwaggons, S. 81 f.; C. Joachim Scheinfeld, Das Ghetto Lemberg und das Lager Janowska, Tel Aviv 1988 [hebr.], S. 41.

Kapitel 2:
Die Juden unter sowjetischer Herrschaft

1. Veränderungen in Verwaltung und Wirtschaft und ihre Auswirkungen auf die Juden von Lemberg

Einige Tage nach dem Einmarsch der Sowjets in Lemberg wurde die Stadt einer provisorischen Verwaltung unterstellt und zur Aufrechterhaltung der öffentlichen Ordnung eine Miliz gebildet. Die große Anzahl Juden bei der Miliz vermittelte der nichtjüdischen Bevölkerung den Eindruck, dass die Juden von Lemberg zu Lakaien der Sowjets geworden waren und viel mehr Macht erlangt hatten, als es tatsächlich der Fall war. Dieser Eindruck wurde offensichtlich von Parolen verstärkt, die schon vor dem Krieg weitverbreitet waren, wie zum Beispiel „Żydo-Komuna" – Judäo-Kommune – ein Begriff, der auf einen angeblichen Zusammenhang von Kommunismus und Judentum verweist. Einige Ehefrauen von Polen, die von den Sowjets verhaftet worden waren, baten jüdische Bekannte, ihren Einfluss zur Freilassung ihrer Ehemänner geltend zu machen.[54]

Im Oktober 1939 wurden allgemeine Wahlen zur Volksversammlung der Westukraine angekündigt. Wahlberechtigt war jeder Erwachsene, der vor dem 1. September des Jahres in der Westukraine wohnhaft gewesen war. Die Behörden gaben bekannt, dass jeder, der sich nicht im Wahllokal einfand, seine Bürgerrechte verlor.

Im Vorfeld der Wahlen hielten jüdische Funktionäre aus Ostgalizien in Lemberg eine geheime Beratung ab. Sie waren besorgt, dass eine starke jüdische Wahlbeteiligung von den Polen als Ausdruck der Identifikation der Juden mit dem neuen Regime und als Verrat an den polnischen Interessen interpretiert werden könnte. Doch die Antwort der Polen auf entsprechende Sondierungen vonseiten der Juden lautete: „Ein Befehl wurde erteilt – er muss befolgt werden. Schließlich gibt es keine andere Wahl." Von ihrem Standpunkt aus gesehen war die Möglichkeit, Ungehorsam zu leisten oder

---

54 Kleinboim, Die Situation der Juden in Ostgalizien, S. 33 ff., 54–64; Mosche Kleinboim (später Sneh) stand dem Zentralkomitee der Zionistischen Organisation in Polen vor und gab bis Sommer 1939 in Warschau die Zeitung *Haynt* heraus.

auch nur darüber zu diskutieren, einfach absurd. Es liegen uns keinerlei weitere Informationen über ein organisiertes Vorgehen der Juden in dieser Angelegenheit vor.[55]

Die Kommunistische Partei sowie parteilose Kandidaten, die von den Behörden nominiert worden waren, erzielten mit 97 bis 99 Prozent Stimmenanteil einen erdrutschartigen Sieg. Nur 20 der 1495 Abgeordneten zur Ukrainischen Volksversammlung waren Juden; ihr Anteil von 1,3 Prozent lag sehr viel niedriger als der jüdische Bevölkerungsanteil von 10 Prozent im Wahlkreis Lemberg. In der Stadt selbst waren nur zwei der 160 Abgeordneten jüdisch, obwohl die Juden hier 30 Prozent der Gesamtbevölkerung ausmachten. Die übrigen Abgeordneten waren Ukrainer, Polen und Angehörige der anderen in der Stadt lebenden ethnischen Gruppen.[56]

Wie vorauszusehen gewesen war, beschloss die Volksversammlung der Westukraine auf ihrer ersten Sitzung am 22. Oktober 1939, Ostgalizien der ukrainischen Sowjetrepublik zuzuschlagen; damit wurde es ein Bestandteil der Sowjetunion. In Lemberg wurde das historische Ereignis mit Aufmärschen und großen Versammlungen gefeiert. Zahlreiche offizielle Vertreter und Gäste kamen speziell für diesen Anlass aus der östlichen Ukraine; an ihrer Spitze befand sich der Sekretär der Kommunistischen Partei der Ost-Ukraine, Nikita Chruschtschow.[57] Aus Lemberg reiste eine Delegation nach Moskau, um die Nachrichten in die sowjetische Hauptstadt zu überbringen. Keines der 65 Delegationsmitglieder war jüdisch.

Nach Beendigung der Feierlichkeiten begannen die Behörden im großen Stil Leute zu verhaften, die sie mangelnder Loyalität verdächtigten. Die ersten Häftlinge wurden in die örtlichen Gefängnisse eingeliefert; als diese belegt waren, wurden die Übrigen ins sowjetische Landesinnere verschleppt. Die Verhaftungen erfolgten üblicherweise nachts mithilfe vorbereiteter Listen. Die Miliz holte zuerst die Männer ab und kehrte dann einige Nächte später zurück, um auch die Familien abzuführen. Einige Bewohner Lembergs, die mit ihrer Verhaftung rechneten, erwarteten die Miliz zu Hause und

---

[55] Ebenda, S. 38.
[56] Zu den Wahlergebnissen siehe *Der Stern* (Kiew), 28. 3. 1940; Levin, Eine Zeit in Klammern: 1939–1941, S. 343; Fuchs, A vanderung, S. 57.
[57] Szende, Der letzte Jude, S. 161; Nikita Sergeevich Khrushchev/Edward Crankshaw/Strobe Talbott, Khrushchev Remembers, New York 1981, S. 110.

hatten ihre persönliche Habe bereits gepackt. Andere bemühten sich um Verstecke. In einigen Fällen wurden ganze Gymnasialklassen verhaftet und nach Osten verschleppt.[58]

Über vier oder fünf Nächte hinweg wurde eine spezielle Operation gegen Flüchtlinge, darunter viele Juden, durchgeführt; sie hatte vor allem jene Personen zum Ziel, die sich zur Rückkehr in die von den Deutschen besetzte Zone gemeldet hatten. Alle Angehörigen der Sicherheitspolizei, des Volkskommissariats für innere Angelegenheiten (NKVD) und Mitglieder der Kommunistischen Partei, die aus den östlichen Landesteilen stammten, wurden für diese Operation mobilisiert. Alle, die man anhand vorbereiteter Listen verhaftete, wurden auf Karren oder in Autos geladen und zur Bahnstation gebracht, wo man sie in Güterzüge pferchte und in die Sowjetunion deportierte. Im Verlauf einer weiteren Verhaftungswelle wurden aus Polen entkommene Flüchtlinge festgenommen. Da ein Großteil dieser Flüchtlinge Juden waren, wurde dieses Vorgehen als eine antijüdische Aktion betrachtet. Unter den Flüchtlingen breitete sich Panik aus, und viele versuchten unterzutauchen.[59]

Auch viele Aktivisten der jüdischen und zionistischen Parteien sowie Mitglieder der jüdischen Jugendbewegungen, unter anderen Angehörige des *Ha-Schomer Ha-Za'ir*, von *Gordonia*, *Akiwa* und *Dror*, „Offiziere" der *Betar*-Kommission, Kommandanten der Zellen der *Etzel* (*Irgun Zwa'i Le'umi*) und Bundisten versuchten den Massenverhaftungen zu entgehen, indem sie sich versteckten oder ihren Wohnort wechselten. Die sowjetische Propaganda initiierte eine Kampagne gegen die „zionistischen Chauvinisten", insbesondere gegen die – in ihrem Jargon – „konterrevolutionären" Parteien. Festnahmen von Führern und Aktivisten der betreffenden Parteien und Bewegungen gingen damit einher. „Die Bundisten, die verhaftet und in das ‚Land des Erlasses' (die UdSSR) deportiert wurden, waren den Zionisten zahlenmäßig weit überlegen."[60] Auch führende Funktionäre der polnischen nationalistischen Parteien

---

58 Wells, The Death Brigade, S. 59. Er ergänzt, dass auch im Juni 1940 Massenverhaftungen stattfanden.
59 Fuchs, A vanderung, S. 80–82.
60 Levin, Eine Zeit in Klammern: 1939–1941, S. 32 f. Siehe auch Khrushchev Remembers, S. 111 f. Khrushchev schreibt über Juden, die in Lemberg in anti-sowjetische Aktivitäten verwickelt waren; Rennert, Drei Viehwaggons, S. 80.

und Angehörige der polnischen Linken, die nach Lemberg geflohen waren, um den Deutschen zu entkommen, wurden verhaftet. Einige Wochen später ebbte die erste Verhaftungswelle ab, und die Situation entspannte sich etwas.

Am frühen Morgen des 14. April 1940 setzte jedoch eine zweite Verhaftungswelle ein, bei der folgende Personen festgenommen wurden: Moses Reich, Vorsitzender der *Misrachi*-Bewegung in Ostgalizien und Direktor des Jüdischen Nationalfonds des Landkreises; Shaul Langnas, Direktor des Palästina-Büros in Lemberg und führender Funktionär der Zionistischen Weltorganisation (WZO) in Ostgalizien; Moshe Lasar, Vorsitzender der Kulturorganisation *Tarbut* in Ostgalizien und Abgeordneter des Wahlkreises Lemberg im polnischen Sejm; Salomon Leder, stellvertretender Exekutivvorsitzender der WZO in Ostgalizien; Leon Weinstock, Redakteur bei der polnischsprachigen jüdischen Tageszeitung *Chwila*; N. Schrager, führendes Mitglied der *Hit'achdut*-Partei; Viktor Chajes, ehemaliger stellvertretender Bürgermeister und Vorstand des Komitees der *Kehilla*, und viele andere.

Neben zahlreichen weiteren jüdischen Funktionären wurde auch die Lemberger Führung des *Bunds* festgenommen. Zudem befanden sich K. Nagler, der vor dem Krieg Mitglied des Lemberger Stadtrates gewesen war, und Emil Sommerstein, ein Abgeordneter im polnischen Sejm, der sich als Flüchtling in Lemberg aufhielt, unter den Inhaftierten. Beide wurden verhaftet und aufgrund angeblicher anti-sowjetischer politischer Aktivitäten in der Vorkriegsära deportiert.[61]

Aus sowjetischer Perspektive galten per se alle Kapitalisten, Fabrikanten und Händler als äußerst verdächtig. Sowjetische Beamte misstrauten zudem dem polnischen Beamtentum, ehemaligen Offizieren der polnischen Armee und, *a fortiori*, den vielen arbeits- und mittellosen Flüchtlingen. Zwischen 1939 und 1941 siedelte die Sowjetunion zahlreiche Einwohner Lembergs in die Städte am Rande Ostgaliziens oder ins Innere Russlands um.

Die Behörden schlossen alle öffentlichen Einrichtungen, die Juden, Polen und Ukrainer betrieben hatten, und übereigneten sie der

---

[61] Bericht über jüdische Schulen in Lemberg, 1939–1941, unter dem Titel „Lwów-Szkolnictwo" nach Warschau geschickt und im Ringelblum-Archiv erhalten, S. 11; Wat, Mój Wiek, S. 285–300; Levin, Eine Zeit in Klammern: 1939–1941, S. 271.

Stadtverwaltung. Deren öffentliche Krankenhäuser, Schulen und Altenheime wurden dem allgemeinen Dienstleistungssystem angegliedert. Gotteshäuser aller Religionen wurden geschlossen und religiöse Institutionen mit hohen steuerlichen Abgaben belegt.[62]

Vier Wochen nach dem Einmarsch der Roten Armee in Lemberg mussten sich alle Personen im Alter von 16 Jahren und darüber eine sowjetische Identitätskarte („Pass") beschaffen; dieses Dokument sollte fünf Jahre lang gültig sein und dann erneuert werden. Es gab mehrere Arten von Identitätskarten. Einige enthielten eine Klausel („Paragraf 11"), die dem Karteninhaber verschiedene Restriktionen auferlegte, ihm zum Beispiel verbot, weniger als 100 Kilometer von der Grenze entfernt oder in einer Distrikthauptstadt zu wohnen. Andere Paragrafen enthielten Einschränkungen bezüglich der Beschäftigung an Arbeitsplätzen, die eine Sicherheitsüberprüfung erforderten. Ehemalige Immobilien- oder Landbesitzer, die als politisch suspekt galten, sowie Flüchtlinge erhielten Identitätskarten mit einem Sonderparagrafen (meist Paragraf 11).[63]

Am 5. Dezember 1940, etwa 15 Monate nach dem Eintreffen der Roten Armee in Lemberg, fanden Kommunalwahlen statt. Wie erwähnt hatten die Behörden zu diesem Zeitpunkt schon zahlreiche Juden verbannt oder aus den Regierungsstellen entlassen. Da der Prozess der Ukrainisierung inzwischen in vollem Gange war, stellten sich die Juden in verschiedenen Gegenden nicht zur Wahl. In der westlichen Ukraine wurden zahlreiche jüdische Bürgermeister von nichtjüdischen abgelöst.

Unter den 476 Abgeordneten, die in den städtischen Sowjet von Lemberg gewählt wurden, waren 252 Ukrainer, 121 Polen, 76 Juden und 27 Mitglieder anderer Nationalitäten. Die Vertretung der Juden – 18 Prozent aller Abgeordneten – blieb weit hinter ihrem Bevölkerungsanteil in Lemberg zurück, der vor dem Krieg 30 Prozent betragen hatte. Einige der jüdischen Kandidaten für den städtischen Sowjet hatten vor dem Krieg nicht in Lemberg gewohnt und

---

62 Bericht über jüdische Schulen, S. 53; Szende, Der letzte Jude, S. 162 f.; Levin, Eine Zeit in Klammern: 1939–1941, S. 29.
63 Bericht über jüdische Schulen, S. 11; Pinkas ha-Kehillot, Ostgalizien, S. 23; Eliyahu Yones, Al pi ha-bor, Jerusalem 1960 (hebräischsprachiges Manuskript, YVA, O-3/7684), S. 15 f. Titel der gekürzten deutschen Ausgabe: Die Straße nach Lemberg. Zwangsarbeit und Widerstand in Ostgalizien 1941-1944, Frankfurt a.M. 1999, S. 14.

verdankten ihre Wahl dem Ruf und Status, den sie erst unter sowjetischer Herrschaft erworben hatten. Ein solcher Kandidat war Jakob Saikin, den die Behörden in Lemberg als Verwaltungsdirektor des Staatlichen Jüdischen Theaters der Stadt eingesetzt hatten. Die meisten der Leute wie Saikin, die die Sowjets von auswärts geholt hatten, um in den neu annektierten Gebieten die sowjetische Kultur und Lebensweise zu implementieren, hatten keinerlei Kenntnis von der Mentalität und Lebensweise der polnischen Juden vor dem Krieg. In einer Rede auf einer Wahlversammlung sagte Saikin, es sei kein Zufall, dass er sich in einem Viertel zur Wahl stelle, das vor dem Krieg als das jüdische Ghetto Lembergs gegolten habe. Dies bezeuge, so meinte er, die Wende zum Besseren, die die politische Situation der Juden unter sowjetischer Herrschaft erfahren habe. Auf einer anderen Wahlversammlung führte er aus: „Wer hätte es vor dem Krieg in Polen gewagt, auf einer Wahlversammlung Jiddisch zu sprechen, die Sprache, die Ihr Wähler versteht?"

Unter den Kandidaten für den Lemberger Sowjet ragte die Schauspielerin Ida Kamińska heraus, die künstlerische Direktorin des Staatlichen Jüdischen Theaters in Warschau gewesen war. Sie erklärte, die Position nur widerwillig und infolge des sowjetischen Drucks übernommen zu haben. Weitere Kandidaten waren die Schauspielerin Pearl Urich, die aus Polen geflohen war, Sofia Unkert, der Chemieprofessor Jakub Parnas, Professor Kutscher vom Sowjetischen Handelsinstitut und die jiddische Dichterin Rachel Korn.[64]

Neben den Änderungen, die das neue Regime in der öffentlichen Verwaltung einführte, wurde auch die Wirtschaft weitreichend umgestaltet. Das Wirtschaftssystem der Sowjets unterschied sich fundamental von allem, was Lemberg bisher gekannt hatte. Und es wurde mit einer solchen Geschwindigkeit eingeführt, dass den Menschen keine Zeit blieb, sich damit vertraut zu machen. Sofort nachdem sie in die Stadt einmarschiert waren, setzten die Sowjets eine radikale Veränderung der Wirtschaftspolitik in die Tat um. Zu-

---

[64] Levin, Eine Zeit in Klammern: 1939–1941, S. 61; *Der Stern* (Kiew), 8.12.1840. Bezüglich der Propaganda in Lemberg, siehe folgende Artikel in *Der Stern* (Kiew): Di val-kompaneye-groyser oyfshtayg in Lvov, 14.2.1940; Di val-kompaneye in die mayriv gegentn fun ukraine, 1.3.1940; Lvover shrayber greytn zikh tsu die valn, 1. und 5.2.1940.

nächst erließen sie den Befehl, Privateigentum und Produktionsmittel der Einwohner dem Staat zu übertragen. Innerhalb kürzester Zeit enteignete der Staat alle privaten Unternehmen. Als Nächstes wurden vom 26. bis zum 28. Oktober 1939 Banken, Ländereien, die Schwerindustrie und andere Großunternehmen in Lemberg und im Distrikt verstaatlicht. Den Besitzern der Unternehmen wurde der Zutritt untersagt; viele wurden verhaftet und in die Verbannung geschickt. Bisweilen wurden sie auch in ihren Betrieben als Vorarbeiter eingestellt. Zudem galten für ehemalige Fabrikbesitzer Einschränkungen bei der Erlangung von Arbeitsgenehmigungen. Im Frühjahr 1940 begannen die Sowjets auch mit der Verstaatlichung großer Privathäuser.

Großhändler wurden in den ersten Wochen der sowjetischen Herrschaft zur Betriebsaufgabe gedrängt. Beim Einzelhandel erfolgte dies etwas langsamer. Zunächst mussten die kleinen Händler ihre Läden öffnen und ihre Waren zu Vorkriegspreisen verkaufen. Da die Nachschubwege jedoch abgeschnitten worden waren, hatte dieser Befehl bald den Ausverkauf der Lagerbestände zur Folge. Die Kombination aus geschlossenen Läden und reduziertem Warennachschub ließ die Preise explodieren. Um die hohen Preise zu rechtfertigen, argumentierten die Ladenbesitzer, dass ihre Vorräte durch das Ausbleiben von Nachschubgütern geschrumpft und ihre Preise mit dem Brotpreis-Index verknüpft seien, der mit jedem Tag weiter anstieg. Die Leute zahlten fast jeden Preis für einen Laib Brot. Dies veranlasste die Einzelhändler, Waren zu horten und diese dann „an der Hintertür" zu verkaufen, obwohl die Behörden dies verboten. Darüber hinaus wurden den Ladenbesitzern hohe Steuern auferlegt. Folglich kam die Privatwirtschaft in der Gegend buchstäblich zum Erliegen.

Um die Lage noch weiter zu erschweren, unterschied der Befehl zur Verstaatlichung nicht deutlich zwischen großen und mittelständischen Unternehmen und schuf so einen Raum für Korruption und bevorzugte Behandlung. Ukrainer und Polen nutzten die unklare Situation aus, um die jüdischen Land- und Immobilienbesitzer zu übervorteilen; die Angehörigen beider Volksgruppen trugen wesentlich zur Enteignung der Juden bei. In kleineren Siedlungen kam es sogar zu offenen Angriffen und Raubüberfällen.[65]

---

[65] Szende, Der letzte Jude, S. 152, 156 f.; Wells The Death Brigade, S. 26; Shapira, Erinnerungen, S. 19–21; Zeugenaussage Anna Schneid, YVA,

Der brutale wirtschaftliche Umschwung bewirkte eine große Nahrungsmittelknappheit. Wie geschildert, brachten die Behörden den Privathandel zum Erliegen, bevor sie ein anderes Versorgungssystem errichtet hatten. Mit nur geringem Erfolg versuchten sie dann, in der Stadt genossenschaftlich organisierte Läden einzuführen. Der Großteil der dafür vorgesehenen Waren verschwand, bevor er an die Verbraucher gelangte; und selbst wenn Verbraucher die Produkte erwarben, verkauften sie vieles davon auf dem Schwarzmarkt. Ein Kilogramm Brot, sofern überhaupt erhältlich, kostete im besten Fall einen Rubel. Ein Kilogramm Zucker wurde für 2,50 Rubel verkauft, ein Kilogramm Rindfleisch für 7 bis 18 Rubel, je nachdem, um welche Sorte Fleisch es sich handelte und ob es koscher war. Kleidung und Schuhe waren teuer, für ein Paar Schuhe musste man zum Beispiel 50 bis 80 Rubel bezahlen. „Es scheint", so schrieb ein Autor, „dass diejenigen, die aus der Sowjetunion kamen, um den Einheimischen beizubringen, wie man die Wirtschaft nach sowjetischer Methode organisiert, selbst keine Ahnung hatten." Im Gegensatz zu den Bewohnern Lembergs, die wussten, wo und wie sie ihre Einkäufe tätigen konnten, befanden sich die Flüchtlinge in einer schrecklichen Lage. Sie hatten keine Ahnung, wie sie ihre einfachsten Bedürfnisse stillen konnten. Die ortsansässigen Händler begegneten ihnen mit Misstrauen, sodass sie hungern mussten.

In der Tat herrschte überall in Lemberg schon früh großer Hunger. Der Korrespondent von *Czerwony Sztandar* („Die Rote Fahne"), der in polnischer Sprache erscheinenden sowjetischen Lokalzeitung, beschrieb nach seinen Besuchen in Fabriken die Not der Arbeiter und erwähnte dabei weibliche Angestellte, u.a. in einer Schokoladenfabrik, die vor Hunger in Ohnmacht fielen.

Die Einwohner Lembergs verarmten zusehends. Die von ihren Einkommensquellen abgeschnittene Mittelschicht verdiente wie die Masse der Arbeiter etwa 300 Rubel im Monat, in vielen Fällen

---

O-3/1609; Kleinboim, Die Situation der Juden in Ostgalizien, S. 56 ff.; Scheinfeld, Das Ghetto Lemberg, S. 37 f.; Levin, Eine Zeit in Klammern: 1939–1941, S. 98–100; Rennert, Drei Viehwaggons, S. 76 f. Siehe auch *Der Stern* (Kiew), 21.2.1940, der über die Verbesserung des Lebensstandards in Lemberg berichtet. Vgl. *Der Stern*, 19.3.1940. Siehe auch die Schriften von Leuten, deren Heim im Verlauf der sowjetischen Herrschaft enteignet wurde. Das Dokument bezieht sich auf die Zeit zwischen dem 8.8. und dem 12.9. 1940; YVA, M-37/70.

sogar noch weniger. Da die meisten Juden der Mittelklasse angehörten, war ihre wirtschaftliche Situation relativ schlecht. Wegen der unregelmäßigen Versorgung mit Lebensmitteln waren sie häufig gezwungen, auf dem Schwarzmarkt einzukaufen. Benachteiligte Gruppen, die schon vor dem Krieg schlecht gestellt waren, litten in dieser Zeit ganz besonders.

Einige Leute besaßen jedoch genug Geld, um alle ihre Bedürfnisse ohne Einschränkungen befriedigen zu können. Dazu zählten die sowjetischen Beamten, die in Lemberg auf der mittleren Verwaltungsebene eingesetzt waren. Sie wurden gut bezahlt und nutzten die sich ihnen bietenden Gelegenheiten, um ihre materielle Situation zu verbessern. Leute in gehobenen Regierungspositionen sowie Akademiker und Intellektuelle machten große Gewinne, zum Beispiel indem sie Antiquitäten aufkauften und in die Sowjetunion schickten. Wie erzählt wird, wurden ganze Eisenbahnwaggons mit Kunstgegenständen von Lemberg aus in Richtung Osten transportiert.

Diese Situation schuf eine neue Klasse von Funktionären, Maklern und Spekulanten, denen es an nichts fehlte. Außerdem florierten Geschäfte, die der offiziellen Ideologie nach verboten waren, jedoch im Geheimen durchgeführt wurden. Rund um die Uhr wurden auf zwei Straßen in Lemberg, auf denen sich vor dem Krieg kleine Hotels und das Rotlichtviertel befunden hatten, lebhafte Schwarzmarktgeschäfte abgewickelt. Den gesetzlichen Verboten zum Trotz wurden hier Devisen, Gold, Diamanten und alles, was Wert besaß, gehandelt.[66]

Freiberuflich Tätige waren nun ebenfalls mit weitreichenden Veränderungen konfrontiert. Das polnische Rechtssystem wurde außer Kraft gesetzt; von nun an galten die sowjetischen Gesetze. Rechtsanwälte, die nicht in der Lage waren, sich dem neuen System anzupassen, mussten in den Ämtern der Stadtverwaltung oder der Regierung Arbeit suchen. Ärzte, denen die Führung privater Praxen nicht länger gestattet war, nahmen Stellungen in von der Stadtverwaltung oder der Regierung betriebenen Krankenhäusern an.

---

[66] Fuchs, A vanderung, S. 56–63; Scheinfeld, Das Ghetto Lemberg, S. 39 f.; Szende, Der letzte Jude, S. 152, 156, 162; Wat, Mój Wiek, S. 260, 300. Vgl. V. Belayev, Razoblacˇenie, Lemberg 1960, S. 9; Levin, Eine Zeit in Klammern: 1939–1941, S. 98–100.

Im Gegensatz dazu fanden einige Gruppen im staatlichen Dienstleistungssektor oder in der von den Behörden genossenschaftlich organisierten Produktion Arbeit, darunter Handwerker, ehemalige Einzelhändler sowie die früheren Besitzer kleiner Betriebe. In einigen Genossenschaften in Lemberg bildeten Juden die Mehrheit. Vor allem waren sie in den Bereichen Produktion und Dienstleistungen vertreten, in denen sie bereits vor der sowjetischen Herrschaft beschäftigt gewesen waren, wie in Schneidereien, Schuhmachereien, im Friseurhandwerk, in der Nahrungsmittelindustrie und in Bäckereien. Wegen der vielen Flüchtlinge überstieg die Zahl der Arbeitsuchenden jene der zur Verfügung stehenden Arbeitsplätze in Lemberg.

Die sowjetischen Behörden versuchten, das Problem der Arbeitslosigkeit dadurch zu mildern, dass sie Interessenten einluden, in der östlichen Ukraine Arbeit anzunehmen. Kandidaten, die das Angebot akzeptierten, wurden vor allem in Industriegebiete und Minen im Donbass entsandt. Doch viele von ihnen ertrugen die dort herrschenden harten Bedingungen nicht und kehrten bald nach Lemberg zurück.[67]

Ende Dezember 1939 wurde der polnische Złoty in Galizien aus dem Verkehr gezogen und durch den sowjetischen Rubel ersetzt. Dies war für alle, die Złoty gespart hatten, ein schwerer Schlag und förderte die Spekulation zwischen den Städten. Vorübergehend wurde der Złoty zum wichtigsten Spekulationsobjekt. Spekulanten aus Warschau – vor allem Juden – kamen nach Lemberg, kauften Złoty für geringe Summen auf und schmuggelten sie nach Warschau.[68]

Die Verstaatlichung von Eigentum und die weitreichenden Veränderungen in Regierung, Gerichtsbarkeit, Erziehungssystem und Kultur erfolgten so schnell, dass die Städter sich nicht anpassen konnten. Verwirrung und Unsicherheit kennzeichneten ihre Situation; ihr einziger Trost war, dass ihr Leid von vielen geteilt wurde.

---

[67] Pinkas ha-Kehillot, Ostgalizien, S. 33; Wat, Mój Wiek, S. 275 f.; Scheinfeld, Das Ghetto Lemberg, S. 36; vgl. *Der Stern* (Kiew), 21.2.1940: „Es gibt keine Arbeitslosigkeit in Lemberg; Es gibt Arbeit für alle."

[68] Fuchs (A vanderung, S. 62) spricht von Ende Dezember; Levin, Eine Zeit in Klammern: 1939–1941, S. 32, schreibt: „an einem Tag im Dezember". Siehe auch Szende, Der letzte Jude, S. 159; Wat, Mój Wiek, S. 265–300. Die Deutschen führten den Złoty wieder in Galizien ein.

Die Hoffnung jedoch, dass diese Umstände nur vorübergehender Natur seien, bewahrheitete sich nicht.

2. Veränderungen im Erziehungssystem

Am 1. September 1939 sollte in Polen das neue Schuljahr beginnen. Sowohl Lehrer als auch Schüler verdrängten das jedoch, weil am selben Tag der Krieg ausbrach und Bombenangriffe, Mobilmachung, Berichte in Rundfunk und Presse, Gerüchte und die daraus resultierenden Spannungen folgten. Von diesem Tag an löste sich Polen auf, und alle städtischen Einrichtungen waren wie gelähmt. Nur wenige Kinder kamen in die Schulen, in denen Stille herrschte und niemand sie begrüßte.

Nachdem sich die Lage etwas beruhigt hatte, gelangten mit den Soldaten der Roten Armee auch Lehrer, Schulinspektoren und im Bildungsbereich tätige Beamte nach Lemberg. Sie trugen die Uniformen und Militärabzeichen der Roten Armee. Sofort nach der Etablierung der neuen Stadtverwaltung wurde Eltern und Schülern befohlen, sich in den Schulen einzufinden. Lehrer wurden aufgefordert, besondere Fortbildungskurse zu absolvieren, und wer nicht daran teilnahm, wurde unter Androhung der Entlassung aus dem Schuldienst dazu gezwungen. Diese Kurse führten Lehrer aus der östlichen Ukraine durch, und sie vermittelten die Grundsätze der „sowjetischen Pädagogik", wie es offiziell hieß, und die sowjetischen Lehrpläne. Die Kurse umfassten Vorträge über Stalins sowjetische Verfassung, welche die Ausbilder als „die demokratischste der Welt" lobten, und über sowjetische Geschichte. Gleichzeitig wurde im Rathaus ein Erziehungsamt eingerichtet. Die sowjetischen Inspektoren nahmen den Betrieb der Schulen in der Stadt entsprechend den sowjetischen Richtlinien und Methoden mit großem Elan in Angriff.

Im ersten Schuljahr unter sowjetischer Herrschaft besuchten in Lemberg 43.000 Kinder die Schule. Im vorangegangenen Schuljahr, unter polnischer Herrschaft, waren es 28.723 gewesen. Die Zahl der Lehrer belief sich unter der sowjetischen Besatzung auf 700.[69]

---

[69] Fuchs, A vanderung, S. 64 f., 90; Scheinfeld, Das Ghetto Lemberg, S. 36; Szende, Der letzte Jude, S. 162 f.; *Der Stern* (Kiew), 11.3.1940. Die Zahl polnischer Grundschulen sank zwischen 1939 und 1940 von 4907

Anfänglich waren die Unterrichtssprachen diejenigen der ethnischen Gruppen – Ukrainisch, Polnisch und Jiddisch. Die Behörden waren zunächst daran interessiert sicherzustellen, dass die Juden wie die anderen Volksgruppen die ihnen in der „Stalin-Verfassung" gewährten nationalen Rechte in Anspruch nehmen konnten. Aus diesem Grund war es jüdischen Eltern genau wie den anderen Eltern gestattet, in einer Abstimmung der Elternversammlung die Unterrichtssprache zu wählen – solange dies nicht Hebräisch war, das der Verfassung zufolge als Unterrichtssprache verboten war. Die säkulare hebräische und jiddische Erziehung war in Ostgalizien weniger verbreitet als im restlichen Polen. Nun wurden unter dem neuen Regime hier Schulen eröffnet, in denen auf Jiddisch gelehrt wurde.

Als die Behörden ihre Entscheidung bekanntgaben, die Unterrichtssprache von Hebräisch auf Jiddisch umzustellen, leisteten Eltern und Lehrer in einigen Orten Widerstand. In Lemberg war dies allerdings nicht der Fall; hier wurden die hebräischen Schulen ohne Protest in das neue sowjetische Erziehungssystem integriert. Die massive Zuwanderung von Flüchtlingen in die Stadt, unter denen sich eine beträchtliche Anzahl jiddischer Lehrer und Schriftsteller befand, trug möglicherweise zu dieser Entwicklung bei.

Die meisten Rektoren und Lehrer in Lemberg sowie im Distrikt durften ihre Arbeitsplätze unter der Bedingung behalten, dass sie die erzieherischen Prinzipien des neuen Regimes akzeptierten und in der Lage waren, auf Jiddisch zu unterrichten. Auch auf dem hebräischen Gymnasium in Lemberg wurden die meisten Lehrer weiterbeschäftigt, einschließlich des Hebräischlehrers und des Rektors, Dr. S. Igel, auch wenn ein Jude namens Chasan, der in der Uniform eines Majors der Roten Armee aus der Sowjetunion eingetroffen war, dort als pädagogischer Leiter eingesetzt wurde. Die sowjetischen Behörden bemühten sich nicht besonders, alle jüdischen Kinder in jiddischen Schulen unterzubringen; in zahlreichen Fällen gingen sie den entgegengesetzten Weg. Aber wie gesagt leisteten sie in dieser ersten Phase keinen Widerstand gegen den jiddischsprachigen Unterricht.

---

auf 984. Die Zahl ukrainischer Schulen stieg von 371 auf 5336 und die der jiddischen Volksschulen von 23 auf 103. Siehe Mick, Kriegserfahrungen in einer multiethnischen Stadt, S. 434 f.

Vor dem Krieg gab es in Lemberg auch eine zweisprachige Schule (Jiddisch-Hebräisch), zwei Lehrerakademien und zwei Berufsschulen. Kurz vor Beginn des Schuljahres beschlossen die Elternversammlungen in diesen Einrichtungen, Jiddisch als Unterrichtssprache einzuführen. Die hebräischen Schulen für Mädchen und Jungen wurden zusammengelegt und koedukative Klassen eingerichtet, in denen auf Jiddisch gelehrt wurde. Wegen des großen Zulaufs an Flüchtlingen musste an dieser Schule in zwei Schichten unterrichtet werden.

Im Schuljahr 1939/40 waren in Lemberg etwa 20 Schulen mit der Unterrichtssprache Jiddisch in Betrieb. Einige wenige waren Mittelschulen (bis zur zehnten Klasse), die anderen Grundschulen, die entsprechend dem sowjetischen Vorbild bis zur siebten Klasse reichten. Entsprechend einer auf verschiedenen Quellen basierenden Schätzung besuchten mehr als 7000 Schüler im Distrikt Lemberg 14 Schulen, an denen 300 Lehrer auf Jiddisch unterrichteten. In ganz Ostgalizien besuchten im Schuljahr 1939/40 etwa 37.000 Kinder und Jugendliche jiddische Schulen, also ungefähr 30 Prozent aller jüdischen Kinder.[70]

Wie gesagt zogen die Juden in Lemberg die polnische oder deutsche Kultur der ukrainischen vor. Als das neue Regime nun der ukrainischen Kultur den Vorrang einräumte, entschieden jüdische Eltern, ihre Kinder auf Schulen zu schicken, an denen auf Jiddisch gelehrt wurde, dies vor allem, da die jüdischen Lehrer dort weiterbeschäftigt wurden. Die nachstehenden Zahlen, die in der jüdischen sowjetischen Zeitung *Der Stern* erschienen, ermöglichen einen Vergleich des Erziehungssystems in der Westukraine am 1. Januar 1940 mit der Situation in der Region während der polnischen Herrschaft:[71]

---

[70] Bericht über jüdische Schulen in Lemberg, 1939–1941, unter dem Titel „Lwów-Szkolnictwo" nach Warschau geschickt und im Ringelblum-Archiv erhalten, S. 44-48; Levin, Eine Zeit in Klammern: 1939–1941, S. 198 ff.; A. Weiss, Die jüdischen Schulen in Ostgalizien unter der sowjetischen Besatzung, Gal'ed, D-E 1978 [hebr.], S. 427–441; Pinkas ha-Kehillot, Ostgalizien, S. 34; Fuchs, A vanderung, S. 47–72, 89–94.

[71] *Der Stern* (Kiew), 24.3.1940, „Zeks Khodoshim" (sechs Monate).

	Unter polnischer Herrschaft	Unter sowjetischer Herrschaft
Gesamtzahl der Schulen	5443	7000
Polnisch	4907	984
Ukrainisch	371	5536
Jüdisch	23	103
Andere	142	377

Um einem derartigen Zuwachs an Schulen mit Jiddisch als Unterrichtssprache gerecht zu werden, benötigte man Lehrer, die in dieser Sprache unterrichten konnten. Einige jüdische Lehrer, die vor dem Krieg an hebräischen Schulen gearbeitet hatten, wechselten nun zum Unterricht auf Jiddisch über, aber dies genügte nicht. 1940 wurde in Lemberg ein Lehrerseminar eingerichtet, um den Bedarf der jiddischen Schulen der Umgebung zu decken. Man versuchte, Lehrbücher aus der Sowjetunion zu importieren, was das Problem aber nur in Teilen löste.[72]

Ein anderes Problem stellte die Anpassung an den erzieherischen Zeitgeist der Sowjets dar. Dies betraf jedoch die Schulen aller Ethnien. In den jüdischen Schulen ließen sich während der sowjetischen Periode zwei Gruppen unterscheiden: Schüler, die vor dem Krieg verschiedene Typen von nationalen jüdischen Schulen besucht hatten, und Schüler, die an polnischen Schulen gelernt hatten.[73] Der Übergang von den spezifischen Werten, die an jüdischen Schulen gelehrt worden waren, zu den Anforderungen eines Erziehungssystems, das diese Werte kategorisch ablehnte, war für die Angehörigen der ersten Gruppe schwieriger. Bei mehr als einer Gelegenheit versammelten sich jüdische Schüler, um nationale Ereignisse und Feiertage zu begehen. Diejenigen, die aus orthodoxen Familien stammten, bemühten sich weiterhin um die Einhaltung des

---

[72] *Der Stern* (Kiew), 14.6.1940. S. Schenkmann beschwert sich in der Zeitung über eine Verzögerung bei der Bereitstellung der Lehrbücher und anderer Lehrmittel und ihrer Lieferung an die Schulen; Bericht über jüdische Schulen, S. 20, 27, 44, 48; Icchok Turkow-Grudberg, Oif majn weg, Tel Aviv 1971, S. 159; Weiss, Die jüdischen Schulen, S. 437; Fuchs, A vanderung, S. 89.

[73] Die Angabe bezieht sich auf die staatlichen Schulen der „Szawasowka" für jüdische Kinder, die auf Polnisch unterrichtet wurden, YVA, Ringelblum-Archiv, M-10, S. 10–50, 20.

Schabbat und der jüdischen Feiertage, was zu Spannungen mit ihren Lehrern führte.

Die Situation blieb jedoch nicht lange bestehen. Noch vor dem Ende des Schuljahres 1939/40 bewirkte die Ukrainisierung vonseiten der Behörden einen Umschwung in der offiziellen Einstellung gegenüber den jiddischen Schulen. Zunächst spielten die Behörden die Bedeutung des Unterrichts in Jiddisch gegenüber der allgemeinen Öffentlichkeit herunter, um die Befürchtungen der ukrainischen Bevölkerung zu zerstreuen, die die starke Präsenz der Juden in Lemberg verabscheute. Im Vorfeld des Maifeiertages 1940 bereiteten die Lehrer und Schüler an den jiddischen Schulen Poster, Banner und Spruchbänder vor – davon einige auf Jiddisch –, um diese während der Parade vor sich her zu tragen. Kurz vor den Festlichkeiten besuchte ein Komitee des Erziehungsamtes des Distrikts eine dieser Schulen, um die Vorbereitungen zu überprüfen und die Position der Schüler und Lehrer beim Aufmarsch festzulegen. Die Besucher drückten ihre Überraschung angesichts der künstlerischen Qualität der Poster und Dekorationen aus, konfiszierten jedoch alle Poster, die auf Jiddisch beschriftet waren. „Dies ist kein Antisemitismus, beileibe nicht!", erklärten sie den schockierten Lehrern. „Im Gegenteil, wir müssen dies tun, um antisemitische Elemente in Lemberg zum Schweigen zu bringen." Schritt für Schritt wurde der Unterricht auf Jiddisch jedoch ausschließlich auf das Studium der Sprache beschränkt; alle anderen Fächer wurden auf Ukrainisch gelehrt. Diese Tendenz verstärkte sich weiter, nachdem die Behörden verschiedene Verwaltungsfunktionen jüdischer Erzieher auf ukrainische Kollegen übertragen und zahlreiche jiddische Schulen in Lemberg geschlossen hatten. Die Behörden erklärten die Abschaffung des Unterrichts auf Jiddisch unter anderem damit, dass an keiner höheren Lehranstalt in dieser Sprache gelehrt wurde.[74] Daher, so argumentierten sie, würde der Unterricht auf Jiddisch ein Hindernis für Kinder bedeuten, die weiterführende Schulen besuchen wollten. Viele jüdische Eltern akzeptierten diese Erklärung und meldeten ihre Kinder für das Schuljahr 1940/41 auf allgemeinen Schulen an. Als die sowjetische Herrschaft in Lemberg

---

[74] Fuchs zufolge (A vanderung, S. 65 f.) hatten die jüdischen Schulen zwei Monate vorher begonnen, verschiedene Fächer auf Ukrainisch zu unterrichten. Weiss, Die jüdischen Schulen, S. 34.

endete, besuchte die Mehrheit der jüdischen Kinder die allgemeinen Schulen.

Die neuen Herrscher zwangen Lehrer und Schüler, Slogans der sowjetischen Propaganda auswendig zu lernen. Amtliche Inspektoren besuchten Schulen, um zu prüfen, ob sie den ideologischen Vorgaben genügten. Lehrer und Schüler lernten, sehr vorsichtig zu sein mit dem, was sie sagten. Wie der Rest der Öffentlichkeit passten sich auch die Lehrer dem sowjetischen Regime an, damit sie weiterhin arbeiten konnten.

Die sowjetischen Behörden legten großen Wert auf die Erwachsenenbildung, besonders auf die Bekämpfung des Analphabentums. Das städtische Erziehungsamt richtete dafür eine Sonderabteilung ein, und bald wurden in allen Betrieben, Werkstätten und öffentlichen Einrichtungen Abendschulen für Erwachsene eröffnet. Es stellte sich heraus, dass viele Arbeiter Analphabeten waren oder jedenfalls kaum lesen konnten; sie wurden aufgefordert, Kurse im Lesen und Schreiben zu besuchen. Auf Befehl der Behörden mussten die Fabrikleitungen solche Arbeiter zwei Stunden vor dem Ende des Arbeitstages freistellen, sodass sie auf Kosten des Betriebs lernen konnten. Die Fabriken finanzierten auch die Gehälter der Lehrer sowie die Bücher und Schreibutensilien. Da ausgebildete Lehrer schwer zu finden waren, wurden Rechtsanwälte und andere Akademiker, deren berufliche Wiedereingliederung gescheitert war, für den Unterricht herangezogen. Sie mussten dafür zuvor einen Spezialkurs in Erwachsenenbildung absolvieren. Die Kurse zur Bekämpfung des Analphabetismus wurden auf Russisch, Jiddisch, Polnisch und Ukrainisch angeboten. Nach dem Lehrplan mussten die Lehrer ihre Schüler in der von ihnen gewünschten und für sie zweckdienlichen Sprache auf ein annehmbares Niveau beim Lesen, Schreiben und einfachen Rechnen bringen. Die Juden lernten auf Jiddisch, die Ukrainer auf Ukrainisch und die Polen auf Polnisch. Gleich welcher Nationalität musste jeder zudem Russisch lernen.

Die Sowjets führten in die höhere Bildung eine bedeutende Neuerung ein. Die Universität Lemberg, die technologischen Institute und die Musikkonservatorien öffneten ihre Tore allen Antragstellern, die die Kriterien zur Zulassung erfüllten. Alle Einschränkungen, die vor der sowjetischen Herrschaft gegenüber Juden und Ukrainern gegolten hatten, wurden abgeschafft. Daher stiegen die Studentenzahlen aus allen Volksgruppen und die Anzahl der jüdischen und ukrainischen Fakultätsmitglieder im Verlauf der sowjetischen

Präsenz rasch an. In der sowjetischen Periode waren 30 bis 40 Prozent aller Medizinstudenten in Lemberg jüdisch. In den wenigen Fällen, in denen Juden die Zulassung zum Hochschulstudium versagt wurde, war der Grund die angeblich „bürgerliche Herkunft", d. h. nicht-proletarische Eltern oder zionistische oder „anti-sowjetische" Aktivitäten vor dem Krieg.[75]

Die sowjetischen Repräsentanten, die für den Aufbau eines neuen Verwaltungsapparats entsendet worden waren, standen der Religion, und zwar jeder Religion, feindlich gegenüber. Ihre Ankunft fiel mit dem Einsetzen einer scharfen anti-religiösen Propaganda zusammen. Anstatt den Befehl zur Schließung der Gotteshäuser zu geben, legten sie diese lahm, indem sie der Geistlichkeit hohe Steuern aufzwangen. Rabbi Jecheskel Lewins Synagoge zum Beispiel wurde mit einer monatlichen Steuer von 125.000 Rubeln belegt. Kirchen erfuhren eine ähnliche Behandlung. Jede Einrichtung, die die Steuer nicht aufbringen konnte, wurde geschlossen. Die jüdischen Gläubigen und die Gemeinde allgemein machten mobil, um das Geld aufzubringen.

3. Literatur, Presse, Theater und kulturelles Leben

Obwohl die Besetzung Lembergs durch die Rote Armee die Ukrainer vieler Illusionen beraubte, wurde ihr verletzter Nationalstolz befriedigt, weil Ostgalizien nun zur Westukraine wurde. Für das kulturelle Leben bedeutete dies den Vorrang der ukrainischen Sprache und Kultur. Zwar durften die Polen ihre Sprache verwenden und ihre Kultur weiterentwickeln, und auch das Jiddische, die einzige offizielle Sprache der Juden, erlebte in der sowjetischen Zeit eine Renaissance, die es in Polen nie gekannt hatte. Und dennoch erfuhr die ukrainische Kultur eine bevorzugte Behandlung. Die Veränderungen waren erheblich, setzten rasch ein und waren überall zu bemerken: das Polnische verschwand von den Straßen, aus den Geschäften und Büros, und das Ukrainische nahm seinen Platz ein. Dennoch bezeugen die Quellen interessanterweise, dass „Lemberg

---

[75] Bericht über jüdische Schulen in Lemberg, 1939–1941, unter dem Titel „Lwów-Szkolnictwo" nach Warschau geschickt und im Ringelblum-Archiv erhalten, S. 7, 20, 53 f., 96, 99; Levin, Eine Zeit in Klammern: 1939–1941, S. 36; Fuchs, A vanderung, S. 64 f., 90 f.

mit der Unterstützung der Juden seinen polnischen Charakter beibehielt".[76]

Im Herbst 1939 kam der ukrainische Schriftsteller Oleksandr Kornijtschuk aus Kiew nach Lemberg, um die Kultureinrichtungen der Stadt neu zu organisieren. Als erste selbstständige Vereinigung schlossen sich die Lemberger Künstler zusammen: 270 Personen aus allen Bereichen – Malerei, Musik, Architektur und Theater. Ihnen wurden Örtlichkeiten zur Verfügung gestellt, die sie als Klub und für regelmäßige Kunstausstellungen nutzten. Zahlreichen Künstlern wurde ein Studio für ihre Arbeit zur Verfügung gestellt.

Sowohl bei den Einheimischen wie bei den Flüchtlingen wurde der Künstlerklub schnell zum Treffpunkt der gesamten Bohème, der Künstler und Intellektuellen. In seiner Cafeteria konnte man eine Tasse heißen Tee und sogar eine Mahlzeit bekommen. Zu einer Zeit, in der Nahrungsmittel und Brennstoff knapp waren, war dies nicht wenig. Die Künstler waren die Ersten, die ihren Klub für Vorträge und Seminare zu künstlerischen Themen vor einem breiten Publikum nutzten.

Danach wurde die Union der Schriftsteller und Journalisten gegründet. Sie war entsprechend der in Lemberg anzutreffenden Sprachen in die Sektionen ukrainisch, polnisch und jiddisch aufgeteilt. Mit den Flüchtlingen kamen zwei Gruppen von Schriftstellern nach Lemberg: polnische Autoren und jüdische Schriftsteller, die auf Polnisch bzw. Jiddisch schrieben.[77] Unter den Polen befanden sich Tadeusz Boy-Żeleński, Elżbieta Szemplińska, Wanda Wasilewska, Helena Górska, Jerzy Putrament, Jerzy Borejsza, Adam Polewka, Adam Ważyk, Władysław Broniewski, Leon Pasternak, Lucjan Szenwald, Michał Borwicz und Aleksander Wat. Zudem fand sich eine große Gruppe ukrainischer Schriftsteller zusammen, darunter Stepan Tudor, Jarosław Halan und Petro Kozlaniuk. Jakob Imber, Israel Aschendorf, Alter Kacyzne und Rachel Korn waren jiddische Schriftsteller, die als Flüchtlinge nach Lemberg gelangten.

---

[76] Yitzchak Levin, Ich bin aus Spezia eingewandert. Erinnerungen an das Ghetto Lemberg, Tel Aviv 1947 [hebr.], S. 48; Fuchs, A vanderung, S. 60 f.

[77] *Der Stern* (Kiew), 1.3.1940; Pinkas ha-Kehillot, Ostgalizien, S. 35; Fuchs, A vanderung, S. 56–68; Wells, The Death Brigade, S. 30; Levin, Ich bin aus Spezia eingewandert, S. 37; Wat, Mój Wiek, S. 266–283.

Unter den einheimischen Mitgliedern der jiddischen Sektion sind insbesondere David Königsberg und Jakob Schudrich zu nennen.

1940 waren 50 Ukrainer, 90 Polen und 34 Juden, die auf Jiddisch schrieben, Mitglieder des Vereins. Die Union war in den Bereichen Literatur, Poesie, Kinderliteratur und Literaturkritik sehr aktiv, um nur einige Betätigungsfelder zu nennen. Gelegentlich veranstaltete sie Mitgliederversammlungen, bei denen Vorträge gehalten wurden und Diskussionen stattfanden, die bis in die Nacht dauerten. Die Sektionen befassten sich mit Themen, die sich speziell auf das künstlerische Schaffen in den jeweiligen Sprachen der Volksgruppen bezogen.

Zahlreiche Nicht-Mitglieder besuchten die öffentlichen Vorträge, die von Auftritten verschiedener Künstler aus Lemberg und aus Flüchtlingskreisen begleitet wurden. Gelegentlich reisten auch Künstler für diesen Anlass aus der Sowjetunion an. Es fanden Klavier- und Violinkonzerte statt. Schauspieler der jiddischen und ukrainischen Theater Lembergs traten hier auf. Eine Gruppe von Flüchtlingen ohne Einkommen versammelte sich im Klub und genoss nicht nur die kulturellen Aktivitäten, sondern auch die Möglichkeit, sich im Warmen aufzuhalten. Eine weitere Gruppe setzte sich aus Leuten zusammen, die zuvor schon mit dem Kommunismus in Berührung gekommen waren – entweder als angebliche Sympathisanten der Partei oder als echte Anhänger, und dies trotz der zahlreichen Säuberungsaktionen und Schauprozesse. Darunter befanden sich Polen und Juden, linksgerichtete Literaten, die in polnischen Gefängnissen oder in dem polnischen Internierungslager in Bereza Kartuska gesessen hatten.

Den Ton gaben die einheimischen Ukrainer an. Sie achteten darauf, die Einmischung russischer Schriftsteller zu verhindern, die aus der Sowjetunion eintrafen. „Dies ist unsere Westukraine", betonten sie vehement. Sie sprachen sogar mit dem Polen Borejsza ukrainisch. Die Treffen mit jiddischen Schriftstellern begannen auf Ukrainisch und wurden dann allmählich auf Jiddisch fortgeführt.[78]

Einige der sowjetischen Schriftsteller, wie zum Beispiel David Hofstein, Motl Talalayevski, Mosche Khashchevetzky und Abraham Velednitzky, schrieben auf Jiddisch und kamen vor allem nach der Eröffnung des Klubs der Schriftsteller und Journalisten in einem

---

[78] Wat, Mój Wiek, S. 285; Fuchs, A vanderung, S. 56–68.

grandiosen Palast in der Kopernikusstraße nach Lemberg unter. Der ukrainische Autor Piotr Panich zog ebenfalls von Kiew nach Lemberg und wurde zum Präsidenten des Klubs ernannt.

Im Klub hielt der polnische Autor Boy-Żeleński vor einem großen Publikum einen Vortrag über Maupassant, dem sich eine Diskussion bis tief in die Nacht anschloss. Auch der jiddische Schriftsteller Alter Kacyzne trat mehrmals vor zahlreichen Zuhörern auf. Die polnische Schriftstellerin Wanda Wasilewska rezitierte aus dem Manuskript ihres neuesten Werkes; diesem Vortrag folgte ebenfalls eine lange Diskussion. Abendveranstaltungen fanden mit der polnischen Dichterin Elżbieta Szemplińska, dem jüdisch-polnischen Dichter Lucjan Szenwald und der jiddischen Dichterin Rachel Korn statt. Auch die jiddischen Schriftsteller Hersch Weber, Ber Schnapper, Sonja Friedmann, Israel Aschendorf, Nachum Bomze, Dvoyre Fogel, Moses Schimmel, Jehoschua Perl, Blitt, Jerachmiel Grün und Michał Borwicz hielten Vorträge. Die „politische Abteilung" der Partei entsandte ihre besten Dozenten, damit sie zu politischen Themen sprachen.[79]

Diese Aktivitäten waren sogar schon vor der offiziellen Gründung der Union der Schriftsteller und Journalisten angelaufen und bevor deren Organisationskomitee die Arbeit aufnahm. Als Letzteres ins Leben gerufen wurde, begann die Gewerkschaft mit der formellen Aufnahme von Mitgliedern. Den sowjetischen Kriterien entsprechend wurden nur diejenigen aufgenommen, die ausschließlich von ihrer schriftstellerischen Tätigkeit lebten. Alle Kandidaten hatten vor der Generalversammlung der entsprechenden Sektion zu erscheinen und mussten „sich offenbaren", d.h. ihren Lebenslauf schildern, ihre Werke im Einzelnen aufführen und erklären, warum sie in die Union aufgenommen werden wollten. Danach wurde jedem Mitglied des Komitees und anderen Anwesenden Gelegenheit zur Befragung der Kandidaten gegeben, um deren politische Einstellung festzustellen, die familiäre und soziale Herkunft zu klären und Ähnliches. Schriftsteller, die nicht der Union angehörten, liefen Gefahr, ihre Texte nicht mehr veröffentlichen und damit ihren Lebensunterhalt nicht mehr bestreiten zu können, da keine Zeitung oder Zeitschrift ihre Beiträge mehr annahm. Sie gerieten dann in

---

[79] Fuchs, A vanderung, S. 61, 52, 69; Wat, Mój Wiek, S. 268 f.; *Der Stern* (Kiew), 27.12.1939.

Vergessenheit, und auch der Kreis kreativer Künstler beachtete sie nicht mehr.

Auf der ersten Unionsversammlung stellte der Vorsitzende Oleksandr Kornijtschuk fest, dass „wir wussten, dass das Publikum kein Vertrauen in die Sowjets hat". Keiner, so sagte er, verlange von denen, die aus dem Westen nach Lemberg gekommen waren, den Behörden Glauben zu schenken. „Verbringt mit uns ein oder zwei Jahre", meinte er, „und lernt uns näher kennen. Wenn ihr uns leiden könnt – schön und gut. Wenn nicht – schade. Das ist euer Problem. Aber in der Zwischenzeit werden wir euch angenehme Lebensumstände garantieren, damit ihr schreiben, euch kreativ betätigen und uns besser kennenlernen könnt."

In diesem Moment sprang der polnische Schriftsteller Piach, ein Kommunist, der Kinderbücher schrieb, auf, stellte sich vor das Präsidium und schrie, dass sich unter den im Saal Anwesenden ein Spitzel befände, der die Verhaftung von Leon Pasternak und dessen Verschleppung in das polnische Internierungslager in Bereza Kartuska veranlasst habe.[80] Dies war der erste derartige Zwischenfall, aber nicht der letzte, und er war typisch für das damalige Klima unter den Intellektuellen in Lemberg. Polnische Schriftsteller beschuldigten einander des Verrats, des Nationalismus und jeder vorstellbaren Missetat. Klatsch und üble Nachrede waren nur Geschwätz gewesen, hinterhältig aber harmlos, solange sie in den Kaffeehäusern Warschaus ausgetauscht wurden. In Lemberg konnten sie Menschen unter die Guillotine bringen. Der Zweck des Ganzen bestand darin, die Behörden bei der „Säuberung der Reihen" zu unterstützen. Die Atmosphäre von Misstrauen und Verdacht förderte den Opportunismus. Kurz darauf begannen die Verhaftungen, und unter den Verbannten befanden sich auch Schriftsteller und Intellektuelle. Die Empfehlung Kornijtschuks, dass die Mitglieder versuchen sollten, sich mit dem neuen Regime zu arrangieren, war nichts als leere Rhetorik gewesen.

Jiddischsprachige Schriftsteller sahen sich einem ähnlichen Phänomen gegenüber. Mehrere einheimische jiddische Schriftsteller, die dem sowjetischen Regime ideologisch nahestanden, versuchten alles, um ihren Einfluss bei den Kollegen zu vergrößern und

---

80 Er bezog sich auf den polnischen Schriftsteller Teodor Parnicki. Wat, Mój Wiek, S. 265 f.

sich bei den Behörden einzuschmeicheln. Beispiele dafür waren Jakob Schudrich, Sonja Friedmann und David Königsberg; Letzterer vertrat die jiddischen Schriftsteller gegenüber den Behörden und stand der jüdischen Sektion der Schriftstellerunion vor. Auch die jiddischen Autoren einschließlich der Kommunisten unter ihnen mussten sich der an sowjetischen Vorgaben ausgerichteten Zulassungsprodezur unterziehen. Jakob Schudrich, der vor dem Krieg ein bekannter Kommunist gewesen war, wurde nun „trotzkistischer Tendenzen" beschuldigt. Schudrich war durch diese Vorwürfe zutiefst getroffen, versicherte wiederholt seine Loyalität gegenüber den Parteigrundsätzen und leugnete jede Verbindung zur Ideologie Trotzkis. Die Union der Schriftsteller richtete ein Untersuchungskomitee ein; als dieses mit der Arbeit begann, war Schudrich dem Zusammenbruch nahe. Er wurde letztendlich entlastet, der Vorfall hinterließ jedoch bei ihm und der ganzen Gemeinschaft der jüdischen Künstler in Lemberg einen niederschmetternden Eindruck. Als das Zulassungskomitee den Mitgliedsantrag von Samuel Jakob Imber diskutierte, erhob sich David Königsberg und erinnerte Imber daran, dass sich dieser in einem seiner Artikel aus der Vorkriegszeit „illoyal" geäußert habe. Konsequenterweise wurde über den Antrag nicht entschieden; Imbers Aufnahme in die Union wurde verschoben, bis ein Sonderkomitee, das sich aus Imbers besten jüdischen und nichtjüdischen Freunden zusammensetzte, seine Arbeiten „studieren" konnte.[81]

Der Dichter Moses Schimmel, der vor dem Krieg für die jiddischsprachige Tageszeitung *Haynt* in Warschau und für die polnischsprachige jüdische Tageszeitung *Nasz Przegląd* geschrieben hatte, erlitt ein anderes Schicksal. Er sang nun ein Loblied auf die Sowjetunion. Seine Kollegen verübelten ihm, dass er sein Fähnlein so schnell neu ausgerichtet hatte, und bezichtigten ihn der Unehrlichkeit. Schimmel rechtfertigte sich bei jeder Gelegenheit und erklärte, dass er von den Kriegsereignissen beeinflusst worden sei. Er fühlte sich durch die Beschuldigungen derart verletzt, dass er sich letztlich eine neue Anstellung suchen musste. Er fand Arbeit als Kassierer in einem Kino und darbte vor sich hin.

Die Bedingungen, die sich nach der Konsolidierung des neuen Systems herauskristallisierten, ermöglichten den jiddischen

---

[81] Turkow-Grudberg, Oif majn weg; *Der Kovner Emes*, 12.11.1940; Fuchs, A vanderung, S. 51 f., 70 f.

Schriftstellern jedoch die Fortsetzung ihrer Arbeit. Ihre Integration in den sowjetischen Organisationsrahmen hinterließ mit der Zeit Spuren in ihren Werken. Man könnte sogar sagen, dass sie mit ihrem Schicksal zufrieden waren, obwohl die Partei ihnen erdrückende Konditionen auferlegte und sie ideologisch bevormundete.[82]

Die Polen verhielten sich anders. Die pro-kommunistischen polnischen Intellektuellen – Schriftsteller und Journalisten, die auf Polnisch schrieben – glaubten ernsthaft an das sowjetische Polen, das nach dem Krieg entstehen würde, und waren davon überzeugt, dass sie im von den Sowjets beherrschten Lemberg auf dieses Ziel hinarbeiten sollten. Einige Redaktionsmitglieder der auf Polnisch erscheinenden Lemberger Zeitung *Czerwony Sztandar* hielten es ebenfalls für möglich, die Sowjets für diese Idee zu gewinnen. Im Gegensatz dazu bestanden die Teilnehmer einer Versammlung ukrainischer Schriftsteller und Journalisten darauf, die aus Warschau eingetroffenen polnischen Autoren als Flüchtlinge zu betrachten und ihnen einen längerfristigen Einfluss in Lemberg zu verwehren. Die Polen werteten dies als Beweis einer anti-polnischen Einstellung. Der jüdische Schriftsteller Alter Kacyzne unterstützte die Polen sehr couragiert.

Die Spannungen zwischen Polen und Ukrainern wuchsen stetig. Als der russische Schriftsteller Pawlenko nach Lemberg kam, empfing ihn eine Delegation polnischer Autoren (Alexander Wat und Władysław Broniewski), die sich darüber beklagt, dass „die Ukrainer sie nicht leben ließen". Sie meinten, man könne die große Gruppe polnischer Schriftsteller unter anderem für antideutsche Propaganda einsetzen, und fragten, warum die Sowjets sie als den Ukrainern unterlegen betrachteten. Wat berichtet, dass Pawlenko dachte, sie seien verrückt geworden oder benähmen sich wie kleine Kinder, die von nichts eine Ahnung hätten. Er empfahl ihnen, Lemberg zu verlassen: „Lemberg ist gefährlich für euch. Geht nach Moskau." Sie blieben jedoch in Lemberg und wurden binnen der nächsten drei oder vier Wochen alle inhaftiert.[83]

---

[82] Ebenda.
[83] Wat, Mój Wiek, S. 276 f. Wat selbst glaubte nicht, dass seine Verhaftung irgendetwas mit seinem Gespräch mit Pawlenko zu tun hatte.

Zunächst pflegten Gäste aus der Sowjetunion von der Brüderschaft der Ukrainer, Polen und Russen zu sprechen – selbst als Polen in Lemberg und den Städten der Grenzgebiete ermordet wurden. Die Zeitungen berichteten nicht über diese Morde, aber jeder wusste und sprach davon. Der ukrainische Schriftsteller Stepan Tudor meldete sich auf einer Versammlung zu Wort und verlangte ausdrücklich, dass dem Morden an Polen in den Wäldern und Dörfern ein Ende gesetzt werde. Selbst vom politischen Standpunkt aus gesehen, so erklärte er, könne dieser Zustand nicht andauern. Der Generalsekretär der ukrainischen Kommunistischen Partei, Nikita Chruschtschow, nahm im Rahmen eines offiziellen Besuchs in Lemberg an dieser Versammlung teil. Plötzlich unterbrach Chruschtschow den Sprecher und empörte sich, dass er offenbar nichts von Dialektik verstünde. Tudor müsse einsehen, so Chruschtschow, dass die Massen immer Recht hätten und dass die zur Diskussion stehenden Angelegenheiten nur das Urteil der Massen, die so sehr unter den Polen gelitten hätten, abbildeten. Niemand solle versuchen, die Massen an dem zu hindern, was die Sowjets den „polnischen Krieg" nannten, dessen Ziel die Wiedergutmachung der sowjetischen Schmach nach der Niederlage gegen Polen im Jahre 1920 sei.

Die polnische Schriftstellerin Wanda Wasilewska, die vor dem Krieg enge Verbindungen zu linksgerichteten polnischen Kreisen unterhalten hatte, wurde in Lemberg sehr respektvoll empfangen. Die Behörden stellten sie als Kandidatin für die Wahlen auf; sie sollte die Angestellten der Eisenbahnwerkstätten vertreten.[84] Doch durch ihre Popularität und ihren Erfolg in Regierungskreisen geriet sie bei nicht wenigen Leuten in Misskredit; sie half häufig Kollegen, die das Regime der Illoyalität verdächtigte. Eines Tages schellte es an ihrer Tür. Als ihr Mann Marian Bogatko die Tür öffnete, wurde er niedergeschossen. Die Behörden machten sich nicht die Mühe, den Mord aufzuklären.

Der Generalsekretär der Schriftstellerunion, Oleksandr Kornijtschuk, verließ Lemberg um diese Zeit und wurde von einem Ukrainer namens Chiorkowski abgelöst; Zeitgenossen bezeichneten diesen als „faschistischen Polenhasser". Als später die Deutschen Lemberg erreichten, wurde deutlich, dass er ein Verbündeter, wenn

---

[84] Die sowjetische Presse interviewte sie in diesem Zusammenhang; das Interview wurde am 18.2.1940 in *Der Stern* (Kiew) veröffentlicht.

nicht sogar ein Geheimagent der Nationalsozialisten war. Die Polen protestierten gegen seine Einsetzung als Sekretär der Union, jedoch ohne Erfolg. Weitere Proteste von polnischen Intellektuellen blieben ebenfalls mehr oder weniger fruchtlos.[85] Die polnische Schriftstellerin Helena Górska war Abgeordnete in der Nationalversammlung der Westukraine. Als die Versammlung für einen Antrag stimmte, die Sowjetunion solle die Westukraine annektieren, enthielt sich Górska der Stimme. Sie war die Einzige, die dies – in Anwesenheit keines Geringeren als Chruschtschow – wagte.

Während der sowjetischen Besatzungszeit unterhielt Lemberg fünf Theater, davon war eines ein jiddisches und die anderen polnisch und ukrainisch. Alle Theater waren von den Behörden eingerichtet worden, was ihnen das erforderliche Budget für die Aufführungen und die Gehälter der Schauspieler und Techniker sicherte. Vor dem Krieg hatten nur die Polen ein eigenes Theater gehabt. Den Ukrainern hatten die polnischen Behörden nicht gestattet, ein Theatergebäude in Lemberg zu errichten, selbst als diese es hätten finanzieren können; sie mussten ihre Aufführungen in gemieteten Sälen veranstalten. Das schon lange bestehende jiddische Theater in Lemberg mietete für seine Vorstellungen ebenfalls Säle an und musste mit einem sehr geringen Budget auskommen. Die polnische Regierung unterstützte zu keinem Zeitpunkt ein jüdisches Theater und förderte meist auch keine jüdischen und ukrainischen Kultureinrichtungen. Unter der sowjetischen Herrschaft wurde das jiddische Theater zu einer staatlichen Einrichtung und genoss den gleichen Status wie seine ukrainischen und polnischen Pendants.[86]

Das jiddische Theater hatte in Lemberg und in ganz Ostgalizien eine lange Tradition. 1889 gründete die Familie Gimpel ein Theater, das sie mit kurzen Unterbrechungen bis zum Zweiten Weltkrieg betrieb. Auch jiddische Theatergruppen aus anderen Orten Polens traten in Lemberg und Umgebung auf, darunter die berühmte *Vilner Trupe* aus Wilna und das *Varshever Idisher Kunst-Theater* aus Warschau, das unter seiner Abkürzung VIKT bekannt war. Ein jüdisches Avantgarde-Theater namens *Maske* wurde ebenfalls in

---

85 Wat, Mój Wiek, S. 265–285.
86 Shlomo Prizament, Yiddish teater in Lemberg, in: Yiddish teater in eirope tsvishn bayde welt-milkhomes, New York 1968, S. 286–293; Fuchs, A vanderung, S. 60 ff.

Lemberg eingerichtet; seine jungen Schauspieler zogen Schriftsteller und Intellektuelle an, die auf Jiddisch schrieben.

Nach der Errichtung des sowjetischen Regimes im September 1939 tat sich in Lemberg eine Truppe aus Schauspielern, Bühnendirektoren und -technikern aus dem Gimpel-Theater, dem Maske-Theater und der Flüchtlingsgemeinde zusammen, um die jüdische Theatertradition Ostgaliziens aufrechtzuerhalten. Koordinatoren waren Peretz Kleimann und Professor Sigmund Black. Bühnendirektor war Henryk Luft, Dirigent Karl Gimpel. Mit Unterstützung der sowjetischen Behörden trat die Truppe im Kolosseum-Theater auf und führte bis Ende Oktober 1939 zwei Stücke auf: *In polish oyf der kayt* (In Ketten gefesselt auf dem Flur der Synagoge) von I.L. Peretz unter der Regie von Henryk Luft und *Di kate fun feter Tom* (Onkel Toms Hütte), eine Überarbeitung des berühmten Romans von Harriet Beecher Stowe durch Regisseur Bronisław Dąbrowski.

Derweil schloss sich Ida Kamińska, die Warschau wenige Tage nach der Besetzung der polnischen Hauptstadt durch die Deutschen verlassen hatte, der Truppe an. Das Kulturkommissariat der Westukraine bereitete ihr einen herzlichen Empfang in Lemberg und gestattete es ihr nicht nur, ein jiddisches Staatstheater einzurichten, sondern versprach ihr auch Subventionen vonseiten der Regierung. Das Theater wurde tatsächlich im November 1939 eingerichtet und erhielt, wie gesagt, denselben Status, den die ukrainischen und polnischen Theater besaßen. Kamińska wurde zur Generaldirektorin ernannt, eine Position, die sie bis zum Frühjahr 1940 innehatte. Der erste Verwaltungsdirektor des Theaters war der Schauspieler Gershon Roth; er wurde von Jakob Saikin abgelöst, einem kommunistischen Mitglied des Lemberger Stadtrats. Der Schriftsteller und Dramatiker Alter Kacyzne diente als künstlerischer Berater. Die Dramatiker Israel Aschendorf, Jerachmiel Grün und Leibusch Dreikurs arbeiteten mit dem Theater zusammen.

Das jiddische Theater arbeitete auch mit sowjetisch-jüdischen Regisseuren zusammen, zum Beispiel mit Zakhari Vig aus Leningrad, der Lipa Rezniks *Shvester* (Schwestern) in Lemberg zur Aufführung brachte. Obwohl die Sowjets ihren Einfluss auf das Theater auszudehnen trachteten, wie sich in der Arbeit der jüdischen Dramatiker aus der Sowjetunion zeigte, waren elf der 17 während der sowjetischen Zeit aufgeführten Stücke schon vor dem Krieg in jüdischen Theatern in Polen inszeniert worden; sie gehörten zum regulären Repertoire des jüdischen Theaters in Polen und gewährleisteten so dessen Kontinuität. Das jüdische Publikum reagierte begeistert auf die Werke von Gordin, Scholem Alejchem, Perez und Goldfaden. Der Auftritt bekannter, altgedienter Schauspieler verschaffte dem jüdischen Theater in Lemberg Popularität. Die zusätzlichen Aufgaben der Schauspieler innerhalb der Gemeinde – der Unterricht im Fach Drama auf Jiddisch und Aktivitäten in den Kulturklubs, die in der ganzen Stadt eröffnet worden waren – intensivierten zudem ihre Beziehungen zur jüdischen Öffentlichkeit.

Der Radiosender der Westukraine übertrug regelmäßig Sendungen auf Jiddisch aus seinen Lemberger Studios, darunter Auszüge von Aufführungen des jiddischen Theaters, Rezitationen ausgewählter jüdischer Literatur durch die Schauspieler sowie Diskussionen über Kultur- und Theaterangelegenheiten.

Neben dieser Kontinuität zeichnete sich jedoch auch die Intention einer „Anpassung" des jüdischen Theaters in Lemberg an das sowjetische Theater ab. Dies manifestierte sich sowohl im Repertoire als auch in der Tatsache, dass das jüdische Theater zum ersten Mal genauso wie das ukrainische und polnische Theater staatliche Unterstützung erhielt.

Die Schauspieler schätzten die Einstellung der Behörden gegenüber dem jüdischen Theater sehr und hofften inständig, dass diese sich nicht ändere. Dennoch litten sie unter der ungewohnten Aufsicht und Inspektionen durch die Regierung. Im Frühjahr 1940 wurde die Leitung des Theaters personell neu aufgestellt. Die sowjetischen Behörden erklärten Ida Kamińska, es sei wünschenswert, die Leitung jemandem „von der anderen Seite" zu übertragen, d.h. aus der Sowjetunion, und ersetzten sie unverzüglich durch einen Russen, dem etwas später ein Ukrainer folgte. Der letzte Direktor des jiddischen Theaters in Lemberg war ein sowjetischer Jude. Der Verwaltungsdirektor Jakob Saikin, der sein Amt behielt, bis das „Unternehmen Barbarossa" der Herrschaft der Sowjets ein Ende setzte, wehrte wachsam jegliche Abweichung von der offiziellen Ideologie ab.

Die für die Kultur zuständigen sowjetischen Beamten hatten mit dem Repertoire des Theaters ein Problem: Stücke, die sich mit aktuellen Ereignissen befassten, spielten nur eine untergeordnete Rolle. Aus diesem Grund forderten sie von den jüdischen Schriftstellern und Dramatikern Maßnahmen, „um der jüdischen Bevölkerung der Westukraine die Schätze der sowjetischen Kultur nahezubringen".[87]

Mitte des Jahres 1940 schloss sich der Belegschaft des jüdischen Theaters in Lemberg eine Gruppe von Schauspielern aus Dnjepropjetrowsk unter der Leitung der Regisseure Y. Koltiniuk und G. Druz an, nachdem das dortige jiddische Theater geschlossen worden war. Die Beziehungen zwischen den Neuankömmlingen und den einheimischen Schauspielern waren gespannt, dies unter anderem auch aufgrund unterschiedlicher Ansichten über den Charakter des jüdischen Theaters. Die Behörden hofften, dass die Implementierung sowjetischer Theaterleute zur Sowjetisierung des jüdischen Theaters in Lemberg beitrüge. In der Tat erweiterten die Neuzugänge das Repertoire des Theaters um Stücke, die den Behörden genehmer waren.

Das Repertoire umfasste nun Peretz Markischs Stück *Di Familye Ovadis* (Die Familie Owadis) und *Moltsayt* (Die Mahlzeit) sowie Lipa Rezniks bereits erwähntes Stück *Shvester*, basierend auf Motiven von I.L. Peretz' *Dray Shvester*. Dennoch behielten Stücke, die in zahlreichen jiddischen Theatern in der Zwischenkriegszeit gespielt wurden, ihre Vorrangstellung im Repertoire. Nur wenige Werke sowjetischer Autoren wurden aufgeführt, obwohl Beamte immer wieder deren große Bedeutung betonten.

Bei dem Debut von Peretz Markischs *Di Familye Ovadis* gab sich die Presse große Mühe, der Vorstellung symbolische Bedeutung für das erste Zusammentreffen zwischen der jüdischen Bevölkerung in den neuen Gebieten mit der sowjetischen Realität zuzuschreiben. Dieses Werk, so schrieben die Kritiker, brächte der jüdischen Bevölkerung das jüdische Familienleben in der Kollektivwirtschaft in

---

[87] Für Informationen über das jüdische Theater in Lemberg im Verlauf der sowjetischen Ära siehe Zalman Silberzweig, Leksikon fun yiddishn teater, Bd. 6, Mexico 1967, S. 49–69; Levin, Eine Zeit in Klammern: 1939–1941, S. 163, 173 ff.; Icchok Turkow-Grudberg, Yiddish teater in poyln, Warschau 1951, S. 16; A. Weiss, Jiddisches Theater und jiddische Literatur in Ostgalizien 1939–1941, Behinot 8–9 (1980) [hebr.], S. 114–116; *Der Stern* (Kiew), 18.2.1940. Siehe auch *Der Stern*, 13.12.1939: Naye spektakeln in die lvover teatern: „Peter Tom", „Mayn son", etc.; *Der Stern* (Kiew), 15.6. und 10.9.1940.

Birobidschan nahe. „Zum ersten Mal sahen die Juden der Westukraine gesunde Juden, junge Juden, die Waffen trugen, etwas, das nur unter sowjetischer Herrschaft denkbar ist", stellte einer der Kritiker fest.[88]

Das Staatstheater war nicht das einzige jüdische Theater, in dem zwischen 1939 und 1941 in Lemberg Aufführungen stattfanden. Sowjetische jiddische Theater waren auch hier aktiv, vor allen das jüdische Theater von Kiew, das im Frühjahr 1940 in Lemberg und Ostgalizien auf Tournee ging.

Die letzte Aufführung, die kurz vor dem deutschen Überfall auf die Sowjetunion im Juni 1941 stattfand, war Abraham Goldfadens *Loy sakhmoyd*. Ida Kamińska adaptierte dieses Werk für die Bühne und führte bei der Aufführung Regie; der Maler Peretz Kleinman schuf ein originelles Bühnenbild. Das breite Publikum hatte nie Gelegenheit, *Loy sakhmoyd* zu besuchen, da die Truppe direkt nach der Premiere für mehrere Aufführungen nach Równe reiste und dann die deutsche Invasion erfolgte. Eine zweite Truppe desselben Theaters blieb zu dieser Zeit in Lemberg, um sich auf die Aufführung eines neuen Stücks zu aktuellen Themen vorzubereiten, *Kol Nidre* von Peretz Markisch, welches das harte Leben der Juden in Polen vor dem September 1939 sowie die Freude der Juden ob der Befreiung der westlichen Gebiete der Ukraine und Weißrusslands durch die Rote Armee darstellte.

Einige der Schauspieler, die sich bei Kriegsbeginn in Równe aufhielten, wurden nach Zentralasien evakuiert; diejenigen, die in Lemberg blieben, verschwanden im Ghetto und in den in Ostgalizien eingerichteten Lagern. Andere kehrten nach Warschau zurück, wo sie das Schicksal der Juden in der ehemaligen polnischen Hauptstadt teilten. Einer kleinen Gruppe gelang die Flucht ins Innere der Sowjetunion. Die meisten Mitglieder des jüdischen Theaters in Lemberg kamen während der deutschen Besatzung ums Leben; sie wurden entweder von den Deutschen selbst oder von der einheimischen Bevölkerung ermordet.[89]

---

[88] Icchok Turkow-Grudberg, Sovietishe dramaturgye, Warschau 1955, S. 229.
[89] Zeugenaussage Ida Kaminska, S. 119-121; Turkow-Grudberg, Oif majn weg; *Der Stern* (Kiew), 11.6.1940; Weiss, Jiddisches Theater, S. 127 f.

4. Jüdische Jugendbewegungen und ihr Kampf ums Überleben

Unter dem sowjetischen Regime war nur die Kommunistische Partei befugt, das Volk („die Arbeiter- und Bauernklasse") und den Staat („das Land der Sowjets") zu führen. Die Sympathie, mit der die Juden in der westlichen Ukraine und im westlichen Weißrussland die Ankunft der Roten Armee zunächst begrüßt hatten, wich schon bald der Furcht vor der sowjetischen Herrschaft. Die Funktionäre der politischen Parteien sowie der verschiedenen Jugendorganisationen sahen sich in Gefahr, von der Propaganda der Kommunisten als „Volksfeinde", „Sozialfaschisten" oder mit anderen pejorativen Bezeichnungen gebrandmarkt zu werden. Die schlimmsten Befürchtungen wurden bereits Anfang Oktober 1939 wahr, als neben den Leitern der *Kehilla* auch die Anführer und zahlreiche Aktivisten der politischen Parteien Opfer der ersten Verhaftungen wurden. Die betroffenen Organisationen verstanden die Botschaft: Sie mussten rasch entscheiden, was unter den neuen Bedingungen zu tun sei. Die neuen Herrscher würden ihnen keinen Handlungsspielraum lassen, da es aus ihrer Perspektive nur Platz für eine Partei gab: die kommunistische.

Als die Sowjets in den Westen der Ukraine und Weißrusslands einmarschierten, organisierten sie Sympathiekundgebungen für das neue Regime. In Lemberg befahlen sie den Fabrikarbeitern, Angestellten der Regierung und der Stadtverwaltung sowie Mitgliedern verschiedener Organisationen und Institutionen einen Tag vor

---

Alter Kacyzne versuchte, nach Osten zu fliehen, wurde jedoch von ortsansässigen Ukrainern in der Gegend von Tarnopol ermordet. Einem anderen Bericht zufolge wurde ihm nicht gestattet, die Bahn zu besteigen, die sowjetische Flüchtlinge in die Sowjetunion brachte; angeblich vereitelte die polnische Schriftstellerin Wanda Wasilewska seine Flucht. Für Einzelheiten siehe Dov Sadan, Schwellenstein, Bd. 3, Tel Aviv 1962, S. 190. David Königsberg wurde von Ukrainern im Verlauf eines Pogroms getötet, das in den Tagen unmittelbar nach der Einnahme Lembergs durch die Deutschen stattfand. Leibl Dreikurs und Jerachmiel Grün kamen im Lager Janowska ums Leben. Mosche Schimmel starb im Arbeitslager bei Złoczów. Jakob Schudrich war einer der Organisatoren der Widerstandsbewegung in Lemberg und wurde ermordet, als er und eine Anzahl junger Juden versuchten, in den Wald zu fliehen. Rachel Korn und Nachum Bomze erreichten die Sowjetunion.

der Kundgebung, am folgenden Morgen in Festtagskleidung zur Arbeit zu erscheinen. Als diese sich von ihren Arbeitsplätzen aus auf den Weg machten, wurden sie von Parteiaktivisten und Regierungsbeamten mit vielen roten Fahnen, Plakaten und Bannern mit Slogans erwartet. Die Arbeiter wurden „gebeten", die Fahnen und Plakate zu übernehmen, sie über dem Kopf zu schwenken und so durch die Reihen der Bürger zu marschieren, denen befohlen worden war, sich zu beiden Seiten der Straße aufzustellen. Diese Demonstration wurde in verschiedene Stadtteile gelenkt. Einige „Demonstranten" machten sich zu den Gefängnissen Lembergs auf, wo sie die Gebäude betraten, die politischen Gefangenen befreiten – von denen die meisten von den polnischen Behörden verhaftete Kommunisten waren – und auf ihren Schultern trugen. An Ort und Stelle wurden auf einer „spontanen" Massenveranstaltung Reden gehalten. Anschließend durften die ehemaligen Häftlinge nach Hause zurückkehren.

Mitglieder der kommunistischen Jugendorganisation, die aus dem Untergrund aufgetaucht und vor allem jene, die aus dem Gefängnis entlassen worden waren, wurden nun zu den Herrschern von Lemberg. Sie bildeten die erste Miliz und lösten die polnischen Beamten in der Stadtverwaltung und bei der Zentralregierung ab.

Die kommunistische Jugend war mit der Stadtbevölkerung vertraut. Einige ihrer Mitglieder waren anderen Jugendbewegungen beigetreten und konnten daher die Behörden dabei unterstützen, „Volksfeinde" ausfindig zu machen. Nach wenigen Wochen begann das Regime mit der Verhaftung ehemaliger Führer und Aktivisten der Parteien und ihrer Jugendorganisationen, darunter der Leiter des *Bund* in Lemberg, Dr. Karl Eineigler. Die anderen Bundisten wussten, was sie erwartete, und versuchten, die sowjetische Zone zu verlassen. Einige passierten die Grenze; die meisten wechselten jedoch ihren Wohnort innerhalb der Zone und hofften, sie würden nicht erkannt.

Die sowjetischen Behörden behandelten den *Bund* entsprechend dem kommunistischen Grundsatz: „Um die Sympathie der Massen zu gewinnen, übergeht die Anführer." Sie glaubten, dass sie nur die Anführer in die Verbannung schicken mussten, damit ihnen die Organisation in die Hände fiele. Folglich inhaftierten sie die Führer der Ortsgruppe der Partei sowie die Sekretäre der Gewerkschaften und beriefen eine Mitgliederversammlung ein, in deren

Verlauf ein sowjetischer Beamter eine vorbereitete Resolution diktierte. Diese wurde „einstimmig" angenommen und anschließend ein neues Komitee gewählt. So blieb die Gewerkschaft intakt, jedoch unter einer neuen, von den Behörden ausgewählten Leitung. Wie einer der sowjetischen Kommissare es ausdrückte: „Die Reihen liefen zu uns über mit allem, was die Partei besaß, sei es organisch oder anorganisch."

Obwohl viele Mitglieder des *Bund* immer noch ein wenig Sympathie für die Sowjetunion empfanden, setzte sich die Organisation nach Ansicht der sowjetischen Behörden aus „Verrätern an der bolschewistischen Revolution" zusammen. In diesem Sinne verhafteten sie jedes Mitglied, dessen sie habhaft werden konnten.

Im Unterschied zu den Bundisten standen die meisten Zionisten den Sowjets ablehnend gegenüber. Zionistenführer in Lemberg und Ostgalizien wurden ebenfalls ins Gefängnis geworfen, und anschließend begannen die Behörden mit der Jagd auf die Anführer der zionistischen Jugendorganisationen. Gleichwohl war ihnen klar, so Mosche Kleinboim (Sneh), dass sich die auf Ausbildungsfarmen organisierten Gruppen nicht auflösen würden, nur weil einige ihrer Anführer verhaftet wurden. Dementsprechend versuchten sie, die Mitglieder dieser „Kibbutzim" mit schönen Worten und Überredungskünsten für sich zu gewinnen: Der Zionismus habe in Polen, wo die Juden unfrei und im Elend lebten, seine Berechtigung gehabt. Unter der sowjetischen Herrschaft aber würden sie die gleichen Rechte wie alle anderen Bevölkerungsgruppen genießen und nicht mehr darunter leiden, Juden zu sein. Deshalb könnten sie ihre zionistischen Vorstellungen nun getrost aufgeben.

Die verschiedenen zionistischen Jugendorganisationen reagierten auf den Umbruch bei Kriegsbeginn, indem sie versuchten, die eigenen Mitglieder in Sicherheit und möglichst nach Palästina zu bringen sowie die politische Arbeit in Galizien unter den neuen Bedingungen zu reorganisieren. Der *Ha-Schomer Ha-Za'ir*, dessen Zentrale für Galizien sich in Lemberg befand, wählte eine neue Führung und besetzte die Redaktion der Zeitung *Zev Mlodych* („Stimme der Jugend") neu. Als sich die Wehrmacht der Stadt näherte, verließ die Führung der Organisation Lemberg, kehrte jedoch nach dem Einmarsch der Roten Armee zurück und nahm ihre Aktivitäten wieder auf. Den Kern der Lemberger Aktivisten des *Ha-Schomer Ha-Za'ir* koordinierte Itzchak Siv (Salmanson). Auf einer Konferenz der Zweigstellen der Organisation, die Anfang Oktober in Równo stattfand, wurde beschlossen, die Zusammenarbeit mit der zionistischen Organisation *Dror* zu optimieren. Einem internen Dokument der *Dror* ist der Ablaufplan zu entnehmen, den die Organisation für ihre Aktivitäten im Generalgouvernement aufstellte und der ähnlich vermutlich auch in Lemberg befolgt wurde. Dieser Plan sah vor: a) die Mitglieder der Bewegung ausfindig zu machen; b) sich neu zu organisieren; c) die Arbeit im Untergrund in den großen Städten zu konzentrieren und d) zu versuchen, „dem Würgegriff zu entkommen und einen Weg für die Einwanderung nach Palästina zu finden". Auch für die anderen Jugendorganisationen, die sich auf die Arbeit im Untergrund vorbereiteten, wurde Lemberg in der Folgezeit zum Dreh- und Angelpunkt für Zusammenkünfte und die Kooperation im gesamten sowjetischen Gebiet.

Die *Akiwa* erhielt nach Kriegsbeginn über mehrere Monate einen starken Zustrom von Mitgliedern, die aus Krakau und anderen Städten Westgaliziens nach Lemberg flohen. Einige der Neuangekommenen fanden vorübergehend Unterkunft bei der dortigen Ortsgruppe, die ihnen zu überleben half. Mehrere Dutzend Mitglieder – die meisten aus Krakau sowie einige aus dem Kreis Lemberg – flohen auf einen Bauernhof, den ihre Organisation in Leopoldinów in der Nähe von Lemberg betrieb. Als die Farm im Februar 1940 aufgelöst wurde, zogen sie sich ins Stadtgebiet zurück. 80 Angehörige der *Akiwa*, die nachher in die Zentrale der Organisation nach Wilna zogen, trafen ebenfalls in Lemberg ein; zahlreiche Flüchtlinge kehrten jedoch in die deutsche Besatzungszone zurück, entweder aus familiären Gründen oder weil sie wussten, dass das sowjetische Regime dem Zionismus feindlich gegenüberstand. Mitglieder der *Dror* aus Westgalizien flüchteten hingegen vor der Wehrmacht nach Lemberg.

Auch Dutzende von Ausbildungsfarmen („Kibbutzim") schlossen sich diesem großen Flüchtlingsstrom an. Ihre Mitglieder organisierten sich während der Flucht gemeinsam und bewegten sich in Gruppen fort, wobei jedes Mitglied auch für das Schicksal aller anderen verantwortlich war. Die meisten der zionistischen Pionierorganisationen besaßen Ausbildungsfarmen, und mehrere solcher Einrichtungen lagen in und um Lemberg. Die Flüchtlinge wurden dort von Kameraden aufgenommen, die ihnen auf jede mögliche Art halfen.

Zwei Untergrundbewegungen des *Chalutz* gingen in der sowjetischen Besatzungszone eine Verbindung ein: *Dror* (wie die Bewegung der Freiheit *He-Chalutz-ha-za'ir* nun hieß) integrierte die Geheimzellen der *Akiwa* und *Gordonia* sowie des *Ha-Schomer Ha-Za'ir*. Sie kooperierten, um ihre Mitglieder ostwärts nach Wilna und in den Süden nach Rumänien zu schleusen, arbeiteten aber aufgrund ideologischer Differenzen bei der politischen Schulungsarbeit nicht zusammen.

Itzchak (Antek) Zuckerman koordinierte die Untergrundaktivitäten der *Dror* in Lemberg. Von dort aus besuchte er Städte an der Peripherie, traf sich mit anderen Mitgliedern und organisierte Untergrundzellen in zahlreichen Orten, in denen Zweigstellen aktiv gewesen waren. Jede Zelle bestand aus vier oder fünf Mitgliedern, die sich schon von früher kannten, und hielt nur über eine einzige Person Kontakt, die ihre Arbeit koordinierte. Andere Bewegungen, die sich für die Arbeit im Untergrund neu organisierten, übernahmen dieses Modell. Die Angehörigen des Zentralkomitees der *Dror*, insbesondere diejenigen, die direkt mit jungen Leuten gearbeitet hatten, zogen im Dezember nach Lemberg um. Am 31. Dezember 1939 trafen in Lemberg 20 Mitglieder der *Dror* zur Lagebesprechung zusammen; mehrere waren in Schmuggelaktivitäten involviert, die meisten waren jedoch in der politischen Schulung im Untergrund aktiv. Als Zuckerman Mitte März 1940 nach Warschau ging, übernahmen Edek Gelobter und Oskar Hendler die Koordination der Aktivitäten der *Dror* in Lemberg.

Das Zusammentreffen mit der Roten Armee zwang die Jugend des *Chalutz*, sich mit Grundsatzfragen auseinanderzusetzen: Bestand zwischen Zionismus und Sozialismus ein Widerspruch? Wie war der Charakter des sowjetischen Regimes einzuschätzen? Solche und andere Fragen, in denen sich die Gründer der zionistischen Arbeiterbewegung bislang nicht festgelegt hatten, wurden nun diskutiert. Für die Mitglieder des *Ha-Schomer Ha-Za'ir* waren diese Themen, die sie in den letzten Monaten des Jahres 1939 und im Frühjahr 1940 erörterten, besonders beunruhigend. Sie sahen sich plötzlich mit einem tragischen Widerspruch konfrontiert: Als glühende Anhänger des sozialistischen Aufbaus in der Sowjetunion hätten sie die Ankunft des Sozialismus freudig begrüßen müssen. Doch die Einstellung der sowjetischen Behörden gegenüber dem Zionismus war eine herbe Enttäuschung. Deshalb hielten sie an der Überzeugung fest, dass Juden ein Recht auf Ansiedlung in Palästina hätten. Falls es zu einer ideologischen Konfrontation mit Vertretern des Regimes kommen sollte, würden sie auf diesem Recht bestehen. Auch die Mitglieder der *Dror* betrachteten den „sozialistischen Aufbau" in der Sowjetunion wohlwollend und waren daher bereit, viele Entscheidungen des Regimes zu akzeptieren, selbst wenn diese ihrer Weltanschauung widersprachen. Im Allgemeinen nahm *Dror* jedoch größeren Anstoß am sowjetischen Regime als *Ha-Schomer Ha-Za'ir*. *Dror* war im Grunde eine Volksbewegung; auch in der Vergangenheit war die Haltung der Mitglieder zu Palästina und dem Zionismus überwiegend von psychologischen, nicht von ideologischen Faktoren bestimmt. Mitglieder der *Akiwa* blieben von solchen Diskussionen unberührt, da ihre Haltung gegenüber der Sowjetunion und der kommunistischen Ideologie grundsätzlich negativ war. Eine weitere zionistische Pionierbewegung, die *Gordonia*, stand dem sowjetischen Regime ebenfalls ablehnend gegenüber.

Doch auch junge Leute, die sich nicht mit diesen ideologischen Problemen auseinandersetzten, waren mit Konflikten konfrontiert, sahen sie doch ihre Loyalität zum Zionismus auf die Probe gestellt. Oft mussten sie zwischen dem Zionismus und den Versuchungen wählen, die das neue Regime ihnen in Form von Arbeit und vor allem von Studium oder Berufsausbildung offerierte. Nachdem die Generation ihrer Eltern schwer für ihren Lebensunterhalt hatte kämpfen müssen, stand den jungen Leuten nun die Möglichkeit offen, sich in die sowjetische Wirtschaft einzugliedern. Als das kommunistische Regime seine Macht festigte, schien der praktische Nutzen einer Mitgliedschaft in einer zionistischen Organisation kontinuierlich abzunehmen. Darüber hinaus waren zionistische Aktivitäten offensichtlich gefährlich.[90]

Ungeachtet der Aktivitäten der politischen Vereinigungen fanden sich auch Einzelne zu Widerstandsaktionen in Lemberg zusammen. So gründeten Schüler des Lemberger Gymnasiums beim Einmarsch der Roten Armee eine kleine Gruppe, um die gut ausgestattete hebräische Bibliothek vor einem Brandanschlag zu retten. Die Gruppe wurde von einem Lehrer namens Propicio und dem Schüler Benjamin Teomim geleitet und nannte sich die „zionistische Organisation". Als überparteiliche Gruppierung strebte sie die Erziehung ihrer Mitglieder in einem jüdischen Nationalgeist an. Am 26.

---

[90] Perlis, Die Pionierbewegungen im besetzten Polen.

Mai 1940 existierte die Gruppe noch immer und veranstaltete ein festliches Beisammensein im Bielohorski-Wald.[91]

Neben der politischen Schulungsarbeit sowohl unter der einheimischen Bevölkerung als auch unter den Flüchtlingen konzentrierte sich die Aktivität der Jugendorganisationen darauf, Wege zum Verlassen des sowjetischen Machtbereichs zu finden und ihren Mitgliedern bei der Erreichung dieses Ziels zu helfen. Von Lemberg aus wurden Aktivisten nach Kołomyja gesandt, um Möglichkeiten zum

---

[91] Yitzchak Ziv, Der Ha-Schomer Ha-Za'ir unter sowjetischer Besatzung in Ostpolen (Weißrussland und West-Ukraine) (September 1939 – Juni 1941), in: Yalqut Moreshet 45 (Juni 1988) [hebr.], S. 121, 148; Yehoshua A. Gilboa, In ewiger Erinnerung, Tel Aviv o.J. [hebr.], S. 26 f.; Israel Gutman, Struggle on the Path of Afflictions, in: Jüdischer Widerstand gegen die Nazis während des Holocaust, Jerusalem 1988, S. 65 f.; Zeugenaussage Schimon Danieli (Simon Danhersch), Abteilung für mündliche Dokumentation, Institut für zeitgenössisches Judentum, Hebräische Universität in Jerusalem, Nr. 59 (13); Antek Zuckerman, Kapitaln fun izavoyn, Tel Aviv 1982, S. 11 ff.; Schneider, Wie ein gejagtes Tier, S. 11–22; Shlomo Keles, Grenzen, Untergrund und Flucht (1941–1954), Jerusalem 1989 [hebr.], S. 24 f.; Zivia Lubetkin, In den Tagen der Vernichtung und des Aufstands, Tel Aviv 1953/1979 [hebr.], S. 446; Antek Zuckerman, Im Ghetto und beim Aufstand, Beit Lohamei Hagetaot 1985, S. 27-38; Zeugenaussagen von Ida Merin, Moreshet Archiv, A. 690, und Y. Dekel, ebenda, A. 602.

Dzunek Rothenstein und Chaim Kermisz, die als Flüchtlinge nach Lemberg gekommen waren und sich den einheimischen Aktivisten Marcel Hecht, Benek Johannes und Benek Taft anschlossen, beteiligten sich in der *Akiva*. Lionek Schneider (Artek) und Josef Scherzer, die aus Sznjatyn eingetroffen waren, nahmen ebenfalls teil. Geist und treibende Kraft der *Akiva* waren Tonju Eisenkraft und Hersch (Herschl) Rosenberg.

Als die Sowjets im September 1939 in Lemberg eingetroffen waren, hatten sie alle Büchereien in der Stadt geschlossen und dort Säuberungsaktionen durchgeführt. Bücher, die als „ungeeignet" galten, wurden entfernt. Am konsequentesten wurden polnisch-, jiddisch- und hebräischsprachige Bücher aussortiert. „Geeignete" Bücher wurden in staatlichen Büchereien den Lesern unter Aufsicht zugänglich gemacht. Alle Bücher auf Hebräisch wurden konfisziert. Siehe Levin, Ich bin aus Spezia eingewandert, S. 41; S. Schwitzer, Das yidishe kulture-leben in poyln, in: Jahrbuch, Bd. 2, Tel Aviv 1967, S. 203; Weiss, Jiddisches Theater, S. 36; Ziv, Der Ha-Schomer Ha-Za'ir, S. 124. Siehe auch Abraham Itai/Mordechai Neustadt, Geschichte der Bewegung der Netsah in Lettland, Tel Aviv 1972, S. 251.

Überschreiten der rumänischen Grenze ausfindig zu machen. Dieser Weg schien am ehesten geeignet, hatten ihn in den ersten Kriegstagen doch auch das polnische Kabinett, führende Beamte und die sich zurückziehende polnische Armee gewählt sowie viele andere Polen und zahlreiche Juden, sowohl aus Palästina als auch einheimische. In normalen Zeiten hatte Rumänien als Durchgangsroute für die klandestine Auswanderung von Juden nach Palästina gedient, und auch jetzt schien diese Chance noch zu bestehen.[92] Zwei Mitglieder des *Ha-Schomer Ha-Za'ir*, Salomon Kles und Levi Lieberson, operierten entlang der rumänischen Grenze und koordinierten ihre Aktionen mit Mitgliedern der *Dror*. Dennoch gelang es nur wenigen *Chalutzim*, auf diese Art zu entkommen. Viele wurden an der Grenze aufgegriffen, eingesperrt und ins Innere der Sowjetunion verbannt. In der Folge versuchten *Chalutzim*, Lemberg nach Norden in Richtung Wilna zu verlassen, das damals noch zum unabhängigen Litauen gehörte.[93] Mehrere Dutzend junger Leute entkamen auf diese Weise.

Um keinen Verdacht zu erregen, trafen sich die jungen Zionisten meist an stark frequentierten Orten, insbesondere in den Straßen in der Nähe der Universität Lemberg. Diskussionsthemen bei diesen Zusammenkünften waren aktuelle zionistische Probleme und Fragen der Weltpolitik. Aus Mangel an Informationen war der letzte Punkt jedoch wenig ergiebig. Die Versuche der Teilnehmer, ihre Hebräischkenntnisse zu pflegen, verliefen hingegen erfolgreicher. Bei ihren Treffen unterhielten sie sich ein wenig auf Hebräisch, sangen ein paar hebräische Lieder und fantasierten hauptsächlich darüber, wie die Grenze zu erreichen und zu überqueren sei.

Im Sommer 1940 verschlechterten sich die Bedingungen für die Arbeit im Untergrund, und die Aktivisten der Jugendorganisationen wurden einer strengeren Überwachung unterworfen. Am 29.

---

[92] Schneider, Wie ein gejagtes Tier, S. 22; Perlis, Die Pionierbewegungen im besetzten Polen, S. 62; Shalom Tsur, Moreshet Archiv, A. 649; Haim Alon (Holz), ebenda, D. 2/10; Keles, Grenzen, Untergrund und Flucht, S. 24 f.

[93] Aus allen von den Deutschen besetzten Gebieten strömten Flüchtlinge nach Wilna. Nachdem die Stadt im Rahmen eines „Verteidigungs- und Hilfspaktes" zwischen der UdSSR und Litauen im September 1939 litauischer Kontrolle unterstellt worden war, galt sie als „befreit" von sowjetischer Herrschaft. Durch die Flucht nach Wilna konnten die Juden die von den Sowjets beherrschten Gebiete zwar verlassen, jedoch nicht nach Palästina gelangen.

Juni 1940 wurde Oskar Hendler, der Koordinator der *Dror-He-Chalutz* in Lemberg, verhaftet und in den Ural verbannt. Am 7. November 1940 erfolgte die Verhaftung von Marcel Geschwind, Aktivist des *Ha-Schomer Ha-Za'ir* und führendes Mitglied der Zentrale der Organisation, sowie zweier anderer Mitglieder aus der Lemberger Zelle, Lolek Wrubel und Joseph Ehrenpreis. Bei den Festnahmen wurde der Verbindungsoffizier Abek (Abraham) Borenstein getötet, als er bei einem Fluchtversuch aus der Straßenbahn sprang.

Geschwind, Wrubel und Ehrenpreis wurden im März 1941 nach strengen Verhören zusammen mit Mundek Bombach, Ephraim und Malka Fefer und Sino Schmieder, die ebenfalls Mitglieder des *Ha-Schomer Ha-Za'ir* waren, wegen Fluchthilfe nach Palästina angeklagt. Die Verhaftung dieser Funktionäre versetzte der Untergrundbewegung in Lemberg einen schweren Schlag. Das Gericht verurteilte die Angeklagten zu Gefängnisstrafen zwischen sieben und zehn Jahren. Einer der Aktivisten des *Ha-Noa'ar ha-zioni*, Mundek Weg, verfolgte die Gerichtsverhandlungen. Nachdem das Urteil verlesen worden war, versammelte er die Mitglieder der Organisation und erstattete ihnen einen detaillierten Bericht. Unter anderem schilderte er den Mut von Geschwind und seinen Kameraden, die die Gelegenheit zur Darlegung ihrer zionistischen Haltung genutzt hatten. Sie hatten ihre Sympathien für die Sowjetunion bekundet und gleichzeitig das Recht der Juden auf Ansiedlung in Palästina verteidigt.

Nach dem Prozess wählte die Organisation eine neue Führung: Schoschannah Perl, Jakob Schwartz, Mordechai Bar-On und Schlomo Kles. Im Juni 1941 wurden weitere zionistische Aktivisten in Lemberg und Funktionäre der Jugendorganisationen in Wolhynien festgenommen. Im Mai 1941 war der Koordinator der Untergrundaktivitäten der *Dror* auf dem Weg zu einem Besuch in Luck verhaftet worden. In Równo wurden Mitglieder des *Ha-Schomer Ha-Za'ir*, der *Dror* und der *Gordonia* ins Gefängnis geworfen.[94]

---

[94] Nach dem Krieg wurden sie als ehemalige polnische Bürger aus den Lagern des Gulag entlassen. Siehe Keles, Grenzen, Untergrund und Flucht, S. 28, 40; Zeugenaussage von Krawic (Tennenboim) Fischko, Massuah Archiv, Zeuge 2/2; vgl. auch die Diskussionen unter Aktivisten der Jugendorganisationen über Konzentrationen und ihre Operationen; Massuah Archiv, 2/28/ A. 855, A. 874. Zu den Aktivitäten von Mitgliedern des *Ha-Shomer Ha-za'ir* in Lemberg während der sowjetischen Besatzung, siehe den Überblick von Shimon Danieli (Simon Danhersch), Moreshet Archiv, D. 1/74; David Winter, ebenda, C/ 6.5.11.

Teil II
Die deutsche Besatzung
Juni 1941–Juli 1943

Kapitel 3:
Der erste Monat

1. Die Deutschen marschieren in Lemberg ein

Am 22. Juni 1941 wurden die Einwohner Lembergs um 4 Uhr morgens vom ohrenbetäubenden Lärm der Bombardierungen geweckt. Angst machte sich breit; keiner verstand, was vor sich ging. Wenige Stunden später übertrug Radio Moskau eine Bekanntmachung des sowjetischen Außenministers: Die Deutschen hatten der Sowjetunion den Krieg erklärt und bombardierten Kiew, Lemberg und andere Städte. Alle waren völlig überrascht. Das erste Ziel war der Flughafen Skniłów; bald jedoch schlugen die Bomben in allen Stadtteilen ein. Das Flakfeuer klang wie Platzpatronen im Vergleich zu dem Donnern der schweren Artillerie der Deutschen. Viele Leute rannten zur Bahnstation in der Hoffnung, fliehen zu können, aber die Bomben trafen auch dieses Ziel.

In der zweiten Nacht brachen in verschiedenen Teilen Lembergs Brände aus, deren Flammen weithin sichtbar waren. Einwohner, die sich aus Furcht vor den Bombenangriffen in den Eingängen der Häuser scharten und sich in den Kellern versteckten, mussten beim Löschen helfen. Sie alle – Ukrainer, Polen, Juden – sammelten sich vor den brennenden Gebäuden und bildeten eine Kette, um Wassereimer weiterzureichen.

Innerhalb von zwei Tagen verwandelte sich Lemberg in einen Trümmerhaufen. Viele Häuser wurden zerstört; die Straßen waren mit Schutt übersät. Tausende sowjetischer Soldaten, unrasiert und in zerlumpten Uniformen, trieben sich auf den Straßen herum und hatten nur einen Wunsch: nach Osten zu entkommen. Es war ein niederschmetternder Anblick. Die Juden waren besonders in Sorge, denn es war klar, dass die „unbesiegbare" Rote Armee die herannahenden Deutschen nicht länger aufhalten konnte.

Die sowjetischen Behörden begannen, ihre Staatsbürger aus Lemberg zu evakuieren, aber der plötzliche Angriff bereitete Schwierigkeiten. Für die vielen Menschen gab es keine ausreichenden Transportmöglichkeiten; die Bombardierungen hatten mehrere Brücken zerstört und Straßen unpassierbar gemacht. Viele Juden versuchten, sich den auf dem Rückzug befindlichen sowjetischen Soldaten und Zivilisten anzuschließen, aber in der allgemeinen Aufregung galten sie als Hindernis bei der Evakuierung. Sowjetische Wachen blockierten selbst das Weiterkommen derjenigen, denen es gelungen war, in die Nähe der ehemaligen sowjetischen Grenze vorzudringen, und zwangen sie zur Umkehr. Einige wenige Juden aus Lemberg entkamen der vorrückenden Wehrmacht über die Grenze in die Sowjetunion; die meisten von ihnen waren kleine Beamte, Fachleute, die für die sowjetischen Behörden oder die Rote Armee gearbeitet hatten, oder junge Leute, die Verbindungen zur Kommunistischen Partei hatten. „Die Sowjets ziehen sich [...] zurück, die verbliebenen Bataillone sind schwer geschlagen und die übrigen Panzer torkeln nach Osten. Was als regulärer und geordneter Rückzug begann, endet als überstürzte Flucht", schrieb ein jüdischer Augenzeuge.

Die Evakuierung ihrer Zivilisten aus Lemberg beschäftigte die Sowjets mehrere Tage lang. Die Straßen leerten sich; die Zerstörung war überall sichtbar. Auf ihrem Rückzug beschädigten die sowjetischen Panzer die elektrischen Leitungen des Staßenbahnnetzes und rissen Kabel aus ihren Befestigungen. Die Karosserien von zerstörten Fahrzeugen und ein defekter Panzer wurden verwaist auf den Straßen zurückgelassen.[95]

Am Stadtrand von Lemberg wurden Läden geplündert. Die Organisation Ukrainischer Nationalisten (OUN) unternahm Vergeltungsaktionen, und ihre Mitglieder positionierten sich auf den Dächern und schossen auf Zivilisten, die sich hinter den auf dem Rückzug befindlichen Soldaten der Roten Armee auf den Weg gemacht hatten. Sie nahmen mehrere Mitglieder des sowjetischen Sicherheitsdienstes NKVD, die sich noch in der Stadt befanden, gefangen und richteten sie hin.[96]

---

[95] Tadeusz Zaderecki, Unter der Herrschaft des Hakenkreuzes, Jerusalem 1982 [hebr.], S. 13 ff.; Scheinfeld, Das Ghetto Lemberg, S. 44 ff.; Yones, Die Straße nach Lemberg, S. 15 f.; Levin, Ich bin aus Spezia eingewandert, S. 51 f.; Zaderecki, Diary (Tagebuch), YVA, 06/28.

[96] Roman Ilnytzkyj, Deutschland und die Ukraine. 2 Bde., München 1958, S. 170. Als die Deutschen Ende Juni in die Sowjetunion einmarschierten, aktivierten die Ukrainer bewaffnete Widerstandszellen in der westlichen Ukraine. Ihre Mitglieder feuerten auf die Nachhut der sich zurückziehenden sowjetischen Einheiten. John A. Armstrong, Ukrainian

Die letzten sowjetischen Soldaten verließen Lemberg am Nachmittag des 29. Juni 1941, einem Samstag. Die rote Fahne flatterte weiterhin auf dem Dach des Rathauses, aber die Regierung war verschwunden. Die meisten Juden in Lemberg blieben in ihren Häusern oder in den Kellern, in denen sie während der Bombardierungen Zuflucht gefunden hatten. Andere verbargen sich in Werkstätten, Bäckereien, Lagerhäusern und kleinen Betrieben, in denen sie vor der Besatzung beschäftigt gewesen waren, und wagten sich aus Furcht vor Banden oder „Freiwilligen" nicht hinaus. Die Letztgenannten tauchten immer mal wieder auf und rekrutierten Männer zum Löschen von Bränden oder um Trümmer zu beseitigen. Die Juden fürchteten die „Freiwilligen" und wichen ihnen aus, so gut sie konnten. Nur die abenteuerlustigeren Juden lugten gelegentlich aus den Mauerrissen auf die verlassenen Straßen hinaus. Mütter nutzten die Pausen zwischen den Bombenangriffen, um Essen aufzuwärmen oder den unruhigen Kindern in den Kellern Wasser zu bringen.

Die ersten Einheiten der Wehrmacht betraten Lemberg am folgenden Tag, am Sonntag, den 30. Juni 1941. An diesem Morgen plakatierten die Ukrainer an Anschlagbrettern und Gebäudewänden großformatige Bekanntmachungen, die sie schon vorbereitet hatten. Sie hießen die deutschen Besatzer und den „großen ukrainischen Führer" Stepan Bandera willkommen, die endlich eingetroffen waren, „um das Volk der Ukrainer von der Herrschaft der Juden und des NKVD zu befreien, welche die ukrainischen Bauern in den Dörfern niedermetzelten". „Erschlagt die Juden und die Kommunisten!" forderten die Anschläge. „Lang lebe Stepan Bandera, lang lebe Adolf Hitler!"

Nationalism 1939–1945, New York/London 1963; Ryszard Torzecki, Kwestia ukraińska w polityce III Rzeszy (1933–1945), Warschau 1972. Zu terroristischen Anschlägen durch Gruppen der UPA siehe den Bericht des deutschen Geheimdienstes und des Sicherheitsdienstes über die Aktivitäten der UPA zwischen 1930 und 1942 (ukrainisch und englisch); YVA, M-37/178.

Legenda, der Kommandant der Nationalen Revolutionsarmee, gab eine Bekanntmachung heraus: Da die deutsche Armee das sowjetische Regime vertrieben habe, betrachteten die Ukrainer die Wehrmacht als ihre Verbündete.[97]

Die deutsche Vorhut traf auf Motorrädern über die Gródecka- und die Janowskastraße in Lemberg ein. Panzerwagen fuhren die Sapieha-Straße hinunter und nahmen auf den Hauptstraßen Stellung, gefolgt von paradierender, singender Infanterie. Weitere deutsche Einheiten erreichten Lemberg am Nachmittag und bezogen auf dem jüdischen Friedhof und in den oberen Vorstädten Stellung. Um Mitternacht besetzten zwei bewaffnete Züge deutscher Soldaten die Bahnstationen Podzamcze und Kleparów. Ein dritter Zug marschierte in die Station Łyczaków ein, wo die Soldaten die Gleise sicherten. Bei Tagesanbruch am Montag waren die deutschen Truppen in allen Stadtteilen zu sehen.[98]

Die Einheiten der Wehrmacht wurden bei der Besetzung Lembergs von der Einsatzgruppe C begleitet. Vor dem Beginn des „Unternehmens Barbarossa" hatten diese Einsatzgruppen mehrere Monate zur Ausbildung in einer Führerschule in Berlin-Charlottenburg verbracht. Ihre Aufgabe, die in einer Besprechung zwischen Hitler und den Führern der SS, der Gestapo und dem Oberkommando der Wehrmacht festgelegt worden war, bestand in der Vernichtung von Juden und Kommunisten in den Ostgebieten, welche die Armee besetzen würde. Es wurden vier Einsatzgruppen gebildet, eine für jede sowjetische Front, an der die Wehrmacht angriff. Jede dieser Einsatzgruppen setzte sich aus mehreren Einsatzkommandos zusammen – Liquidierungstrupps. Die Einsatzgruppe C, die Richtung Galizien und Ukraine marschierte, unterstand dem Kommando von SS-Brigadeführer Dr. Emil Otto Rasch.[99]

---

[97] YVA, M-37/123. Zu den ukrainisch-deutschen Beziehungen siehe unten.

[98] David Kahana, Tagebuch aus dem Ghetto Lemberg, Jerusalem 1978 [hebr.], S. 46; Zaderecki, Unter der Herrschaft des Hakenkreuzes, S. 14; Levin, Ich bin aus Spezia eingewandert, S. 56; Ilnytzkyj, Deutschland und die Ukraine, S. 141.

[99] Die vollständige Bezeichnung lautete: Die Einsatzgruppen des Sicherheitsdienstes und der Sicherheitspolizei. Im Juni 1941 erhielten die Kommandanten der Einsatzgruppen den Befehl, sich im Hauptquartier der SiPo in Berlin zu melden, wo Heydrich ihnen einen Vortrag über

Im Mai 1941 hatte Erwin Schulz, der Kommandant der Führerschule in Charlottenburg, den Befehl erhalten, seine Auszubildenden für den bevorstehenden Einsatz vorzubereiten. Schulz selbst wurde der Befehl über das Einsatzkommando 5 übertragen, der Abteilung von Raschs Einsatzgruppe C, die in Lemberg einmarschierte. Vor Gericht sagte Schulz nach dem Krieg Folgendes aus:

> „Etwa am 23. Juni 1941 setzte ich die Einsatzgruppe C, bestehend aus den Sonderkommandos 4A und 4B sowie den Einsatzkommandos 5 und 6, in Richtung Gleiwitz in Marsch. Anfang Juli, das genaue Datum ist mir nicht mehr bekannt, rückten wir in Lemberg ein. Dort erfuhren wir, dass vor dem Abzug der russischen Truppen eine Anzahl Menschen aus Lemberg umgebracht worden war. Bald nach unserer Ankunft in Lemberg setzte uns Dr. Rasch, der Chef der Einsatzgruppe C, in Kenntnis, dass jüdische Funktionäre und Einwohner von Lemberg an diesen Tötungen beteiligt waren. Von einer militärischen Führungsstelle innerhalb der Stadt wurde bereits eine örtliche Miliz aufgestellt. Dr. Rasch, der eng mit der Miliz kooperierte, befahl dem Kommando 4B und nachher Kommando 6, die Miliz zu unterstützen. Jeder, der an den Erschießungen teilgenommen hatte oder verdächtigt wurde, daran teilgenommen zu haben, wurde am gleichen und am darauffolgenden Tag verhaftet. Ferner war das Kommando Schöngarth (BdS Krakau) eingeschaltet."[100]

---

ihre Aufgaben hielt. Die Einsatzgruppe C gelangte aus Oberschlesien über Krakau in die westliche Ukraine. Zwei ihrer Einheiten, die Einsatzkommandos 5 und 6, erreichten Lemberg und verübten unter Beteiligung von Ukrainern dort ein Pogrom. Siehe Israel Gutman (Hrsg.), Enzyklopädie des Holocaust, München/Zürich 1993, Bd. I, S. 398 f.

[100] Im Oktober 1946 begann nach dem Gesetz Nr. 10 des Alliierten Kontrollrats eine Serie von zwölf Gerichtsverhandlungen gegen Kriegsverbrecher vor dem US-amerikanischen Militärtribunal in Nürnberg. Der neunte Prozess wurde gegen die Einsatzgruppen geführt, von denen mehrere in Lemberg operiert hatten. Schulz war einer von 24 Angeklagten in diesem Prozess. Er sagte am 17., 18., 20. und 21. Oktober 1947 aus. Siehe das Protokoll seiner Zeugenaussage in Trials of War Criminals before the Nuremberg Military Tribunals under Control Council Law No. 10, Trial Brief for the United States of America against Erwin Schulz, Military Tribunal II, case no. 9.

Schulz sagte weiter aus, dass seine Kompanie im Laufe dieser Aktion zwischen 2500 und 3000 Personen festnahm, diese in einem Stadion konzentrierte und sie im Verlauf der folgenden vier Tage alle bis auf den letzten Mann erschoss. Am nächsten Tag informierte Rasch Schulz, dass auf Befehl des „Führers" jede Person, die in die Tötungen verwickelt oder auch nur der Teilnahme verdächtigt wurde, festgenommen werden sollte.[101]

Die in Lemberg eindringende deutsche Vorhut wurde vom Bataillon Nachtigall begleitet, einer der beiden ukrainischen Legionen, welche die deutsche Abwehr im Vorfeld der Invasion der Sowjetunion gebildet hatte. Auch sie marschierten in Formation; die Lieder, die sie sangen, stammten jedoch aus dem Repertoire ukrainischer Nationalisten.

Sie bewegten sich auf das Stadtzentrum zu, die Gródecka-Straße hinunter zur Kazimierzowska-Straße und dann zur Legionów-Straße. Von dort marschierten sie die Kiliński-Straße entlang, passierten den Kirchenvorplatz und zogen weiter zum Marktplatz und Rathaus. Unter Jubel wurde der fünfzackige rote Stern vom Dach des Rathauses geholt, eine Hakenkreuzfahne gehisst, die blau-gelbe ukrainische Flagge daneben hochgezogen und eine Ehrenwache aufgestellt. Die Einwohner Lembergs begrüßten sie mit Freudenrufen und Blumen. Eine Ukrainerin, deren Ehemann Jude war, schrieb in ihr Tagebuch:

> „Als die Deutschen in Lemberg einmarschierten, waren die Kopernikus-Straße und der Marjacki-Platz mit Blumen übersät. Die deutschen Fahrzeuge bewegten sich in einem Meer von Blumen vorwärts. Die Wagen waren offen, und die Offiziere standen, mit Stadtplänen in der Hand."[102]

---

[101] Zu den von den Einsatzgruppen an ihrem ersten Tag in Lemberg begangenen Morden siehe Meldungen der Einsatzgruppen und -kommandos, 5.8.1941, vom Verteidigungsministerium in Berlin über die „Liquidierung von Menschen zwischen dem 21. und 31. Juli 1941" veröffentlicht. Diesem Bericht zufolge wurden an den genannten Tagen 1726 Menschen in Lemberg ermordet. Zu den Verhaftungen von Mitgliedern der polnischen Intelligenz im Juli 1941 siehe Zaderecki, Unter der Herrschaft des Hakenkreuzes, S. 26 f.

[102] Tagebuch von Kazimiera Poraj, auch als Falagia Lozinska bekannt, YVA, JM/2783, Bl. 2. Ähnliche Aussagen finden sich im Tagebuch von

Der polnische Schriftsteller und Wissenschaftler Tadeusz Zaderecki aus Lemberg schrieb in sein Tagebuch:

> „Die klügeren und vorausschauenderen unter den Volksgruppen saßen still zu Hause, besorgt, denn sie konnten von den neuen Herren der Stadt nichts Gutes erhoffen. Die ukrainischen Nationalisten – damals wurde deutlich, wie viele das waren! – rissen die Macht an sich. Nachdem sie sich von der sowjetischen Armee durch Schüsse auf die Nachzügler verabschiedet hatten, wurden sie zu den Polizisten des neuen Regimes und traten zur Begrüßung der Deutschen mit Blumen in den Händen vor. Sie zogen viele zögernde, stille und feige Bürger mit. Ihnen schlossen sich die Polen an... Leute, die sich weigerten zu arbeiten und nach einem guten Leben verlangten... Spekulanten... Exponenten der Unantastbarkeit des Eigentums, und ebenso Diebe und Huren, welche die Bolschewiken zur Arbeit geschickt hatten und die nun die Deutschen als ihre Retter betrachteten."[103]

Die meisten Juden wurden von Angst ergriffen. Dennoch konnten nicht alle voraussehen, was die Nationalsozialisten mit ihnen vorhatten. Einige glaubten, die Deutschen würden sich so verhalten wie die Österreicher während ihrer Herrschaft über Lemberg zwanzig Jahre zuvor. Das disziplinierte Marschieren auf den Straßen und die deutschsprachigen Schilder erinnerten sie an diese nicht allzu ferne Vergangenheit. „Auch bei den Deutschen leben Juden, so werden auch wir leben", schlussfolgerten sie und ermutigten einander.[104]

Schmuel Fisch, YVA, 033/1427, und in der Zeugenaussage von Józef Schrager, YVA, O-3/4013.

[103] Zaderecki, Unter der Herrschaft des Hakenkreuzes, S. 14 f.
[104] Yones, Die Straße nach Lemberg, S. 17; vgl. Zeugenaussage Leszek Allerhand, YVA, O-3/6505. Leszek Allerhand war der Enkel von Dr. Maurycy Allerhand, den die Deutschen zum Vorsitzenden des Judenrats ernennen wollten.

2. Die „Gefängnisaktion" (30. Juni – 3. Juli)

Kurz bevor sie Lemberg verließen, hatten die Sowjets das große Brygidki-Gefängnis und die anderen Haftanstalten in Brand gesetzt. Nachts erleuchteten die Flammen die Innenstadt. Unter den jubelnden Massen verbreiteten sich nach dem Einmarsch der Deutschen Gerüchte, dass alle Insassen zuvor ermordet worden seien. Zeugen beschrieben die Haufen verbrannter Leichen, die sie in den brennenden Gebäuden gesehen hatten. Plakate, die die Bolschewiken dafür verantwortlich machten, wurden an Gebäuden angebracht, und die Ukrainer suchten ein Ventil für ihre Wut. Da keine Bolschewiken greifbar waren, ließen sie ihre Wut an den klassischen Sündenböcken, den Juden, aus, zumal diese den Gerüchten nach an den Massakern beteiligt gewesen sein sollten. Junge Männer mit blau-gelben Armbinden durchstreiften die Straßen ab dem frühen Morgen, hielten jeden Juden an, auf den sie trafen, brachen in die Häuser der Juden ein und griffen deren Bewohner brutal an. Sie setzten alle Waffen ein, derer sie habhaft werden konnten: Eisenstangen, Stöcke, Äxte und Messer. Die Leichen von alten Männern, von Kindern und Säuglingen, die gegen die Häuserwände geschleudert worden waren, blieben auf den Gehsteigen liegen. Józefa Szrager, eine polnische Bewohnerin Lembergs, schilderte die Vorfälle in ihrer Zeugenaussage:

> „Ich sah das Pogrom. Ein Haufen von Polen und Ukrainern nahm [die Juden] aus ihren Häusern nach Zamarstynów mit. Sie standen in zwei Reihen und schlugen auf die Köpfe [der Juden] mit Stangen ein. Am Ende der Stangen waren Rasierklingen befestigt. Sie schlugen sie [auch] mit Metallwerkzeugen, bis sie die Garnison erreichten [die Baracken der sich in Lemberg ablösenden Garnisonen der Österreicher, Polen und Russen]."[105]

Und so fand die erste Aktion in Lemberg statt, eine rein lokale Initiative in den ersten beiden Tagen der deutschen Besatzung, die Tausende Juden Gesundheit oder das Leben kostete. Alle, die unverletzt geblieben waren, wurden in der Garnison in der Zamarstynów-Straße

---

[105] Józefa Schrager, YVA, O-3/4014; Zaderecki, Unter der Herrschaft des Hakenkreuzes, S. 18–22; Yones, Die Straße nach Lemberg, S. 18-25, Zeugenaussage Zwi Radelecki, YVA, 033/916; Eduard Nobel, YVA 033/2015; Leszek Allerhand, YVA, O-3/6505; Tagebuch von Maurycy Allerhand, Massuah Archiv, T/9/26.

inhaftiert. Tausende von Leichen wurden ebenfalls hierher geschafft; die Juden mussten sie in einem Massengrab beerdigen, das sie zu diesem Zweck im Hof ausgehoben hatten. Die Szenerie wiederholte sich in den anderen Gefängnissen in Lemberg: in der Brygidki-, Pełczyńska-, Kazimierzowska- und Łąckiego-Straße.

Viele Juden wurden in den Gefängnishöfen zusammengepfercht. SS-Männer und deutsche Soldaten misshandelten sie und feuerten in die verängstigte Menge. Gelegentlich wurden die Tore geöffnet, damit die Ukrainer weitere Juden bringen konnten, die sie auf den Straßen der Stadt aufgegriffen hatten. Die Neuankömmlinge ersetzten die Getöteten. In der Zwischenzeit strömten die Ukrainer zu den Gefängnissen, um von den Sowjets getötete Verwandte zu identifizieren. Da die Leichen nicht identifiziert werden konnten, machten die Ukrainer ihrer Rage wiederum Luft, indem sie auf die Juden wegen ihrer angeblichen Komplizenschaft bei der Ermordung ihrer Landsleute einschlugen.

Pogrom in Lemberg 30. Juni–2. Juli 1941. © United States Holocaust Memorial Museum 03820, mit freundlicher Genehmigung des Instytut Pamięci Narodowej

Pogrom in Lemberg 30. Juni–2. Juli 1941. © United States Holocaust Memorial Museum 03822, mit freundlicher Genehmigung des Instytut Pamięci Narodowej

Pogrom in Lemberg 30. Juni–2. Juli 1941. © United States Holocaust Memorial Museum 62118, mit freundlicher Genehmigung von Leonard Lauder

Die Deutschen bestimmten Männer aus der Menge, um die verwesenden Leichen in einer Grube auf dem Gefängnishof zu begraben. Die Deutschen, die diese Arbeit überwachten, setzten sich zum Schutz gegen den unerträglichen Gestank Gasmasken auf. Zeugen, die sich auf dem Hof des Brygidki-Gefängnisses befunden hatten, erinnern sich daran, mitten im Gewehrfeuer und den Explosionen der Granaten die Stimme des deutschen Offiziers vernommen zu haben, der die Operation leitete. Hier und da nahm er seine Gasmaske ab und verfluchte die Juden: „Euretwegen blutet die ganze Welt. Seht, was ihr angerichtet habt!" Mehrere Funktionäre der jüdischen Gemeinde in Lemberg und jüdische Intellektuelle wurden gezwungen, stundenlang mit dem Gesicht einer Mauer zugewandt auf dem Hof zu stehen. Höchstwahrscheinlich kam niemand, der auf dem Gefängnishof festgehalten wurde, mit dem Leben davon.

Die Lemberger Juden gaben diesem ersten Pogrom den Namen „Gefängnisaktion". Sie begann am frühen Morgen des 30. Juni, als die Deutschen in Lemberg einmarschierten, und dauerte ohne Unterbrechung bis zum 3. Juli an. Verschiedenen Quellen zufolge verloren etwa 4000 Juden in diesen vier oder fünf Tagen ihr Leben.[106]

---

[106] Tagebuch von Maurycy Allerhand, Massuah Archiv, 26/7/T; Zeugenaussage Józef Schrager, YVA, O-3/4013; Simcha Laufer, YVA, M-1/E/546; Wolf Bitwin, YVA, M-1/E/770; Dr. Marek Redner (während der Verhandlung gegen Rudolf Reder), YVA, 033/1101; K. Segal, YVA, M-1/E/762. Vgl. zudem La Persécution des Juifs dans les Pays de l'Est presentée à Nuremberg, Paris 1949, und Yones, Die Straße nach Lemberg, S. 20.
Im Gefängnis in der Zamarstynowska-Straße wurde die Leiche von Leon Weinstock, einem Redakteur der polnisch-jüdischen Wochenzeitung *Chwila* (Moment), die in Lemberg herausgegeben wurde, identifiziert. Encyclopedia of the Diaspora, S. 760. Siehe auch Levin, Ich bin aus Spezia eingewandert, S. 58; Kahana, Tagebuch aus dem Ghetto Lemberg, S. 29; Zaderecki, Unter der Herrschaft des Hakenkreuzes, S. 19–21. Levin schreibt, dass die „Gefängnisaktion" vom deutschen General Winterkästen angeführt wurde. Berichte über das Geschehen in den Lemberger Gefängnissen wurden am 9. Juli 1941 im *Völkischen Beobachter* veröffentlicht (zitiert bei Ilnytzkyj, Deutschland und die Ukraine), aber diese Berichte sprechen nur von Opfern aus den Reihen des NKVD. Für Informationen über Juden, die in Lemberg an „anti-sowjetischen Aktivitäten" beteiligt waren, siehe Khrushchev Remembers, S. 152, und Friedman, Ukrainishe-yidishe betsiyungen, S. 241–243. Zu

3. „Spontane" Aktionen

Im Mittelpunkt der „Gefängnisaktion" standen die jüdischen Zentren im inneren Stadtgebiet, und zwar folgende Straßen: Janowska, Gródecka, Zygmuntowska, Mickiewicza, Legionów, Żólkiewska, Balonowa, Zamarstynów, Misjonarska, Pod Dębem, Źródlana, Arciszewska und Kleparowska bis zur Janowska. Hier lebten Juden und Nichtjuden Seite an Seite. Als die „Aktion" abflaute, zwangen Hunger und die Notwendigkeit, Lebensmittel zu beschaffen, die Juden zum Verlassen ihrer Verstecke. Sofort stürzten sich Deutsche und Ukrainer auf sie und verschleppten sie zum Kraftwerk in der Pełczyńska-Straße, ein großes Gebäude, das von der Lemberger Stadtverwaltung kurz vor dem Krieg errichtet worden war und das die Gestapo nun als ihr Hauptquartier in Lemberg benutzte. Von dort aus wurden sie in die Łąckiego-Straße gebracht, neben das gleichnamige Gefängnis. Dem Bericht eines Überlebenden zufolge mussten sich die Juden auf den Boden legen, und die Deutschen und Ukrainer versetzten ihnen Fußtritte, peitschten sie aus und schlugen mit Stöcken auf sie ein. Danach wurden sie gezwungen, 48 Stunden lang mit dem Gesicht zur Wand zu stehen, während aus Maschinengewehren über ihre Köpfe hinweg geschossen wurde. Zuletzt wurden alle in den Wieliczek-Wald gebracht und dort erschossen. Von da an verbanden die Juden in Lemberg die Bezeichnungen der Sraßen Pełczyńska, Łąckiego und Czwartaków mit Terror. Die wenigen, denen es gelang, von diesen Orten nach Hause zurückzukehren, waren „so still, als ob sie unter einem Bann stünden".[107]

Die nächste Aktion fand im Juli 1941 statt. Ihr Zweck bestand darin, die ehemaligen Funktionäre linksorientierter Organisationen aufzuspüren und festzunehmen, vor allem junge Juden, die der kommunistischen Jugendorganisation, dem Komsomol, angehört hatten. Alle festgenommenen Verdächtigen wurden in Lesienice in der Nähe von Lemberg hingerichtet.

---

den inhaftierten Juden siehe auch Knaan, Der Hass der Ukrainer, S. 94, und Szende, Der letzte Jude, S. 165-170.

[107] Kahana, Tagebuch aus dem Ghetto Lemberg, S. 30, 36; Tagebuch von Maurycy Allerhand, Massuah Archiv, 26/9/T; Isidor Farber, Chronik eines Lembergers und der Leiden der Kehilla unter der nationalsozialistischen Besatzung, Tel Aviv 1946 [hebr.], S. 7; Artur Weiski-Weizer, YVA, O-3/1691.

Das Blutvergießen hielt den ganzen Sommer 1941[108] über an. Die antijüdischen Ausschreitungen wurden oft von Provokateuren angezettelt. So richteten die Deutschen zum Beispiel ein Militärkrankenhaus in der St.-Annen-Schule ein. Eines Tages beschwerten sich die Soldaten dort, dass sie aus einem Haus auf der anderen Straßenseite beschossen worden seien. Am nächsten Tag durchsuchten Soldaten im Morgengrauen die Häuser von Juden in der St.-Annen- und der Szachowicz-Straße, nahmen alle Männer mit – etwa 80 an der Zahl – und erschossen sie. Die christlichen Bewohner der Häuser blieben verschont.[109] Ein weiteres Beispiel stellt die „Telefon-Aktion" dar, in deren Verlauf die Deutschen Juden, deren Name im städtischen Telefonbuch aufgeführt war, nachts von zu Hause abholten. Innerhalb weniger Tage gelang es ihnen, die meisten jüdischen Intellektuellen – Ärzte, Ingenieure, Rechtsanwälte – sowie Großhändler und Fabrikanten festzunehmen. Diese Juden wurden nachts unter dem Vorwand aus ihren Häusern verschleppt, dass sie für „wichtige" Arbeit benötigt würden. Die Wachen der Gestapo brachten sie dann in den Vorort Łyczaków, wo die Gestapo und die ukrainische Polizei sie alle erschossen – etwa 2000 Menschen.[110]

---

[108] Zaderecki, Unter der Herrschaft des Hakenkreuzes, S. 62–65.

[109] Filip Friedman, Die Vernichtung der Juden von Lemberg, in: Enzyklopädie der Diaspora, Bd. D, Teil A: Lemberg, Jerusalem/Tel Aviv 1956 [hebr.]; Kahana, Tagebuch aus dem Ghetto Lemberg, S. 47; siehe auch die Zeugenaussage von Paula Levitt, YVA, O-3/8154. Levitt war zu der Zeit 13 Jahre alt und erinnert sich daran, dass eines Tages „ein Schild an der Mauer der Schule, auf die ich ging, hing, dass ein Mädchen einen deutschen Soldaten oder Offizier getötet hatte... und dies war ihre Antwort auf das, was sie getan hatte." Siehe auch das Interview mit Rabbi A.I. Bertler, der ein Augenzeuge des Geschehens auf der St.-Annen-Straße war. Zaderecki, Unter der Herrschaft des Hakenkreuzes, S. 208. Unter den Juden, die zu diesem Zeitpunkt getötet wurden, befanden sich auch Natkin, ein Ingenieur, der eine Chemiefabrik in Warschau geleitet hatte, der Fabrikant Lipa Galler, sein Schwiegersohn Dr. Israel Ostersetzer vom Institut für die Wissenschaft des Judentums in Warschau, der bedeutende Arbeiten über den Talmud verfasst hatte, und Dr. Henryk Pfeffer, der ehemalige Herausgeber des *Nowy Dziennik* (Neues Tageblatt).

[110] Kahana, Tagebuch aus dem Ghetto Lemberg, S. 34; Yones, Die Straße nach Lemberg, S. 31.

Ende Juli erlebten die Juden in Lemberg die „Petljura-Tage", an denen der ukrainische Pöbel Pogrome verübte. Ein Augenzeuge beschrieb einen dieser Vorfälle:

> „Hilflos und immer noch bei Bewusstsein blickten sie diesen Pöbel an, der sich aus den nahe gelegenen Dörfern zusammenrottete und die Stadt überflutete wie eine Herde wilder, blutrünstiger Tiere und den ganzen Pöbel der Stadt hinter sich herlockte. [Die Juden] spürten, dass die Leute nach Blut dürsteten, ihren Besitz begehrten, danach verlangten, sie zu misshandeln, und glaubten, dass keiner sie dafür bestrafen würde. *Smert Schydom* – Tod den Juden! Dieser von den Deutschen laut ausgesprochene Schlachtruf war den ukrainischen Schlägern nicht neu, die schon mehr als ein Mal zum Plündern und Morden herbeigerufen worden waren... Überall am Stadtrand von Lemberg schossen diese üblen Typen, dieses Gesindel, dieser Abschaum der menschlichen Gesellschaft aus der Erde, begierig zu plündern und die Beute in Besitz zu nehmen. Sie kamen herbei, schlossen sich der wütenden Aktion hemmungslos an und nutzten den Vorteil, dass niemand anwesend war, der sie verurteilen und zur Verantwortung ziehen würde. Persönliche Rechnungen wurden großzügig beglichen. Jeder dritte Jude wurde als Kommunist betrachtet, jeder zweite als angeblich reicher Mann, der ‚ihnen das Blut ausgesaugt' hatte. Keiner wollte die Vandalen in ihrer ‚Arbeit' aufhalten; keiner wagte es.
> ...und Gott verbarg sich zwischen den Wolken; das Land entbehrte seiner Gnade und versank in Blut und Tränen."[111]

Waren die „Aktionen" und Pogrome im Verlauf des ersten Monats der deutschen Besatzung „spontan" – ein Weg der ortsansässigen Bevölkerung, um ihre Frustration abzubauen? Jeder, der in Lemberg ein Interesse an der Sache hatte, versuchte, genau diesen Eindruck zu erwecken. In Wirklichkeit instrumentalisierten sowohl die Deutschen als auch die ukrainischen Nationalisten Verbrechen wie zum Beispiel die von den Sowjets vor ihrem Aufbruch aus Lemberg in den Gefängnissen verübten Morde auf zynische Weise, um den

---

[111] K. Holzmann, Als Gott abwesend war, Tel Aviv 1956 [hebr.], S. 57, 60 f.

Zorn der Massen auf die Juden zu lenken, obwohl allgemein bekannt war, dass viele Opfer in den Gefängnissen, darunter Aktivisten der zionistischen politischen Parteien, Juden gewesen waren.[112]

Die Deutschen bemühten sich zu vertuschen, was alle wussten. Am 6. Juli 1941 berichtete die NS-Zeitung *Völkischer Beobachter*, dass die Leichen in den Gefängnissen für eine Identifizierung schon zu stark verwest seien. Am 9. Juli bestätigte der Korrespondent Valenti Schuster, dass keines der Opfer jüdisch sei. Ein weiterer Zeuge gab an, dass die Polizei die jüdischen Leichen wegschaffte, bevor die Deutschen den Einwohnern Lembergs gestatteten, den Gefängnishof zu betreten.

Ein Geheimbericht der Sicherheitspolizei mit Datum vom 16. Juli 1941 fasst die „Gefängnisaktion" zusammen und beschreibt, wie in den ersten Stunden nach dem Abzug der Bolschewiken die Bevölkerung der Ukraine mit einer „begrüßenswerten" Aktion gegen die Juden begann:

> „In Lemberg trieb die Bevölkerung etwa 1000 Juden unter Mißhandlungen zusammen und lieferte sie in das von der Wehrmacht besetzte GPU-Gefängnis ein. [...] Von der Sicherheitspolizei wurden etwa 700 Juden zur Vergeltung für die unmenschlichen Greueltaten zusammengetrieben und erschossen. 73 Mann wurden als Funktionäre und Spitzel des NKWD ermittelt und ebenfalls erschossen. 40 Mann wurden auf Grund begründeter Anzeigen aus der Bevölkerung erledigt. Erfaßt wurden vor allem Juden zwischen 20 und 40 Jahren, wobei Handwerker und Spezialarbeiter, soweit angebracht, zurückgestellt wurden."[113]

Die Deutschen instrumentalisierten den Hass der Ukrainer auf die Juden. Es war ihnen klar, dass jede Diffamierung der Juden bei den

---

[112] Friedman, Ukrainishe-yidishe betsiyungen, S. 242 f.; Knaan, Der Hass der Ukrainer, S. 79; Zaderecki, Unter der Herrschaft des Hakenkreuzes, S. 19; Holzmann, Als Gott abwesend war, S. 112.

[113] Ereignismeldung UdSSR Nr. 24 des Chefs der Sicherheitspolizei (IV A 1-B.Nr. 1 B/41g.RS) ungez. Vom 16.7.1941; BArch, R 58/214, Bl. 180-196, zitiert nach: Die Verfolgung und Ermordung der europäischen Juden durch das nationalsozialistische Deutschland 1933-1945 (im Folgenden VEJ), Band 7, bearbeitet von Bert Hoppe und Hildrun Glass, München 2011, Dok. 27.

Ukrainern auf Sympathie stieß. Die Verfolgung der Juden war zudem eine Möglichkeit, die gemeinsame Abneigung gegenüber den Sowjets zu zeigen.[114]

4. Entführungen

Nach dem Einmarsch der Deutschen in Lemberg wurden Juden von der Straße weg entführt, angeblich zum Arbeitsdienst. Zunächst verschleppte man sie in die Gefängniskeller, in denen die Überreste verkohlter Leichen der von den Sowjets Ermordeten entfernt und begraben werden mussten. Sobald die Juden ihre Aufgabe erledigt hatten, wurden sie gefoltert und getötet.

Die Entführungen hörten auch nach Beendigung der Aufräumarbeiten in den Gefängnissen nicht auf. Juden wurden von der Straße weg und aus ihren Häusern für verschiedene Arbeitsdienste aufgegriffen. Jeder Deutsche, der für irgendeinen Zweck, sei er offizieller oder privater Natur, einen Arbeiter brauchte, ging einfach auf die Straße und entführte mithilfe der ukrainischen Miliz Juden – natürlich ohne Bezahlung.

Einen besonderen Reiz auf die Kidnapper übten Juden aus, die rabbinische Kleidung, Bärte und Schläfenlocken trugen. Solche Juden wurden meist in den Hauptstraßen der Stadt zu den erniedrigendsten und schwersten Arbeiten gezwungen. Sie mussten auf den Knien schuften, und die Aufseher quälten sie dabei auf verschiedene Art. Ukrainer und Polen, die sich oft auf der Straße versammelten, beteiligten sich zur Erheiterung der Passanten an den Misshandlungen. Intellektuelle und Beamte, die in die Hände der Deutschen und ihrer Helfer fielen, erlitten ein ähnliches Schicksal. Darunter befanden sich so bekannte Persönlichkeiten wie der Herausgeber der Zeitung *Chwila*, Henryk Hescheles (Marian Hemar), und der berühmte Rabbiner Dr. Jecheskel Lewin.[115]

---

[114] Zu den Beziehungen zwischen Deutschen und Ukrainern siehe unten, „Die deutsche Politik gegenüber den ethnischen Gruppen in Ostgalizien".

[115] Siehe die Zeugenaussagen von Josef Haberkorn, YVA, M-1/E/1919, und Jozef Dressler, YVA, M-1/E/1346; Kahana, Tagebuch aus dem Ghetto Lemberg, S. 27 ff.; Zaderecki, Unter der Herrschaft des Hakenkreuzes, S. 34–43; Scheinfeld, Das Ghetto Lemberg, S. 50 ff.

Auf den Straßen der Stadt aufgegriffene Juden wurden auf den Hof des Łąckiego-Gefängnisses gebracht. Der Boden des Hofes hob sich, hatte Risse und verschob sich, als sei er aus Gummi. Ein beißender Geruch stieg aus den Rissen auf: der Gestank von verwesendem Fleisch. Dies war der Ort der Massengräber, die erst eine Woche zuvor zugeschüttet worden waren, als ob sie die Anklage Gottes gegen Kain (Genesis 4,10) untermauern wollten – „Die Stimme des Blutes deines Bruders schreit zu mir von der Erde".

Entführungen zur Zwangsarbeit prägten den Sommer und Herbst 1941. Jeden Morgen befahlen die Deutschen Hunderten von Juden, ihre Häuser zu verlassen, brachten andere auf der Straße auf und nahmen sie für verschiedene Arbeiten mit. Die Proteste der Juden – laut Gesetz mussten sie sich für solche Arbeiten beim Arbeitsamt melden – nützten nichts. Juden, die sich auf den Weg zum Arbeitsamt machten, konnten nicht sicher sein, dass sie dieses auch tatsächlich erreichten. Selbst als die Arbeitsämter systematisch organisiert wurden, änderte sich die Situation nicht.

5. Eingliederung in das Generalgouvernement

Am 1. August 1941, etwa einen Monat nach der Besetzung Lembergs durch die Wehrmacht, wurde Ostgalizien dem Generalgouvernement angeschlossen. Eine Zivilverwaltung ersetzte die Militärverwaltung. Von nun an bestimmten Befehle der Verwaltung und der Gestapo das alltägliche Leben. Als die Einheiten der Wehrmacht Lemberg und dessen Umgebung verließen, blieben die Einsatzgruppe C sowie die SS zurück. Beamte aus Verwaltung und Wirtschaft bauten die Zivilverwaltung und die Wirtschaft in den besetzten Gebieten auf und verpflichteten die zahlreichen arbeitslosen jüdischen Arbeiter.[116] Gouverneur von Galizien war zunächst Karl Lasch, der im Januar 1942 von Dr. Otto Wächter abgelöst wurde.

Der von der ukrainischen Polizei gesteuerte ukrainische Mob, der in den ersten Tagen in der Innenstadt gewütet hatte, verschwand nun von den Straßen. Die willkürlichen Verhaftungen von

---

[116] Israel Gutman, Jüdische Arbeit für die Deutschen in Osteuropa während des Zweiten Weltkriegs, in: Zion 43 (1978), S. 25-29, und die Zeugenaussagen von Rosa Beskes-Wengrowa, YVA, 033/1144; Zyla Mankes-Post, YVA, 033/634; Marek Redner (während des Prozesses gegen Rudolf Reder), YVA, 00-3/1101, Appendix 4, S. 2–4.

Juden wurden seltener und gingen auf „lokale Initiativen" zurück. Die meisten Opfer gehörten der jüdischen Intelligenz an; sie mussten in den Häusern der Ukrainer und der Deutschen putzen und waschen. Im Verlauf ihres „Arbeitstages", der vom Morgengrauen bis in die Nacht dauerte, erhielten sie meist nichts zu essen und waren oft Erniedrigungen und Schlägen ausgesetzt.

Am 15. Juli 1941 wurde überall in Lemberg plakatiert, dass alle Juden einschließlich der zum Christentum Konvertierten bis zur dritten Generation am rechten Arm ein weißes Stoffband mit einem blauen Davidstern tragen mussten. Das „Judenband", das die Juden auf Polnisch *opaska* nannten, ermöglichte es allen, jeden Juden sofort zu erkennen. Juden, die ohne das Band am Arm angetroffen wurden, brachte man zur nächsten Polizeistation, wo sie nur das Glück retten konnte.

Nichtjuden, sowohl Ukrainer als auch Polen, reagierten auf jeden gegen Juden gerichteten Erlass und jedes ihnen zugefügte Leid voller Schadenfreude. Als die Verordnung bezüglich der Armbinden eingeführt wurde, waren viele erstaunt, wie viele Juden es noch in Lemberg gab, und machten sich den Umfang der „jüdischen Bedrohung" klar. Einige begrüßten die nun eingeführte völlige Trennung zwischen den „Nachkommen der semitischen Hunde" und den „Ariern". Nur wenige drückten ihren Abscheu über dieses Vorgehen aus. In den ersten Wochen nach Bekanntwerden der Verordnung bezüglich der Armbinden wurden etwa 1000 Juden, die ohne Binde aufgegriffen wurden, in den Straßen ermordet.

Weitere Restriktionen folgten. Juden durften nicht mehr mit der Eisenbahn fahren. Die Benutzung der Straßenbahnen war weiterhin erlaubt, aber nur auf den Stehplätzen im letzten Wagen. Juden durften sich in den späten Abendstunden nicht auf der Straße aufhalten. Die letztgenannte Verordnung war besonders für die Arbeiter gefährlich, weil ihr Dienst meist genau um diese Zeit endete.[117]

---

[117] Die Anordnung, der zufolge Juden zum Tragen einer Armbinde verpflichtet waren, wurde am 8.6.1941 vom Stadtkommandanten Lembergs erlassen und war nicht unterzeichnet. Am 26.8.1941 wurde mit der Unterschrift des Bürochefs des Gouverneurs des Distrikts Galizien, Dr. Losacker, ein identisches Dokument ausgestellt. Die Anordnung trat am 9.9.1941 in Kraft. YVA, M-37/43–48; YVA, M-37/29–42. Zur Korrespondenz über die Frage des gelben Flecks zwischen dem 21.11.1941 und dem 13.1.1943 sowie zu Anträgen und Genehmigungen

Vom Moment des Angriffs auf Polen an waren die Deutschen mit dem Problem beschäftigt, die Arbeit in der besetzten Stadt zu organisieren, das heißt, den Nachschub an jüdischen Sklaven zu regulieren. Sie verknüpften diese dringliche und sehr wichtige Angelegenheit mit einem größeren Thema: der „Endlösung" der Judenfrage im besetzten Polen.

Am 26. Oktober 1939, als Hans Frank seinen Posten als Generalgouverneur antrat, unterschrieb er einen Befehl, der Juden zur Zwangsarbeit verpflichtete. Dann wies er den Höheren SS- und Polizeiführer im Generalgouvernement, Friedrich-Wilhelm Krüger, an, die näheren Bestimmungen dieses Gesetzes amtlich bekanntzugeben.[118] Krüger gab die Anordnungen im Dezember 1939 heraus: Juden war nicht gestattet, ihren Wohnort zu verlassen oder zu wechseln, und alle jüdischen Männer im Alter von 14 bis 60 Jahren

---

zum Verlassen des Ghettos siehe YVA, M-37/74; siehe zudem das Tagebuch von David Kahana, YVA, O-3/3077, S. 30 f.
Anordnungen bezüglich der Ausgangssperre und Einschränkungen der Bewegungsfreiheit der Juden, die vom 3.3.1942 datierten, wurden vom Gouverneur für Polizeiangelegenheiten des Distrikts Galizien veröffentlicht, YVA, M-37/29–48. Siehe auch Zaderecki, Unter der Herrschaft des Hakenkreuzes, S. 49 ff., und die Zeugenaussage von Marcel Lubisz, YVA, O-3/2741.
Am 26.1.1942 übergab die jüdische Gemeinde von Lemberg dem Stadtkommandanten eine Liste von 51 ihrer Angestellten und beantragte, diesen eine Arbeitserlaubnis auszustellen, die ihnen gestatten würde, mit der Straßenbahn zur Arbeit zu fahren, da sie weit vom Arbeitsplatz entfernt wohnten. Am 20. Februar lehnte der Stadtkommandant den Antrag ab; YVA, P-37/140. Zu dieser Zeit lebten in Lemberg etwa 250 Juden, die Inhaber ausländischer Pässe waren. Sie waren zunächst vom Tragen der Armbinde befreit, doch am 1.7.1942 wurde die Anordnung auf alle ausgedehnt. Dieser Zustand dauerte bis zum März 1943, als alle Juden mit fremder Staatsangehörigkeit ins Ghetto geschafft und dort ermordet wurden. Vgl. dazu das Dokument mit dem Titel *Anordnungen über ausländische Juden*, datiert vom 12.3.1943, in dem der Kommandant der Sicherheitspolizei und des Sicherheitsdienstes (SD) in Lemberg aufgefordert wurde, in dieser Sache einen Beschluss zu fassen; YVA, P-2042/1/158.

[118] Siehe VEJ 4/27 und Tatjana Berenstein/Arthur Eisenbach/Adam Rutkowski (Hrsg.), Eksterminacja Żydów na ziemiach polskich w okresie okupacji hitlerowskiej, Zbiór Dokumentów, Warschau 1957, S. 204 f.

mussten sich unter Angabe des Namens, ihres Berufes, mit Werkzeugen in ihrem Besitz und anderen Einzelheiten registrieren lassen.[119]

In einer Sitzung der Regierung des Generalgouvernements am 8. Dezember 1939 in Krakau erklärte Krüger:

> „Die Frage der Zwangsarbeit der Juden könne nicht von heute auf morgen in befriedigender Weise gelöst werden. Voraussetzung hierfür wäre eine karteimäßige Erfassung der männlichen Juden im Alter von 14 bis 50 Jahren. Hierbei müßte geprüft werden, welchen Beruf diese Juden bisher ausübten, denn gerade in diesen Gebieten hätten die Juden verschiedene Handwerke betrieben, und es wäre schade, wenn diese Arbeitskräfte nicht nützlich eingesetzt würden. Dazu gehöre aber eine durchgreifende Planung. Vorläufig müßten die Juden in Kolonnen zusammengestellt und dort eingesetzt werden, wo dringender Bedarf vorliege. Diesen Bedarf festzustellen, sei Aufgabe der Distriktschefs."[120]

Zwei Jahre später nutzten die in Lemberg eingetroffenen deutschen Verwaltungs- und Wirtschaftsbeamten die im Generalgouvernement gewonnenen Erfahrungen. Sie erkannten das breitgefächerte berufliche Potenzial der jüdischen Handwerker und welchen Nutzen diese für die deutschen Kriegsanstrengungen hatten. Wie überall richteten die Deutschen beim Übergang von der Militär- zur Zivilverwaltung in Lemberg ihre Aufmerksamkeit auf die Lösung des Arbeitsproblems. Am 1. August 1941, am Ende des ersten Besatzungsmonats, wurden Ostgalizien und Lemberg dem Generalgouvernement zugeschlagen. Am 7. August wurde der Befehl ausgegeben, dass sich alle Juden zwischen 14 und 60 Jahren im Distrikt Galizien zur Zwangsarbeit melden mussten. Diese Anordnung basierte auf der Verfügung vom 26. Oktober 1939 betreffend die Zwangsarbeit für alle Juden im Generalgouvernement. Dies hatte für den Status der jüdischen Bevölkerung Lembergs weitreichende Folgen: Das provisorische jüdische Komitee wurde offiziell zum Ju-

---

[119] VEJ 4/55.
[120] Hans Frank, Das Diensttagebuch des deutschen Generalgouverneurs in Polen 1939–1945, hrsg. von Werner Präg und Wolfgang Jacobmeyer, Stuttgart 1975, S. 77.

denrat. Um entsprechend den Anforderungen der Deutschen jüdische Arbeitskräfte zur Verfügung zu stellen, wurde in Lemberg ein *Arbeitsamt-Judeneinsatz* eingerichtet.[121]

Alle Juden mussten sich dort registrieren lassen. Juden, die versuchten, sich dieser Anordnung zu entziehen, ihre persönlichen Angaben fälschten oder körperliche Beschwerden vortäuschten, drohten zehn Jahre Haft. Auch jeder andere, der eine zugewiesene Aufgabe nicht erfüllte, hatte eine ähnliche Strafe zu befürchten. Dies galt auch für Mitglieder des Judenrats. Eine diesbezügliche Verordnung mit der Unterschrift des Leiters des Arbeitsamts für den Distrikt Galizien, Dr. Nitsche, wurde in Lemberg am 20. September 1941 bekanntgegeben.

Das *Arbeitsamt-Judeneinsatz* war zunächst in einem ehemaligen Schulgebäude in der Zamknięta-Straße untergebracht, einer von der Gródecka-Straße abzweigenden Gasse. Danach zog das Amt in das Gebäude der Mikołaj-Rej-Schule am Missionsplatz um. Dem Amt stand ein Deutscher vor, Heinz Weber; Zeugen beschrieben ihn als „brutal, grob und ungebildet". Seine Angestellten waren Juden, von denen sich viele den Deutschen gegenüber unterwürfig und ihren jüdischen Brüdern gegenüber herablassend verhielten.

Das neue Amt sammelte Angaben über alle Lemberger Juden im arbeitsfähigen Alter und stellte ihnen Sonderausweise aus. Sie mussten sich jeden Morgen auf dem Amt melden und auf dem weitläufigen Schulhof in Reihen aufstellen, sodass die Leiter der zivilen und deutschen militärischen Einrichtungen und Firmen unter ihnen je nach Bedarf auswählen konnten. Diejenigen, die für einen bestimmten Zeitraum am selben Arbeitsplatz eingesetzt wurden, erhielten Sondergenehmigungen, die ihre geregelte Beschäftigung für die Deutschen bestätigten. Diese Dokumente hatten den Zweck,

---

[121] Pinkas ha-Kehillot, Ostgalizien, S. 37; Scheinfeld, Das Ghetto Lemberg, S. 65, 67, 69; Maltiel, Aus Rache..., S. 51. Zur Korrespondenz mit dem Judenrat im Zusammenhang mit den Gehältern zu dieser Zeit siehe YVA, M-37/57. Zur Buchhaltung des Judenrats über die Arbeit von Juden in Fabriken zwischen dem 21.10.1941 und dem 10.1.1942 siehe ebenda; Zeugenaussage Simon Wiesenthal, YVA, O-3/1817, S. 8. Wiesenthal zufolge war dies nicht die erste Anordnung in dieser Angelegenheit; schon am 15.7.1941 war mit der Unterschrift des Stadtkommandanten, Dr. Heller, der Befehl bezüglich der Zwangsarbeit von Juden erteilt worden; siehe auch S. 154f.

ihre Besitzer vor willkürlichen Festnahmen zu schützen, wurden jedoch nicht immer respektiert. Die Greifer (*khapers*, wie die Juden sie nannten) missachteten häufig diese Genehmigungen, die von Juden auf dem Heimweg von ihren Arbeitsplätzen vorgezeigt wurden, und schickten sie mithilfe der Polizei in Zwangsarbeitslager.[122]

Selbst der Gouverneur Galiziens schien wegen dieser willkürlichen Festnahmen beunruhigt zu sein. Am 13. März 1942 erließ Wächter eine weitere Anordnung. Auf der Grundlage einer vorangegangenen Verfügung (Nr. 443, datiert auf den 1. August 1941) bestimmte sie, dass Juden für jede Art von Arbeit nur über das *Arbeitsamt-Judeneinsatz* herangezogen werden konnten. Jüdische Arbeiter hatten Sondergenehmigungen der Behörden und von ihren Arbeitgebern bei sich. Eine Verletzung der Anordnung wurde mit einer Geldstrafe von 1000 Złoty oder drei Monaten Gefängnis geahndet.[123]

Zusätzlich zum deutschen *Arbeitsamt-Judeneinsatz* richtete der Judenrat eine Abteilung Arbeit ein. Sie war zunächst dafür verantwortlich, Juden zur Zwangsarbeit bereitzustellen, später musste sie die Dienstleistungen im jüdischen Viertel organisieren – Hygiene, Begräbnisse und Ähnliches (siehe unten).

Das Nebeneinander verschiedener Ämter für jüdische Arbeitsangelegenheiten verstärkte das bestehende Chaos und trug zur Verängstigung und Verunsicherung der Juden bei. Der Judenrat, der sich der komplexen Situation bewusst war, versuchte, mit den Deutschen zu einer Übereinkunft zu gelangen, um das Vorgehen der beiden Ämter zu koordinieren und den Arbeitseinsatz in ein System einzugliedern. Er bemühte sich auch, eine reguläre Quote jüdischer Arbeiter festzulegen. Doch die Deutschen hielten sich an keine der

---

[122] Siehe z.B. das vom 5.12.1941 datierte Dokument, in dem sich der Direktor des Bauamts beim Stadtkommandanten darüber beschwert, dass der in der Piastowa-Straße 18 wohnhafte, gelernte Arbeiter Hermann Leib auf dem Weg zum Arbeitsplatz verhaftet und in ein Zwangsarbeitslager geschickt wurde, obwohl er im Besitz von durch das Polizeipräsidium ausgestellten Papieren gewesen war, die ihn als festangestellten Facharbeiter der Stadtverwaltung auswiesen. YVA, M-37/23. Siehe auch Kahana, Tagebuch aus dem Ghetto Lemberg, S. 49 ff.; Scheinfeld, Das Ghetto Lemberg, S. 65, 67–69; Zaderecki, Unter der Herrschaft des Hakenkreuzes, S. 218. Zu den Zwangsarbeitslagern siehe Kapitel 7.

[123] YVA, M-37/23.

verabredeten Abmachungen. Stattdessen deportierten sie Arbeiter, die der Judenrat bereitstellte – üblicherweise an Orte, von denen sie nicht zurückkehrten – und verhafteten weiterhin Juden auf den Straßen und direkt in ihren Häusern. Die Juden begriffen, dass ihr Leben davon abhing, eine regelmäßige Arbeit zu finden. Der Lohn spielte keine Rolle; „arbeite oder stirb" hieß das Motto. Seit seiner Gründung wandte der Judenrat viel Zeit und Mühe auf, um die Juden Lembergs in Arbeit zu bringen (siehe unten, Kapitel 4).

Nur vermögenden Juden wurde die Zwangsarbeit erspart; sie bezahlten andere Juden, die dann an ihrer Stelle arbeiteten. Vor allem die vielen jüdischen Flüchtlinge in Lemberg waren auf dieses Geld angewiesen und stellten sich deshalb zur Verfügung.[124]

6. Die deutsche Politik gegenüber den ethnischen Gruppen in Ostgalizien

Noch vor Beginn des „Unternehmens Barbarossa" hatten die Deutschen Vorbereitungen für den Umgang mit der Bevölkerung im östlichen Polen getroffen. Sie beabsichtigten, die komplizierten Beziehungen zwischen Polen und Ukrainern, die ukrainischen Unabhängigkeitsbestrebungen und ihre Feindseligkeit den Sowjets gegenüber sowie den traditionellen Antisemitismus der beiden nichtjüdischen Gruppen auszunutzen.

Von den sich feindlich gegenüberstehenden nichtjüdischen Blöcken in Lemberg, den Ukrainern und den Polen, bevorzugten die Deutschen die Erstgenannten. Die Nationalsozialisten betrachteten die ultra-nationalistische ukrainische Fraktion, die OUN, als Verbündete, die sie zu instrumentalisieren hofften, um Juden und Kommunisten zu vernichten.

Hans Frank hatte im Jahr 1940, vor dem Angriff auf die Sowjetunion, als die Deutschen zunächst nur einen Teil Polens kontrollierten, erklärt, welche Einstellung die Deutschen der einheimischen Bevölkerung gegenüber an den Tag legen sollten:

> „Wir haben bisher die Politik der völligen gegenseitigen Trennung zwischen Deutschen und Polen eingehalten. Ich selbst habe mit Polen noch keinen Kontakt aufgenommen und bitte

---

[124] Scheinfeld, Das Ghetto Lemberg, S. 34, 94; Yones, Die Straße nach Lemberg, S. 25.

auch Sie, keinen anderen Kurs zu gehen... Das Schicksal hat entschieden, daß wir hier die Herren, die Polen aber die uns anvertrauten Schutzunterworfenen sind. Ich bitte Sie, meine Herren, den Empfang von Polen, von Bittdeputationen usw. auf das dienstlich unbedingt notwendige Maß zu beschränken...Es muß ein Unterschied zwischen dem Lebensstandard des Herrenvolkes und dem der Unterworfenen sein."[125]

Was die Kontakte mit den Ukrainern betraf, so äußerte sich Frank am 12. September 1940 in Krakau auf einer Sitzung mit den Abteilungsleitern des Generalgouvernements, die praktisch Ministerfunktionen ausübten, wie folgt: „... daß die Ukrainer wohl Freunde des Deutschen Volkes, nicht aber Vertraute des Deutschen Volkes sind. Pflegen Sie die besten Beziehungen zu den Ukrainern, halten Sie aber immer die nötige Distanz."[126]

Franks Rede brachte die Absichten der Deutschen gegenüber den Ukrainern auf den Punkt. In seinen Bemerkungen gegenüber hochrangigen Mitarbeitern sagte er: „Ich sehe die Lösung des ukrainischen Problems darin, daß sie wie die Polen uns in der Zukunft als Arbeitskräfte zur Verfügung stehen werden." Das ukrainische Volk sollte zum Arbeitskräftereservoir werden und nicht mehr; nichts wurde über die Möglichkeit gesagt, eine autonome nationale Einheit zu bilden, die unter Umständen ihre Unabhängigkeit fordern würde. Nun wurde ihnen selbst der Zugang zu Bildungseinrichtungen verwehrt.

Am 16. Juli 1941 hielt Hitler vor ranghohen NS-Offizieren eine Rede über die Besatzungspolitik in der Sowjetunion. Diese sollte im Hinblick auf die riesigen Gebiete in drei Phasen umgesetzt werden: (1) Besetzung, (2) Kontrolle, (3) Ausbeutung zum Wohle des Reiches. Einige Forscher sind der Ansicht, dass Hitler seine Offiziere auch dazu anhielt, die einheimische Bevölkerung in der Ukraine und in Galizien zu ermutigen, Pogrome gegen die Juden anzuzetteln.[127]

---

[125] Das Diensttagebuch des deutschen Generalgouverneurs in Polen, S. 280.
[126] Ebenda, S. 281.
[127] Jäckel schreibt, dass Hitler am 12.9.1939 ein Gespräch mit Göring, Ribbentrop und General Wilhelm Keitel, dem Oberbefehlshaber der Wehrmacht, führte. Darin sprach sich Hitler dafür aus, in Galizien Pogrome anzuzetteln und dadurch den Massenmord an den Juden zu initiieren.

Die Beziehungen zwischen den Ukrainern und den Nationalsozialisten hatten sich im Verlauf der zweijährigen sowjetischen Besatzung Ostgaliziens gefestigt. Die OUN stand in diesen Jahren vor einer Zerreißprobe zwischen den Radikalen unter Stepan Bandera und den Gemäßigten unter Andrej Melnyk. Doch Bandera, den die Deutschen nach der Besetzung Warschaus aus dem Gefängnis befreit hatten, entwickelte sich zum starken Mann dieser Organisation und unterstützte die Deutschen in der Tat bei der Mobilmachung junger Ukrainer für den Dienst in ihren Reihen. Die jungen Leute wurden nach Deutschland geschickt und dort ausgebildet. Schon als die Sowjets Ostgalizien noch kontrollierten, hatten sich die Deutschen – zusammen mit den Ukrainern – auf ihren Einmarsch in Lemberg vorbereitet und zwei ukrainische Bataillone, Roland und Nachtigall, mit 700 Kämpfern aufgestellt. Sie waren von der Wehrmacht ausgebildet worden, trugen deren Uniform und marschierten gemeinsam mit den deutschen Soldaten in Lemberg ein. Für die

---

Nachdem er festgestellt hat, dass die Reihenfolge der Ereignisse nicht mehr vollständig nachvollzogen werden kann, ergänzt Jäckel: „Unsere Kenntnis beruht auf Aussagen des damaligen Majors Erwin Lahousen, eines Mitarbeiters des Chefs der Abwehr, Admiral Wilhelm Canaris, im Nürnberger Hauptkriegsverbrecherprozeß am 30. November und 1. Dezember 1945. IMT, Bd. II (1947), S. 492ff. und Bd. III (1947), S. 30 ff. Demnach trug Keitel Canaris auf, ,in der galizischen Ukraine eine Aufstandsbewegung hervorzurufen, die die Ausrottung der Juden und Polen zum Ziele haben sollte, und erklärte auf den Widerspruch von Canaris, ,daß diese Dinge bereits vom Führer entschieden seien'. Ribbentrop habe zu Canaris gesagt, ,es müsse der Aufstand oder die Aufstandsbewegung derart inszeniert werden, daß alle Gehöfte der Polen in Flammen aufgingen und alle Juden totgeschlagen würden'. Hitler wollte demnach diese Aufgabe der Abwehr übertragen und ließ wissen, ,daß wenn die Wehrmacht diese Dinge nicht durchführen wolle, beziehungsweise damit nicht einverstanden sei, sie es sich auch gefallen lassen müsse, wenn neben ihr SS, Sicherheitspolizei und dergleichen Organisationen in Erscheinung träten und die Maßnahmen ausführen würden'. Keitel bestätigte am 4. April 1946 diese Aussagen Lahousens oder widersprach ihnen doch nicht, in: IMT, Bd. X (1947) S. 580 f., vgl. S. 670. Jodl bestätigte am 5. Juni 1946 nur, daß diese Zusammenkunft [hier irrtümlich auf den 9. September 1939 datiert] Hitlers mit Keitel, Canaris und Lahousen sowie ihm selbst stattgefunden habe, in: IMT, Bd. XV (1948). S. 409 f., vgl. S. 479." Eberhard Jäckel, Hitlers Herrschaft. Vollzug einer Weltanschauung. Stuttgart 1986, S. 172.

Deutschen waren die ukrainischen Nationalisten, die den Sowjets hasserfüllt gegenüberstanden, treue Verbündete. Am Tag ihres Einmarsches in Lemberg gestatteten sie den Ukrainern, mit ihnen an einer Parade teilzunehmen und ukrainische nationalistische Lieder zu singen. Ihr Kommandant war Roman Schuchewytsch, aber die politischen Zügel hielten ein deutscher Offizier namens Theodor Oberländer und seine beiden deutschen Stellvertreter in Händen.[128]

Die Ukrainer nahmen auf Geheiß der Deutschen an dem Krieg gegen die Juden teil. Dies entsprach einer vom „zweiten großen Kongreß der OUN" (Banderas Fraktion) im April 1941 in Krakau angenommenen Resolution, welche die Juden als die „zuverlässigste Stütze des sowjetischen Regimes und als die Vorreiter des Moskauer Imperialismus in der Ukraine" bezeichnete. Damit übernahm die ukrainische Organisation die Perspektive der Nationalsozialisten, die die Juden mit den Bolschewiken gleichsetzten („Judäo-Bolschewiken" oder Żydo-Komuna auf Polnisch), und garantierte, dass das „Unternehmen Barbarossa" für die Juden fürchterliche Konsequenzen haben würde. Die Resolution war zudem ein Treueeid der Ukrainer auf die NS-Ideologie.

Als die Deutschen in Lemberg einmarschierten, stellten sich Banderas Leute in der Tat auf die Seite der Besatzer. Im Verlauf der „Gefängnisaktion" und des Pogroms am Stadtrand bewies die OUN

---

[128] Das Bataillon Nachtigall marschierte am 30. Juni zusammen mit Einheiten der Wehrmacht ein. Nach dem Versuch Stepan Banderas und seiner Gefolgsleute, die Ukraine für unabhängig zu erklären, verlegten die Deutschen das Bataillon nach Osten. Die ukrainischen Bezeichnungen der beiden Bataillone wurden der deutschen Mythologie entnommen. Siehe die Protokolle des Prozesses gegen Oberländer, Prozessabteilung, YVA, M-37, sowie die Aussagen von Emanuel Brand, Abraham Goldberg und Eliyahu Yones während dieses Prozesses. Siehe zudem Abraham Goldberg, Tage im Feuer, Tel Aviv 1987 [hebr.] (deutsches Manuskript in: YVA, JM/981), S. 123; Yones, Die Straße nach Lemberg, S. 18; Zaderecki, Unter der Herrschaft des Hakenkreuzes, S. 14, 16 f.; Levin, Ich bin aus Spezia eingewandert, S. 56; Ilnytzkyj, Deutschland und die Ukraine, S. 141. Für weitere Information über dieses Bataillon, seine Befehlshaber und ihre Rolle in antijüdischen „Aktionen" siehe Basil Dmytryshyn, The Nazis and the SS Volunteer Division, Galicia, in: The American Slavic and East–European Review, Bd. XV (1956), S. 1-10.

den Nationalsozialisten, dass sie jede ihr auferlegte Pflicht zuverlässig erfüllte und zudem eigene Initiativen ergriff.[129]

Der Hauptgrund für die begeisterte Unterstützung der ukrainischen Nationalisten lag in ihrer Hoffnung und Erwartung eines deutschen *quid pro quo*. Zu guter Letzt, so dachten sie, würden die dankbaren Deutschen ihnen gestatten, das Schicksal der Ukraine mitzubestimmen und die Unabhängigkeit zurückzugewinnen, die das Land am Ende des Ersten Weltkriegs verloren hatte. Doch sollte ein weiteres Motiv nicht übersehen werden: die traditionelle Feindschaft der Ukrainer gegenüber den Russen und ihr Hass auf die Juden, von denen sie behaupteten, dass sie die Sowjets unterstützten und die sowjetische Politik beförderten.

Um ihr Ziel der politischen Unabhängigkeit zu verwirklichen, gingen die Ukrainer sehr zielstrebig vor. Am 30. Juni 1941, am Tag nach der deutschen Besetzung der Stadt, erklärte eine Gruppe der Mitglieder des Flügels um Bandera die Unabhängigkeit und bildete eine ukrainische Regierung. Der Metropolit (das Oberhaupt) der griechisch-katholischen (unierten) Kirche, Andrej Scheptyzkyj, gab seinen Segen für die Wiedergeburt des freien ukrainischen Staates

---

[129] Friedman, Ukrainishe-yidishe betsiyungen, S. 230–263; Knaan, Der Hass der Ukrainer, S. 63–180; Ilnytzkyj, Deutschland und die Ukraine, Bd. 1, S. 46–71, 75, 170, 251; Bd. 2, S. 142 f.; Ihor Kamenetsky, Hitler's Occupation of the Ukraine 1941–1944: A Study of Totalitarian Imperialism, Milwaukee 1956, S. 53–55, 74 f.; Ukrainian Nationalists: The Galician SS Division, in: Wiener Library Bulletin, Bd. IV, Nr. 5–6 (Sept.–Nov. 1950); Kost Pankiwskyj, Roky Nimeckoji okupaciji, New York 1965, S. 53. Zu den Auseinandersetzungen zwischen den Gruppen Banderas und Melnyks siehe Dokumente über die Untersuchung der OUN (Partei der ukrainischen Nationalisten), YVA, M-37/177. Dokumente über die Kollaboration und die ideologische Abstimmung zwischen den Deutschen und den ukrainischen Nationalisten zwischen 1940 und 1941, die Aufrufe des Kommandanten, Legende und die Ankunft des Führers der ukrainischen Nationalisten, Andrej Melnyk, sowie über die politische Plattform und Struktur der OUN siehe YVA, M-37/123. Für Befehle, Anordnungen der Deutschen, Plakate der ukrainischen Nationalisten zwischen 1941 und 1944 auf Deutsch, Russisch und Ukrainisch siehe YVA, M-37/122. Anordnungen und Berichte über die Aktivitäten der OUN und ihrer Führer, Maxim Borovetz und Andrej Melnyk, in der Ukraine zwischen 1942 und 1943 siehe YVA, M-37/236.

und brachte seine Hoffnung zum Ausdruck, dass die neue Regierung ihre Herrschaft auf Gerechtigkeit bauen und zum Wohle aller Bürger ungeachtet des Glaubens, der Rasse und der Nationalität handeln würde. Am 25. Juli 1941 forderte der Metropolit über Radio Lemberg die Bevölkerung auf, die Deutschen zu unterstützen und mit ihnen zusammenzuarbeiten. Im Besonderen bat Scheptyzkyj die ukrainischen Bauern in Ostgalizien, als ein Zeichen ihrer Dankbarkeit dafür, dass die Wehrmacht sie vom Joch des Bolschewismus befreit hatte, ihr einen Teil der Ernte zu liefern.[130]

Doch hatten die Ukrainer vorschnell gehandelt; ihr erster Schachzug ging verloren. Die Deutschen betrachteten die Ukrainer als Helfer für ihr Besatzungsregime und nicht als ein Volk, das sofort politische Unabhängigkeit erhalten sollte. Sie griffen nach der Unabhängigkeitserklärung der Ukrainer hart durch, nahmen zahlreiche führende Mitglieder der nationalistischen Fraktion, die an der Verkündung beteiligt gewesen waren, fest und deportierten sie nach Deutschland, darunter Bandera selbst. Als die Deutschen Ostgalizien am 1. August 1941 an das Generalgouvernement anschlossen, entließen sie zahlreiche Ukrainer aus ranghohen Positionen in der Stadtverwaltung und ersetzten sie durch Deutsche. Sie trieben die Führungsspitze der OUN in den Untergrund, obwohl deren Mitglieder auch weiterhin mit der Bürokratie und der Polizei zusammenarbeiteten.

Doch beließen die Deutschen den Ukrainern einige äußerliche Symbole, um die nationale Moral des Volkes aufrechtzuerhalten, ihre Sympathie zu erlangen und um sie zu ermutigen, aktiv ihre Unterstützung anzubieten. Noch vor der Diskussion um die Unabhängigkeit gestattete es die Abwehr (der militärische Geheimdienst der Deutschen) den Rekruten der beiden ukrainischen Bataillone, der „Groß-Ukraine" Treue zu schwören. Als sie an der Seite der deutschen Soldaten in Lemberg einmarschierten, trugen die ukrainischen Legionäre schmale Streifen in den blau-gelben Nationalfarben der Ukraine auf den Epauletten ihrer Uniformen. Die Deutschen erlaubten, dass die ukrainische Fahne zusammen mit dem

---

[130] Zaderecki, Unter der Herrschaft des Hakenkreuzes, S. 57. Siehe auch *Zholkivski Visti*, 10.7.1941; diese Zeitung veröffentlichte die Bekanntmachung über die Errichtung eines ukrainischen Staates. Siehe zudem YVA, M-37/4/140, und die Zeugenaussage von Julia Stern (Maya Abraham), YVA, 02/353.

Hakenkreuz über dem Rathaus gehisst wurde. Poljanskyj, der ukrainische Bürgermeister Lembergs, veröffentlichte auch weiterhin Bekanntmachungen und behördliche Anordnungen auf Ukrainisch und Deutsch. Die ukrainische Sprache erhielt denselben Status wie die deutsche, und der russische Rubel wurde auf Ukrainisch in *Karbowanez* umbenannt. (Sein Wert belief sich auf ein Zehntel der Reichsmark.) Alle diese Maßnahmen hatten das Ziel, die Ukrainer davon zu überzeugen, dass die Deutschen ihnen ein gewisses Maß an politischer Unabhängigkeit zuzugestehen bereit waren.

Im ersten Monat ihrer Herrschaft in Lemberg fanden die Deutschen einen weiteren Weg, die Sympathien der ukrainischen Bevölkerung zu gewinnen und sie für die Verweigerung der politischen Unabhängigkeit zu kompensieren: Sie gestatteten den Ukrainern, den Todestag des *Hetman* (Kommandanten) der ukrainischen Nationalarmee, Symon Petljura, der 1926 von einem jüdischen Anarchisten in Paris erschossen worden war, feierlich zu begehen. Nach einem vorher abgesprochenen Signal strömten am Morgen des betreffenden Tages zahlreiche Bauern aus den umliegenden Dörfern nach Lemberg. Sie versammelten sich auf den Höfen der Polizeistationen und schlossen sich dort bewaffneten „Sicherheitsleuten" an. Trotz des allgegenwärtigen Hungers und der Schwierigkeit, Lebensmittel zu beschaffen, fanden diese Emporkömmlinge üppig gedeckte Tische mit jeder Art von Essen vor, darunter auch Unmengen von Wodka, der kostenlos und großzügig ausgeschenkt wurde. Und so wurden während eines Saufgelages „Aktionen" abgesprochen und Aufgaben verteilt. Als das Gelage um etwa 5.00 Uhr vorüber war, machten sich die Banden auf in die Stadt.

Das Massaker begann am frühen Morgen des 26. Juli und erstreckte sich über fünf Straßen: die Kazimierzowska, die Słoneczna, die Pełtewna, die Zamarstynowska und die Żółkiewska. Wer nicht auf der Straße ermordet wurde, wurde zum Gefängnis in der Łąckiego-Straße geschafft. Von Zeit zu Zeit stürmten ukrainische Polizisten und Schläger unter dem Pöbel in den Gefängnishof und prügelten mit den Kolben ihrer Gewehre auf die Menschen ein, wobei sie riefen: „Alles dies ist für unseren *Hetman*, Symon Petljura!" Die Misshandlungen dauerten zwei Tage an. Nur wenige entkamen.

In einer geheimen Beratung mit der SS und der Gestapo wurde die Polizei angewiesen, nach dem Pogrom der „Petljura-Tage" Geiseln aus der jüdischen Intelligenz festzunehmen. Diese Menschen wurden inhaftiert und schwer gefoltert. Als das Pogrom am 27. Juli endete, belief sich die Zahl der Opfer auf 1500 – Verwundete und Geiseln nicht mit eingeschlossen. Einer anderen Schätzung zufolge kamen in der „Petljura-Aktion" mindestens 2000 Menschen ums Leben.[131]

Zu Beginn der deutschen Besatzung hatte die ukrainische Miliz die vollständige Kontrolle. Die Milizionäre waren eigentlich Teil des Pöbels, der sich gerade ausgetobt hatte, und nicht wenige hatten kurz zuvor noch in der sowjetischen Polizei gedient. Als die Deutschen am dritten Tag ihrer Besatzungsherrschaft mit der Organisation der einheimischen Polizei begannen, konnten sie auf gut vorbereitete Polizeikräfte zurückgreifen, da die meisten Polizisten ihre Loyalität schlicht auf das neue Regime übertrugen. Alles, was sich aus ihrer Perspektive änderte, waren die Fahne, die Uniform und die blau-gelbe Armbinde, die sie mit Stolz trugen. Die erste Handlung der Ukrainer in ihrer neuen Rolle war die Säuberung der Polizei von allen Polen; ihre zweite war, jüdische Polizisten festzusetzen und zu ermorden.

---

[131] Symon Petljura war für die Ermordung Zehntausender ukrainischer Juden im Verlauf des russischen Bürgerkrieges (1918–1920) verantwortlich. Am 25. Mai 1926 wurde er in Paris von Scholom Schwarzbart erschossen. Der Attentäter wurde vor Gericht gestellt, jedoch nicht verurteilt. Zu den „Petljura-Tagen" siehe Kahana, Tagebuch aus dem Ghetto Lemberg, S. 34; Zaderecki, Unter der Herrschaft des Hakenkreuzes, S. 62; Maltiel, Aus Rache..., S. 20–22; Shapira, Erinnerungen, S. 34; Zeugenaussagen von Simcha Laufer, YVA, M-1/E/546; Wolf Bitwin, YVA, M-1/E/770; Dr. Marek Redner (im Verlauf des Prozesses gegen Rudolf Reder), YVA, 033/1101; Israel Neuhaus, YVA, O-3/1137; Tsipora Tobiasiewicz, Moreshet Archiv, A/245; Zwi Radelecki, YVA, 033/916; Solomon Goldmann, Jüdisches Historisches Archiv (AŻIH), Polen, Nr. 1864; Else Katz, AŻIH, Nr. 1343; Y. Dentel, AŻIH, Nr. 230; Lucina Holberberg, AŻIH, Nr. 2278; Tagebuch von Marek Redner, YVA, O-3/430; Janina Hescheles, Oczyma 12 letniej dziewczyny, Krakau 1946, S. 12–27. Kahana (Tagebuch aus dem Ghetto Lemberg) verknüpft die „Telefon-Aktion" mit den „Petljura-Tagen" und ist der Ansicht, dass Angehörige der jüdischen Intelligenz im Verlauf dieser Nächte zu Hause verhaftet wurden. Auch Zaderecki (Unter der Herrschaft des Hakenkreuzes) merkt an, dass im Verlauf der „Petljura-Tage" prominente Juden – Angehörige der freien Berufe, Fabrikanten und vormals wohlhabende Kaufleute – als Geiseln entführt, in den Wald von Lesienice verschleppt und erschossen wurden.

Der Metropolit Scheptyzkyj unterhielt für die gesamte Dauer der deutschen Besatzung von Lemberg besondere und komplizierte Beziehungen zu den Deutschen.¹³² Eine Woche nach Beginn des „Unternehmens Barbarossa" machte sich eine Delegation führender Mitglieder der ukrainischen Nationalbewegung auf den Weg von Krakau über Jarosław nach Lemberg, wurde beim Metropoliten Scheptyzkyj vorstellig, erbat seinen Segen und ersuchte ihn, mit ihnen die Machtübernahme in Ostgalizien zu koordinieren. Die vom ukrainischen Bataillon Nachtigall begleiteten Deutschen erreichten die Stadt acht Tage später. Rabbi Dr. Jecheskel Lewin, einer der bekanntesten und beliebtesten Rabbiner in Lemberg, suchte den Palast des Metropoliten auf – wobei er auf den Straßen sein Leben riskierte – und bat ihn, die Massaker mithilfe seines Einflusses auf die Massen und ihre Anführer zu beenden. Scheptyzkyj beruhigte den Rabbiner und bot ihm an, ihm in seinem Palast Zuflucht zu gewähren, bis der Aufruhr vorüber sei. Der Rabbiner lehnte ab, bestand darauf, dass er seiner Gemeinde Beistand leisten müsse und machte sich auf den Rückweg. Am Eingang zu seinem Haus wurde er gefangen genommen und in das Brygidki-Gefängnis gebracht, wo er gefoltert und ermordet wurde.¹³³

Während der „Gefängnisaktion" und der Petljura-Tage übertrug Radio Lemberg Grußworte Scheptyzkyjs an die Armee der deutschen Befreier und hielt die Ukrainer in der Stadt und in Ostgalizien an, mit den neuen Besatzern zusammenzuarbeiten.¹³⁴ Ende August 1941, nach zwei Monaten mit Aufständen, Zusammenstößen und Tausenden von jüdischen Todesopfern, schrieb Scheptyzkyj an den Vatikan: „Wir werden die deutsche Armee unterstützen, die uns von der sowjetischen Herrschaft befreit hat." Scheptyzkyj erhielt regelmäßig Berichte und wusste, was in Lemberg vor sich ging. Ein junger Ukrainer bezeugte, dass er dem Metropoliten gebeichtet hatte, in einer Nacht eigenhändig 75 Juden ermordet zu haben.¹³⁵

---

132 Zu Scheptyzkyj siehe Kapitel 9.
133 Kahana, Tagebuch aus dem Ghetto Lemberg, S. 29; Yones, Die Straße nach Lemberg, S. 21 f.
134 Für die vollständige Version der Ausführungen Scheptyzkyjs, wie sie im Radio übertragen wurden, siehe YVA, M-37/11.
135 Frederick Report, in: Raul Hilberg, Die Vernichtung der europäischen Juden, Frankfurt a.M. 1990, Bd. 2, S. 545 f.

Im Februar 1942 versprach Scheptyzkyj Hitler in einem Brief, alle nationalen Kräfte der Ukrainer für die Sache der Deutschen mobil zu machen: „Durch das Zusammenfließen der deutschen und der ukrainischen Kräfte", so schrieb Scheptyzkyj, „werden wir den Kampf gegen unseren gemeinsamen Feind weiterführen, um die neue Ordnung in der Ukraine und in ganz Europa zu verwirklichen."[136] Der Metropolit muss gewusst haben, was die „neue Ordnung in Europa" in Hitlers Weltanschauung bedeutete: ein Europa ohne Juden.

Ende August 1942 beschrieb Scheptyzkyj die Gräueltaten, die die Nationalsozialisten an den Juden verübten, in einem Schreiben an Rom. „Der einzige Trost in diesen schweren Zeiten", so fügte er hinzu, „ist, dass uns nichts geschieht, was nicht der Wille unseres Vaters im Himmel ist. Ich glaube, dass viele der abgeschlachteten Juden ihren Glauben gewechselt und sich Gott zugewandt haben. Dennoch gibt es in der Geschichte keinen Präzedenzfall (für das, was passierte): Die Nazis lassen die Tatsache völlig außer Acht, dass einige Juden ihrem Glauben abgeschworen haben."[137]

Scheptyzkyj schrieb seinen berühmten Hirtenbrief „Du sollst nicht morden" im November 1943. Sein Inhalt kann auf verschiedene Weise interpretiert werden. Verteidiger des Metropoliten erklären, es sei Scheptyzkyjs Absicht gewesen, gegen den Mord an den Juden zu protestieren; andere Wissenschaftler weisen aber darauf hin, dass die Juden überhaupt nicht erwähnt wurden. Ihrer Ansicht nach verurteilte Scheptyzkyj, der polnischer Abstammung war, die Morde an den Polen durch die OUN.

Scheptyzkyj unterstützte die Bildung ukrainischer SS-Einheiten. Im Vorfeld der Aufstellung einer ukrainischen Division – der SS-Division Galizien – besuchten ihn Ende 1942 nacheinander ein Offizier der Abwehr im Hauptquartier der deutschen Armee, Professor Koch, ein SS-Mann und Leiter der Abwehr, Admiral Wilhelm Walter Canaris, sowie der Kommandant der geplanten galizischen Division, (Oberst) Alfred Bisanz. Wie Bisanz seinen Vorgesetzten berichtete, zeigte Scheptyzkyj großes Interesse an allen Themen, die

---

[136] Ilnytzkyj, Deutschland und die Ukraine, S. 276.
[137] Brief vom 22. bis 31. August 1942; siehe Shimon Redlich, Sheptytskyi and the Jews during World War II, in: Paul R. Magocsi (Hrsg.), Morality and Reality: The Life and Times of Andrei Sheptytskyi, Edmonton 1989, S. 147–162.

mit der Aufstellung der ukrainischen SS-Division im Zusammenhang standen. Artikeln in der ukrainischen Zeitung *Lvivski Visti* zufolge setzte der Metropolit einen seiner Mitarbeiter, den führenden Kirchenmann Dr. Vasyl Laba, als leitenden Geistlichen der Division ein. Da er aus gesundheitlichen Gründen nicht an der Vereidigungszeremonie teilnehmen konnte, vertrat ihn Bischof Jossyf Slipyj.[138]

Die Deutschen und die galizische Division arbeiteten bei militärischen Operationen 21 Monate lang zusammen. Die Soldaten der ukrainischen Division machten Jagd auf Juden, die sich in Wäldern und Bunkern in ganz Galizien verbargen. Mit der Hilfe seines Bruders, Klymentij Scheptyzkyj, dem Abt der Konvente der unierten Kirche, ermöglichte es Metropolit Scheptyzkyj zahlreichen Juden (Schätzungen zufolge etwa 150), sich in Klöstern und in seinem Palast zu verstecken. Rabbi Dr. David Kahana, Rabbi Chamaydes und der Sohn des toten Rabbi Lewin, Isaak, gehören zu den Bekanntesten, die auf diese Weise überlebten.[139]

Scheptyzkyjs Verhalten und seine Einstellung gegenüber den Juden im Zweiten Weltkrieg sollte im Hinblick auf die Haltung der Kirche zur „Endlösung" betrachtet werden. Die traditionelle Feindschaft der Kirche den Juden gegenüber und die grausamen Legenden, die sie über sie verbreitete, trugen zu der feindseligen Gleich-

---

[138] Edward Prus, Władyka Świętojurski, Warschau 1985; *Lvivski Visti*, 9.7.1943. Siehe Armstrong, Ukrainian Nationalism, S. 172–175; Friedman, Ukrainishe-yidishe betsiyungen, S. 250.

[139] Der Metropolit Andrej Scheptyzkyj, Abteilung der Gerechten unter den Völkern, Akte 421, Yad Vashem, Jerusalem. Vgl. die Akte über Klement Scheptyzkyj und seinen Bruder, Marko Stek. Siehe auch Kahana, Tagebuch aus dem Ghetto Lemberg, S. 135–166, und Kurt Lewin, A Journey through Illusions, Santa Barbara 1994. Scheptyzkyj fragte Rabbi David Kahana, der in seinem Palast Zuflucht gefunden hatte, im Verlauf eines Gesprächs: „Haben Sie jemals nachgedacht und sich gefragt, warum und weshalb das jüdische Volk seit den frühesten Zeiten bis zum heutigen Tag solch unmenschlichem Hass und solch unmenschlichen Verfolgungen ausgesetzt ist?" Dann zitierte Scheptyzkyj aus einer hebräischen Übersetzung des Neuen Testaments, Matthäus 27:25: „Da antwortete das ganze Volk und sprach: Sein Blut komme über uns und unsere Kinder!" Auch an anderer Stelle im Neuen Testament sagt Jesus ausdrücklich, dass die ganze Größe Jerusalems zerstört werden und kein Stein auf dem anderen liegen bleiben wird.

gültigkeit bei, welche die Nichtjuden in den von den Nationalsozialisten kontrollierten Gebieten den Juden und ihrem Schicksal gegenüber an den Tag legten. Einige Christen betrachteten die Vernichtung der Juden durch die Nationalsozialisten als die unausweichliche Erfüllung des Christentums; sie glaubten, der Massenmord sei eine angemessene Bestrafung für sie.

* * *

Die Haltung der Deutschen gegenüber den Polen war komplizierter. Noch mehr als die Ukrainer betrachteten sie die Polen als Arbeitskräfte, die der „Herrenrasse" zu Diensten stehen sollten. Eine solche Nation, so dachten sie, sollte über keine Intellektuellen verfügen, die möglicherweise den Nährboden für einen Aufstand bildeten. Daher führte die Gestapo in der Nacht vom 3. auf den 4. Juli 1941, nur wenige Tage nach der Besetzung der Stadt und ummittelbar nach der „Gefängnisaktion", eine besondere „Aktion" durch, in deren Verlauf 38 Personen verhaftet und erschossen wurden. Darunter befanden sich 25 polnische Professoren, hauptsächlich der Universität Lemberg, sowie Professor Kazimierz Bartel, der als polnischer Ministerpräsident gedient hatte.[140]

---

[140] Prof. Bartel wurde am 26. oder 27. Juli 1941 hingerichtet. Siehe Zaderecki, Unter der Herrschaft des Hakenkreuzes, S. 25–27. Die Tat begingen Mitglieder der Einsatzgruppe C. Vgl. Josef Kermisz, Über die Beziehungen zwischen Juden und Polen, in: Yalqut Moreshet 11 (1969) [hebr.], S. 101–107. Kermisz zitiert ein Gespräch mit „I. A." (Irena Adamowicz), einer polnischen Sozialarbeiterin in der Stadtverwaltung von Warschau, gläubige Christin mit patriotischen und demokratischen Ansichten, über polnisch-jüdische Beziehungen. Das Gespräch bezog sich auf Warschau, aber die in unserem Besitz befindlichen Unterlagen und Zeugenaussagen deuten darauf hin, dass die Dinge in Lemberg und in anderen Städten nicht viel anders lagen. Vgl. Zaderecki, Unter der Herrschaft des Hakenkreuzes, S. 14 f., 83, 85; Das Diensttagebuch des deutschen Generalgouverneurs in Polen, S. 280; Aussage von Dr. Marek Redner über den Mord an der polnischen Intelligenz, YVA, 033/1101. Kazimiera Poraj (YVA, JM/2783) beschreibt (auf S. 7) den Mord an der polnischen Intelligenz und den Professoren der Universität und des Polytechnischen Instituts in Lemberg. Sie hält fest: „Ich

Die Beziehungen der Deutschen zu den beiden nichtjüdischen Bevölkerungsgruppen und ihre Einstellung ihnen gegenüber milderte in keiner Weise deren Bereitschaft, mit den Deutschen zusammenzuarbeiten und ihre Pläne gegen die Juden voranzutreiben. Beide Volksgruppen teilten mit den Deutschen ihre tiefe Feindschaft gegenüber den Juden, die in ihrer Mitte lebten, eine Feindschaft, die sich bald in Schadenfreude und beschämender Ausbeutung ihrer Not manifestieren sollte. Viele Polen und Ukrainer zuckten nicht einmal mit der Wimper, wenn sie sich an jüdischem Eigentum bereicherten, auf dessen Besitz sie auch dann noch beharrten, als überlebende Juden nach dem Krieg nach Lemberg zurückkehrten und versuchten, ihr Eigentum und ihre Häuser zurückzuerlangen.

Die traditionelle Judenfeindschaft der Polen und Ukrainer wurde von der Gier nach materiellem Zugewinn verstärkt. Als die Juden ins Ghetto umgesiedelt und später vernichtet wurden, nahmen Polen und Ukrainer ohne zu zögern ihre Wohnungen und Geschäfte in Besitz, obwohl die Deutschen dies verboten. Der polnische Schriftsteller und Wissenschaftler Tadeusz Zaderecki aus Lemberg, der die gegen die Juden seiner Heimatstadt während dieser Jahre unternommenen Aktionen aufzeichnete, schrieb Folgendes nach der „Aktion" im August 1941 in sein Tagebuch:

> „Man konnte Christen auf der Straße sehen, die Bündel trugen. Außergewöhnlich viele Lastwagen tauchten plötzlich auf der Straße auf. Wäre ihnen jemand gefolgt, so hätte er gesehen, dass sie hinter denselben Toren verschwanden, aus denen einen Augenblick zuvor Leute mit Armbinden (mit dem Davidstern) erschienen und dann verschwunden waren. Hätten sie die Bündel untersucht, hätten sie Bettwäsche, Unterwäsche und Nahrungsmittel gefunden. Juden, die überlebten und nach Lemberg zurückkehrten, entdeckten, dass ‚nach der Vertreibung der Juden aus dem Haus ortsansässige ukrainische Nachbarn es völlig ausgeplündert hatten'."[141]

---

hatte keinen Zweifel daran, dass die Deutschen die polnische Intelligenz auslöschen wollten." Vgl. auch Dieter Schenk, Der Lemberger Professorenmord und der Holocaust in Ostgalizien, Bonn 2007.

[141] Zaderecki, Unter der Herrschaft des Hakenkreuzes, S. 225; Zeugenaussage von Emanuel Brand, YVA, O-3/649, S. 34.

„Dank" der Plünderung jüdischen Eigentums wurden mehrere christliche Händler Besitzer von Gewerbe- und Industriebetrieben. Die Ausschaltung ihrer jüdischen Konkurrenten oder Partner verbesserte ihre Lage erheblich. Die Deutschen setzten für Güter, Geschäfte und Immobilien, die von den Juden zurückgelassen oder bei Nachbarn, Freunden und Bekannten zur Verwahrung deponiert worden waren, „Treuhänder" ein. Polen, die bei Juden verschuldet waren, jubelten, dass ihre Verpflichtungen gemeinsam mit ihren jüdischen Schuldnern abgeschrieben wurden. Daher besaßen viele Polen ein offenkundiges Interesse, an dieser leicht errungenen Beute festzuhalten.

Einige wenige Polen und Ukrainer verhielten sich jedoch anders. Die meisten waren zwar eifrige Antisemiten, eine Minderheit riskierte jedoch das eigene Leben, um Juden zu retten. Außerdem gab es die Erpresser aller Nationalitäten, welche die Situation zur eigenen Bereicherung ausnutzten.

Was empfanden die Polen, als die Juden in den Tod geführt wurden? Die Zeugenaussagen von Überlebenden zeichnen ein düsteres Bild. Antonia Drabik, die mit ihrer Schwester bei einem polnischen Freund Zuflucht gefunden hatte, schrieb:

> „Ich nahm ein Gefühl der Erregung unter den Polen wahr. Mit großer Befriedigung sagten sie: ‚Ale Bijq Żydków – Sie schlagen die Judenjungen zusammen.' Ihre Augen glänzten vor Glück. Bei jedem Schritt, den ich tat, stieß ich auf Anzeichen offener Begeisterung über die Aktionen der Hitleristen."[142]

Josef Eisner schrieb in seinen Erinnerungen:

> „Mir fällt es schwer zu verstehen, wie ein Pole einen unschuldigen Juden ergreifen und ihn den Deutschen ausliefern kann. Auf einen Juden zu zeigen und ihn den Deutschen zu übergeben bedeutet, ihn zum Tode zu verurteilen."[143]

Als den Juden befohlen wurde, ihre Häuser zu verlassen und in das „jüdische Viertel" zu ziehen – ein Euphemismus für das Ghetto –, beobachtete Nelly Toll „polnische Nachbarn an den Fenstern stehend, die mit Häme und Befriedigung zusahen, als der Konvoi der

---

[142] Zeugenaussage von Antonina Drabik, YVA, 03/735.
[143] Zeugenaussage von Josef Eisner, YVA, 033/1536.

Juden vorbeizog, und feststellten, dass das Unglück nicht sie, sondern jemand anderen getroffen hatte".[144]

Fela Szenk berichtet, dass „Juden, die sich außerhalb des Ghettos aufhielten, sofern sie ‚arische' Papiere besaßen, doppelt vorsichtig sein mussten, da die Polen und Ukrainer sie beobachteten und damit drohten, sie an die Deutschen auszuliefern. Damit wollten sie den Juden Geld abpressen. Das Bestechungsgeld half dem Juden aber nicht; nachdem er es bezahlt hatte, verriet ihn der Erpresser."[145]

Die Juden fürchteten die Ukrainer und die Polen sogar noch mehr als die Deutschen. Alles in allem konnte ein Jude, der es wagte, das Ghetto zu verlassen, und ohne seine Armbinde umherlief, hoffen, dass die Deutschen ihn nicht erkannten, wohingegen die polnischen Lemberger wussten, wer ihre jüdischen Nachbarn waren. Selbst ein Jude mit blauen Augen und blondem Haar konnte identifiziert und sofort den Deutschen ausgeliefert werden. Bronia Roth, die im polnischen Untergrund arbeitete und die Papiere einer Polin besaß, sagte: „Das Schlimmste war, auf Polen zu treffen, die mich als Jüdin gekannt hatten."[146]

Durch die „spontane" Beteiligung der Bevölkerung an der Misshandlung und Tötung von Juden auf den Straßen von Lemberg sowie an der Plünderung jüdischer Wohnungen empfanden die Juden eine tiefe Furcht vor Leuten, die gestern noch ihre langjährigen Nachbarn und Bekannten gewesen waren. Die Not der Juden wurde durch das Kennzeichen, das zu tragen sie gezwungen waren, noch verstärkt, denn es schuf eine unüberwindliche Barriere zwischen den Bevölkerungsgruppen. Es genügte ein Monat, um die Beziehungen zwischen Juden und Nichtjuden radikal zu verändern.

Von da an war Lemberg nicht länger von drei national deutlich unterschiedenen Bevölkerungsgruppen bewohnt, sondern von zwei Blöcken: Juden und Nichtjuden. Die Trennung sollte für etwa zwei Jahre bestehen bleiben, bis die Juden von Lemberg vernichtet waren und die Stadt für „judenfrei" erklärt wurde.

---

[144] Zeugenaussage von Nelly Toll, YVA, 033/1374.
[145] Zeugenaussage von Fela Szenk, YVA, 033/664.
[146] Zeugenaussage von Bronja Roth, YVA, O-3/2542.

Kapitel 4:
Die jüdische „Autonomie" in Lemberg und ihre Führer

1. Der Lemberger Judenrat

Wie bereits in Kapitel 2 dargestellt, schafften die Sowjets die traditionellen Einrichtungen der jüdischen Gemeindeverwaltung, die Komitees der *Kehilla*, während ihrer Besatzungsherrschaft in Ostgalizien ab. Am 22. Juli 1941 gab der Direktor der Stadtverwaltung von Lemberg, der Ukrainer Dr. Poljanskyj, einen Befehl in Form einer öffentlichen Bekanntmachung über die Bildung eines Judenrats in Lemberg.[147]

Am 1. August 1941, etwa einen Monat nach der Besetzung Lembergs, gaben die Deutschen die Annexion Ostgaliziens bekannt und schlugen das Gebiet als Distrikt Galizien dem Generalgouvernement zu. Sie entließen zahlreiche ukrainische Angestellte im gehobenen Dienst der Stadtverwaltung, ersetzten sie durch Deutsche und lösten die Militärverwaltung durch eine Zivilverwaltung ab, die bald den Befehl für die Einrichtung neuer städtischer Institutionen erteilte.

Die Bekanntmachung der Zivilverwaltung bezüglich der Bildung des Lemberger Judenrats basierte auf zwei vorangegangenen deutschen Befehlen: einem Schnellbrief, den Reinhard Heydrich, der Chef der Sicherheitspolizei, am 21. September 1939 an die Leiter der Einsatzgruppen über „das Judenproblem in den besetzten Gebieten" geschickt hatte,[148] und eine Anweisung von Generalgouverneur Hans Frank, datiert vom 28. November 1939, bezüglich der Einrichtung von Judenräten. Die Gültigkeit von Franks Befehl wurde am

---

[147] Eine Kopie des Befehls in: YVA, O-6/2; eine Kopie der Vollzugsmeldung und der Korrespondenz bezüglich der Einrichtung eines Judenrats im Gebiet Lemberg zwischen dem 24.9.1941 und dem 4.11.1942 in: YVA, M-37/52 und M-37/53.
Dr. Robert Ullrich, der Lemberg als Polizeichef mit den deutschen Sicherheitskräften erreichte, ernannte den Leiter der provisorischen Verwaltung Lembergs. Das Dokument zur Einrichtung des Judenrats wurde von Poljaskyj unterzeichnet.

[148] Siehe VEJ 4/12.

7. August 1941 auch auf Galizien ausgedehnt, nachdem diese Provinz an das Generalgouvernement angeschlossen worden war.

Entsprechend diesen Befehlen hatten sich die Judenräte hauptsächlich um die Zählung der jüdischen Bevölkerung zu kümmern und sollten die deutschen Behörden bei der Umsiedlung von Juden aus Dörfern und Kleinstädten in die größeren Städte unterstützen. Am 30. Mai 1940 fasste Frank die Aufgaben des Judenrats zusammen: jüdische Arbeitskräfte zu liefern, bei den Deportationen zu assistieren und sich mit dem Problem des Nahrungsmittelnachschubs für die jüdischen Einwohner auseinanderzusetzen.[149]

Nach der Bekanntgabe des Befehls zur Bildung des Judenrats in Lemberg berieten sich die Gestapo und die ukrainischen Verantwortlichen der Stadt. Anschließend trafen sich die Ukrainer unter der Leitung von Dr. Poljanskyj mit jüdischen Führungspersönlichkeiten. Die Deutschen mischten sich nicht ein, sondern begnügten sich mit einer „Beraterrolle". In diesen Sitzungen, die Anfang Juli 1941 begannen, wurde über die Einrichtung des Judenrats diskutiert. Zunächst baten die Ukrainer Dr. Moses (Maurycy) Allerhand, den Vorsitz des Rates zu übernehmen. Allerhand war ein bekannter Jurist, Professor an der Universität Lemberg und von 1924 bis 1929 Vorsitzender der jüdischen Gemeindeverwaltung in Lemberg gewesen. Danach hatte er sich aus dem öffentlichen Leben zurückgezogen. Unter den neuen Bedingungen lehnte er das Amt aus Alters- und Gesundheitsgründen ab. Weitere jüdische Persönlichkeiten, die aufgefordert wurden, dem Rat beizutreten, wiesen das Angebot ebenfalls zurück. Als den Deutschen klar wurde, dass die Juden diese Amtseinsetzungen nicht eigenverantwortlich regeln würden, bestimmten sie einige Prominente aus einer Liste von Kandidaten.

Die Deutschen verlangten, dass ihnen Dr. Allerhand und andere jüdische Persönlichkeiten ein Memorandum über die materielle und geistige Lage der Juden Lembergs mit Vorschlägen zu ihrer Indienstnahme vorlegen sollten.[150]

---

[149] Protokoll der Dienstbesprechung der Regierung des Generalgouvernements mit Distriktgouverneuren und Polizeichefs vom 30.5.1940; Diensttagebuch des deutschen Generalgouverneurs in Polen, S. 215, 217. Siehe auch VEJ 4/121.

[150] Das in deutscher Sprache abgefasste Memorandum war als Anhang seinem auf Polnisch geschriebenen Tagebuch beigefügt. Tagebuch von Maurycy Allerhand, Massuah-Archiv, 9/26/T; Kahana, Tagebuch aus

Die Zusammensetzung des Rates wurde im Nachgang zu den erwähnten Beratungen geregelt, und Anfang August 1941 wurde die Verordnung der deutschen Behörden über die Bildung eines Judenrats an den Hauswänden angeschlagen. Die neue Einrichtung wurde offiziell als Jüdische Gemeinde der Stadt Lemberg bezeichnet. Die Deutschen setzten Dr. Josef Parnes als Vorsteher ein. Die Verordnung legte die Pflichten des Rates dar: (1) die Ausführung aller deutschen Befehle und Anordnungen im Hinblick auf die jüdische Bevölkerung, (2) die Regelung der innerjüdischen Beziehungen und (3) die Gründung von sozialen Einrichtungen, Krankenhäusern, einem Ordnungsdienst und anderen Institutionen.

Vom Standpunkt der Deutschen aus war der erste Punkt der wichtigste. Sie machten sich nicht die Mühe, dies zu verheimlichen; es war in der Gemeinde allgemein bekannt, dass der Judenrat nichts anderes als die Exekutive der Gestapo war. Die Deutschen interessierten sich in keiner Weise für die beiden anderen Punkte; diese Themen blieben gänzlich den Juden überlassen, was Gelegenheit für Missbrauch, Vertrauensbruch und Korruption aufseiten der Angestellten des Judenrats schuf.[151]

Zunächst besaß der Judenrat nur fünf Mitglieder. Nach verschiedenen Personalwechseln setzte sich der Rat im Herbst 1941 wie folgt zusammen: Dr. Josef Parnes war Vorsitzender, Rechtsanwalt Dr. Adolf Rothfeld stellvertretender Vorsitzender; weitere Mitglieder waren Dr. Henryk Landsberg, Dr. Oswald Kimmelmann, Dr. Edmund Scherzer, Ingenieur Naftali Landau, der Arzt Dr. Isidor Ginsberg, die Kaufleute Joschua Ehrlich und Isaak Seidenfrau sowie Jakob Schein. Die Zusammensetzung des Rates veränderte sich im Spätherbst 1941 abermals.[152]

---

dem Ghetto Lemberg, S. 34 ff.; Zaderecki, Unter der Herrschaft des Hakenkreuzes, S. 69 ff.; Scheinfeld, Das Ghetto Lemberg, S. 50. Siehe auch die Zeugenaussage von Allerhands Enkelsohn, Leszek Allerhand, YVA, O-3/6505.

[151] Kahana, Tagebuch aus dem Ghetto Lemberg, S. 53; Farber, Chronik eines Lembergers, S. 9; M. Ripper, The Death Trek, Tel Aviv 1946, S. 95.

[152] Die Bekanntmachung betrifft den Beschluss der Stadtverwaltung vom 22.7.1941 zur Einrichtung einer jüdischen Gemeindeverwaltung in Lemberg und ist von Dr. Poljanskyj unterzeichnet, dem Vorsitzenden der Stadtverwaltung. Siehe YVA, M-37/1.

Mit der Einsetzung des Judenrats wurde der Grund für die Eilfertigkeit der Deutschen bei der Bildung einer solchen Körperschaft klar. Anfang August, noch bevor sich der Rat richtig etabliert hatte, gab die deutsche Verwaltung eine Bekantmachung heraus, die vom General der Infantrie von Rasch unterzeichnet war und der jüdischen Bevölkerung eine kollektive Geldstrafe (einen „Beitrag", wie sie es nannten) von 20 Millionen Rubel auferlegte. Der Befehl offerierte auch eine Erklärung für die Verhängung dieses Bußgeldes:[153] Da die Stadt während der Kampfhandlungen schwer beschädigt worden war, sollten die Juden, die an dem Krieg schuld waren, aus ihren eigenen Mitteln zum Wiederaufbau beitragen. Nichtjüdische Einwohner wurden ebenfalls aufgefordert, sich an der „Spendensammlung" zu beteiligen. Die Deutschen verlangten, dass ihnen der Betrag in zwei Raten ausgehändigt würde: eine am 2. August und der Rest am 6. August. Um die pünktliche Zahlung des „Beitrags" zu gewährleisten, verhafteten sie mehrere jüdische Persönlichkeiten, nahmen sie als Geiseln und drohten, sie zu ermorden. Der Judenrat ernannte mehrere Juden, die in dieser Sache als „Experten" galten, um mit den Deutschen zu verhandeln, darunter Dr. Ludwik Jaffe und Dr. Bickermann. In der Tat gelang es der Delegation, mithilfe von Zahlungen an ranghohe deutsche Beamte einen Aufschub von mehreren Tagen zu erreichen. Um das Geld einzutreiben, stellte der Judenrat jüdische Polizeikräfte auf.

Im Verlauf der beiden bis zum Zeitpunkt der Zahlung verbleibenden Wochen verkauften die Juden eiligst alles in ihrem Besitz befindliche Eigentum, um die geforderte Summe aufzubringen. Die Hauptlast fiel auf die Angehörigen der Mittel- und Unterschicht. Zu dieser Zeit gab es in Lemberg keine reichen Juden mehr; sie waren während der sowjetischen Ära verarmt. Christen aus Lemberg und den Dörfern der Umgebung strömten in die Häuser der Juden, um billig Möbel, Schmuck und Kleidung zu erwerben. Arme Juden verkauften ihre silbernen Kerzenleuchter und Eheringe gegen Bargeld. Die Lemberger Juden waren immer noch davon überzeugt, dass diese Kontributionen anstelle der „Aktionen" und Verfolgungen des vergangenen Monats treten würden, ergaben sich in ihr Schicksal und bezahlten. Einige christliche Frauen kamen zu den Sammel-

---

[153] Siehe VEJ 7/42.

stellen und beteiligten sich demonstrativ an der Zahlung der Geldstrafe. Zwei deutsche Offiziere spendeten etwas Geld, um ihr Missfallen an der Vorgehensweise ihrer Landsleute auszudrücken.

Während dieser zwei Wochen war es ruhig in Lemberg. „Niemand fügte einem Juden Leid zu. Juden wurden weder erschossen noch ins Łąckiego-Gefängnis verschleppt. Nach dieser kurzen Ruhepause verfolgten die Deutschen die Juden jedoch mit noch größerem Eifer."[154]

Dr. Josef Parnes war 70 Jahre alt, als er im Juli 1941 zum Vorsitzenden des Judenrats bestimmt wurde. Er war ein Lemberger Rechtsanwalt, assimilierter Jude und stammte aus einer Familie wohlhabender Landbesitzer. Im Ersten Weltkrieg hatte er als Major in der österreichischen Kavallerie gedient. Er war ein Mann von Prinzipien und starkem Charakter, der keinerlei Anzeichen der Unterwerfung oder der Furcht gegenüber den deutschen Behörden zeigte.

Im Oktober 1941 befahlen die Deutschen dem Judenrat die Auslieferung von 500 jungen Männern zum Transport in die Arbeitslager, die in Lemberg und den Städten der Umgebung eingerichtet wurden. Dr. Parnes wusste, was das bedeutete, und weigerte sich entschieden. Die Gemeinde und ihre Institutionen, so sagte er, seien nicht dafür eingerichtet worden, Juden in den Tod zu schicken. Sein Beharren – „Ich werde keine Leute aushändigen!" – besiegelte sein Schicksal. Noch am selben Tag umstellte die Gestapo das Gebäude des Judenrats in der Starotandetna-Straße und verhaftete fast alle Mitglieder des Judenrats mit Dr. Parnes an der Spitze. Alle mussten sich in einen kleinen Lastwagen zwängen. Parnes selbst wurde zu Boden geschlagen, mit Füßen getreten und gestoßen. Nachdem sie 500 junge Juden in die Lager geschickt hatten, entließen die Deutschen alle Geiseln, mit Ausnahme von Dr. Parnes, der Ende Oktober 1941 im Gefängnis in der Łąckiego-Straße ermordet wurde.[155]

---

[154] Kahana, Tagebuch aus dem Ghetto Lemberg, S. 46 f.; Maltiel, Aus Rache..., S. 23–28; Tagebuch von Czartkower, Massuah Archiv, 2/49/T; Gold, Massuah Archiv, 9/25/T; Tagebuch von Yanka Hescheles, YVA, 016/148, 016/494, S. 27.

[155] Die Sowjets hatten Parnes' gesamten Besitz konfisziert und beabsichtigt, den Rechtsanwalt ins Landesinnere der Sowjetunion zu verschleppen, was er aber verhindern konnte. Er sprach fließend Deutsch. Im

Parnes' Stellvertreter, Dr. Adolf Rothfeld, wurde im November 1941 zu seinem Nachfolger ernannt. Dr. Rothfeld, von Hause aus Rechtsanwalt, war Journalist und ein führender Funktionär der Allgemeinen Zionisten in Galizien. Während seines Studiums war er in Studentenverbindungen aktiv gewesen. Er trug gerne Uniform und war ein Anhänger des Fechtsports.[156] Dr. Rothfeld war an Leukämie erkrankt. Er musste eine strenge Diät einhalten, erhielt aber die von ihm benötigten Medikamente und Nahrungsmittel unter den Bedingungen des Krieges nicht. Wegen seines sich verschlechternden Gesundheitszustands zögerte er lange, ob er den Vorsitz des Judenrats übernehmen sollte.

In der ersten von Dr. Rothfeld geleiteten Sitzung beschloss der Judenrat, der Forderung der Deutschen stattzugeben. Der Ordnungsdienst wurde auf die Straße geschickt, um jeden, der keine Arbeitserlaubnis besaß, in das Kontingent für den Transport in die

---

Ersten Weltkrieg hatte er den Rang eines Rittmeisters in der österreichischen Kavallerie bekleidet. Er konnte sich nicht vorstellen, dass es ein SS-Offizier niederen Ranges wagen würde, rüde mit ihm zu sprechen, und in seiner Unschuld antwortete er legalistisch: „Aber das ist doch illegal!" Mindestens zwei Mal sprach er die Deutschen von oben herab an, und sie reagierten nicht, vielleicht, weil sie sich über ihn lustig machten. Bei der dritten Gelegenheit jedoch ohrfeigten sie ihn wegen dieses „Affronts". Danach schwieg er, selbst wenn er angesprochen wurde. Doch als ihm die Deutschen befahlen, Juden zum Transport in die Lager herbeizuschaffen, weigerte er sich standhaft. Gespräch des Autors mit Rabbi Kahana; Zaderecki, Unter der Herrschaft des Hakenkreuzes, S. 116 f.; Levin, Ich bin aus Spezia eingewandert, S. 39; Friedman, Die Vernichtung der Juden von Lemberg, S. 614; Tagebuch von Radelecki, YVA, 033/916; Genia Maher, YVA, O-3/3981, S. 25.

Weiss zufolge (Jüdische Polizei, S. 61) wurde Dr. Parnes unter etwas anderen Umständen verhaftet und ermordet. Weiss beruft sich auf die Zeugenaussage von Dagobert Feil, einem Juden, der zwischen dem Judenrat und den Deutschen vermittelte, YVA, 033/1102. Feil zufolge erhielt Dr. Parnes einen Befehl von Erich Engels, dem Beauftragten für jüdische Angelegenheiten bei der Gestapo in Lemberg, eine Liste mit 40 angesehenen Persönlichkeiten – Ärzten und Rechtsanwälten, Juden und Nichtjuden – vorzubereiten. Dr. Parnes entgegnete, er sei nicht zur Zusammenstellung einer solchen Liste bereit und überließ es Engels zu bestimmen, wer eine „angesehene Persönlichkeit" darstellte.

[156] Rabbi Kahana zufolge (Gespräch mit dem Verfasser) war Dr. Rothfeld eine schwache Person und ein mittelmäßiger Rechtsanwalt.

Lager aufzunehmen. Um der Forderung so schnell wie möglich nachzukommen, zwangen die Funktionäre des Judenrats die ihnen unterstehenden Beamten, persönlich bei der Entführung von Menschen zu helfen. Dreiertrupps – zwei Beamte des Judenrats und ein jüdischer Polizist – machten sich nachts auf den Weg, hämmerten an die Türen und zerrten die Menschen aus ihren Betten. Alle, die für den Arbeitseinsatz geeignet waren, wurden in das Wachhaus der jüdischen Polizei gesperrt.

Ein Brief von Dr. Rothfeld an die deutschen Behörden bezeugt den Wandel, der sich während seiner Amtszeit in der Einstellung des Judenrats gegenüber den Forderungen der Deutschen vollzog:

> „An den Herrn Gouverneur der Stadt Lemberg.
>
> Am Donnerstag, dem 30. Oktober [1941] wurde mir von der Sicherheitspolizei befohlen, am 2. November 500 arbeitsfähige Männer für den Transport zur Zwangsarbeit in Kurowice zur Verfügung zu stellen. Eine Kopie des Befehls legte ich dem Stadtkommandanten vor.
> Hiermit gebe ich bekannt, daß heute, am 2. November, die Sicherheitspolizei und das jüdische Arbeitsamt darüber informiert wurden, daß die angeforderten 500 Männer pünktlich und ordnungsgemäß zur Verfügung gestellt wurden.
>
> Unterschrift:
> Im Namen der jüdischen Gemeinde der Stadt Lemberg
> Rothfeld"[157]

Rothfeld handelte unter dem ständigen Druck der deutschen Behörden, die ihn bei jeder Gelegenheit daran erinnerten, den von Parnes begangenen Fehler nicht zu wiederholen. Auch wenn er seine Aufgabe mit viel Tatkraft anging, hielt er diesem Druck – nicht zuletzt wegen seiner schweren Erkrankung – nicht stand. Er

---

[157] Das Original wird im Staatsarchiv des Distrikts Lemberg aufbewahrt; eine Kopie ist in YVA, P-37/4/140 verfügbar. Das Dokument trägt einen runden Stempel auf Deutsch und Jiddisch sowie die Aufschrift *Yiddishe gemaynde der shtot Lemberg* (Jüdische Gemeinde der Stadt Lemberg). Die Kanzlei des Gouverneurs erhielt das undatierte Dokument am 3.11.1941.

starb im Februar 1942, der einzige Angehörige des Judenrats, der eines natürlichen Todes starb.

Einen Monat später ersetzte der Stadtkommandant Rothfeld durch dessen bisherigen Stellvertreter, Dr. Henryk Landsberg. Vor dem Krieg war Landsberg ein bekannter Anwalt, ein öffentlicher Funktionär und ein aktives Mitglied der *Bnai Brith* gewesen. Die intellektuellen Kreise schätzten ihn sehr. Viele hofften, dass er die Korruption bekämpfen würde, die sich in verschiedenen Einrichtungen des Judenrats ausgebreitet hatte. Aber er brachte nicht viel zustande. Als eine „Aktion" auf die andere folgte, war keine systematische Arbeit des Judenrats mehr möglich. Landsbergs Amtszeit begann nach der „Aktion unter der Eisenbahnbrücke" (siehe Kapitel sechs) und fiel mit den beiden großen „Aktionen" gegen die Lemberger Juden zusammen, in deren Verlauf etwa 75.000 Menschen ermordet wurden.

In den ersten Märztagen 1942 wurde dem Leiter des Sozialamts des Judenrats, Dr. Kahn, befohlen, den Deutschen die Anschriften aller Juden zur Verfügung zu stellen, die vom Judenrat Sozialfürsorge erhielten. Zu dieser Zeit kursierten Gerüchte, dass diejenigen, die auf Transport mussten, nicht länger in Arbeitslager, sondern in den Tod geschickt wurden. Die Rabbiner, die die religiöse Abteilung des Judenrats leiteten, kamen zu dem Schluss, dass sie reagieren müssten. Einige glaubten, der Judenrat solle die Rabbiner konsultieren, bevor er eine solch schwerwiegende Entscheidung treffe. Zwei Tage lang diskutierten die Rabbiner die *Halachah* (das rabbinische Recht) auf der Suche nach möglichen Handlungsanleitungen. Ihre Ratlosigkeit nahm noch zu, als ihnen zu Ohren kam, dass die Öffentlichkeit zunehmend bereit war, die Forderung der Deutschen zu akzeptieren, d.h. einige Juden auszuliefern, um den Rest zu retten. Einige Rabbiner argumentierten, dass es besser sei, die deutsche Forderung zu erfüllen, da die Deutschen andernfalls ihre eigenen Methoden anwenden, d.h. mit brutaler Blutrünstigkeit zu Werke gehen würden. Zu guter Letzt wurde beschlossen, die Angelegenheit in einer offiziellen Zusammenkunft unter Teilnahme aller Rabbiner zu diskutieren. Rabbi Israel Leib Wolfsberg, die graue Eminenz der Lemberger Rabbiner, übernahm den Vorsitz – eine kurze Sitzung in bedrückter und schwermütiger Stimmung. Ein Gefühl schwerwiegender Verantwortung lag auf den Schultern der Rabbiner.[158]

Am Ende der Debatte wiesen die Rabbiner den Vorschlag, die Mehrzahl der Ghettobewohner durch die Opferung einiger weniger zu retten, zurück. Stattdessen beschlossen sie, eine Delegation zum Vorsitzenden des Judenrats, Dr. Landsberg, zu schicken: die Rabbiner Wolfsberg, Alter, Chamaydes und David Kahana. Letzterer beschreibt, was geschah:

> „In der Starotandetna-Straße 2a warteten zahlreiche Leute im Empfangszimmer des Präsidiums auf ein Gespräch mit Dr. Landsberg, dem Vorsteher der jüdischen Gemeinde. Deutsche

---

[158] Die Rabbiner der Lemberger Gemeinde zu dieser Zeit waren: Rabbi Moses Elchanan Alter, Leiter des rabbinischen Gerichtshofs in Lemberg; Rabbi Israel Leib Wolfsberg, Leiter des rabbinischen Gerichtshofs außerhalb Lembergs, und Rabbi Nathan Leiter. Die rabbinischen Richter und Gemeinderabbiner waren Rabbi Schmalke Rapoport und sein Bruder, Richter in Gródecka (Greiding), Rabbi Moses Ehrenpreis; Rabbi Hirsch Rosenfeld; Rabbi Anschel Schreiber; Rabbi Dr. Kalman Chamaydes (vormals der Rabbiner von Kattowitz) und Rabbi Dr. David Kahana. Kahana, Tagebuch aus dem Ghetto Lemberg, S. 44. In einem Gespräch mit dem Autor stellte Rabbi Kahana fest, dass sich kein Gebot im Jüdischen Gesetz systematisch mit solch einer tragischen Angelegenheit auseinandersetze, da das jüdische Volk niemals Derartiges erlebt habe. Das tragische Dilemma wurde auch in anderen Ghettos diskutiert. Wir wissen, dass der Rabbi von Kovno, Abraham Dubner Kahana-Schapira, entschied, dass, wenn eine jüdische Gemeinde von der Ausrottung bedroht werde, ein Teil jedoch gerettet werden könne, die führenden Persönlichkeiten innerhalb der Gemeinde den Mut aufbringen müssten, die Verantwortung zu übernehmen und zu retten, was zu retten sei. Das Rabbinat von Wilna berief sich auf eine Verfügung von Maimonides und widersetzte sich dieser Position vehement, indem es die Argumentation des Vorsitzenden des Judenrats im Ghetto von Wilna, Jakob Gens, ablehnte. Dieser meinte, dass er, wenn er an der Selektion teilnahm und den Deutschen eine kleine Anzahl von Juden auslieferte, den Rest vor dem Tod bewahren konnte. In anderen Ghettos gab es heftige Auseinandersetzungen zwischen jenen, die die Entscheidung über Leben und Tod den Deutschen überlassen wollten, und jenen, die es für besser hielten, dass die Juden selbst die Auswahl träfen, da sie so die gesunden und starken Mitglieder der Gemeinde retten könnten.

Offiziere kamen und gingen, das Telefon klingelte unaufhörlich, und Angst und Niedergeschlagenheit hingen in der Luft. Nach einer halben Stunde des Wartens bat Landsberg die Delegation herein. Er war blass und müde, und sein Gesicht zeigte deutliche Anzeichen seines schrecklichen inneren Kampfes. Dieser sonst so beherrschte Mann war nun sichtlich ängstlich und zerstreut. Wir kamen gleich zur Sache. In diesem schrecklichen Augenblick, so sagten wir, ist es unsere Pflicht, die Aufmerksamkeit des Vorsitzenden einer jüdischen Gemeinde, die so groß ist wie die von Lemberg, auf die ungeheuerliche Verantwortung zu lenken, die er auf sein Gewissen nähme, wenn er die Forderungen der Deutschen akzeptierte. Das jüdische Gesetz und die jüdische Ethik verlangten von ihm, andere Wege zu suchen. Wenn unsere Feinde kommen und sagen: ‚Wenn ihr nicht einen aus eurer Mitte ausliefert und uns ihn töten lasst, werden wir euch alle töten', dann ist es besser, wenn alle sterben, als einen einzigen Juden dem Feind auszuliefern. Dies ist das Urteil des rabbinischen Gesetzes. [Landsberg] fühlte sich von diesen Ausführungen angegriffen und reagierte verärgert: ‚Sie, meine Herren, müssen glauben, dass wir uns immer noch in der Vorkriegszeit befinden, und dass Sie mit dem Vorsitzenden des Religionsrates sprechen. Wir leben heute in völlig anderen Zeiten, und unsere Gemeindeverwaltung ist nicht länger eine religiöse Körperschaft, sondern ein Hilfsmittel der Gestapo, und jeder, der sich der Gestapo widersetzt...' Der Vorsitzende beendete seinen Satz nicht. Wir verstanden ihn: Er wollte nicht mit der Gestapo in Schwierigkeiten geraten und sein Leben riskieren."

Rabbi Kahana setzte seine Beschreibung eines gebrochenen Mannes fort, der sich nach einem harten inneren Kampf entschieden hatte und dem die Kraft fehlte, es seinem Vorgänger Dr. Josef Parnes gleichzutun.[159]

Einige Monate später erlebten die Überreste der Gemeinde erneut Furchtbares: Zwölf Mitglieder der jüdischen Polizei und der Vorsitzende des Judenrats wurden erhängt.

Die Gerüchte im Ghetto nannten verschiedene Gründe für die Verhaftung und Hinrichtung Landsbergs. Einige glaubten, die Deutschen ermordeten ihn aus Vergeltung für die Tötung eines

---

[159] Kahana, Tagebuch aus dem Ghetto Lemberg, S. 63 f.; Isaiah Trunk, Judenrat: Die Judenräte in Osteuropa während der nationalsozialistischen Besatzung, Jerusalem 1979 [hebr.], S. 9; Maltiel, Aus Rache..., S. 52.

Deutschen durch einen Juden, möglicherweise einen Angehörigen der jüdischen Polizei. Andere meinten, dass er zum Tode verurteilt wurde, nachdem die Deutschen in den Lagern des Judenrats große Mengen von Waren gefunden hatten, die für den Schwarzmarkt bestimmt waren. Wieder andere schrieben Landsbergs Verhaftung seinen Verbindungen zu Kreisen des polnischen Untergrunds zu. Die unter den Juden vorherrschende Ansicht jedoch war, dass die Deutschen den Vorsitzenden des Judenrats als demonstratives Nachspiel zu der „Aktion" im August 1942 ermordeten.[160]

Im September 1942 setzten die Deutschen Dr. Eduard Eberson als neuen Vorsitzenden des Lemberger Judenrats ein. Vor dem Krieg war Eberson kaum bekannt gewesen. Die Überlebenden beschreiben ihn als anständigen, aber schwachen Mann, der weder im Judenrat noch bei den Deutschen Einfluss hatte.[161]

Im Verlauf der Amtszeit Ebersons gab der Judenrat der Forderung der Deutschen nach, ihnen genehme Personen in die Führung des Judenrats aufzunehmen, darunter die Kommandanten der jüdischen Polizei und Leute, deren ganzer öffentlicher Status auf der Kollaboration beruhte. Dr. Eberson verblieb im Amt, bis ihn die Deutschen zusammen mit den anderen Mitgliedern des Judenrats im Februar 1943 ermordeten.

2. Struktur, Befugnisse und Aktivitäten des Judenrats

Rückblickend scheinen das im November 1941 eingerichtete jüdische Ghetto in Lemberg und das, was dort vor sich ging, als höchst absurd und von schreiender Widersprüchlichkeit. Auf der einen Seite verließen trotz der Verschleppungen und Deportationen in Arbeits- und Vernichtungslager, trotz Hunger, Krankheiten und Seuchen, trotz der Erniedrigung, Folter und der Morde jeden Morgen Tausende von Juden das Ghetto zu Fuß in langen Reihen, um in den deutschen Industriebetrieben zu arbeiten, und kehrten jeden Abend wiederum in endlosen Reihen zu der Kälte und dem Hunger zurück, die in den völlig überbelegten Behausungen herrschten, die sie ihr Heim nannten. Auf der anderen Seite unterhielt der Judenrat eine riesige Bürokratie und hatte weitreichende Befugnisse im

---

[160] Zaderecki, Unter der Herrschaft des Hakenkreuzes, S. 236 f.
[161] Rabbi Dr. Kahana beschrieb diesen Einfluss als „verschwindend gering".

Ghetto, die es zu einer Art „jüdischer autonomer Region" machten, auch wenn diese von den Anordnungen der Deutschen abhängig war.

Um den Nöten der Ghettobewohner nachzukommen, richtete der Judenrat eine ausufernde Bürokratie mit zahlreichen Abteilungen ein. Jede von ihnen besaß ihren eigenen Kompetenzbereich, der für bestimmte Aspekte des Lebens im Ghetto zuständig war. Bei der Ausführung der deutschen Anordnungen spielten das Versorgungsamt und das Amt für öffentliche Ordnung eine zentrale Rolle.

Anfänglich beschäftigte der Judenrat etwa 1000 Angestellte und Arbeiter, diese Zahl stieg jedoch auf 4000 (1942) und letztendlich auf 5000 an, Handwerker und Angestellte der wirtschaftlichen Unternehmen des Judenrats nicht mit eingeschlossen, die etwa 4,5 Prozent der Bevölkerung des Ghettos ausmachten.[162]

Im Laufe der Zeit richtete der Judenrat folgende Ämter ein:[163]

1. Personalamt, das Bürokräfte vermittelte, die Bürokratie des Rates beaufsichtigte und im Grunde die Angelegenheiten der gesamten Gemeinde verwaltete. Das Amt leitete Leon Hoch, ein ehemaliger Treuhänder der Łódzki Bank (der Bank von Łódź), ein energischer, effizienter Mann, der organisatorisches Talent besaß und im Judenrat über großen Einfluss verfügte. Das Amt sollte nur den Bedürfnissen des Judenrats dienen, musste jedoch auf Geheiß der Gestapo auch das Personal des deutschen Arbeitsamts bezahlen.[164]

---

[162] Trunk, Judenrat, S. 60; Scheinfeld, Das Ghetto Lemberg, S. 59–69; Kahana, Tagebuch aus dem Ghetto Lemberg, S. 34–46; Maltiel, Aus Rache..., S. 31 f.

[163] Für Quellen zu allen Abteilungen des Judenrats siehe Kahana, Tagebuch aus dem Ghetto Lemberg; Scheinfeld, Das Ghetto Lemberg; Zaderecki, Unter der Herrschaft des Hakenkreuzes; Maltiel, Aus Rache...; Goldberg, Tage im Feuer; Yones, Die Straße nach Lemberg; Trunk, Judenrat.
Für eine Auflistung nach Abteilungen siehe die Dissertation des Verfassers und die dortigen Verweise auf zahlreiche Zeugenaussagen. Wir erwähnen hier nur die wichtigsten Dokumente und Aussagen, und dies nur zu Vergleichszwecken.

[164] Korrespondenz zwischen dem Arbeitsamt-Judeneinsatz und dem Judenrat über Arbeitskräfte zwischen dem 6.9. und dem 31.12.1941; siehe YVA, M-37/69.

2. Wohnungsamt. Die Deutschen grenzten ein jüdisches Viertel für die dem Untergang geweihten Juden von Lemberg ein. Den schönsten Teil der Stadt bezogen die Deutschen selbst: die Gegend nahe des Stryjski-Parks, zu beiden Seiten der Potocki- und der Listopada-Straße. Schwarze Schilder aus Holz mit der Aufschrift: „Ukrainern und Polen Zutritt strengstens verboten" wurden an den Grenzen des deutschen Viertels aufgestellt. Dort wohnende Ukrainer und Polen mussten ausziehen. Im Ausgleich für den Verlust ihres Eigentums erhielten sie die Wohnungen von Juden, die aus dem polnisch-ukrainischen Viertel ausgewiesen worden waren. Jeder „Arier", dem sein Heim missfiel, war berechtigt, eine Alternativwohnung auf Kosten der Juden zu erhalten. Der Abschaum der Gesellschaft, Angehörige der Unterwelt, die ihre Tage in Kellern verbrachten, und Taugenichtse aus nahe gelegenen Dörfern ergriffen die Gelegenheit. Daher war das städtische Wohnungsamt mit Leuten überlaufen, die auf die Genehmigung warteten, mit der sie Anspruch auf eine Wohnung erheben konnten. Sobald die Berechtigten dieses begehrte Dokument in Händen hielten, nahmen sie jüdische Wohnungen in Besitz – einschließlich der Möbel und des anderen beweglichen Eigentums. Solche Genehmigungen genügten, um Juden aus ihren Heimen zu vertreiben. In ihrer Verzweiflung wandten sich die Juden an das Wohnungsamt des Judenrats um Hilfe, die dieses kaum bieten konnte.

Im jüdischen Viertel gab es keine leeren Wohnungen. Das Wohnungsamt sandte seine Angestellten zur Bestandsaufnahme der Gebäude aus. Für jede Wohnung wurde eine Karteikarte mit Einzelheiten zu ihrer Größe, der Anzahl der Zimmer, Anzahl der Bewohner, etc. angelegt. Das Gesetz gestand jedem Juden drei Quadratmeter Wohnraum zu. Als das Ghetto verkleinert wurde, wurde dieser Raum auf zweieinhalb Quadratmeter reduziert. Dreizimmer-Wohnungen wurden von bis zu 25 Personen bewohnt.

Die Bewohner des Judenviertels, arm oder reich, weigerten sich, weitere Mieter in ihre Wohnungen aufzunehmen, es sei denn gegen Bezahlung. Sie stritten um jeden Quadratmeter, jedes Bett und jeden Sessel. Die Angestellten im Wohnungsamt des Judenrats verschlimmerten das Chaos nur. Sie waren erschreckend korrupt. Gegen eine Bestechung konnte man eine Verfügung gegen einen Hausbesitzer erwirken, der sich dieser natürlich widersetzte. In solchen Fällen musste die Polizei eingreifen; üblicherweise zwang sie die Hausbesitzer, den Inhabern der – illegal erlangten – Verfügung ihre

Häuser zu überlassen. Diese Maßnahmen gingen regelmäßig mit Streit und gelegentlich auch Schlägereien einher. Inspektoren des Judenrats trieben die Miete ein, stellten ein Sonderregister von Mietern zusammen und übernahmen die Verantwortung für die Hygiene in den Wohnungen.

Das Wohnungsamt wurde von Dr. Yaffe aus Bielsko in Schlesien geleitet. Einer der ranghöheren Angestellten des Amtes war Samuel Paczanowski aus Łódź, eine führende Persönlichkeit in der *Ha-No'ar ha-zioni*. Die Deutschen ermordeten ihn in der „Aktion" im August 1942.

Das Wohnungsamt besaß eine besonders komplexe Struktur. Entsprechend der Topografie des Ghettos bestand das Amt aus zwei Abteilungen: Eine war für den größeren, hinter der Eisenbahnbrücke liegenden Sektor des Ghettos verantwortlich, die andere für das Gebiet, auf dem sich vor allem die Werkstätten konzentrierten. Diese Abteilungen waren in kleinere Unterabteilungen gegliedert, die sich mit bestimmten Aufgaben befassten: Aussagen unter Eid, Archive, die Ausstellung von Baugenehmigungen, Statistiken und Inspektionen, etc. In beiden Abteilungen arbeiteten zahlreiche Angestellte.[165]

3. Wirtschaftsamt. Seine Aufgabe war die Versorgung der jüdischen Bevölkerung mit Nahrungsmitteln. Es wurde von Pessach Zarwinzer, Stanisław Rothfeld, Dr. Bardan und anderen geleitet.

Nur eine kurze Zeit nach dem Einmarsch der Deutschen war es Juden noch erlaubt, Lebensmittel in regulären Geschäften zu kaufen. Doch sie konnten dort nur Brot erwerben: zunächst 120 Gramm pro Person und Tag, später nur noch 70 Gramm. Jeder Nichtjude erhielt 200 Gramm Brot pro Tag sowie kleine Mengen von Mehl, Zucker, Grütze und gelegentlich andere Grundnahrungsmittel. Die Juden riskierten manchmal ihr Leben, wenn sie sich für die winzigen Brotrationen anstellten. Sie mussten sich in einer separaten Reihe aufstellen und warten, bis alle Nichtjuden bedient waren.

---

[165] Briefwechsel zwischen dem Wohnungsamt der Stadtverwaltung Lemberg und dem Kommissariat III der ukrainischen Polizei bezüglich der Inbesitznahme von zurückgelassenem Eigentum, der Zuteilung von Häusern, Wohnungen und Möbeln, zwischen dem 5. und 17.7.1941; siehe YVA, M-37/78.

Erst dann, und nur wenn der Laden noch Brot hatte, kamen sie an die Reihe. Oft wurden sie vertrieben, bespuckt und geschlagen.

Zahlreiche Juden reagierten erleichtert auf die Nachricht, dass das Wirtschaftsamt bald eigene Lebensmittelläden für Juden eröffnen würde. Doch die Enttäuschung folgte schnell, da die meisten der spärlichen Rationen, welche die Deutschen der jüdischen Bevölkerung gnädig überließen, irgendwo auf dem Weg zwischen dem Wirtschaftsamt und den Läden verschwanden und nur selten die vorgesehenen Abnehmer erreichten. Außer dem Brot bekamen die Juden fast gar nichts. Sehr selten erhielten sie wenige Dutzend Gramm Zucker, ein bisschen Mehl – grob, bitter und säuerlich – und einige Dutzend Gramm Ersatzhonig. Wegen des lärmenden Feilschens, das hier zu allen Zeiten zu erleben war, erinnerte das Wirtschaftsamt viele Beobachter an eine Börse. Der verarmten jüdischen Bevölkerung fehlte das Geld, um Brot zu kaufen, sodass nach und nach viele Menschen verhungerten.

4. Arbeitsamt. Diese Abteilung war damit beauftragt, auf Anforderung der Deutschen jüdische Arbeitskräfte für die deutschen Einrichtungen und Unternehmen zur Verfügung zu stellen. Obwohl die Deutschen ein eigenes Amt für jüdische Arbeitskräfte, das Arbeitsamt-Judeneinsatz (siehe Kapitel 3), eingerichtet hatten, verschleppten Deutsche und Ukrainer weiterhin Juden ohne Absprache mit diesem Amt an verschiedene Arbeitsplätze. Daher richtete der Polizeichef, Dr. Robert Ullrich, das Arbeitsamt als Abteilung des Judenrats ein, um die Verschleppung von der Straße und aus den Häusern an Arbeitsplätze möglichst zu verhindern.

Der Judenrat verfügte, dass sich jeder Jude einen Tag pro Woche zur Arbeit melden musste. Wer nicht arbeitsfähig war, konnte einen Ersatz schicken oder eine Gebühr zahlen, für die das Arbeitsamt jemand anderen entsandte.

Im Laufe der Zeit lernten deutsche Militäreinrichtungen, zivile Körperschaften und Baugesellschaften die Arbeitskraft der Juden zu schätzen und forderten jüdische Fachkräfte auf regulärer Basis an. Die Juden profitierten von der Arbeit für die Deutschen, da sie dafür bezahlt wurden, auch wenn sie weniger als die Hälfte der „arischen" Löhne erhielten.

Später entzogen die Deutschen dem Judenrat die Zuständigkeit für die Arbeitskräfte. Von da an besaß das Arbeitsamt des Judenrats nur noch zwei Aufgaben: das Eintreiben von Lösegeld für die Arbeitsunfähigen und die Auszahlung von Gehältern an Juden, wenn die deutschen Institutionen diese zurückhielten. Etwa ein Jahr später, nachdem das Ghetto abgesperrt worden und die jüdische Bevölkerung Lembergs auf ein Drittel ihrer Größe im Vergleich zum Beginn der Besatzung geschrumpft war, wurden die Aufgaben des Amtes nochmals neu definiert. Bis zur Liquidierung des Ghettos befasste es sich mit der Reinigung der Straßen im Ghetto, der Abfallbeseitigung und Entsorgungsarbeiten ähnlich denen einer Stadtreinigung.[166]

5. Steueramt. Dieses Amt verwaltete die Finanzangelegenheiten des Judenrats. Wie gesagt hatte der Judenrat beträchtliche Ausgaben, vor allem für Lebensmittel. Ein weiterer Posten waren die Gehälter; obwohl die Beamten schlecht bezahlt wurden, befanden sich so viele in Lohn und Brot, dass die Ausgaben für die Gehälter insgesamt sehr hoch waren.

Um seine Kosten zu decken, erlegte der Judenrat der jüdischen Bevölkerung Steuern auf. Bewertungsausschüsse setzten die Summe fest, die jeder Ghettobewohner zahlen musste, um eine gerechte Verteilung der Steuerlast zu gewährleisten. Zur Eintreibung dieser Steuern, die wegen der schlechten Wirtschaftslage im Ghetto hoch waren, war einiger Druck erforderlich. Die meisten Ghettobewohner empfanden das Vorgehen des Steueramts als gerecht und ehrenwert. Der Judenrat passte verschiedene Steuern und Gebühren an, die jeweils einem bestimmten Zweck dienten: der Hilfe für Bedürftige und ihrer Unterbringung, dem Betrieb von Krankenhäusern sowie als Lösegeld für die Freistellung von der Zwangsarbeit. Die Steuer musste zudem ausreichen, um finanzielle Forderungen der Deutschen zu erfüllen. Die beiden letztgenannten Verpflichtungen bezogen sich selbstverständlich nur auf die Wohlhabenden.

Das Steueramt unter der Leitung von Dr. Ephraim Schutzmann besaß drei Abteilungen: a) das Geldkonto, das von einem ehemaligen Bankier geleitet und vom Vorsitzenden des Judenrats kontrolliert wurde; b) die Rechnungsabteilung; und c) die Steuerabteilung,

---

[166] Briefwechsel zwischen dem Arbeitsamt-Judeneinsatz und dem Judenrat über Arbeitskräfte zwischen dem 8.5. und dem 31.12.1941; siehe YVA, M-37/69.

der Dr. Schutzmann persönlich vorstand. Alle finanziellen Arrangements erforderten die Zustimmung des Vorsitzenden und eines Mitglieds des Judenrats.

Das Steueramt verschleierte seine meisten Aktivitäten vor den Behörden, da diese illegal waren, d.h. Zahlungen für Käufe auf dem Schwarzmarkt, die Bestechung deutscher Beamter sowie andere Aktionen, die erforderlich waren, um die Aufhebung eines Erlasses zu erreichen oder jemanden aus der Haft freizukaufen. Wie gesagt verlangten die Deutschen gelegentlich hohe „Beiträge", für die der Judenrat eine Reserve bereithalten musste. In einer Nacht im Juni 1942 überfiel eine Bande von Deutschen das Gebäude des Judenrats, brach den Geldschrank auf und machte sich mit den dort gefundenen 600.000 Złoty auf und davon. Die zehn jüdischen Polizisten, die das Gebäude bewachten, flohen aus Angst vor den Deutschen. Danach bewahrte der Judenrat in dem Geldschrank kein Geld mehr auf.

6. Gesundheits (und Hygiene-) amt. Dieses Amt arbeitete unter besonders harten Bedingungen. Als das Ghetto eingerichtet wurde, verblieb der größte Teil der Immobilien der Gemeinde – Grundstücke, Schulgebäude, Waisen- und Krankenhäuser, um nur einige zu nennen – außerhalb der Ghettogrenzen. Durch Plünderungen und Beschlagnahmungen vonseiten der Deutschen konnte zudem kaum bewegliches Eigentum gerettet und ins Ghetto gebracht werden. Darüber hinaus verboten die Deutschen die Überführung des unverzichtbaren Inventars der Krankenhäuser in das Ghetto, obwohl es angesichts der harten Bedingungen dort besonders dringend benötigt wurde.

Die hygienischen Bedingungen in dem übervölkerten Ghetto waren extrem schlecht. Medikamente waren nicht erhältlich, und sogar Seife war ein seltener und kostspieliger Luxus. Die Hauptwasserleitung war in schlechtem Zustand, und die Kanalisation war durch Verstopfungen praktisch lahmgelegt. Die große Wohndichte schuf Bedingungen, unter denen sich ansteckende Krankheiten rasch ausbreiten konnten. Vor allem Typhus forderte zahlreiche Opfer. In den Gebäuden wimmelte es von Ratten, Mäusen und Läusen. Als sei dies nicht genug, litten viele Ghettobewohner unter Unterernährung oder waren von der harten Arbeit völlig erschöpft. Jeder dieser Faktoren forderte zahlreiche Menschenleben.

Um die Not zu überwinden – oder wenigstens zu mildern – wurden im Ghetto drei Krankenhäuser eingerichtet, die nicht von den Behörden unterstützt wurden: in der ehemaligen Czaczki-Schule in der Alembeków-Straße, im vormaligen Fünften Gymnasium in der Kuszewicza-Straße und in der Zamarstynowska-Straße 112 für Patienten mit ansteckenden Krankheiten. Zusätzlich blieb das Krankenhaus in der Rappaport-Straße geöffnet, das schon vor der Einrichtung des Ghettos existiert hatte, und in drei Kliniken wurden Patienten kostenlos behandelt. An mehreren Stellen im Ghetto wurden öffentliche Gesundheitszentren eingerichtet. Alle diese Institutionen wurden mit minimalen finanziellen Mitteln betrieben, welche die Juden im Ghetto aufbrachten, sowie aus Zuwendungen von Einzelpersonen. Einige Zeit später konfiszierten die Behörden jedoch das Krankenhaus in der Rappaport-Straße sowie die gesamte Einrichtung vom Judenrat und übergaben es den Ukrainern. Ein Jahr darauf, als das Ghetto verkleinert wurde, beschlagnahmten sie zwei weitere Krankenhäuser des Judenrats, sodass nur eine einzige Klinik in der Kuszewicza-Straße für die Behandlung von Juden blieb; es wurde zu einem Hospital für unheilbar Kranke. Im Januar 1942 umstellten ukrainische Polizisten das Krankenhaus, holten alle Patienten heraus, luden sie auf Lastwagen und schafften sie weg, um sie zu töten.

Das Gesundheitsamt wurde zunächst von Dr. Ginsberg und im Anschluss von Dr. Alexander Blaustein geleitet. Zeugen beschreiben die Hingabe, die die Ärzte Dr. Ulrich, Dr. Kurzrock, Dr. Falk und andere an den Tag legten, die alle bekannte Spezialisten waren und auch häufig zur Behandlung von deutschen Patienten angefordert wurden.

7. Das Sozialamt. Dieses Amt unter Leitung von Dr. Joseph Cohen, einem erfahrenen Sozialarbeiter, arbeitete ebenfalls unter entsetzlich schlechten Bedingungen. Es erhielt keinerlei Unterstützung von den Behörden und trug sich selbst mittels eines Zuschusses vom Judenrat von mehreren tausend Złoty sowie von Zuwendungen, die die Einwohner des Ghettos spendeten. Das Amt wurde eingerichtet, um die Armen, Waisen und behinderten und kranken Einwohner zu unterstützen. Im Ghetto gab es viele solcher Menschen, und jede neue „Aktion" ließ ihre Zahl wachsen. Die Angestellten des Amtes taten ihr Bestes, die Not ihrer bedürftigen Schützlinge zu mildern, von denen einigen regelmäßig und anderen nur vorübergehend geholfen wurde. Das Amt richtete eine Suppenküche, Teehäuser und öffentliche Institutionen ein, durch die viele vor dem Verhungern bewahrt wurden.

Das Sozialamt sorgte zudem für Tausende von Juden, die in die Lager der Umgebung zur Zwangsarbeit oder in das Konzentrationslager in der Janowska-Straße verschleppt worden waren, indem es ihnen Pakete mit Nahrungsmitteln, Kleidern und Schuhen schickte. Die Deutschen genehmigten das und erlaubten den Verbindungspersonen des Judenrats, die Pakete in den Lagern abzuliefern. Für das Lager Janowska war dies ein Jude namens Scholts. Dennoch hing der Erfolg solcher Missionen von der Laune der SS-Männer ab, die die Lager betrieben. Manchmal erreichten die Pakete ihre Empfänger ohne Verzögerung; oft wurden sie jedoch beschlagnahmt, und gelegentlich wurden die Verbindungsleute, die sie ablieferten, geschlagen.

Die Deutschen instrumentalisierten das Sozialamt auf grausame Weise. An einem Tag im Jahr 1942 befahlen sie dem Amt, seine Listen bedürftiger Juden auszuhändigen. Nachdem sie an die Namen und Adressen von Waisen, alten Leuten und Behinderten gelangt waren, trieben sie diese zusammen und verschleppten alle nach Belzec.[167] Vermutlich verwendeten die Deutschen diese Listen auch bei der weiter unten zu schildernden „Aktion" gegen „Asoziale".

8. Das Rechtsamt. Dieses Amt befasste sich mit den rechtlichen Angelegenheiten der jüdischen Bevölkerung und leitete Anfragen und Forderungen an die deutschen Behörden weiter. Wann immer allgemeine rechtliche und zivilrechtliche Fragen nicht innerhalb des Ghettos geregelt werden konnten, wurden sie den Behörden angetragen. In solchen Fällen intervenierte das Rechtsamt, indem es den amtseigenen Verbindungsmann entsandte, um mit den entsprechenden deutschen Institutionen zu verhandeln.

1942 wurde ein mit jüdischen Notaren und Rechtsanwälten besetztes Gericht im Ghetto eingerichtet, da die regulären Gerichts-

---

[167] Briefwechsel zwischen den Leitern der lokalen Komitees und dem Sozialamt bezüglich der Einwohnermelderegister zwischen dem 29.7.1941 und dem 15.5.1943; siehe YVA, M-37/75; Zaderecki, Unter der Herrschaft des Hakenkreuzes, S. 80; Scheinfeld, Das Ghetto Lemberg, S. 59, 67.

höfe Angelegenheiten von Juden nicht mehr verhandelten. In Lemberg, wie auch in anderen Ghettos, wurde der Judenrat – als einzige öffentliche, von den Deutschen anerkannte jüdische Institution – beauftragt, Konflikte rechtlicher Natur zu lösen. Das Lemberger Rechtsamt unterhielt zudem ein besonderes Team von Schiedsmännern, denen Streitigkeiten unter Mietern vorgetragen wurden. Das Rechtsamt leiteten Dr. Hirschsprung und andere.

9. Das Amt für Statistik. Anhand der Lebensmittelkarten für die Brotrationen konnte genau festgestellt werde, wie viele Juden nach der „Aktion" noch im Ghetto lebten. Das Amt wurde von Beginn an bis zur Liquidierung des Ghettos von Dr. Friedrich Katz geleitet, der vor dem Krieg Direktor des städtischen Amtes für Statistik in Lemberg gewesen war.

Es produzierte zahllose Dokumente, Berichte und verschiedene Papiere, welche die diversen deutschen Institutionen anforderten. Durch den Befehl, demografische und wirtschaftliche Berichte vorzubereiten sowie die medizinische und hygienische Situation zu erfassen, zwangen die Deutschen den Judenrat, zahlreiche professionelle Statistiker zu beschäftigen. In der Zeit der Deportationen in die Todeslager wurde dem Amt eine furchtbare Aufgabe übertragen: die Vorbereitung von Listen der Ghettobewohner zur Verwendung durch die Behörden, aufgeteilt nach Alter, Geschlecht, Beruf und anderen Kriterien.

10. Das Bauamt. Dieses Amt wurde von dem Ingenieur Naftali Landau geführt und befasste sich mit dem Abbruch jüdischer Gebäude, die abgebrannt oder zerstört worden waren, wie zum Beispiel Synagogen, und mit der Entsorgung des Schutts. Obwohl das Bauamt nur der jüdischen Bevölkerung zur Verfügung stehen sollte, setzten die Deutschen das Personal ständig unter Druck, Bauzeichnungen zu entwerfen und der SS andere Dienste zu leisten. Um diesen Anforderungen gerecht zu werden, beschäftigte das Amt zahlreiche Architekten, Ingenieure, Mechaniker, Installateure, Zimmerleute, Anstreicher und verschiedene Bauarbeiter, die auf Befehl der Deutschen eingesetzt wurden. Landau war zudem dafür verantwortlich, um das Ghetto einen Zaun zu errichten.

11. Das Erziehungsamt. Dieses Amt stand vor den schwierigsten Herausforderungen. Zunächst richtete der Judenrat eine

Abteilung für Schulen ein, die in jedem der beiden Ghettosektoren die Eröffnung einer Schule plante. Aber trotz wiederholter Anträge erhielt der Judenrat keine Genehmigung für einen Gruppenunterricht, und schon gar nicht für die Einrichtung einer öffentlichen Schule. Unter Androhung schwerer Strafen untersagten die Deutschen den Juden jeglichen Schulbesuch. Trotzdem fand heimlich religiöser und weltlicher Unterricht statt, wenngleich mit beträchtlichem Risiko verbunden und nur von wenigen Schülern besucht.[168]

12. Das Bestattungsamt. Die hohe Sterberate – infolge von Hunger, Kälte und Krankheiten (vor allem Typhus) – beschäftigte die Angestellten des Bestattungsamts. Viele Verstorbene hatten weder Ehepartner noch Kinder. Nach der Errichtung des Janowska-Lagers im Oktober 1941 brachten Karren täglich von dort die Leichen der Ermordeten. In „normalen" Zeiten erreichte die Zahl der Toten manchmal 600 im Monat, stieg aber im Verlauf von „Aktionen" in die Tausende. Weitere Tausende, die in den „Piaski", einem sandigen Gelände hinter dem Janowska-Lager, ermordet wurden, mussten bestattet werden. Die Leichenschauhäuser am alten Friedhof in der Rappaport-Straße waren immer voll, und weitere Leichen wurden bis zu ihrer Beerdigung im Hof aufgebahrt. Von morgens bis in die Nacht fuhren Karren den Weg zwischen den Friedhöfen an der Rappaport-Straße und der Pilichowska-Straße ab. Die meisten Leichen wurden ohne Sarg beigesetzt. Da Einzelgräber ausgeschlossen waren, stimmten die Rabbiner Massengräbern zu, in denen die Leichen übereinander gestapelt waren. Das Amt wurde von einem orthodoxen Juden namens Isaak Seidenfrau geleitet und beachtete so weit wie möglich die religiösen Begräbnisvorschriften, obwohl die Deutschen dies untersagten.

---

[168] Zum Vergleich: In Warschau durfte die Gemeinde das Schuljahr beginnen, und im Oktober 1941 besuchten 6700 Kinder 19 Schulen. Berufsschulen der Organisation ORT durften ebenfalls öffnen. Es gab ein Sinfonieorchester, ein Theater und Büchereien im Ghetto, Treffen von Schriftstellern und Dichtern fanden statt und im Untergrund wurden Zeitungen herausgegeben. Im Ghetto Litzmannstadt wurden Büchereien betrieben und regelmäßig Vorträge angeboten. Die Ghettobewohner hörten Radio, und es gab eine offizielle Zeitung. In Wilna wurden die Schulen geöffnet und ein Theater und Jugendklub waren aktiv.

13. Das Amt für religiöse/kulturelle Angelegenheiten.
Wegen des Verbots religiöser Handlungen wurde die Abteilung des Judenrats, die sich in Lemberg mit religiösen Angelegenheiten befasste, als Kulturamt bezeichnet. Unter diesem Decknamen stellte das Amt Rabbiner, rituelle Schlachter, rabbinische Richter sowie rituelle Beschneider ein und bezahlte sie.

Wie oben erwähnt, waren die Religionsgemeinde und das Rabbinat als offizielle Einrichtungen während der sowjetischen Ära aufgelöst worden. Zwei Rabbiner, die zur Gemeinde gehört hatten, Rabbi Dr. Levi Freund und Rabbi Jecheskiel Lewin, starben vor dem Einmarsch der Deutschen: Freund im April 1941, und Lewin wurde am 30. Juni 1941 im Brygidki-Gefängnis ermordet. Die Nationalsozialisten definierten die Juden als Rasse, weshalb die Judenräte nicht als religiöse Instanz nach der Art der Vorkriegsgemeinden fungieren konnten. Eine halbamtliche Auslegung des Befehls vom 28. November 1939 bezüglich der Judenräte erläuterte diesen Punkt: „Im Einklang mit dem Befehl soll die jüdische Gemeinde als jüdisches Kollektiv definiert werden, das Teil einer politischen Gemeinschaft ist. Die Definition eines Juden und der Mitgliedschaft in der jüdischen Gemeinde werden in dem Befehl vom 24. Juli 1940 behandelt, der einen ‚Juden' im Detail definiert. Nach diesen Definitionen sind die Kehillot nicht länger religiöse Gesellschaften, sondern vielmehr nationale oder nach der Rasse ausgerichtete Gemeinden, und daher besteht in der Erfüllung der religiösen Bedürfnisse ihrer Mitglieder nicht ihre einzige Aufgabe."[169]

Die jüdische Religion wurde unterdrückt und öffentliche Gottesdienste durften nicht mehr stattfinden. Juden beteten im Geheimen, und wenn sie beim Gebet ertappt wurden (in der Regel infolge von Verrat durch einen polnischen oder ukrainischen Hausmeister), wurden sie ins Gefängnis in der Łąckiego-Straße gebracht, aus dem sie nie wieder zurückkehrten. In dieser Hinsicht war die Lage in Lemberg schlimmer als in den kleineren Städten der Umgebung. Das rituelle Schlachten war verboten, was die Not der orthodoxen Juden verschlimmerte, da sie dadurch gezwungen waren, die rituellen Reinheitsgebote zu verletzen. Zudem mussten sie ihre Bärte und Schläfenlocken rasieren. Wenn ein bärtiger Jude in die Hände

---

[169] *Gazeta Żydowska*, Nr. 30, 1.11.1940.

der Deutschen oder Ukrainer fiel, wurde er besonders übel misshandelt und erniedrigt.[170]

Obwohl jüdische Frauen nicht schwanger werden durften, wurden im Ghetto Kinder geboren, versteckt und sogar beschnitten. Mit dem Herannahen des Pessach-Festes wurden unter Aufsicht der Rabbiner heimlich *Matzot* gebacken. In Lemberg schränkten die Deutschen das jüdische Leben stärker ein als in den kleineren Städten und Ortschaften der Umgebung. Als der Judenrat eingerichtet wurde, versuchte der erste Vorsitzende, Dr. Parnes, die religiösen Einrichtungen, die zur Zeit der Sowjets stillgelegt worden waren, wiederzubeleben. Wie viele andere Juden glaubte auch er, dass die Flut an Verordnungen, die zu Beginn der deutschen Besatzung erlassen wurden, nachlassen und sich das jüdische Leben langsam normalisieren würde. Diese Annahme veranlasste ihn, auch das Rabbinat neu zu organisieren. Er versammelte alle orthodoxen Rabbiner und rabbinischen Richter, die vor dem Krieg amtiert hatten. Doch dauerte es lange, bis das neue Rabbinat – als Amt für religiöse und kulturelle Angelegenheiten getarnt – öffentlich in Erscheinung trat. Das war erst im Spätherbst 1941 der Fall, als die Nachfrage nach koscherem Fleisch und Segenssprüchen bei Hochzeiten stieg. Jeder Antrag auf Aufnahme eines Paares ins Heiratsregister des Judenrats war gefährlich; dasselbe galt für Unterschriften auf einem Heirats- oder Scheidungsvertrag. Die unterschriebenen Papiere mussten den deutschen Behörden vorgelegt werden, und die Unterschrift würde beweisen, dass der unterzeichnende Rabbiner Befehle missachtet hatte, indem er weiter als Rabbiner tätig war.

Ein weiteres Problem entstand bei Scheidungen: Einige Scheidungen betrafen „arische" Frauen, die mit Juden verheiratet und Jahre zuvor zum Judentum übergetreten waren; inzwischen hatten sie Kinder bekommen. Die Rassengesetze verlangten die Scheidung

---

[170] Im Vergleich dazu durften in Warschau seit Frühjahr 1941 öffentliche Gottesdienste gefeiert werden. Im Juni 1941 wurde die große Synagoge in der Tłomackie-Straße feierlich eröffnet. Der Rabbi von Piasczyne führte sein rabbinisches Gericht im Ghetto weiter. In Łódź fanden öffentliche Gottesdienste statt, religiöse Gruppen waren aktiv. In Wilna gab es öffentliche Gottesdienste, Predigten und Religionsunterricht in allen Studieneinrichtungen; Jeschiwot für Teenager und junge Männer wurden weiter betrieben.

von ihren Männern, andernfalls hätten sie ins Ghetto ziehen und die weiße jüdische Armbinde tragen müssen. Einer der Rabbiner sagte aus, dass er bei der Vorbereitung der Scheidungspapiere nur selten Frauen begegnete, die der Trennung von ihren Männern zustimmten. In den meisten Fällen baten die Männer ihre Frauen, die Scheidung, die sie und ihre Kinder retten würde, zu akzeptieren, aber die Frauen weigerten sich. Als „Halb-Arier" durften die Kinder solcher Paare anfangs im „arischen" Teil der Stadt leben, und sie mussten auch keine Armbinde tragen. Ein Jahr später wurden sie jedoch zu „Volljuden" erklärt und waren als solche von allen antijüdischen Maßnahmen betroffen.[171]

Die zeitlichen Umstände veranlassten die Juden, ihre früheren Streitigkeiten beiseite zu legen. Die *Chassidim* und *Mitnaggedim* unterhielten nicht länger separate Rabbinatsgerichte, wie sie es in der Ära der *Kehilla* getan hatten, und die Unterschiede zwischen den Orthodoxen und den *Maskilim* verwischten sich. Rabbiner arbeiteten harmonisch zusammen. Eheschließungen wurden in einem einzigen Buch verzeichnet, und alle Angestellten des Amtes für religiöse Angelegenheiten nahmen an den Sitzungen der Abteilung teil. Den Sitzungen stand der Amtsleiter Moses Hirschsprung vor, ein bekannter Funktionär der *Agudath Israel* und hervorragender Religionsgelehrter. Jeder spürte, dass das letzte Kapitel in der Geschichte des Lemberger Rabbinats geschrieben wurde.

Für kurze Zeit und unter großen Schwierigkeiten veröffentlichte der Lemberger Judenrat ein Informationsblatt auf Deutsch unter dem Titel *Mitteilungen des Judenrates in Lemberg für die jüdische Gemeinde*, das Bekanntmachungen und Anweisungen der Ämter des Judenrats, des Ordnungsdiensts und der Jüdischen Selbsthilfe (Yidishe Sotsiale Alaynhilf, JSS) sowie Anordnungen der deutschen Behörden und Rechtsauskünfte für Einzelpersonen enthielt. Zwischen Januar und März 1942 erschienen drei Ausgaben mit je acht kleinen Seiten (21 x 29 Zentimeter). Der Redakteur war Stanisław Medfus. Offenbar erschienen nur diese drei Ausgaben. Wir wissen,

---

[171] Kahana, Tagebuch aus dem Ghetto Lemberg, S. 45; Tagebuch von Maurycy Allerhand, Massuah Archiv, 26/9/T, S. 66; kommunale Personenstandsregister vom 1.7.1942 bis zum 23.8.1943, YVA, M-37/73; siehe zudem den Bericht des Lemberger Judenrats im Bulletin des Jewish Agency for Palestine Rescue Committee, Ghetto Fighters' House Archives (G/4326).

dass zwei Journalisten, die von einem bekannten Rechtsanwalt aus Warschau beraten wurden, eine Chronik des Lemberger Ghettos verfassten. Sie gingen unter absoluter Geheimhaltung vor und bewahrten ihre Schriften in gläsernen Behältern auf, die sie im Keller des Gebäudes des Judenrats vergruben. Leider wurden diese Unterlagen bisher nicht gefunden.

Wie oben bereits gesagt, musste der Judenrat in Lemberg zwei weitere Abteilungen einrichten, welche die Anweisungen der deutschen Behörden auszuführen hatten: das Versorgungsamt und den jüdischen Ordnungsdienst. Dadurch wurde der Judenrat – wie Dr. Landsberg im März 1942 erklärte – zum Werkzeug der Deutschen bei der Einführung antijüdischer Gesetze und zum Handlanger ihrer schmutzigen Arbeit.

14. Das Versorgungsamt. Das Versorgungsamt wurde von einem Juden namens Egid und seinem Stellvertreter Bino Teichholz geleitet. Es musste vor allem Forderungen von deutschen Institutionen und Deutschen erfüllen, die mit ihren Familien nach Lemberg versetzt worden waren, um für die deutsche Verwaltung zu arbeiten. Das Amt hatte die Deutschen mit allem zu versorgen, was diese für das tägliche Leben benötigten: Möbel, Haushaltsgegenstände, Bekleidung, Bettzeug, Werkzeuge, Kücheneinrichtungen und Ausrüstungsgegenstände für Militärkrankenhäuser und andere deutsche Einrichtungen.

Die „legale" Grundlage für die Enteignung der Juden wurde durch einen Befehl gelegt, der am 17. September 1940 in der offiziellen Zeitung des Reiches erschien: „Der Besitz der jüdischen Bevölkerung des ehemaligen polnischen Staates soll für die Bedürfnisse der Öffentlichkeit enteignet werden." Dieser Anordnung folgten weitere Befehle aus der Lemberger Stadtkommandantur sowie vom SS- und Polizeiführer im Distrikt Galizien, Fritz Katzmann.[172]

---

[172] Befehl Nr. 603 des Stadtkommandanten (Feldkommandantur) in Lemberg, 12.7.1941, bezüglich der Konfiszierung des Besitzes der Juden in Lemberg, YVA, M-37/42-48; Befehl von SS-Obersturmführer Lasch im Namen von Katzmann, der besagte, dass er zur Stärkung des deutschen Volkes den Befehl gegeben habe, die von Juden konfiszierten Möbel an Volksdeutsche zu verteilen, datiert vom 13.7.1942, YVA, M-37/49. Siehe zudem den Befehl Nr. 51 vom 16.1.1942, Paragraph 1, bezüglich der Konfiszierung allen Besitzes der Juden in Lemberg. Der Befehl wurde

Um die Anforderungen der Deutschen zu erfüllen, beschäftigte das Amt zahlreiche Arbeiter, deren Hauptaufgabe die Beschlagnahmung aller verlangten Gegenstände von den Juden war. Viele Juden nahmen die Dienste von Maklern (umgangssprachlich „Machers" genannt) in Anspruch, um sich vor den Handlungen des Amtspersonals zu schützen. Bestechungen waren ebenfalls an der Tagesordnung. Nicht wenige Amtsangestellte nahmen regelmäßig Güter für sich selbst in Beschlag und steckten große Geldsummen in die eigenen Taschen. Aus diesem Grund erhielt das *Versorgungsamt* die Bezeichnung *Beraubungsamt*.

So ging das Versorgungsamt nicht seinem Zweck der Versorgung der Juden nach, sondern der Befriedigung der unersättlichen Deutschen. Unablässig besuchten Amtsangestellte jüdische Wohnungen, um Wertgegenstände und andere Objekte für die Besatzer zu beschlagnahmen. Die korrupten Deutschen wiederum eigneten sich einiges aus dem beschlagnahmten Besitz selbst an, anstatt es wie gefordert der Öffentlichkeit zur Verfügung zu stellen. Zu guter Letzt spezialisierten sich einige Beamte auf das Verhandeln mit den Deutschen und lernten, wie sie deren Forderungen durch die Zahlung von Bestechungsgeldern abwenden konnten. Dies führte zur Bildung einer Schicht von Spekulanten und Mittelsmännern, die wussten, wie man sich in Gegenleistung für einen Anteil am Gewinn mit den Deutschen „arrangierte". Zum Missfallen der jüdischen Öffentlichkeit wurden einige von ihnen reich. Im Gegenzug erwartete jeden Angestellten des Versorgungsamtes, der den Anforderungen der Deutschen – von denen die meisten zur SS und zur Gestapo gehörten – nicht gerecht wurde, ein bitteres Ende. Am nächsten Tag wurde der Betreffende – angeblich zu einer Sitzung – ins Büro der SS „eingeladen" und erschossen.

---

in drei Sprachen bekannt gegeben (Deutsch, Ukrainisch und Polnisch), Sammlung von Zeugenaussagen in: Eksterminacja Żydów, S. 169 f. Siehe auch Kennzeichen „J", in: Helmut Eschwege (Hrsg.), Bilder und Dokumente, Berlin 1966, S. 176–179, und den Briefwechsel zwischen dem Lemberger Wohnungsamt und dem Kommissariat III der ukrainischen Polizei im Zusammenhang mit der Inbesitznahme zurückgelassenen Eigentums, der Zuteilung von Häusern, Wohnungen und Möbeln, zwischen dem 5. und dem 17.7.1941, YVA, M-37/78.

3. Die jüdische Polizei im Lemberger Ghetto

Die jüdische Polizei in Lemberg verdient eine ausführliche Betrachtung. Sie ging aus dem Ordnungsdienst des Judenrats hervor, der sich allmählich zum ausführenden Arm der SS entwickelte. Im Gegensatz zu den anderen Abteilungen des Judenrats, die die deutschen Befehle in Bezug auf das Eigentum oder die Existenzgrundlage der Juden ausführten, lieferte die jüdische Polizei die Juden persönlich aus.[173]

Von August 1941 bis zur offiziellen Gründung der jüdischen Polizei stellten Ordnungsbeamte unter Aufsicht des Judenrats sicher, dass sich die Juden zur Zwangsarbeit meldeten. Im September 1941 organisierte die SS Einheiten des jüdischen Ordnungsdienstes, um die Tätigkeit des Judenrats und die Durchführung der Befehle der Verwaltung sicherzustellen. Um die neue Truppe zusammenzustellen und ihre Mitglieder auszubilden, wurde der Kommandant des Warschauer Ordnungsdienstes, Józef Szeryński, nach Lemberg geholt. Anfänglich wurden 20 Mann in die Polizeitruppe aufgenom-

---

[173] Die folgenden Bücher, Zeugenaussagen und Tagebücher geben Auskunft über die jüdische Polizei: Kahana, Tagebuch aus dem Ghetto Lemberg, S. 38, 76, 135 f.; Friedman, Die Vernichtung der Juden von Lemberg, S. 603, 617 f., 696; Maltiel, Aus Rache..., S. 53, 56, 90–97, 124–136, 236; Zaderecki, Unter der Herrschaft des Hakenkreuzes, S. 78 f., 174–176, 181–183, 206–208, 237, 259, 261, 271; Szende, Der letzte Jude, S. 109, 272–275, 282; Scheinfeld, Das Ghetto Lemberg, S. 57 f., 69–71, 80–82, 33; A. Weiss, Die jüdische Polizei im Generalgouvernement und in Oberschlesien während des Holocaust. Dissertation, Hebräische Universität Jerusalem 1973 [hebr.], S. 234–247, 250; Shapira, Erinnerungen, S. 70; Goldberg, Tage im Feuer, S. 55, 61 f.; Sylvia Schapira, eine Jüdin, die als Assistentin des Direktors des deutschen Arbeitsamts, Heinz Weber, tätig war, YVA, M-9/10/11; Prozess gegen Rudolf Reder et. al., YVA, E/64-2-1, E/1001; Zeugenaussage Zofia Trembaska, YVA, O-3/1823; Abraham Goldberg, Manuskript, Ghetto Fighters' House Archives, 3264, und Zeugenaussage YVA, JM/91; Isidor Farber, YVA, 033/251; Fela Szenk, YVA, 033/664; L. Barr, Ghetto Fighters' House Archives, 4391; Dr. Marek Redner, YVA, 033/1101; Fiszko Krawic (Tennenbaum), Massuah Archiv, 2/2/. Siehe zudem das Bestellformular des Gouverneurs des Distrikts Galizien vom 20.1.1942, YVA, M-37/29. Für weitere Einzelheiten siehe die Dissertation des Verfassers.

men, die umgehend mit der Ausbildung begannen. Es wird behauptet, das deutsche Arbeitsamt habe den Judenrat unter Druck gesetzt, einen Trupp von „Ordnungsleuten" zusammenzustellen, der für den Bereich Zwangsarbeit zuständig sein sollte. Weitere Polizisten schlossen sich der Truppe zu einem späteren Zeitpunkt an, und gemeinsam bildeten sie den Kern des Ordnungsdienstes. Zwei Monate später stieg ihre Zahl auf etwa 500 an.

Die jüdische Polizei war mit keinen besonderen Uniformen ausgestattet. Sie trug Kappen ähnlich denen der Vorkriegspolizei, mit der Ausnahme, dass statt des polnischen Adlers auf der Kopfbedeckung nun der Davidstern mit den Initialen JOD (Jüdischer Ordnungsdienst) Lemberg angebracht war. An ihrem linken Arm trugen die Polizisten eine gelbe Binde mit dem Davidstern, ihren eigenen Initialen und dem Abzeichen der deutschen Polizei.

Entsprechend ihren Aufgaben war die jüdische Polizei in vier Abteilungen gegliedert:

a) der Ordnungsdienst, der zahlenmäßig die größte Einheit darstellte;
b) die Kripo, die jüdische Kriminalpolizei;
c) der Sonderdienst oder die Spezialabteilung; diese Einheit war für als „politisch" definierte Probleme zuständig, darunter die Jagd auf Juden, die verdächtigt wurden, linksgerichteten Kreisen anzugehören oder mit der Sowjetunion zu sympathisieren;
d) die jüdische Gendarmerie.

Die drei letztgenannten Abteilungen waren der Gestapo direkt und nicht dem Judenrat unterstellt und zogen zwielichtige Gestalten an. Die Aufgabenteilung zwischen den Abteilungen war nicht eindeutig und offenkundig geregelt. Nur eine der vier Abteilungen der jüdischen Polizei in Lemberg, der Ordnungsdienst, war offiziell dem Judenrat unterstellt. Doch in Wirklichkeit war auch der Ordnungsdienst weitgehend dem Leiter des deutschen Arbeitsamts, Paul Weber, untertan, da er eine eigene Einheit von Polizisten beschäftigte, die hauptsächlich für Angelegenheiten im Zusammenhang mit Zwangsarbeit zuständig war.

Die jüdische Kriminalpolizei leitete Max Guliger-Szapira aus Lemberg, der einer Familie von Getreidehändlern entstammte. Vor dem Krieg war er Mitglied des jüdischen Sportklubs *Haschmoneah* gewesen. Guliger-Szapira tat sich besonders hervor, wenn es galt, Verstecke von Juden ausfindig zu machen und Juden an die Deutschen auszuliefern. 1943 enthoben ihn die Deutschen seines Amtes und ersetzten ihn durch Rupert. Sein Stellvertreter war ein Flüchtling aus Krakau namens Krumholtz. Die beiden wetteiferten miteinander in ihrem unanständigen Verhalten. Die Gendarmerie unterstand dem Befehl von Janek Scherz, über den nichts Näheres bekannt ist. Andere „Offiziere" bei der jüdischen Polizei waren Baruch Roisen, Dr. Abraham Rosenmann, Narcisfeld und Dr. Tunis. Der eigentliche Kommandant der jüdischen Polizei war Guliger-Szapira. Diese Männer richteten erheblichen Schaden in der jüdischen Gemeinde von Lemberg an.

Als feststand, dass eine jüdische Polizei eingerichtet werden sollte, forderte der Judenrat Juden mit militärischer Erfahrung und Ausbildung auf, sich zur Verfügung zu stellen. Die Zahl derer, die sich meldeten, war so groß, dass sich der Judenrat die geeignetsten Kandidaten aussuchen konnte. In dieser ersten Phase wurden junge Juden mit akademischer Ausbildung aufgenommen, darunter zahlreiche Rechtsanwälte, denen die Deutschen durch diskriminierende Gesetze ihre Einkommensmöglichkeit geraubt hatten. Juden mit Erfahrungen beim Militär wurden zu Kommandanten ernannt. So bestand die jüdische Polizei zunächst aus positiven Elementen, die ihre Aufgabe verantwortlich wahrnahmen und als Dienst an der Gemeinschaft betrachteten.

Junge Juden traten der Polizei aus verschiedenen Gründen bei, darunter die Aussicht auf Vorteile wie der Schutz ihrer Familien vor diversen Verordnungen, besonders der Entführung zur Zwangsarbeit und dem Transport in die Lager. Die Polizisten kamen in den Genuss von zusätzlicher Verpflegung und Bewegungsfreiheit und erhielten, als das Ghetto eingerichtet wurde, gute Wohnungen.

Später jedoch machten es die Umstände unmöglich, die Polizeitruppe – eigentlich eine vielversprechende Einheit – vor dem Zugang negativer Elemente zu schützen, und diese ließen in der Tat nicht lange auf sich warten. Schon als die Polizei Kandidaten aufnahm, gab es Bevorzugungen, Klüngeleien und Bestechungen. Die deutsche Polizei schleuste zudem zahlreiche Spitzel in die Reihen der jüdischen Polizei ein.

Als die Politik der Deutschen gegenüber den Juden im Generalgouvernement sich verschärfte, verschoben sich die Pflichten der jüdischen Polizei in einer Weise, die ihre Beziehungen zum Judenrat beeinträchtigte und die jüdische Bevölkerung veranlasste, sie in einem anderen Licht zu sehen. Dies veränderte die personelle Zusammensetzung der Truppe. Als die Funktion der Polizei als Instrument der Judenverfolgung deutlich wurde, traten Männer mit einem Verantwortungsgefühl der Öffentlichkeit gegenüber aus der Truppe aus und wurden vom Pöbel, von Schlägern, gescheiterten Existenzen und solchen abgelöst, die nach unlauterem Gewinn trachteten. Sie alle waren willens, die Befehle der Deutschen ohne große Gefühlsregung, ohne Zögern und ohne Gnade auszuführen. Das Benehmen der jüdischen Polizei im Lemberger Ghetto stellt einen peinlichen und schmerzlichen Schandfleck in der Geschichte dieser Gemeinde dar.

Zudem änderten sich die Aufgaben der jüdischen Polizisten ständig. Zunächst wurde die jüdische Polizei mit der Regulierung des Verkehrs beauftragt, vor allem des Fußgängerverkehrs, mit der Straßenreinigung und mit der Durchsetzung von Verordnungen zur Verdunkelung und Ausgangssperren, mit der Bekämpfung des Schwarzmarktes, der Preiskontrolle und der Aufrechterhaltung der Ordnung in Läden und Lagerhallen.

Im Herbst 1941 führten die Deutschen die Zwangsarbeit ein, richteten überall in Ostgalizien Zwangsarbeitslager ein und forderten vom Judenrat dafür Arbeitskräfte, die die jüdische Polizei zu rekrutieren hatte. Im November 1941, nachdem die Deutschen den ersten Vorsitzenden des Lemberger Judenrats, Dr. Parnes, wegen seiner Weigerung, 500 Juden zur Deportation in die Lager herauszugeben, ermordet hatten, veränderte sich auch das Verhalten der jüdischen Polizei. Die Deutschen befahlen ihr, eine vorgegebene Quote an Zwangsarbeitern zu erfüllen, indem sie Juden auf den Straßen der Stadt zusammentrieb. Mit Listen vom Judenrat ausgestattet, verteilte sich die jüdische Polizei über das Ghetto. Da die meisten Personen, die auf der „schwarzen Liste" standen, dem Netz entschlüpften, verhaftete die jüdische Polizei willkürlich Juden, selbst wenn diese im Besitz einer Arbeitserlaubnis waren, also schon in einem Betrieb arbeiteten. Das Erfordernis, die Quote zu erfüllen, wog stärker als unbedeutende Details wie die Gültigkeit offizieller Dokumente. Die Festgenommenen übergab sie den Deutschen.

Die jüdische Polizei sprach ihr Vorgehen offensichtlich nicht mit anderen Mitgliedern des Judenrats ab. Ihr Verhalten demonstrierte ihre völlige Unterordnung unter den Willen der Deutschen.

Auch Parnes' Nachfolger, Dr. Adolf Rothfeld, arbeitete, wie erwähnt, von Anfang an mit den Deutschen zusammen; während seiner Amtszeit führte die jüdische Polizei jeden ihr erteilten Auftrag aus.

Juden, die es sich leisten konnten, die Entführer zu bestechen, taten dies und wurden auf der Stelle freigelassen. Arme Juden und jüdische Flüchtlinge wurden zur Beute der Polizisten und fortgeschafft, zunächst in das jüdische Arbeitsamt und dann – häufig nach Misshandlungen durch die SS und die ukrainische Polizei, die sich schon bei der „Aktion unter der Eisenbahnbrücke" hervorgetan hatten – in die Zwangsarbeitslager.

Einige der jüdischen Polizisten waren von den willkürlichen Entführungen, der Unterscheidung zwischen reich und arm und der offenkundigen Korruption angewidert und traten, wie gesagt, bei der ersten Gelegenheit aus der Polizei aus. Was die gegen „asoziale Elemente" gerichteten „Aktionen" im März 1942 betraf, so schildern Zeugen, dass die jüdische Polizei sich ziemlich anständig benahm. Vor dem Morgengrauen am 19. März stellten die jüdische Polizei und Angestellte des Judenrats, in Trupps von je fünf Männern eingeteilt und mit vom Judenrat vorbereiteten Listen ausgestattet, den zur Deportation Verurteilten nach. Die Nachricht über die „Aktion" verbreitete sich schnell; zahlreiche der Gesuchten verließen rechtzeitig ihr Zuhause und versteckten sich. Da es in jener Nacht besonders kalt war, verbrachten einige der jüdischen Polizisten die Zeit in den Wohnungen von Bekannten, anstatt in den dunklen, kalten Gassen ihre Runden zu drehen. Als sie vor dem Morgengrauen in das Hauptquartier zurückkehrten, erklärten sie, dass die meisten Einwohner eine gültige Arbeitserlaubnis hatten vorweisen können. Aber einige Polizisten verhielten sich auch anders: Sie verhafteten Juden, die keine Arbeitserlaubnis besaßen, und nahmen sie mit zur Sammelstelle in der Sobieski-Schule.

Die Deutschen waren wegen der unerwartet wenigen Juden, die zur Sammelstelle gebracht wurden, enttäuscht. Umgehend beriefen sie eine Sondersitzung mit den Kommandanten der jüdischen Polizei und dem Direktor des Wohnungsamtes, Dr. Yaffe, ein, der wegen seiner guten Beziehungen zu den Deutschen im Judenrat als einflussreiche Persönlichkeit galt. Die Deutschen informierten die

Anwesenden, dass sie bei Nichterfüllung der Quote 100.000 Juden aus dem Ghetto ohne Unterschied deportieren würden. Es wurde beschlossen, dass jeder Polizist wenigstens einen Juden zur Deportation herbeischaffen sollte. Wer diese Auflage nicht erfüllte, würde zusammen mit seiner Familie hingerichtet. Da die Deutschen wenig Vertrauen in die jüdische Polizei hatten, sandten sie ihre eigenen Polizisten und ukrainische Kräfte aus, um ihr Ziel zu erreichen. Die Zeugenaussagen über diese Phase der „Aktion" widersprechen sich. Mehrere Zeugen hielten fest, dass die jüdischen Polizisten ihre Aufgabe pflichtbewusst ausführten; andere versicherten, dass sie auszuweichen versuchten. Daraus kann man folgern, dass nicht alle jüdischen Polizisten ihre Brüder unbarmherzig behandelten.

Eine Woche nach der „Aktion" im März 1942 beglichen die Deutschen ihre Rechnung mit der jüdischen Polizei, die die Aufgabe nicht zu ihrer Zufriedenheit gelöst hatte. Die Gestapo befahl den jüdischen Polizisten, sich vor dem Gebäude des Judenrats zu melden. Hauptsturmführer Erich Engels, Leiter der Abteilung für jüdische Angelegenheiten der Gestapo in Lemberg, fand sich in Begleitung einer Gruppe von SS-Männern vor Ort ein und informierte den Kommandanten der jüdischen Polizei, dass von nun an kein Bedarf mehr für so viele Polizisten bestünde, da sich die Bevölkerung des Ghettos auf 30.000 reduziert habe. Dementsprechend würde ihre Zahl auf 200 verringert werden, beginnend mit denen, die bei der „Aktion" ihre Quote nicht erfüllt hatten. Sie mussten vortreten und ihre Mützen, Armbinden und Schlagstöcke aushändigen; kurze Zeit darauf wurden sie auf Lastwagen geladen. So wurden die Männer, die wenige Tage zuvor bei der Verschleppung von Juden geholfen hatten, nun selbst deportiert. Entweder wurden sie in das Vernichtungslager Belzec oder in das Zwangsarbeitslager in Jaktorów gebracht. Aus unbekannten Gründen verschwand in dem dabei entstehenden Tumult der stellvertretende Kommandant der jüdischen Polizei, Dr. Rosenmann. Möglicherweise tauchte er unter, um der Säuberung zu entgehen; anderen Berichten zufolge ergriff er die Flucht, da er nicht willens war, die der Polizei von den Deutschen auferlegten Pflichten auszuführen. Weitere Polizisten folgten seinem Beispiel und tauchten ebenfalls unter.

Die Deutschen versprachen dem Judenrat, dass nach der Deportation der abtrünnigen Polizisten wieder Ruhe einkehren würde. Im Laufe der Zeit erhielt die jüdische Polizei zusätzliche Aufgaben, und ihre Reihen verdichteten sich wieder auf 500 Mann, einer anderen

Quelle zufolge sogar auf 750. Wiederum waren die Neuen gröber und brutaler als ihre Vorgänger, die dem Leid ihrer jüdischen Brüder gegenüber zumindest ein gewisses Maß an Empfindsamkeit gezeigt hatten. Auch die meisten der nach der Säuberung übrig gebliebenen Polizisten waren fragwürdige Typen, die der Not der Ghettojuden wenig sensibel gegenüberstanden. Verstärkt wurden die Kripo und der Sonderdienst, die politisch linksstehende Juden, der Kollaboration mit dem sowjetischen Regime zwischen 1939 und 1941 Verdächtigte sowie Schwarzhändler überwachen sollten. In der Regel war es nicht erforderlich, jemandem seine Schuld nachzuweisen. Eine Verleumdung reichte aus, um verhaftet und dann erpresst zu werden. Diese Einheiten der jüdischen Polizei unterhielten ihr eigenes Gefängnis, wo sie diese unglücklichen Menschen „verhörten" und sie erst den Deutschen aushändigten, nachdem sie sie völlig „ausgequetscht" hatten.

In der zweiten Hälfte des Jahres 1942 wurde die jüdische Polizei erneut umstrukturiert. Polizisten, die die ihnen auferlegten Pflichten nicht erfüllen konnten, verließen die Polizei; andere fielen einer weiteren „Säuberungsaktion" der Deutschen zum Opfer und wurden zur Vernichtung deportiert. Die jüdische Polizei wurde nun auch formal dem direkten Befehl der Deutschen unterstellt, ohne die Vermittlung des Judenrats. Zu diesem Zeitpunkt setzte sie sich jedoch aus den schlimmsten Elementen der jüdischen Gemeinde zusammen, die bei der Ausführung der deutschen Befehle keinerlei Hemmungen empfanden.

Im Verlauf der Amtszeit von Dr. Landsberg, der nach dem Tod Rothfelds im Frühjahr 1942 Vorsitzender des Judenrats wurde, gab es zwischen dem Rat und der jüdischen Polizei keine Unstimmigkeiten; beide arbeiteten mit den Deutschen zusammen und erfüllten deren Forderungen. Als Dr. Landsberg im August 1942 hingerichtet wurde, befand sich unter den zwölf Mitgliedern der jüdischen Polizei, die mit ihm gehängt wurden, auch Dr. Ennis, ein ranghoher Offizier der Polizei. Er wandte sich an die Deutschen, die ihn zum Galgen führten, und sagte, da er einst Offizier in der österreichischen Armee gewesen sei, stünde es ihnen schlecht an, seine Offiziersehre dadurch zu beleidigen, dass sie ihn öffentlich hängten. Die Deutschen nahmen darauf Rücksicht und erschossen ihn auf der Stelle.

Während der Amtszeit von Dr. Eduard Eberson, dem auf Landsberg folgenden Vorsitzenden des Judenrats, gehörten die Kommandanten der jüdischen Polizei dem Präsidium des Rats an. Darunter befanden sich Baruch Roisen, ein Jude aus Wien und ehemaliger Major der Reserve in der polnischen Armee, und sein Stellvertreter Margolin, der ebenfalls aus Wien stammte. Ein weiterer zu dieser Zeit in das Präsidium aufgenommener Beamter war Leon Hoch, Direktor der Personalabteilung des Judenrats. Alle drei kollaborierten mit den Deutschen. Zu diesem Zeitpunkt besaß jedoch der Vorsitzende des Judenrats, Eberson, keinen Einfluss mehr auf die Ereignisse im Ghetto, und alle drei Beamte waren überflüssig geworden. Die Deutschen klassifizierten jüdische Arbeiter nun nach neuen Kriterien, d.h. entsprechend ihrer Nützlichkeit für die deutsche Wirtschaft. Da Beamte des Judenrats diesen Test nicht bestanden, wurden sie nicht länger gebraucht.

Im Januar 1943 wurde das Ghetto als „Julag" definiert (eine Abkürzung für Judenlager) und dem Befehl der SS unterstellt. In einem Julag besaß der Judenrat keine Autorität und wurde faktisch aufgelöst. Von da an vertraten die Kommandanten der jüdischen Polizei die jüdische Bevölkerung. Die Polizeistation befand sich im Hauptquartier der Deutschen. In Wirklichkeit bestand der „Judenrat" aus Barackenbeamten – Offizieren der SS.

Im Jahre 1943 hatte die jüdische Polizei verschiedene Aufgaben: die Aufrechterhaltung der Sauberkeit, die Durchführung des Morgenappells und die Begleitung der Arbeiter an ihre Arbeitsplätze. Zudem suchte sie nach „Illegalen", die sich im Lager versteckt hielten, und half den Deutschen bei Selektionen, in deren Folge zahlreiche Juden in Vernichtungslager deportiert wurden. Zudem wurde die jüdische Polizei von Lemberg zur Teilnahme an „Aktionen" in nahe gelegene Städte entsandt, da die jüdischen Polizisten in diesen Orten in der Regel lieber flüchteten als sich an der Auslieferung ihrer Brüder und Schwestern an die Deutschen zu beteiligen.

Am 12. Februar 1943 führten die Deutschen unter den jüdischen Polizisten in Lemberg eine Selektion durch. Nur 200 Polizisten blieben übrig; die restlichen wurden zusammen mit ihren Familien in die Vernichtungslager deportiert. Im Verlauf desselben Monats enthoben die Deutschen den Kommandanten der Polizeitruppe, Baruch Roisen, des Amtes und ersetzten ihn durch jemanden namens Rupert, den mehrere Zeugen als einen „Mischling" aus Wien bezeichneten. Kurze Zeit darauf ermordeten Gestapo-Männer Ruperts Stellvertreter Margolin. Dies hing offensichtlich mit internen Streitigkeiten unter den Deutschen zusammen. Jeder Kommandant der jüdischen Polizei versuchte, seinen Status auf persönliche Beziehungen zu einem einflussreichen Deutschen zu gründen, der interne Konflikte dadurch löste, dass er die seinem Rivalen hörigen Juden deportierte.

Ende Mai 1943, als die Liquidierung des Julag begann, wurden einige Mitglieder der Polizei zusammen mit den verbliebenen Juden ermordet. Einige Polizisten entkamen den Fängen der Deutschen, indem sie mit ihren eigenen Waffen das Leben nahmen. Andere dienten den Deutschen jedoch weiterhin bis zum letzten Moment. Die Deutschen hatten versprochen, sie nach der Liquidierung der Lemberger Juden in ein anderes Lager zu überführen, und diese Polizisten glaubten ihnen. Die meisten von ihnen wurden im Verlauf der letzten „Aktion" ermordet.[174]

Es gab jedoch Fälle, in denen jüdische Polizisten Widerstand leisteten. Am 16. März 1943 tötete ein jüdischer Arbeiter einen deutschen SS-Mann. Als Vergeltung drangen die Deutschen in das Julag ein, nahmen mehrere Offiziere der jüdischen Polizei fest und erhängten sie. Nach einem Bericht über den Vorfall nutzten die Deutschen die Gelegenheit, Rache an mehreren Offizieren zu nehmen, die sie im Verdacht hatten, dass sie die Zusammenarbeit sabotierten. Einer der Ermordeten war Weinstein, der vor dem Krieg Direktor der Tarbut-Schule in Lemberg gewesen war und während des Krieges als Offizier in der jüdischen Polizei diente. Als sie sie zum Galgen brachten, stieß Weinstein Schimpfwörter gegen die Nationalsozialisten aus. Nach einer anderen Version spuckte er einem

---

[174] Nach dem Ende der „Aktionen" in Lemberg begannen sie in den Städten an der Peripherie. Überall ging man gleich vor. Hier und da verweigerte eine Gemeinde die Kooperation. In Sambor z.B. wurde dem Judenrat befohlen, 8000 Personen auszuliefern, und es wird berichtet, dass der Vorsitzende des Judenrats darauf wie folgt reagiert habe: „Ich habe schon vier. Das heißt mich, meine Frau und meine beiden Kinder. Ich kann Ihnen den Rest der Leute nicht beschaffen." Ähnliche Berichte gibt es über einige wenige Judenratsvorsitzende, wie z.B. auch über Jakob Lemberg, den Vorsitzenden des Judenrats in Zduńska Wola im Warthegau.

SS-Mann ins Gesicht und schrie: „Nieder mit der Hitler-Regierung!"

Mehrere jüdische Polizisten versuchten, den Widerstand im Ghetto zu unterstützen, und es gab auch verschiedene Versuche des jüdischen Untergrunds, mit der jüdischen Polizei zusammenzuarbeiten. Doch waren diese Bemühungen zum Scheitern verurteilt. Die Führer der Polizei verrieten die Mitglieder des Untergrunds, sabotierten ihre Operationen und verursachten letztendlich deren Tod.

Die Untaten der jüdischen Polizei hinterließen im Gedächtnis der Überlebenden des Lemberger Ghettos einen derart tiefen Eindruck, dass alle Zeugenaussagen sie erwähnen. Ihnen zufolge waren die Männer des Sonderdienstes am schlimmsten; sie glaubten, ihr totaler Gehorsam gegenüber der SS würde ihr Leben retten. Angehörige dieser Gruppe, wie zum Beispiel Guliger-Szapira, Krumholtz, Rupert, Scherz und Vogelwanger, halfen den Deutschen, indem sie sich aktiv an Deportationen und an der Suche nach Verstecken beteiligten. Als Einwohner des Ghettos wussten sie, wo sie zu suchen hatten. Sie zerrten Menschen aus ihren Verstecken und übergaben sie ohne Zögern den Henkern der SS. Sie waren korrupt und häuften ein Vermögen aus Bestechungsgeldern an, die sie den Menschen abpressten, die sich vor der Deportation retten wollten. Zudem beteiligten sie sich schamlos an den Trinkgelagen und Vergnügungen der Deutschen.

Rabbi Dr. David Kahana, ein Mitglied des Amtes für religiöse Angelegenheiten des Lemberger Judenrats, schrieb in sein Tagebuch:

> „In aus tiefstem Herzen empfundener Qual und mit unauslöschlicher Scham muss ich über diese Institution sprechen. Das Versorgungsamt musste das Eigentum der Juden den Deutschen ausliefern, aber Mitglieder der jüdischen Miliz wurden dazu getrieben, dem deutschen Moloch menschliche Wesen zu opfern, jüdische Opfer. Die jüdische Polizei hinterließ in der Geschichte des Lemberger Ghettos einen unauslöschlichen Schandfleck."[175]

Ein anderer Überlebender des Lemberger Ghettos, Jakob Maltiel, hielt Folgendes über diese „Polizisten" fest:

---

[175] Kahana, Tagebuch aus dem Ghetto Lemberg, S. 135 f.

„Uniformen... jeder, der auf sie traf, musste schnell verschwinden. Sie verkörperten todbringenden Schrecken... der jüdische ‚Ordnungsdienst' – schnell, flüchte vor ihm. Ohne zur Verantwortung gezogen werden zu können, entführen sie dich wortlos zu schwerer Zwangarbeit... unter dem Geschosshagel der Heckenschützen... oder schicken dich weg in das Lager Janowska."[176]

Das spärlich überlieferte Material zeigt, wie die jüdische Polizei, die für die Öffentlichkeit eingerichtet worden war, umgehend die Fahnen wechselte. Die hauptsächlichen Motive hinter ihren Handlungen waren wie folgt:

a) der Wunsch, inmitten der allgemeinen Not und Armut auskömmlich zu leben. Angehörige der jüdischen Polizei hatten die Möglichkeit, gut zu essen, sich anständig zu kleiden und sich seltener mit Krankheiten und Läusen anzustecken. Sie konnten unter besseren hygienischen Bedingungen leben, reichlich Geld verdienen und unter Umständen auch ein Vermögen anhäufen. Sie ließen keine Gelegenheit aus, zu erpressen, zu stehlen und ihre Taschen für das Hier und Jetzt zu füllen – auf Kosten von Opfern die, dem Tod geweiht, nie zurückkehren würden, um den Übergriff zu rächen, und die niemals die Art des Missbrauchs würden beschreiben können, den sie erlitten. Ihr Geld, so glaubten sie, würde ihnen die Zukunft sichern.

b) Die Lust an der Macht. Es gab jüdische Polizisten, die gern bereit waren, Schwächere ihrem Willen zu unterwerfen und mitzuentscheiden, wer ins Lager oder zur Erschießungsgrube verschleppt werden würde – solange sie selbst nur nicht zu den Opfern zählten. Durch die Insignien der Polizei gehörten sie sichtbar zur Oberschicht. Wer diese Insignien trug, konnte sogar darauf hoffen, den Leuten an der Spitze der Pyramide ähnlich zu werden.

c) Opposition und Hass den Sowjets sowie den Ukrainern und Polen gegenüber. Die Sowjets waren schuld an der Verarmung ihrer Eltern, hatten ihre Kameraden ins Gefängnis geworfen und ihre Nachbarn ins Exil getrieben. Im Ghetto

---

[176] Maltiel, Aus Rache..., S. 97.

betrachteten sie jeden organisierten Versuch, zu den Partisanen zu flüchten, als ein Zeichen pro-sowjetischer Sympathien. Das Bedürfnis, die Gegner des deutschen Regimes zu quälen, wurde zum ideologischen Kampf.

Dennoch dürfen wir nicht vergessen, dass einige wenige jüdische Polizisten keine Mühe scheuten, Hilfe zu leisten und Menschen zu retten, dies manches Mal unter Lebensgefahr.

4. Gegenseitige Hilfe

Das vom Judenrat mit Zustimmung und unter Aufsicht der Deutschen eingerichtete Sozialamt war nicht in der Lage, den Nöten der Ghettoeinwohner gerecht zu werden. Gezwungenermaßen bemühten sich die jüdischen Funktionsträger in Lemberg, ihre eigenen Hilfs- und Wohlfahrtsorganisationen einzurichten, vor allem für Juden, die in Lemberg und den Städten Ostgaliziens in Arbeitslagern interniert waren. Das im Winter 1942 gegründete Hilfskomitee für Gefangene versuchte, den Lagerinsassen Medikamente, Nahrungsmittel und Kleidung zu beschaffen. Das Komitee wurde, zusammen mit dem Mitglied des Judenrats Seidenfrau, von Richard Axer, Beckermann und Hofstätter geleitet. Mehrere Frauen, wie zum Beispiel Deborah Philip, Frau Becker und Frau Braun, zeichneten sich durch ihr Engagement aus. Dennoch verbesserte das Hilfskomitee für Gefangene deren Situation allenfalls minimal.

1940 wurde auf Befehl der Deutschen in Krakau eine jüdische Wohlfahrtsorganisation, die Jüdische Soziale Selbsthilfe (*Yidishe Sotsiale Alaynhilf*) die JSS –, ins Leben gerufen.[177] Michael Weichert vom jüdischen Theater, der Ingenieur Joseph Jaszunski und

---

[177] Michael Weichert, Yidishe alaynhilf, Tel Aviv 1962, S. 17, 50, 161 f., 176, 343; Jonas Turkov, Azoy is es geven. Khurbn varshe, Buenos Aires 1948, S. 306. Im Mai 1942 bemerkte ein jüdischer Agent, der für die SS arbeitete, dass es für eine jüdische Organisation nicht angebracht sei, sich JSS zu nennen (die Initialen für „Jüdische Soziale Selbsthilfe"). 1942 wurde die JSS aufgelöst, existierte aber als Jüdische Unterstützungsstelle (JUS) bis 1944 weiter; Weichert, Yidishe alaynhilf, S. 30; Friedman, Die Vernichtung der Juden von Lemberg, S. 682.

der Historiker Emanuel Ringelblum standen ihr vor. Innerhalb kurzer Zeit dehnte die Organisation ihre Aktivitäten auf alle Teile des Generalgouvernements aus.

Die Mitglieder der JSS baten im Herbst 1941 um die Erlaubnis, auch in Lemberg eine Zweigstelle aufzubauen, der Lemberger Judenrat widersetzte sich jedoch vehement der Einrichtung einer konkurrierenden Wohlfahrtsorganisation. Letztendlich gab es aber Beauftragte der JSS in Lemberg. Ihre Aktivitäten wurden weitgehend durch die Verbindungen von Dr. Leib Landau gefördert, einem Mitglied des Lemberger Judenrats und damals Funkionär in der JSS im Distrikt Galizien.[178]

Die Deutschen legten der Organisation in Lemberg zahlreiche Hindernisse in den Weg und vereitelten die Kommunikation zwischen ihren Angestellten und dem Hauptquartier der JSS in Krakau. So durften die Leiter der JSS in Lemberg zum Beispiel keine jüdischen Ärzte und Vertreter von Zweigstellen in anderen Städten wegen der Bekämpfung der Typhusepidemie konsultieren, die in den Ghettos wütete. Berichte aus dem Hauptquartier der JSS in Krakau weisen darauf hin, dass die Aktivitäten dieser Organisation in Lemberg im Unterschied zu anderen Städten ernsthaft behindert wurde.[179]

Dennoch gelang es den Mitgliedern der Organisation, drei Lieferungen mit Nahrungsmitteln, Medikamenten, chirurgischen Instrumenten, Verbandsmaterial, Schädlingsbekämpfungsmittel und Vitaminen im Gesamtgewicht von 1597 Kilogramm nach Lemberg zu schaffen. Einer Übereinkunft mit den Deutschen zufolge waren diese Dinge aber für die gesamte Zivilbevölkerung bestimmt, also auch für die Polen und Ukrainer. Die Leitung der JSS führte einen hartnäckigen Kampf mit den Behörden, um zu verhindern, dass die jüdische Bevölkerung um ihren Anteil betrogen wurde.

Die Verwaltung der JSS in Krakau versuchte zudem, bei der Einrichtung von Werkstätten in den Ghettos zu helfen, um Juden Arbeitsplätze zu verschaffen und die fortwährenden Verschleppungen zu vereiteln. In Lemberg und Ostgalizien stießen diese Bemühungen auf zahlreiche Schwierigkeiten. Der Vertreter der Organisation

---

[178] Siehe oben und auch Scheinfeld, Das Ghetto Lemberg, S. 60, 67; Zaderecki, Unter der Herrschaft des Hakenkreuzes, S. 165.

[179] Zaderecki, Unter der Herrschaft des Hakenkreuzes, S. 186; siehe auch Kahana, Tagebuch aus dem Ghetto Lemberg, S. 43.

in Lemberg, Dr. Landau, sollte die Behörden überzeugen, dass sie solchen Werkstätten zustimmten. Die Verwaltung der JSS schickte den Direktor der jüdischen Werkstätten in Krakau, Grayewer, nach Lemberg, wo die dortigen Werkstätten nach dem Muster der in Bochnia eröffneten eingerichtet werden sollten. Die Verwaltung stellte dafür sogar ein Budget von 100.000 Złoty zur Verfügung, zur damaligen Zeit eine große Summe.

Den Großteil der Finanzierung leisteten bis zur Jahreswende 1941/42 Juden in den USA. Mithilfe jüdischer Wohlfahrtsorganisationen auf der ganzen Welt schickten Juden Geld, Pakete mit Nahrungsmitteln und Medikamente für die Juden in Polen. Die Lieferungen kamen über Lissabon, und das Rote Kreuz in Genf leitete sie entsprechend vom Jewish Joint Distribution Committee (JDC) erstellten Listen zur Verteilung nach Polen weiter. Die Deutschen verlangten Zollzahlungen und Quittungen für jedes Paket. Nachdem die Juden den Zoll gezahlt hatten, konfiszierten die Deutschen den Inhalt – Medikamente, Kaffee, Milchpulver, Sardinen, Schokolade, Kakao und getrocknetes Obst – für die verwundeten deutschen Soldaten in den Lazaretten. Von den Juden verlangten sie, diese Beschlagnahme als „Spenden" und „Gesten des guten Willens" ihrerseits den verwundeten Soldaten gegenüber zu betrachten. Zudem mussten sie schriftlich die Adressen von bedürftigen Freunden angeben. Wenn der Empfänger nicht mehr am Leben war, musste der Judenrat den Zoll entrichten, die Quittung unterschreiben, den Inhalt den Soldaten spenden und einen Dankesbrief im Namen der bedürftigen Juden beilegen.

Somit waren in Lemberg zwei Wohlfahrtsorganisationen aktiv: die Zweigstelle der JSS und die Wohlfahrtsabteilung des Judenrats. Die beiden befanden sich in ständigem Wettbewerb. Dr. Landau, der Leiter der JSS in Lemberg, genoss große öffentliche Sympathien, und beide Wohlfahrtsorganisationen taten ihr Bestes, um, wenn auch nur geringfügig, Hunger, Mangel und Krankheiten zu mildern. Erst als Dr. Landau in den Judenrat berufen wurde (nach dem Tod von Landsberg) wurde die JSS wie in den meisten anderen Ghettos dem Wohlfahrtsamt des Judenrats angeschlossen.

Kapitel 5:
Im Ghetto

1. Die Bevölkerung des Ghettos

Obwohl zur Zeit des deutschen Einmarschs mehrmals versucht wurde, die jüdische Bevölkerung Lembergs zahlenmäßig zu erfassen, ist das leider nicht gelungen. Der Krieg brach in alle Lebensbereiche ein, verhinderte systematische Aufzeichnungen, Unterlagen und Dokumente gingen verloren, und vor allem setzten sich Massen von Menschen in Bewegung, sei es freiwillig oder gezwungenermaßen. Daher ist jede Statistik nur eine Schätzung. Auch die unten aufgeführten Zahlen, die das Bild von der Not der Juden in Lemberg während des Krieges soweit wie möglich vervollständigen sollen, sind nicht verlässlich. Sie basieren auf den Unterlagen des polnischen Wissenschaftlers Tadeusz Zaderecki, der aus Lemberg stammte und während des Kriegs dort lebte. Um einen Vergleich zu ermöglichen, präsentieren wir weitere Zahlen und Berechnungen, zum Beispiel die des jüdischen Historikers Filip Friedman aus Lemberg und die von Raphael Mahler, dessen Studien umfangreiche Statistiken aus der Vorkriegszeit enthalten.[180]

Als die Rote Armee im September 1939 in Lemberg einmarschierte, wurden die Einrichtungen der jüdischen Gemeinde geschlossen und das Einwohnermelderegister wurde der sowjetischen Registratur (ZAGS) übertragen. Aus diesem Grund kann die Zahl der Einwohner Lembergs, die zu Beginn des Krieges die Flucht ergriffen, nicht geschätzt werden. Darüber hinaus wurde kein offizieller Zensus der Flüchtlinge durchgeführt, die Lemberg aus den von den Deutschen besetzten Teilen Polens erreichten. Die Anzahl der Menschen, die in das Generalgouvernement zurückkehrten, ist ebenfalls unbekannt, obwohl die Deutschen zu deren Berechnung ein Sonderkomitee nach Lemberg entsandten. Wir wissen auch nicht, wie viele Menschen mit dem Rückzug der Roten Armee in die

---

[180] Zaderecki, Unter der Herrschaft des Hakenkreuzes, S. 27–36, 53–57; Friedman, Die Vernichtung der Juden von Lemberg, S. 681 f.; Mahler, Die polnischen Juden zwischen den beiden Weltkriegen; Intsiqlopedia shel galuyot, Bd. D, Teil A, Lemberg, Jerusalem/Tel Aviv 1956.

Sowjetunion übersiedelten und wie viele „arische" Papiere verwendeten, um während der deutschen Besatzung an Orte zu fliehen, in denen man sie nicht kannte, oder um sich zu verstecken. Falls jemals offizielle Dokumente und Unterlagen existierten, gingen diese in den Wirren des Krieges verloren.

Die letzte offizielle Volkszählung in Polen am 9. Dezember 1931 ergab, dass in Lemberg 99.595 Juden lebten. Man muss davon ausgehen, dass sich diese Zahl im Jahr 1939 um mindestens 10.000 erhöhte. Zaderecki nimmt an, dass am 1. September 1939 – ohne die Flüchtlinge und die zur polnischen Armee eingezogenen Juden – knapp 100.000 Juden in Lemberg lebten. Die erste Flüchtlingswelle brachte etwa 300.000 Menschen aus den von den Deutschen besetzten Gebieten in die Stadt. Nach Schätzungen befanden sich, als das deutsche Sonderkomitee im Dezember 1939 eintraf, fast 239.000 Juden in Lemberg. Filip Friedman kommt zu einem ähnlichen Ergebnis: 250.000 bis 260.000. Die Herausgeber der hebräischen Ausgabe von Zadereckis Buch sprechen von 230.000 bis 240.000 Juden zu Beginn der sowjetischen Besatzung.[181]

In den ersten Monaten der sowjetischen Herrschaft – vom Einmarsch bis zum Frühjahr 1940 – verließen etwa 10.000 jüdische Flüchtlinge Lemberg. Einige von ihnen kehrten zu den Familien zurück, die sie in dem Gebiet westlich des San zurückgelassen hatten; einige zogen an andere Orte.[182]

Nach Zaderecki melden sich nicht mehr als 10.000 Juden zur sowjetischen Armee und etwa weitere 10.000 flohen im Sommer 1941 aus Lemberg mit den sich zurückziehenden sowjetischen

---

[181] Das deutsche Sonderkomitee traf offensichtlich im Dezember 1939 ein und beendete seine Tätigkeit im Februar 1940. Tatsächlich wollten einige Juden in die deutsche Zone zurückkehren und ließen sich zu diesem Zweck im Sommer 1940 registrieren. Diese Registrierung führte jedoch der NKVD und nicht das deutsche Komitee durch. Siehe I. Littvak, Jewish Refugees in Poland in the Soviet Union 1939–1946. Unpublished doctoral dissertation, Hebrew University Jerusalem, 1983, S. 22 ff.; Schneider, Wie ein gejagtes Tier, S. 20; Solomon Schwartz, Di yidn in sovetn-farband, New York 1967, S. 41–44; Zaderecki, Unter der Herrschaft des Hakenkreuzes; Friedman, Die Vernichtung der Juden von Lemberg; Zapisy Aktou – Grazdanskovo Sostoyaniya – ZAGS, sowjetisches Einwohnermelderegister.

[182] Kahana, Tagebuch aus dem Ghetto Lemberg, S. 46; Shapira, Erinnerungen, S. 33.

Streitkräften. Im Juni 1940 befanden sich etwa 50.000 Juden im Landesinneren der Sowjetunion im Exil. Nach den Berechnungen Zadereckis lebten etwa 159.000 Juden in Lemberg, als die Deutschen im Sommer 1941 die Stadt besetzten. Der Lemberger Judenrat kam am 28. August 1941 zu einem ähnlichen Ergebnis. Fritz Katzmann, SS- und Polizeiführer im Distrikt Galizien, zitiert diese Zahl ebenfalls in seinem Bericht.[183]

Allerdings beziehen sich die beiden zuletzt genannten Zahlen auf Ende August 1941; man kann jedenfalls mit Sicherheit feststellen, dass sie nicht im Juli berechnet wurden. Wenn wir uns an verschiedene Ereignisse im Juli und August erinnern – an mindestens zwei große „Aktionen" (die „Gefängnisaktion" und die „Petljura-Tage"), an „kleinere Aktionen", an Massendeportationen, die 10.000 Menschenleben forderten, an die unaufhörliche Verschleppung von Einzelpersonen und an Todesfälle durch Krankheiten und Hunger –, kommen wir realistischerweise zu dem Schluss, dass Lemberg zur Zeit des deutschen Einmarsches eine jüdische Bevölkerung von 160.000 bis 170.000 besaß.

2. Die Entwicklung der Ghettogrenzen

Im Oktober 1941 machten die Deutschen die Einrichtung eines „Jüdischen Wohnbezirks" in Lemberg bekannt. Die einzige sich in unserem Besitz befindliche Version dieser Erklärung ist ein undatierter Entwurf auf der Grundlage früherer Befehle, der den Einwohnern des Generalgouvernements verschiedene Einschränkungen auferlegte.[184] Der Entwurf gibt den Umfang des für das „jüdische

---

[183] Katzmann-Bericht, S. 1. Der Katzmann-Bericht wird im Folgenden zitiert nach der zweisprachigen deutsch-polnischen Ausgabe: Friedrich Katzmann, Rozwiazanie Kwestii Żydowskiej w Dystrykcie Galicja – Lösung der Judenfrage im Distrikt Galizien, hrsg. vom Instytut Pamięci Narodowej, Warschau 2001. Zahlenangabe auf S. 1 des deutschen Faksimiles; Statistik zur jüdischen Bevölkerung im Distrikt Lemberg, YVA, M-37/7; Statistik zur jüdischen Bevölkerung zwischen dem 15.6.1942 und dem 13.1.1944, ebenda; YVA, M-37/50.

[184] Die Befehle sind auf den 13.9.1940, 29.4.1941 und 15.10.1941 datiert. YVA, M-37/29-48. Später, am 7.1.1942, wurde der Befehl in Nachrichtenblättern veröffentlicht. Er war vom deutschen Stadthauptmann Lembergs, Dr. Maurer, unterzeichnet worden, nachdem das jüdische Viertel eingerichtet worden war. Siehe YVA, M-37/29-48. Siehe auch

Wohnviertel in der Stadt Lemberg" vorgesehenen Gebiets nicht an, sagt nichts darüber aus, wie dieses Gebiet zugänglich sein sollte, und setzt kein genaues Datum für die Einrichtung des Ghettos fest. Er beinhaltet jedoch, dass diejenigen, die den Befehl missachteten, mit Gewalt aus dem jüdischen Viertel entfernt sowie Widerstand Leistende mit einer Geldstrafe von 1000 Złoty belegt und, bei schwerwiegenden Verstößen, mit bis zu drei Monaten Gefängnis bestraft würden. Juden konnten nur die notwendigsten persönlichen Habseligkeiten mitnehmen. Nichts wird über den Rest ihres Besitzes gesagt – Geschäftsgebäude, industrielle Anlagen und Büros. Zum Erhalt einer Wohnung in dem neuen Viertel sollten die Juden sich mit dem Judenrat in Verbindung setzen. Die Erklärung besagt zudem, dass Nichtjuden das Viertel zu verlassen hätten, jedoch über die „Transferstelle" im Hauptquartier der Lemberger Polizei andere Unterkünfte erhielten.

Die offizielle deutsche Zeitung, die *Lemberger Zeitung*, gab den Befehl am 15. November 1941 bekannt. Diese Version enthielt weitere Einzelheiten, wie zum Beispiel das letztmögliche Datum für den Umzug, die Namen von in das Viertel einbezogenen Straßen und wie das Gebiet zugänglich sein würde. Die Bekanntmachung gab den Juden einen Monat – bis zum 15. Dezember 1941 –, um in das neue Wohnviertel umzusiedeln, und wurde auf den Anschlagbrettern entlang der Straßen Lembergs angebracht.

Das jüdische Viertel lag im nordwestlichen Teil Lembergs in den Stadtteilen Zamarstynów und Kleparów – Elendsviertel ohne Frisch- und Abwassersystem. Die meisten Gebäude waren nicht an die Stromversorgung angeschlossen. Nur wenige Häuser in dieser Gegend waren groß; die meisten waren einstöckig und in extrem vernachlässigtem Zustand. Das Areal war vom Rest der Stadt durch einen Bahndamm getrennt, der von Kanälen unterbrochen wurde. Das Stadtviertel war über vier Straßen zugänglich: Kleparowska, Źródlana, Pełtewna und Zamarstynowska.

---

den nicht unterschriebenen, dem Gouverneur des Distrikts Galizien (Interne Verwaltung für Polizeiangelegenheiten in der Verwaltung des Generalgouvernements) auf der Grundlage eines früheren Befehls vorgelegten Bericht, der sich auf die Einrichtung eines jüdischen Wohnviertels bezog. Der Befehl trat am 20.11.1941 in Kraft.

Vom Standpunkt der Deutschen aus gesehen war die Lage ideal. Das Areal war vom Rest der Stadt getrennt und leicht zu kontrollieren. Man konnte die in das Viertel führenden Straßen blockieren und den Zugang in beide Richtungen kontrollieren, indem man nur den Eingang über die Pełtewna-Straße, der vorgesehenen Hauptzufahrt zum „Judenviertel", offen ließ.

Ghetto in Lemberg. © United States Holocaust Memorial Museum 69457, mit freundlicher Genehmigung des Staatsarchivs des Gebiets Lemberg (DALO)

Am 9. Januar 1942 fand im Büro des Rechtsanwalts Bauer eine Sitzung über die „Aussiedlung" der Lemberger Juden statt. Anwesend waren Dr. Maurer, ein Vertreter der Innenverwaltung des Generalgouvernements, Dr. Ullrich, Kommandant der Polizei, Major Weise, Kommandant des Ordnungsdienstes, Umbeck, Leiter des Wohnungsamts des Generalgouvernements, Hallbauer, der amtierende Gouverneur von Lemberg, und Oberst Bisanz, der die Abteilung für Bevölkerungswesen und Fürsorge der Innenverwaltung des Generalgouvernements repräsentierte. Die Teilnehmer fassten folgende Beschlüsse:[185]

---

[185] Die Diskussion in Bauers Büro wurde in einem Dokument vom 13.2.1942 festgehalten. Das Original befindet sich im Staatsarchiv des

1. Der Lemberger Judenrat soll eine Liste aller nicht mit produktiver Arbeit beschäftigten Juden einschließlich ihrer Familienangehörigen vorbereiten.
2. Diese Juden sind in kleinere Orte innerhalb des Distrikts umzusiedeln, weitab von Hauptstraßen und auf brachliegenden Flächen.
3. Die Listen sollen zusammen mit den Fotos der betreffenden Personen, so wie diese auf den den Juden im Generalgouvernement ausgestellten Identitätskarten erscheinen, an die Abteilung für Bevölkerungswesen und Fürsorge weitergeleitet werden, die detailliertere Anweisungen erlassen wird. Jeder Kreishauptmann soll über die Anzahl der Juden, die in seinem Kreis neu angesiedelt werden können, Bericht erstatten.
4. Jedem Juden soll nur die Mitnahme persönlicher Gegenstände für den täglichen Gebrauch gestattet werden.
5. Das jüdische Wohnungsamt soll dem städtischen Wohnungsamt über die Wohnungen und den Besitz, den die Juden zurücklassen, Bericht erstatten, sodass diese dem deutschen Treuhänderamt übertragen werden können. Der Generalgouverneur wird zu dieser Angelegenheit detaillierte Richtlinien bekanntgeben.
6. Um das Plündern der Wohnungen zu verhindern, werden die zur „Aussiedlung" vorgesehenen Juden erst zur Räumung gezwungen, nachdem der Judenrat alle genannten Forderungen erfüllt hat. Das städtische Wohnungsamt, das die Wohnungen und deren Inhalt in Besitz nehmen wird, wird entsprechend benachrichtigt.
7. Nur arbeitsfähige Juden, d.h. solche, die in Fabriken, Gewerbebetrieben und Werkstätten angestellt sind oder gefragte Berufe ausüben, sowie ihre nächsten Familienangehörigen sollen von der „Aussiedlung" ausgenommen und nach Geschlechtern getrennt in [im Ghetto eingerichteten] Lagern untergebracht werden. Der Judenrat wird für ihre Unterbringung und Verpflegung verantwortlich sein.

Distrikts Lemberg, P-201/1/204. Eine beglaubigte Kopie ist unter YVA, M-37/61, zugänglich.

Auf dieser Sitzung wurde beschlossen, dass der Kommandant der Polizei, Ullrich, vom Judenrat Daten anfordern würde, die eine Verkleinerung des Judenviertels ermöglichten. Der Judenrat sollte ihm zudem mitteilen, ob alle für die Ansiedlung im Judenviertel vorgesehenen Juden auch tatsächlich auf diesem räumlich sehr beschränkten Areal untergebracht werden könnten. Die Teilnehmer der Sitzung beschlossen, dass alle geltenden Verordnungen bis zur Vorlage der geforderten Unterlagen in Kraft bleiben würden. Falls Beamte und Institutionen einen Wohnraum dringend benötigten, konnten die jüdischen Mieter jedoch zur Räumung gezwungen werden. Die Möglichkeit der Unterbringung von Juden in jüdischen Wohnungen in geräumten „arischen" Stadtteilen sollte in Betracht gezogen werden. Die Verantwortung für derartige Angelegenheiten wurde dem Leiter des Wohnungsamts des Generalgouvernements übertragen. Vor allem ist interessant, dass die Teilnehmer beschlossen, den Begriff „Umsiedlung" bei der Durchführung dieser Aktion soweit wie möglich zu vermeiden. Zudem wurde entschieden, die Angelegenheit bis zum 1. April 1942 abzuschließen.

Am folgenden Tag brachten zwei Teilnehmer am Rande des Sitzungsprotokolls Anmerkungen an, welche die Absichten der Deutschen genauer illustrierten. Vorläufig beabsichtigten sie, nur Facharbeiter, auf deren Arbeitskraft sie nicht verzichten konnten, in Lemberg zu belassen. Mittels der Listen, die der Judenrat zur Verfügung stellen sollte, würde die Polizei den Umfang der notwendigen Deportationen und die Anzahl der auszustellenden Arbeitsgenehmigungen festlegen, des Weiteren entscheiden, wie vielen Familienangehörigen eines Arbeiters der weitere Aufenthalt in Lemberg gestattet würde (um die Produktivität der Arbeiter zu erhöhen und ihren Sturz in Verzweiflung oder Apathie zu vermeiden), und Aufnahmemöglichkeiten für Juden an anderen Orten – offensichtlich außerhalb des Ghettos – vorbereiten.

Die Randbemerkungen deuten zudem darauf hin, wie die in Lemberg verbleibenden Juden behandelt werden sollten. Sie heben hervor, dass das von Juden zu dieser Zeit bewohnte Areal – nördlich der Bahnlinie – für arbeitende Menschen ungeeignet sei, da es räumlich beschränkt und nicht instand gehalten war sowie keine passenden Wohnbedingungen bieten konnte. Dementsprechend sollten die Arbeiter nach Vorlage der geforderten Listen durch den Judenrat in den Obergeschossen von Gebäuden in den Sektionen II, III und IV des Ghettos untergebracht werden. In jedem Fall sollte das von den Juden bislang bewohnte Gebiet in den Händen der „arischen" Bevölkerung bleiben. Die Randbemerkungen deuten ebenfalls darauf hin, dass weitere „Aktionen" in Betracht gezogen werden sollten, falls Quartiere für das Personal der öffentlichen Einrichtungen und der Betriebe der Deutschen benötigt würden.

Die „Umsiedlung", so schrieben die beiden Teilnehmer der besagten Sitzung, sollte nicht vor dem Frühjahr 1942 stattfinden und in keinem Fall vor dem 1. März, da die Behörden so viel Zeit benötigten, um exakte Daten über die Unterbringungsmöglichkeiten zu gewinnen.[186] In der Tat brauchten die Deutschen bis Februar 1942, um mit der Durchführung der auf der Sitzung des 9. Januar gefällten Beschlüsse zu beginnen. Anfang Februar wurde eine Bekanntmachung bezüglich der Verkleinerung des Judenviertels angeschlagen und den im Stadtteil Zniesienie lebenden Juden befohlen, sich innerhalb des Viertels neu anzusiedeln, sodass „arischen" Einwohnern die attraktiveren Straßenzüge zur Verfügung standen.

Am 15. Februar informierte Dr. Ullrich den Vorsitzenden des Judenrats, Dr. Landsberg, über die Absicht, einige Juden aus Lemberg an andere Orte zu verlegen. Die Stadtbevölkerung habe in einem Umfang zugenommen, so Ullrich, dass es bei der Lebensmittelversorgung und Gesundheitsfürsorge zu Schwierigkeiten käme. Die Deutschen fügten zynisch hinzu, dass sie zur Erleichterung der von der Sozialfürsorge zu tragenden Last beschlossen hätten, nur „asoziale" Elemente aus Lemberg zu entfernen. Die Deutschen drängten darauf, dass der Judenrat die Verlegung organisierte.

Ein Memorandum vom 2. April 1942 zeigt, dass die Pläne zur Verkleinerung des Viertels vor der Durchführung der Deportationen vorbereitet worden waren. Nun sollten sie umgesetzt und das, was von dem Viertel noch verblieben war, in ein geschlossenes Ghetto verwandelt werden.[187]

Das an den Stadtkommandanten gesandte Memorandum legte die Grenzen des Viertels nach der Verkleinerung fest: Im Süden verlief die Grenze entlang der Owocowa-, Wagowa- und Brygidek-Straße sowie der Kazimierzowska-Straße bis zur Kleparowska-Straße. Das Areal zwischen der Krakowska-, der Owocowa-, der

---

[186] Kahana, Tagebuch aus dem Ghetto Lemberg, S. 62; Scheinfeld, Das Ghetto Lemberg, S. 78; Zaderecki, Unter der Herrschaft des Hakenkreuzes, S. 173; Maltiel, Aus Rache..., S. 201–212.
[187] YVA, M-37/23Ü.

Wagowa- und der Brygidek-Straße würde vom Ghettogebiet abgetrennt werden, sodass der Abstand des Ghettos zur Stadt vergrößert und daher das allgemeine Stadtbild nicht verunstaltet würde. Zudem könnten die Juden so vom Markt auf dem Kraków-Platz ferngehalten werden. Die Gebäude, die an die im 17. Jahrhundert von deutschen Siedlern errichtete Maria-Zniesienie-Kirche angrenzten, lagen auf der Ostseite des Marktplatzes. Im Westen verlief die Abgrenzung die Wagowa- und Słoneczna-Straße entlang bis zur Brygidek-Straße an der Ecke Kazimierzowska-Straße. Um diesen Bereich vom Ghetto abzutrennen, schlug der Verfasser des Memorandums vor, dass die westliche Grenze entlang der Kleparowska-, Rappaport-, Schleicher- und Arciszewskiego-Straße verlaufen und dann der Bahnlinie bis zur Źródlana-Straße folgen sollte. Im Norden, wo die Quartiere der Facharbeiter lagen, sollte das Ghetto von der Bahnlinie begrenzt werden, abgesehen von dem Gebiet, das nichtjüdische Büroarbeiter bewohnten; dort befanden sich auch mehrere Kirchen.

Das Memorandum vom April 1942 enthielt folgende Berechnungen: Auf dem für das Ghetto vorgesehenen Areal lebten immer noch etwa 10.000 „Arier", und es gab ungefähr 5800 Wohnräume. Den Daten des jüdischen Wohnungsamtes zufolge lebten ungefähr 15.000 Juden außerhalb des jüdischen Wohnviertels. Dementsprechend konnten die „Arier" in Wohnungen außerhalb des Viertels untergebracht werden, welche die Juden zu räumen gezwungen werden sollten. Der gesamte Transfer konnte innerhalb von zehn Tagen durchgeführt werden. Zuerst sollten die auf der Nordseite der Bahnlinie wohnenden Juden um- und „Arier" in ihre Wohnungen einziehen. Zu einem späteren Zeitpunkt sollten die jüdischen Facharbeiter in die verbleibenden Wohnungen umsiedeln und die Juden in den frei werdenden Unterkünften untergebracht werden. Die Juden sollten Straße um Straße ausgewiesen werden, bis der Transfer abgeschlossen war.

Die Frage der Entschädigung von „Ariern" für den zurückgelassenen Besitz sollte durch Verstaatlichung jüdischen Eigentums gelöst werden oder dadurch, dass der Judenrat über die Transferstelle die Miete jeweils drei Monate im Voraus bezahlte. Wenn die Besitzer am Verkauf ihrer Grundstücke interessiert waren, sollte der Kaufpreis berechnet werden. Offensichtlich sollte Juden der Kauf von Immobilien nicht gestattet werden.

Das Memorandum vom April 1942 wurde vom Stadtgouverneur genehmigt, der die wichtigsten Punkte dem Vorsitzenden des Judenrats, Dr. Landsberg, zusammen mit einem Stadtplan am 18. Mai 1942 überreichte. Die Leitung des Judenrats war über die drastische Verkleinerung des Wohngebiets schockiert. Am 27. Mai 1942 sandte Dr. Landsberg einen Brief an den Stadtgouverneur und Direktor des Wohnungsamts, Dr. Hallbauer:

27. Mai 1942
An den
Stadtkommandanten der Stadt Lemberg
z.Hd.: Dr. Hallbauer,
Direktor des Stadtbauamtes in Lemberg

Betr.: **Abgrenzung des jüdischen Wohnviertels**

Der uns zugesandte provisorische Plan des festgelegten Wohnviertels zeigt, daß der gesamte Gebäudeblock östlich der Żółkiewska-Straße von dem jüdischen Wohnviertel abgetrennt und dem polnischen Wohnviertel zugeteilt werden soll.
In diesem Zusammenhang erlauben wir uns, untertänigst die folgenden Kommentare zu unterbreiten:
Als der Sektor IV im Dezember 1941 dem Wohnviertel der Facharbeiter angeschlossen wurde, verlangte die Inspektionsbehörde, daß wir die Gebäude entlang der Grenze zunächst an jüdische Angestellte der Wehrmacht, der SS, der Polizei und ähnlicher deutscher Behörden übergaben. Als wir diese Aufgabe erfüllten, bestimmten wir die Gebäude an der Grenze vor allem für diese Behörden. [...] Wenn diese Häuser nun vom Viertel der jüdischen Facharbeiter getrennt werden sollen, so haben wir keinerlei Möglichkeit, die jüdischen Angestellten der Wehrmacht unterzubringen, weil:
1. die Gebäude im Viertel der jüdischen Facharbeiter bereits für verschiedene Behörden und Organisationen enteignet wurden und wir keine leerstehenden Gebäude haben;

2. der Gebäudeblock westlich der Kleparowska-Straße, der uns zum Ausgleich versprochen wurde, uns für den Verlust des Gebäudeblocks auf der Żółkiewska-Straße nicht kompensieren wird, da es sich hier um weniger Häuser mit geringerer Kapazität handelt. [...] Sollte die Absicht bestehen, die Grenzen des jüdischen Wohngebietes auf beiden Seiten einzuschränken, [...] so ist es klar, daß sich die Wohnbedingungen weiter verschlechtern werden.

Die nachstehenden Zahlen weisen auf die Logik dieser Schlußfolgerung hin:

Gebiet

II – Sektion der Facharbeiter...	64.517 Quadratmeter
III	51.008 Quadratmeter
IV	59.372 Quadratmeter
Kleparów	24.743 Quadratmeter
Zniesenie	26.689 Quadratmeter
Zamarstynów	91.542 Quadratmeter
Nördlich des Peltew-Flusses	7.960 Quadratmeter
Insgesamt	325.831 Quadratmeter

Entsprechend dem vorgeschlagenen Plan wird das gegenwärtige Wohnviertel wie folgt verkleinert:

Ein Teil von Sektor IV östlich der Żółkiewska-Straße	34.154 Quadratmeter
Zniesenie	26.689 Quadratmeter
Ein Teil des Kleparów-Areals	12.371 Quadratmeter
Zamarstynów, nördlich des Peltew-Flusses	7.960 Quadratmeter
Insgesamt	81.174 Quadratmeter

Solcherart reduziert sich der Umfang des jüdischen Wohnviertels auf 244.657 Quadratmeter.

Angesichts der Tatsache, daß der neue Häuserblock westlich der Kleparowska-Straße 25.000 Quadratmeter umfaßt, wird das jüdische Wohnviertel alles in allem ein Areal von 270.000 Quadratmetern umfassen, was den Wohnbedürfnissen der jüdischen Bevölkerung in keiner Weise gerecht werden kann. Darüber hinaus können nur 200.000 Quadratmeter wirklich für Wohnzwecke genutzt werden; die verbleibenden 70.000 Quadratmeter werden für die öffentlichen Einrichtungen der jüdischen Gemeinde reserviert werden. Wenn wir in Betracht ziehen, daß heute [unleserlich] Juden in Lemberg leben, beläuft sich die größtmögliche Zuteilung auf nicht mehr als 2,66 Quadratmeter pro Kopf. Unter diesen Bedingungen halten wir es für unbedingt notwendig, den Häuserblock östlich der Żółkiewska-Straße innerhalb des jüdischen Wohnviertels zu belassen, und bitten Sie untertänigst, von der Abtrennung des Gebietes wie geplant abzusehen.

Der Direktor der Transferbehörde: Dr. Yaffe (-)
Der Präsident des Judenrates, Dr. Landsberg (-)[188]

Eine Antwort des Stadtgouverneurs auf die Vorbehalte des Judenrats konnten wir nicht ausfindig machen. Die Ereignisse der folgenden Tage lassen jedoch keinen Zweifel daran, dass Dr. Landsbergs höflicher Brief die Deutschen nicht beeindruckte. Ihre „Lösung" des Problems der Bevölkerungsdichte im Ghetto ging unvermindert fort: weitere „Aktionen", in deren Verlauf Zehntausende von Lemberger Juden ermordet wurden, sowie die kontinuierliche Verkleinerung des Ghettos.

Am 30. August 1942 – am Tag nach der „August-Aktion" – wurden Plakate in Lemberg angebracht, die Einzelheiten über die Verkleinerung des jüdischen Viertels enthielten. Von dem Gebiet, das die Juden bislang bewohnt hatten, wurde das sogenannte dritte Viertel, d.h. die Straßen auf beiden Seiten der Żółkiewska- und der Słoneczna-Straße, die gesamte Straße rechts der Zamarstynowska-

---

[188] Ebenda. Im Büro des Stadtkommandanten erhielt der Brief die Nummer 1284. Leider ist die Kopie des Briefes beschädigt und die Ziffer mit der Anzahl der Juden in Lemberg unleserlich.

Straße, die Zniesienie-Straße, ein Teil der Kleparowska-Straße sowie die Zamarstynowska-Straße ab Nummer 105 abgetrennt. Dadurch hatte das Ghetto nun folgende Grenzen: im Westen die Zamarstynowska-Straße von der Brücke bis zum Haus Nummer 105; im Norden trennte der Fluss Peltew das Ghetto vom Rest der Stadt; im Osten grenzten es die Tetmajer- und die Warszawska-Straße ein und im Süden der Bahndamm. Zu diesem Zeitpunkt begannen die Deutschen, das neu umrissene jüdische Viertel vom „arischen" Viertel zu trennen, indem sie es einzäunten.

Den Befehl zur Verkleinerung des jüdischen Viertels und zur Einrichtung des Ghettos gab nicht die Zivilverwaltung bekannt, sondern er war vom SS- und Polizeiführer in Ostgalizien, General Fritz Katzmann, unterzeichnet. Die Zivilverwaltung hatte wenig Kontrolle über die jüdischen Angelegenheiten und wenig Einfluss auf die Entscheidung, wer das Ghetto betreten durfte. Der Zutritt war nur mit einer speziellen Genehmigung erlaubt, die nur denjenigen erteilt wurde, die das Ghetto verließen, um zu arbeiten. Jeder, der außerhalb des Ghettos ohne eine gültige Genehmigung angetroffen wurde, wurde getötet. Das Gleiche galt für Nichtjuden, die einem Juden, der es wagte, aus dem Ghetto zu flüchten, Unterschlupf gewährten.

Der Zaun um das Ghetto sollte bis zum 7. September 1942 fertiggestellt werden. Die neue Umgrenzung kann als weitere Errungenschaft von Katzmann in seinem Kampf mit der Lemberger Zivilverwaltung um die Kontrolle über die Juden betrachtet werden. In seinem späteren Bericht an seinen Vorgesetzten, den Höheren SS- und Polizeiführer in Krakau, Obergruppenführer Friedrich Wilhelm Krüger, über die Ermordung der Juden im Distrikt Galizien („Katzmann-Bericht") warf Katzmann der Zivilverwaltung Inkompetenz und Feigheit bei der Lösung der „Judenfrage" vor. Den Befehl zur Einrichtung des Ghettos begründete Katzmann folgendermaßen:

„Es zeigte sich immer mehr, daß die Zivilverwaltung nicht in der Lage war, das Judenproblem auch nur einer annähernd befriedigenden Lösung zuzuführen. Da wiederholte Versuche der Stadtverwaltung Lemberg z.B., die Juden in einem geschlossenen jüd. Wohnbezirk unterzubringen, scheiterten, wurde kurzerhand auch diese Frage vom SS- und Polizeiführer [Katzmann selbst] mit seinen Organen gelöst. Diese Maßnahme wurde umso vordringlicher, da allenthalben im Stadtgebiet in den Wintermonaten 1941 große

Fleckfieberherde auftraten, wodurch nicht nur die einheimische Bevölkerung gefährdet war, sondern im erhöhten Maße die stationierte als auch die durchziehende Truppe. Bei dieser Umsiedlung der Juden in ein bestimmtes Stadtviertel wurden mehrere Schleusen errichtet, in denen von vorneherein bei der Durchschleusung das gesamte arbeitsscheue und asoziale jüd. Gesindel erfasst und sonderbehandelt [ein Euphemismus für Vernichtung – E.Y.] wurde."[189]

Im Rahmen der „großen Aktion" im August 1942 wurden 60.000 Juden ermordet; die verbliebenden wurden in einem geschlossenen Ghetto eingesperrt. Damit waren die Deutschen ihrem Ziel der systematischen Ermordung aller Juden in Lemberg ein erhebliches Stück näher gekommen. Die allgemeine Begründung – dass die mit ansteckenden Krankheiten infizierten Juden eine Gefahr für die deutsche Wehrmacht darstellten – diente Propagandazwecken und zielte darauf ab, den Kontakt mit den Juden zu unterbinden.

Das verkleinerte Ghettogebiet reichte nicht einmal für ein Drittel der 70.000 Juden aus, die nach den „Aktionen" und Deportationen zurückblieben. Alle Gebäude des Gebiets bestanden aus Holz oder verputzten Mauersteinen. Nur wenige waren mehr als ein Stockwerk hoch. Die Bewohner der vom Judenviertel nun abgetrennten Bereiche mussten innerhalb von weniger als zwei Wochen in dem verkleinerten, völlig überfüllten Ghetto eine Unterkunft finden. Jede Person erhielt etwas mehr als einen Quadratmeter Wohnraum. In einen Raum mittlerer Größe wurden zehn Menschen gepfercht – Männer, Frauen, Kinder, Kranke, Gesunde, Arme und Reiche. Einige waren einander völlig fremd. „Sie hatten nur eines gemeinsam: Sie waren alle Juden, alle waren schwer erschüttert, entwurzelt und hatten Gewalt und Not erfahren."[190]

---

[189] Katzmann-Bericht, S. 3 f.
[190] Dokumente zur Einrichtung des Ghettos in Lemberg, der Zwangsarbeitslager und der Einführung von Zwangsarbeit siehe YVA, M-37/23. Vgl. Kahana, Tagebuch aus dem Ghetto Lemberg, S. 90; Zaderecki, Unter der Herrschaft des Hakenkreuzes, S. 239; Friedman, Die Vernichtung der Juden von Lemberg, S. 667; Maltiel, Aus Rache..., S. 216–218; Scheinfeld, Das Ghetto Lemberg, S. 76; Shapira, Erinnerungen; Zeugenaussage von Dricks, YVA, O-3/3849, S. 19–24; Borwicz, YVA, 018/242.

Das ganze Ghetto wurde mit einem hohen Holzzaun eingefasst. Mit der Errichtung wurde der Ingenieur Naftali Landau, ein Mitglied des Judenrats, betraut. Der Judenrat musste die Bauarbeiten finanzieren. Am 7. September 1942 war die Arbeit beendet. Das Ghetto besaß nun nur noch einen einzigen Ausgang, ein Tor an der Źródlana-Straße. Von innen bewachte den Zugang die jüdische Polizei, von außen deutsche und ukrainische Polizisten. Juden, die das Ghetto zur Arbeit verließen, benutzten dieses Tor.

Zunächst war es Einzelpersonen gestattet, das Ghetto zu verlassen. Später durften sie das nur noch in Gruppen. Um das Tor zu passieren, brauchte man eine Sondererlaubnis, eine sogenannte Meldekarte, mit einem auffälligen Stempel der SS. Jeden Morgen versammelten sich die Besitzer dieser Meldekarten am Tor, wo ihre Utensilien sorgfältig durchsucht wurden, damit keine Gegenstände aus dem Ghetto herausgeschmuggelt und gegen Lebensmittel getauscht werden konnten. Arbeiter wurden in Kolonnen an ihre Arbeitsplätze geführt.[191]

Am 8. September 1942, einen Tag, nachdem der Zaun fertiggestellt worden war, informierten zwei Zeitungen – die auf Polnisch erscheinende *Gazeta Lwowska* und die ukrainischsprachige *Ukrainski Wisti* – ihre Leser, dass „die widerlichen und schädlichen semitischen Elemente endlich vertrieben wurden und die geistige und körperliche Bedrohung, die über unserem Volk hing, die arische Gesundheit nicht länger bedroht".[192]

Nach der Einzäunung des Ghettos waren die Einrichtungen der Gemeinde gezwungen, von der Starotandetna-Straße und der Bernsteina-Straße in ein Gebäude in der Kuszewicza-Straße umzuziehen, das zuvor den Angestellten der Straßenbahn gehört hatte. Von

---

[191] Eine Bekanntmachung des Gouverneurs von Galizien, Dr. Karl Lasch, vom 8.12.1941 hielt ausdrücklich fest (Paragraf IV), dass die Juden das Judenviertel nur über die Eisenbahnbrücke in der Kleparowska-Straße verlassen und betreten durften. Nur die Verlängerung der Straße über die Eisenbahnbrücke hinaus stand den Juden offen. Siehe Zaderecki, Unter der Herrschaft des Hakenkreuzes, S. 286; Kahana, Tagebuch aus dem Ghetto Lemberg, S. 90. Anträge auf Erlaubnis, das Ghetto zu verlassen, 21.11.1941 bis 13.1.1943, YVA, M-37.
[192] Zaderecki, Unter der Herrschaft des Hakenkreuzes, S. 251 f.

den Ämtern des Judenrats funktionierte zunächst nur das Wohnungsamt, und zwar in den Büros in der Hermann-Straße 5 (Ecke Łokietka-Straße).

Das schreckliche Schauspiel vom November 1941 wiederholte sich: Auf den engen, schmutzigen Gassen des Ghettos rannten Tausende von Juden umher und suchten nach einer Unterkunft. Massen von Leuten drängten sich vor dem Wohnungsamt: Kinder, deren Eltern während der „Aktion" ums Leben gekommen waren, Männer, die ihre Frauen und Kinder verloren hatten, und die einzigen Überlebenden ganzer Familien.

Das Wohnungsamt war kaum funktionsfähig. Unter den neuen Bedingungen war die Zuteilung von Wohnungen nach menschlichem Ermessen unmöglich. Mehrere Angestellte des Wohnungsamtes mussten aus Platzmangel draußen auf dem Hof arbeiten. Zahlreichen Menschen wurden Dachböden, Keller und Abstellräume zugewiesen. Andere fanden überhaupt keinen Platz; junge Waisen lagen auf den nackten Stufen der Treppenhäuser oder auf der Straße.

Die Nachwirkungen der „Aktionen" und der Aussiedlung in das übervölkerte Ghetto zerstörten das Familienleben zahlreicher Juden, und nicht wenige blieben ohne jegliche Angehörige zurück. Die Zwangsumsiedlung war von brutaler Gewalt und Morden begleitet, die sich zu einer „Aktion" ausweiteten, die nicht weniger schlimm war als die „offiziellen Aktionen". Die Unbilden der Natur verschlimmerten die Not. Es war Spätherbst: Viele wurden krank, da sie Wind und Wetter ausgesetzt waren. Der einzige noch im Ghetto liegende Platz, der Kleparów-Platz, füllte sich mit alleinstehenden Juden ohne Angehörige. Die Leute errichteten provisorische Unterkünfte – Zelte oder baufällige Unterstände – als unzureichenden Schutz vor dem kalten Wetter. Die Deutschen dachten, die Festlegung der neuen Ghettogrenzen genüge; sie hatten keine detaillierten Pläne für die Aussiedlung vorbereitet. „Arische" Familien, die ihre Wohnungen auf dem Ghettogebiet hätten räumen sollen, gaben ihre Wohnungen nicht vor der Ankunft der Juden auf; sie verließen das Gebiet erst, als die Juden schon eingetroffen waren. Daher konnten viele Juden noch nicht in die Wohnungen, was zu Ärger und Spannungen führte. Zwist und Streit über Kleinigkeiten nahmen zu. Die Nichtjuden forderten von den Juden maßlose Summen als Schlüsselgeld für die Nutzung ihrer armseligen Wohnungen. Der gesamte Prozess nahm mehrere Monate in Anspruch, und erst, nachdem die Nichtjuden weggezogen waren, beruhigte sich die Situation im Ghetto ein wenig. Massenhafte Todesfälle, einige davon aufgrund von Krankheiten, andere infolge der fortwährenden „Aktionen", „minderten" die Überbelegung.

Dennoch blieb die Bevölkerungsdichte ein zentrales Problem im täglichen Leben im Ghetto. Es führte zu seltsamen Lösungen wie dem Schlafen in Schichten (Tag, Nacht oder sogar in drei Schichten), dem Übereinanderstapeln hölzerner Kastenbetten und dem Wegräumen der Betten während des Tages, damit sich die zahlreichen Bewohner einer Wohnung darin bewegen konnten. Einer der Überlebenden beschreibt die Wohnbedingungen im Ghetto zu dieser Zeit:

> „Die Wohnungen im herkömmlichen Wortsinn waren winziger als winzig. Zum größten Teil handelte es sich um baufällige Bruchbuden, die schon vor Kriegsbeginn für den Abriss vorgesehen gewesen waren. Abschaum aller Art hatte zuvor in diesen Ruinen gehaust. Eine derartige Ruine besaß winzige Gitter und normalerweise keine Fensterscheiben; die Fenster waren mit Lumpen, Papier und verdreckten Kissen zugestopft – Bretter galten als Luxus. Die Außenwände waren mit grauschwarzer Farbe überzogen und mit Dreck und Schlammflecken übersät, die von den Rädern der Karren spritzten, die langsam durch die fauligen Pfützen zogen, die im Sommer wie im Winter auf der Straße standen. Alle Mauern waren mit Moos überzogen. Die Nordwände waren verfault, und die Feuchtigkeit zog sich hoch bis zu den Dachziegeln. Die Dächer selbst waren mit hölzernen Schindeln gedeckt und hatten marode Rinnen. Der Korridor zum Haus war ebenfalls mit Holzschindeln gepflastert und stellte für die Ortsunkundigen ein Minenfeld dar, auf dem sie sich die Knochen brechen und auf die Nase fallen konnten. Wenn die Wohnung ‚fließendes Wasser' besaß, so war der Wasserhahn zerbrochen. [...] Die Wände und Böden waren reparaturbedürftig, und in jedem Raum und in jeder dunklen Ecke standen verputzte Öfen mit rostigen Rohren und einem rußigen Kamin."[193]

Ende 1942 wurde beschlossen, das Ghetto erneut zu verkleinern, und das Areal wurde offiziell in *Julag* (Abkürzung für „Judenlager") umbenannt. Nun wurden ein Teil der Kleparów-Gegend bis zur Rękodzielnicza-Straße sowie eine Sektion der Kresowa-Straße bis

---

[193] Maltiel, Aus Rache..., S. 201–212, und Anmerkungen oben.

zur Bałuckiego-Straße vom Ghetto abgetrennt. Die neuen Grenzen des jüdischen Viertels verliefen entlang der Zamarstynowska- und der Rękodzielnicza-Straße und schlossen die Häuserblocks bis zur Bałuckiego-Straße mit Ausnahme der Straße selbst ein. So umfasste das Ghetto die Szaraniewicza-, Weyssenhofa-, Pustowójtówna- und Kresowa-Straße sowie die Hälfte der Nadbrzeżna-Straße. Wie zuvor bildete ein Teil des Bahndamms die Südgrenze des Ghettos.

Ein neu gemaltes Schild mit der Aufschrift „Julag II" wurde über der Słoneczna-Straße aufgehängt. Die Präsidiumsmitglieder des Judenrats – darunter der letzte Vorsitzende des Lemberger Ghettos, Dr. Eberson – wurden zusammen mit ihren Familien hingerichtet. Es begann eine neue Ära, in der das Ghettos nun als Julags existierte. Die einzigen im Julag verbleibenden Juden waren diejenigen, die in unverzichtbaren Unternehmen beschäftigt waren. Sie wurden entsprechend ihrem Arbeitsplatz in Baracken untergebracht. Die Deutschen setzten einen Oberjuden als Vorarbeiter der Arbeitskolonnen ein, der ihre Befehle empfing und durchsetzte. Diese Vorarbeiter bildeten zusammen mit den Polizisten eine Art Judenrat, der regelmäßig im Gebäude des deutschen Hauptquartiers zusammentrat, in dem die jüdische Polizei ihre Station hatte. Dieser Judenrat war völlig machtlos, und seine Mitglieder mussten die Befehle der Deutschen eins zu eins umsetzen. Die Juden wurden von den Kommandanten der jüdischen Polizei repräsentiert. Das Oberkommando über das Julag wurde der SS übertragen.

Durch eine „Aktion" im November des Jahres wurde das Ghetto erneut umstrukturiert. Alle arbeitenden Juden und ihre Familien wurden in einem besonderen Häuserblock zusammengefasst. Die Deutschen nannten dies „Kasernierung". Die Arbeitsbedingungen der Juden und die Gehälter änderten sich ebenfalls. Von nun an wurden jüdische Abeiter nicht mehr direkt von ihren Arbeitgebern bezahlt. Sie wurden zum „Eigentum des SS- und Polizei-Kommandanten", General Katzmann, erklärt, und ihre Arbeitgeber zahlten ihren Lohn in die Kassen der SS. Als Gegenleistung für ihre Arbeit erhielten die jüdischen Arbeiter eine Portion dünner, wässriger Suppe und 70 Gramm Brot pro Tag sowie einmal im Monat ein Paket Ersatzkaffee. Zu dieser Zeit unterbrach die Stadtverwaltung Lemberg die Versorgung des Ghettos mit Gas und Strom und drehte die Wasserversorgung in zahlreichen seiner Gebäude ab.[194] Unter diesen Bedingungen erlebte das Lemberger Ghetto den Winter 1942/43.

3. Der alltägliche Kampf ums Überleben: die Ghettowirtschaft

Während der Besatzung erschütterten zwei wirtschaftliche Umbrüche die ökonomischen Pfeiler, die seit Generationen die Grundlage für die Existenzsicherung der Lemberger Juden waren. Die erste Krise traf die Gemeinde während der sowjetischen Besatzung, als der Besitz aller Privathaushalte, Handwerker und Händler im Zuge der „Sozialisierung" enteignet wurde. Durch die sowjetische Umgestaltung der Gesellschaftsordnung verloren Fachkräfte wie Rechtsanwälte, Büroangestellte, Geistliche und Angestellte der *Kehilla* ihren Lebensunterhalt. Andererseits schuf die verstaatlichte sowjetische Wirtschaft zahlreiche Arbeitsmöglichkeiten in der Industrie, bei den Regierungsstellen für Handel, in den Erziehungs- und Gesundheitseinrichtungen sowie in der zentralen und städtischen Verwaltung.

Die zweite Krise begann mit der Besatzung durch die Nationalsozialisten. Die Beschäftigungs- und Klassenstruktur der Juden in Lemberg veränderte sich im Vergleich zu ihrem Vorkriegszustand fundamental, und die Klassenunterschiede vergrößerten sich. Es war die Stunde der „starken Männer", d.h. der Spekulanten, der Büroangestellten jeder Art und der jüdischen Polizei. Die Zugehörigkeit zur unterprivilegierten Klasse kam einem Todesurteil gleich, bei dem nur der Zeitpunkt der Hinrichtung unbekannt war. Wer als nicht produktiv beschäftigt galt, keine Ressourcen besaß und wem es an „Beziehungen" mangelte, war ebenso wie seine Familie allen Risiken ausgesetzt. Der Status vor dem Krieg zählte nichts mehr.

Leute mit privilegiertem gesellschaftlichen Status waren Fachkräfte, Facharbeiter, Techniker, Ingenieure und Ärzte, die für die verschiedenen deutschen Unternehmen und Einrichtungen arbeiteten. Nach ihnen kamen die Händler, Ladenbesitzer, Makler und Privathaushalte. Menschen mit freien Berufen, wie Lehrer, Rechts-

---

[194] Goldberg, Tage im Feuer, S. 47 f., 199, 128; Maltiel, Aus Rache..., S. 236; Zaderecki, Unter der Herrschaft des Hakenkreuzes, S. 254.

anwälte und Kultusangestellte, standen auf einer niedrigeren Rangstufe. Alle anderen – die keine Arbeit, Arbeitserlaubnis und keine Ressourcen hatten – bildeten im Ghetto die unterste Klasse. Sie und ihre Familien waren die ersten Opfer der Verordnungen und die Ersten, die bei den „Aktionen" in die Vernichtungslager deportiert wurden.

Die Deutschen führten in Galizien eine ungleiche Lebensmittelrationierung ein. Obwohl jeder auf der Grundlage von Lebensmittelkarten Anspruch auf Rationen hatte, wurde bei der Zuteilung pro Kopf entsprechend der ethnischen Herkunft unterschieden: Juden erhielten nur 10 Prozent der Rationen der Deutschen und die Hälfte der für Polen und Ukrainer reservierten Zuteilungen.[195]

Die den Juden offiziell zugeteilten Lebensmittel waren viel zu knapp bemessen und von schlechter Qualität. Größtenteils nahmen die Juden eine Mahlzeit pro Tag zu sich, am Nachmittag oder am Abend, je nach dem Arbeitsplan der Familie. Diese Mahlzeit war dürftig: Bohnensuppe, Kartoffeln oder dicke Grütze, Steckrüben und Brot. Statt Kaffee tranken sie ein Gebräu aus gerösteten Rüben, die in Wasser gekocht und mit Saccharin gesüßt wurden. Hausfrauen bereiteten Mahlzeiten aus Zweigen und wilden Kräutern oder aus Kartoffelschalen und Rinde. Das Grundnahrungsmittel war Brot von sehr schlechter Qualität. Ein Überlebender beschrieb die Situation:

> „Nur äußerlich ähnelte dieses Brot einem Laib. Innen befand sich eine Art Teig, der auf geheimnisvolle Weise zusammengerührt wurde. Er könnte ein wenig Mehl enthalten haben, mit seiner grau-braun-schwärzlichen Farbe ähnelte er jedoch einem Außenputz. Die Substanz war stets klebrig und faulig; sie trocknete nie. Trotz seines widerlichen Aussehens und seines ekelhaften Geschmacks war es aber die Grundlage der Ernährung. Dennoch wurde das Ghetto nicht regelmäßig mit Brot beliefert, und

---

[195] Bekanntmachungen über die Verteilung von Lebensmitteln in Lemberg, Januar 1942, YVA, M-37/21; Goldberg, Massuah Archiv, 158/T, S. 137; Tina Nachmann, Massuah Archiv, 1/18/T, S. 4; Ruth Shapis, Moreshet Archiv, S. 457/A; Zippora Tobiasiewicz, Moreshet Archiv, S. 245/A; Czartkower, Tagebuch, Massuah Archiv, 9/24/T, S. 56; Goldberg, Tage im Feuer, S. 37–41; Maltiel, Aus Rache..., S. 37 ff.; Kahana, Tagebuch aus dem Ghetto Lemberg, S. 70 ff.

wenn es hereingeschmuggelt wurde, so kostete es ein kleines Vermögen (30 Złoty für ein Kilo Brot)."[196]

Bis zur Abriegelung des Ghettos mussten die Juden ihre Rationen in besonderen, nur für Juden bestimmten Lebensmittelläden kaufen, die der Judenrat eingerichtet hatte. Sie konnten Gemüse ohne Einschränkungen auf dem städtischen Markt erwerben, aber sie durften nur für zwei Stunden am Nachmittag dort einkaufen, und zu diesem Zeitpunkt waren die meisten Waren schon vergriffen.

Trotz des großen Mangels an Nahrungsmitteln und der ständig schrumpfenden Rationen boten kleine Restaurants im Ghetto für diejenigen, die es sich leisten konnten, Delikatessen an – Fleisch, Eier, Wein, Schnaps, Cognac, Brötchen, Butterbrote – als gäbe es keinen Krieg. Die Preise waren natürlich exorbitant hoch: 50 bis 60 Złoty für eine Portion guten Fleisches, 25 Złoty für ein Butterbrot, 200 bis 300 Złoty für ein bescheidenes Frühstück für zwei. Diese Etablissements wurden von Schmugglern und Spekulanten frequentiert, deren Einkünfte ihnen, solange sie nicht gefasst wurden, ein angenehmes Leben gestatteten. Auf der „arischen" Seite der Stadt gab es mehrere Warenlager, die mit allen erdenklichen Delikatessen gefüllt waren und von einem Schild mit der Aufschrift „Nur für Deutsche" geschützt wurden. Dort konnte man alles erhalten – sogar in der Sowjetunion hergestellte Hemden und Strickwaren –, wenn man Coupons vorlegte. In den übrigen Geschäften, in denen die lokale Bevölkerung einkaufte, waren die Regale gewöhnlich leer.[197]

Als das Ghetto mit einem Zaun abgeriegelt wurde, boten sich den Juden weniger Gelegenheiten, sich Lebensmittel zu beschaffen, da die persönlichen und geschäftlichen Beziehungen zu den Christen in Lemberg nun nicht mehr möglich waren. Jüdische und christliche Schwarzmarkthändler, die unter Lebensgefahr Waren ins Ghetto schmuggelten, verlangten Wucherpreise, manchmal das Drei- oder Vierfache der Preise des Schwarzmarktes auf der „arischen" Seite.

---

[196] Maltiel, Aus Rache..., S. 248. Das monatliche Durchschnittseinkommen im Generalgouvernement betrug 300 Złoty.
[197] Weichert, Memoiren, S. 288–290; Zeugenaussage Abraham Goldberg, Massuah Archiv, 158/T.

Jeder, der noch irgendwelche Habseligkeiten besaß, erhöhte die unzureichenden offiziellen Rationen, indem er sich auf dem Schwarzmarkt zu versorgen versuchte. Doch die Preise dort schossen in die Höhe. 1941 stieg der Preis für einen Laib Brot von 1400 Gramm auf 30 Złoty, später sogar auf 40 Złoty. Ein Kilogramm Butter wurde für 200 Złoty verkauft, eine Schachtel Streichhölzer für 1,50 Złoty. Außerdem war das Einkaufen auf dem Schwarzmarkt lebensgefährlich; es war streng verboten und wer zuwiderhandelte, wurde brutal bestraft. Polen, die im Besitz oder beim Verkauf geschmuggelter Güter angetroffen wurden, kamen ins Gefängnis oder Konzentrationslager. Juden, die man beim Kauf oder Verkauf auf dem Schwarzmarkt erwischte, wurden hingerichtet.

Dennoch mussten die meisten Ghettobewohner mit den ihnen von den Deutschen zugeteilten minimalen Rationen auskommen, da sie sich nichts anderes leisten konnten. Im Ghetto herrschte Hungersnot. Aus diesem Grund und wegen der schlechten Wohnbedingungen, fehlender warmer Kleidung und nicht vorhandener Medikamente sowie der Erschöpfung durch die harte Arbeit stieg die Sterblichkeitsrate im Ghetto in schwindelerregende Höhen. Ganz besonders traf es die Kinder, da sich niemand um sie kümmerte, wenn sie ihre Eltern im Verlauf einer der vielen „Aktionen" verloren hatten. Sie trieben sich in bitterer Not auf den Straßen herum, bettelten und stahlen, bis sie aus Erschöpfung und Unterernährung zusammenbrachen. In vielen Fällen fielen Menschen einfach auf der Straße um und starben dort. Ein Mitglied des Judenrats berechnete anhand der Sterblichkeitsrate, dass die jüdische Bevölkerung in Lemberg durch Hunger, Krankheiten, Selbstmorde und eine niedrige Geburtenrate innerhalb von fünf Jahren den Nullpunkt erreichen würde, selbst wenn keine weiteren „Aktionen" mehr erfolgten. Im Nachhinein stellte sich dies als unpräzise heraus. Durch die harte Wirklichkeit des Ghettos fiel die Geburtenrate in den Jahren 1942 und 1943. Einer Einschätzung im Ghetto praktizierender Ärzte zufolge hörte mehr als die Hälfte der Frauen auf zu menstruieren. Andere schätzten diesen Anteil auf fast 90 Prozent. Mehr als die Hälfte der Bevölkerung (60 bis 80 Prozent) litt zu dieser Zeit unter durch Hunger herbeigeführten Krankheiten. Typhus, Tuberkulose und Skorbut forderten zahlreiche Opfer.[198]

---

[198] Goldberg, Tage im Feuer, S. 37–41.

Menschen lagen leblos im Freien, schwach und hilflos, mit vom Hunger aufgeblähten Bäuchen. Man konnte nicht auf der Straße laufen, ohne auf Verhungerte zu stoßen. Normalerweise kümmerten sich die Leute nicht um die auf den Gehsteigen liegenden Körper, egal ob diese tot oder lebendig waren. Manchmal gab ein mitleidiger Passant einem Unglücklichen eine Scheibe Brot, aber solche Vorkommnisse waren selten, da Brot zu den kostbarsten Dingen gehörte und alle Hunger hatten.

Im Ghetto breiteten sich verschiedene Seuchen aus. Diese zu bekämpfen war aussichtslos, da alle jüdischen Krankenhäuser in der „großen Aktion" im August 1942 liquidiert worden waren. Nur eine kleine Klinik gab es noch im Ghetto. Apotheken existierten nicht mehr. Medikamente, die von der „arischen" Seite unter großen Risiken ins Ghetto geschmuggelt wurden, waren nur äußerst selten erhältlich und kosteten ein Vermögen.

Typhus breitete sich unkontrolliert aus. Einer der Ärzte erinnert sich daran, jeden Tag bis zu 25 Fälle von neuen Ansteckungen gezählt zu haben. Noch immer gab es mehrere Dutzend Ärzte im Ghetto, und sie hatten alle Hände voll zu tun. Die Leute schützten sich, so gut sie konnten, und versuchten, sich sauber zu halten und sich trotz der schrecklichen Überbelegung der Wohnungen regelmäßig zu waschen. Das öffentliche jüdische Bad außerhalb des Ghettos reklamierten die jüdischen Polizisten für sich; es konnte jeden Tag nur wenige Badende aufnehmen.

Man musste unbedingt vermeiden, im Ghetto krank zu werden. Die Deutschen nahmen jeden, der für krank befunden wurde, direkt für die „Sonderbehandlung" mit, was, wie jeder wusste, den Tod bedeutete. Arbeiter, die erkrankten, gingen in der winterlichen Kälte selbst mit 39 oder 40 Grad Fieber weiterhin zur Arbeit, um keinen Verdacht zu erregen. Wer sich Medikamente oder Spritzen leisten konnten, kaufte diese heimlich, damit seine Erkrankung nicht offenkundig wurde. Der Wille zum Leben und Überleben war so stark, dass sich einige Patienten tatsächlich regenerierten. Viele scheuten keine Mühe, zumindest den Anschein menschlicher Würde zu wahren.

Die Not der Massen wurde durch keinerlei öffentliche Unterstützung gemildert. Der Judenrat, sein Sozialamt und die in Krakau angesiedelte „Jüdische Selbsthilfe" besaßen kaum finanzielle Mittel.

Es gab wenig, was die hilflosen Angestellten der Wohlfahrtsorganisationen tun konnten, trotz ihres guten Willens und ihres Engagements.

Es war unglaublich schwer, Krankheiten zu bekämpfen, obwohl die Ärzte und Krankenschwestern sich ernsthaft bemühten. Wie schon erwähnt, hatten die Deutschen das jüdische Lazarus-Krankenhaus in der Rappaport-Straße gleich nach ihrem Einmarsch in Lemberg enteignet. Sie gestatteten den Juden weder, die Einrichtung und die medizinische Ausrüstung mitzunehmen, noch diese in die drei Krankenhäuser zu transferieren, die in der ersten Zeit der Besatzung im Ghetto eröffnet wurden – und die ihre Patienten, darunter auch die tagtäglich eingelieferten Opfer von Arbeitsunfällen, ohne Medikamente oder Ausrüstung zu behandeln hatten.

Am 11. Dezember 1941 befahl die Abteilung für Bevölkerungswesen und Fürsorge des Distrikts Galizien allen jüdischen Ärzten und ihren Assistenten, zur Identifizierung Armbinden zu tragen. Der Befehl war von Ortmanns unterzeichnet, dem Leiter der Abteilung für Bevölkerungswesen und Fürsorge. Im März 1942 führten die Deutschen ihre „Aktion" gegen „asoziale Elemente" durch – die erste Massendeportation von Lemberger Juden. Am 20. Mai 1942 wurden alle Tiermediziner in das Lager Janowska deportiert; ihre Instrumente wurden konfisziert und „arischen" Veterinären übergeben.[199]

Nach der Deportation führten die Deutschen einen Zensus unter den jüdischen Arbeitern durch. Im Ghetto hatte man das Gefühl, dass die Inhaber von „Meldekarten" gegen alle Gefahren immun

---

[199] Unter den Dokumenten aus den Archiven der ehemaligen Sowjetunion fanden wir auch solche, die die Einstellung der deutschen Behörden zu den Ärzten im Ghetto thematisieren, d.h. Briefwechsel des Gesundheitsamts wegen der Beschäftigung jüdischer Ärzte und Befehle an diese, Kennzeichen zu tragen. Besonders streng gingen die Behörden gegen jüdische Tierärzte vor. In der Zeit vom 2.6.1941 bis zum 10.4.1942 wurde eine Liste jüdischer Veterinäre erstellt, und es wurden Befehle zu ihrer Einlieferung in ein Konzentrationslager erteilt, YVA, M-37/55, M-37/61. Den Befehl und den Briefwechsel die Tierärzte betreffend veröffentlichte der Kommandant der Sicherheitspolizei und des Sicherheitsdienstes im Distrikt Galizien II B, YVA, M-37/55. Zur Beschäftigung jüdischer Ärzte siehe auch Zeugenaussagen von Maltiel, Aus Rache...; Dr. Dricks, YVA O-3/3849; Borwicz, YVA 018/242.

waren. Immerhin verbat dieses Dokument ausdrücklich die Verschleppung des Inhabers von der Straße weg. Wer nicht das Privileg einer Meldekarte besaß, bemühte sich mit allen Kräften, eine Arbeit zu finden. Jede Meldung einer offenen Stelle löste einen Ansturm von Bewerbern aus; viele glaubten ernsthaft, dass die Arbeit sie vor dem Tod bewahren würde.

4. Die Einrichtung von Fabriken und Werkstätten

In dem beschränkten Raum, in dem die Lemberger Juden zusammengepfercht wurden, entstand eine ungeheure Nachfrage nach neuen Arbeitsplätzen. Der Judenrat suchte verzweifelt nach Beschäftigungsmöglichkeiten für die Bewohner. Andererseits suchten die Zivilverwaltung in Lemberg und die deutschen Geschäftsleute im besetzten Land nach Arbeitskräften, um diese zum eigenen Vorteil auszubeuten.

Die Führung des Judenrats versuchte die Deutschen davon zu überzeugen, dass sie von der Einrichtung von Fabriken in Lemberg und der Beschäftigung jüdischer Arbeiter im Hinblick auf Personalkosten und Arbeitsqualität profitieren könnten. Mehrere in unserem Besitz befindliche Quellen zeigen, dass die Deutschen die Bedeutung der jüdischen Arbeit erkannten und schätzten. Bürokratie und SS waren überrascht, als sie die Talente und Fähigkeiten der Juden entdeckten, obwohl sie ihre antisemitische, auf den „Führer" ausgerichtete Ideologie das Gegenteil gelehrt hatte. Im September 1940 sagte Generalgouverneur Hans Frank auf einer Sitzung der Abteilungsleiter des Generalgouvernements, die Juden seien in Bezug auf die Arbeit „nicht nur immer verlotterte Gestalten, sondern ein notwendiger handwerklicher Teil innerhalb des Gesamtgefüges des polnischen Lebens. Das haben wir nicht gewußt, wir wissen es heute, im Reich weiß man es nicht."[200] Emanuel Ringelblum hielt im November 1940 in seinem Tagebuch fest, dass die Deutschen sehr erstaunt waren, als sie erkannten, dass viele Juden Handwerker waren.[201]

---

[200] Das Diensttagebuch des deutschen Generalgouverneurs in Polen, S. 281.
[201] Emanuel Ringelblum, Kesovim fun geto, A., Warschau 1961, S. 175.

Deutsche Unternehmer und andere „Arier", die Lemberg erreichten, errichteten rasch Fabriken, die das reiche Angebot an einheimischen Arbeitskräften ausnutzen sollten, um Aufträge der Wehrmacht zu erfüllen. Juden waren bereit, im Austausch für eine Bescheinigung, dass sie von den Deutschen gebraucht wurden, für Hungerlöhne zu arbeiten.

Der Aufschwung der Fabriken und Werkstätten, der Ende 1941 eingesetzt hatte, gewann nach der „Aktion" im März 1942 an besonderer Dynamik. Als sie sahen, wie die Werkstätten entstanden, hofften viele Juden im Ghetto, dass eine neue Ära ohne „Aktionen" begonnen habe und sie von Deportationen und Vernichtung verschont bleiben würden, da sie für die deutsche Kriegswirtschaft gebraucht würden.

Im Januar 1942 verhandelte ein Volksdeutscher namens Dormann mit den deutschen Behörden in Lemberg über die Einrichtung einer Näh- und Strickwerkstatt für die Luftwaffe, wo Juden für niedrige Löhne schuften sollten; er erhielt jedoch die notwendigen Lizenzen nicht. Nach der „Aktion" im März 1942 kam ein jüdischer Händler namens D. Grayewer aus Krakau nach Lemberg. Grayewer war es gelungen, Juden vor der Deportation zu bewahren, indem er sie in „städtischen Werkstätten" beschäftigte, die er in Bochnia in Westgalizien eingerichtet hatte. Anscheinend nahm er mit Dormann und mehreren bekannten Persönlichkeiten Kontakt auf, die nach Wegen suchten, Juden zu retten, indem sie diese für die Deutschen arbeiten ließen. Sie nahmen Verhandlungen mit dem Stadthauptmann von Lemberg, Dr. Höller, Höllers Assistenten für Wirtschaftsfragen, Dr. Reisp, und drei jüdischen Unternehmern auf: einem Fabrikanten mit Namen Tremski, dem Rechtsanwalt Dr. Isidor Reisler (dem Schwiegersohn von Dr. Leib Landau) und einem jungen Kaufmann, Rechtsanwalt David Schächter.[202]

---

[202] Am 28. April 1942 schickte die interne Verwaltung für Polizeiangelegenheiten (eine Abteilung der Verwaltung des Generalgouvernements in Galizien) einen Rundbrief an den Kommandeur der Sicherheitspolizei und des SD, das Arbeitsamt und die Firma von Viktor Kremin, alle in Lemberg ansässig. Der Rundbrief hielt fest, dass die Firma Kremins jüdische Arbeiter beschäftigen musste, da nichtjüdische Arbeitskräfte schwer zu finden waren. Da die Arbeit in dieser Fabrik wirtschaftlich wichtig war, wurden die zuvor genannten Einrichtungen gebeten, die

Ihre Initiative machte sich bezahlt; im April 1942 wurden in Lemberg Werkstätten eingerichtet. Die drei Unternehmer wurden als Manager eingesetzt, und Grayewer wurde zum Generaldirektor des gesamten Unternehmens ernannt. Der Direktor der Lemberger Zweigstelle der jüdischen Selbsthilfeorganisation unterstützte die neuen Einrichtungen aktiv. Nachdem zuvor bei der „Aktion" vom März 1942 die „asozialen Elemente" vernichtet worden waren, hofften die Gründer der Werkstätten nun, mithilfe dieses Unternehmens mehrere Tausend unbeschäftigte jüdische Handwerker sowie einen Teil der jüdischen Intelligenz zu retten.

Die Werkstätten wurden in der Kazimierzowska-Straße 20–22 eingerichtet. Ghettobewohner, die sich um Arbeit bewarben, mussten ihre eigenen Werkzeuge mitbringen oder welche auftreiben. Die Bewerber mussten für das Privileg, in diesen Läden und Fabriken arbeiten zu dürfen, sehr große Summen zahlen. Diejenigen, die dazu in der Lage waren, verhandelten nicht, sondern zahlten bereitwillig jede Summe für die begehrte Arbeitserlaubnis und das Abzeichen; Letzteres bestand aus einem Stück roten Stoffs, auf dem der Buchstabe „W" (für „Wehrmacht") aufgestickt war, und wurde auf der linken Brustseite angebracht. Das Abzeichen identifizierte den Träger als Arbeiter im Auftrag der Wehrmacht.

Die „städtischen Werkstätten" stellten zwischen 4000 und 5000 Juden ein. Sie richteten Abteilungen der Leicht-Indindustrie ein, die Bekleidung, Luxusartikel, Körbe, Bürsten, Buchdeckel, Ziegelsteine, Unterbekleidung, Damenhüte, Pappschachteln, kleine Gegenstände aus Leder und Ähnliches produzierten. Da wenige dieser Beschäftigungen körperliche Anstrengungen erforderten, wurden sie bisweilen von Personen ausgeführt, die vorher in freien Berufen gearbeitet hatten, d.h. als Rechtsanwälte, Kultusbeamte, Lehrer, Künstler, oder zuvor wohlhabende Kaufleute und Handwerker gewesen waren. Einigen von ihnen wurden Hilfsarbeiten und Dienstleistungsaufgaben zugeteilt; sie waren Türsteher oder hielten nachts Wache.

Firma Kremins zu unterstützen und ihre Angestellten mit den entsprechenden Arbeitsausweisen auszustatten, die es ihnen erlaubten, zur Arbeit zu gelangen. Der Rundbrief war von Dr. Maurer unterzeichnet. YVA, M-37/28. Siehe auch die Zeugenaussagen von Rosa Basekes-Wengrowa, YVA, O33/1144, und Ya'akov Lebel, YVA, O-3/3848.

Eine der größten Werkstätten in Lemberg gehörte den Deutschen Ausrüstungswerken (DAW). Die Produktionsstätten dieses SS-eigenen Betriebs waren im Lager Janowska in separaten Baracken untergebracht, die vom Hauptlager durch Stacheldraht abgetrennt waren. Tausende junger jüdischer Männer und Frauen arbeiteten hier, verließen das Ghetto jeden Morgen um 5:00 Uhr auf dem Weg zur Arbeit in von „Oberjuden" angeführten Kolonnen und kehrten um 17:00 Uhr ins Ghetto zurück.

Aus den Fabriken der DAW konnten die Arbeiter in das Gefangenenlager Janowska blicken und beobachten, was dort vor sich ging. Manchmal gelang es ihnen, auf der anderen Seite des Stacheldrahts ihre Verwandten zu entdecken. Die Fabrik bot bessere Bedingungen als das Lager, wo ein strenges Regiment herrschte, und zahlreiche Gefangene bemühten sich darum, für die Arbeit in den Fabriken angestellt zu werden. Wer Erfolg hatte, erhielt die Sondererlaubnis und das „W"-Abzeichen.

Ein einzigartiges Unternehmen war der „Rohstoffsammler", eine Abfallsammelstelle, die ein deutscher Fabrikant aus Berlin namens Viktor Kremin eingerichtet hatte. Die Arbeiter dieses Betriebs sammelten verschiedene Materialien zur Wiederaufbereitung. Sie sortierten Berge von Müll am Stadtrand von Lemberg und sammelten alles, was sie fanden: Glasscherben, Metallstücke und allerlei Abfall. In der Fabrik sortieren, säuberten und reparierten die Arbeiter die Ernte ihrer Kameraden. Angestellte, die in Lemberg nach Abfall suchten, erhielten besondere Ausweise und Abzeichen, die den Buchstaben „R" für „Rohstoff" trugen. Die Fabrik erhielt zudem die Bekleidung von Soldaten, die an der Front gekämpft hatten. Diese Kleidungsstücke – getragen, zerrissen, mit Blut und Eiter verkrustet und von Läusen befallen – wurden gereinigt und zum erneuten Gebrauch geflickt. Kleiderladungen von Juden, die im Verlauf der „Aktionen" ermordet worden waren, wurden ebenfalls an diese Fabrik geliefert. In ganz Ostgalizien hatte der „Rohstoffsammler" einen Monopolstatus. Tausende jüdischer Frauen und Männer arbeiteten dort und wurden, so die Zeugenaussagen von Überlebenden, recht anständig behandelt. Der Besitzer drückte sogar bei verschiedenen Gelegenheiten sein Mitleid für das Elend der Juden aus.

Die Werkstatt der Firma Schwarz befand sich in der Marcin-Straße 3, 5, 7, 9 und 11 und war einer der größten Arbeitgeber in Lemberg. Ihre Belegschaft – zwischen 3000 und 5000 jüdische Frauen und Männer – wohnten in zwei separaten Baracken im

Ghetto und arbeiteten in drei Schichten. Die Arbeit war zwar nicht schwer, jedoch monoton und deprimierend, denn dieser Betrieb erhielt vorwiegend die Kleider der Juden, die im Verlauf von „Aktionen" und in anderen Orten und Städten Ostgaliziens ermordet worden waren. Nach der Reinigung und Reparatur wurden die Kleider an das deutsche Winterhilfswerk gesandt. Auch hier wurden die Juden relativ gut behandelt.

Zahlreiche Juden arbeiteten in den Werkstätten der Deutschen Altschichewerke, in denen Soldatenuniformen, Jacken und Unterwäsche genäht sowie Schuhe und Stiefel repariert wurden. Eine separate Abteilung stellte Munitionsgürtel und Socken her. Das Unternehmen besaß zudem eine Metallwerkstatt, eine Schreinerei, Werkstätten für Maschinen und für Autos (vor allem für Militärfahrzeuge) und ein Fotolabor. Hier konnten zahlreiche Frauen und sogar kleine Mädchen eingestellt werden.

Lemberg hatte zudem viele kleinere Arbeitsstätten, an denen Juden für die Deutschen tätig waren. Alle Militärbaracken der Deutschen in Lemberg beschäftigten Juden für Hausmeistertätigkeiten und in den Lagerräumen, Offiziersmessen sowie für Dienstleistungen und Reparaturen. Ausgebildete jüdische Fachkräfte, zum Beispiel Mechaniker und Ingenieure, arbeiteten für die Luftwaffe.

Die deutschen Bahngesellschaften stellten zahlreiche Juden für die Instandhaltung, Reparatur und verschiedene Hilfsaufgaben in ihren Werkstätten ein. Die „Ostbahn", ein riesiges Unternehmen, das zahllose Werkstätten und Fabriken zur Herstellung von Lokomotiven und Waggons besaß, beschäftigte Juden, Polen und Deutsche.

Auch deutsche Privatunternehmen stellten Juden ein. Der Oberinspektor im Ausbesserungswerk der „Ostbahn" im Distrikt Galizien war ein Deutscher namens Adolf Kohlrantz, ein ehemaliger Funktionsträger der Hitlerjugend. Jüdische Ingenieure, die für ihn arbeiteten, sagten aus, dass er sie anständig behandelte und ihnen Unterstützung anbot. So stellte er zum Beispiel Simon Wiesenthal in einer ranghohen, verantwortungsvollen Position ein. Im September 1943 informierte der Chef Wiesenthal, dass ihm befohlen worden war, seine jüdischen Arbeiter durch Polen und Ukrainer zu ersetzen, und empfahl Wiesenthal zu fliehen. Ein anderer deutscher Ingenieur, Werner Schmidt, behandelte die für ihn arbeitenden Juden freundlich und unterstützte sie. Aber diese Deutschen stellten die Ausnahme dar, die Mehrzahl verhielt sich anders.

Ein Zwangsarbeiterlager (Bahnhofslager) wurde neben den Betrieben der Bahn eingerichtet und ähnlich wie die anderen Sklavenlager geführt. Die harte Arbeit bei der Bahn wurde durch die brutale Behandlung verschlimmert, die den Juden durch die Angehörigen des „Bahnschutzes" zuteil wurde.[203]

Juden arbeiteten zudem in kleineren Unternehmen, wie zum Beispiel in der Pelz- und Papierfabrik Lepege und in der Fabrik Textilia. Ein Deutscher namens Schmalz richtete im städtischen Schlachthof einen privaten Betrieb ein und versorgte alle seine jüdischen Arbeiter mit den entsprechenden Papieren, ähnlich denen, die den Angestellten von Fabriken ausgestellt wurden, die für die Wehrmacht oder die Stadt arbeiteten. Jüdische Angestellte der Fabrik Gelikol erhielten Abzeichen mit einem „W". Viele Juden waren in den holzverarbeitenden Betrieben angestellt, und auch die Organisation Todt beschäftigte in ihren über Lemberg verteilten Baracken relativ viele Juden.[204]

Eine der Zweigstellen der „Ostbahn" wurde von einem Oberfeldwebel namens Schüler geleitet, einem Sadisten, dem es Freude machte, seine jüdischen Arbeiter zu misshandeln. Wenn er sah, dass ein Jude von jemandem etwas zu essen erhielt, so riss er es dem Mann aus der Hand und warf es auf den Boden. Er beschäftigte Arbeiter beim Einladen verschiedener Güter in die Züge, wie zum Beispiel schwere Container mit gefährlichen Substanzen und flüssigem Sauerstoff, der in Glasgefäßen aufbewahrt wurde. Wenn diese beim Verladen zerbrachen und sich die Arbeiter dabei verletzten, schlug Schüler die Unachtsamen.

---

[203] Hescheles, Tagebuch, YVA, 016/148, 016/494; Zeugenaussage von J.L, S. 71–74, 80; Ernst Roth, YVA, O-3/4064. Wiesenthal, YVA, O-3/1817, S. 16–18, berichtet, dass Kohlrautz ihn in die Bauabteilung überweisen wollte, doch die Polen widersetzten sich dem.

[204] Die Organisation Todt wurde am 28. Mai 1938 gegründet, um den Westwall zu befestigen, der Deutschlands Westgrenze schützen sollte. Die Organisation war nach ihrem Gründer, Fritz Todt, benannt, dem Generalinspektor des Reiches für Straßenbau. Nach Todts Tod im Jahr 1942 wurde die Organisation dem Rüstungsminister Albert Speer unterstellt. Im Verlauf des Krieges wurde die Organisation Todt ausgebaut und überwachte verschiedene Bauprojekte in den von den Deutschen besetzten Gebieten sowie Arbeiten für die Wehrmacht und die Luftwaffe. Die Organisation beschäftigte Tausende von Zwangsarbeitern aus verschiedenen Ländern, darunter zahlreiche Juden.

Der Judenrat hatte auf die Führung dieser Fabriken keinerlei Einfluss. Aus eigener Initiative richtete er kleine Unternehmen und Werkstätten ein, um Arbeitsplätze zu schaffen, die unter seiner Aufsicht standen. Nach Anträgen erhielt der Judenrat von Stadthauptmann Höller mit Zustimmung seines Assistenten für Wirtschaftsangelegenheiten, Reisp, die Genehmigung zur Einrichtung von Kooperativen für Steinmetze, Näherinnen und Schneider. Das Arbeitsamt des Judenrats bemühte sich, Werkstätten für Schreiner, Klempner und die Herstellung von Schachteln sowie pharmazeutische Unternehmen zu eröffnen, die alle als „Städtische Werkstätten" betrieben wurden.

Ein weiterer großer Arbeitgeber war der Judenrat selbst. Im Jahre 1942 standen etwa 4000 Personen, 4,5 Prozent der Bevölkerung des Ghettos, auf seinen Gehaltslisten. Im November desselben Jahres wurden die Ausweise der Angestellten des Judenrats jedoch für ungültig erklärt und das jüdische Arbeitsamt aufgelöst.[205]

Facharbeiter für die Werkstätten im Ghetto waren einfach zu finden, weil es viele Handwerker und ausgebildete Arbeitskräfte gab. Darüber hinaus erstreckte sich die Produktion im Ghetto auf verschiedene Bereiche der Leichtindustrie, in denen viele polnische Juden vor dem Krieg tätig gewesen waren. Dem Zensus von 1931 zufolge waren mehr als 45 Prozent der jüdischen Bevölkerung Polens in Industrie und Handwerk beschäftigt,[206] und zwischen 1931 und dem Kriegsausbruch verlegten sich die polnischen Juden verstärkt auf diesen Sektor. Folglich hatte der Judenrat in großen Industriezentren wie Lemberg Zugang zu einer Vielzahl erstklassiger Handwerker in allen Bereichen.

---

[205] Trunk, Judenrat, S. 83 ff. Für Einzelheiten über in Lemberg im Verlauf der NS-Besatzung zwischen 1941 und 1943 eingerichtete Unternehmen, in denen Juden beschäftigt wurden, siehe die Zeugenaussagen von Ernst Roth, YVA, 034064; Marek Redner, YVA, 033/1101; Isidor Farber, YVA, 033/251; Rosa Basekes-Wengrowa, YVA, 033/1144; Marcel Lubisz, YVA, O-3/2741; Hescheles, Tagebuch, YVA, 016/494; Zwi Radelecki, YVA, 033/916, 43; Zaderecki, Tagebuch, YVA, 10-6/28, S. 579; Kahana, Tagebuch aus dem Ghetto Lemberg, S. 47–51, 67 f., 95, 102, 128 f.; Maltiel, Aus Rache..., S. 53–55; Zaderecki, Unter der Herrschaft des Hakenkreuzes, S. 38 ff.; Goldberg, Tage im Feuer, S. 52.

[206] Dem Katzmann-Bericht zufolge lag das Verhältnis sogar noch höher – bei etwa 90 Prozent.

An den meisten Arbeitsplätzen erhielten die Juden minimale Gehälter von 2 bis 4 Złoty pro Tag (Polen wurden besser bezahlt) und gelegentlich – je nach Großzügigkeit oder Laune des deutschen Vorarbeiters – eine magere Mahlzeit. Unternehmen und Firmen, die während der sowjetischen Besatzung enteignet worden waren, unterstanden nun der deutschen Treuhandstelle, und die dort arbeitenden Juden wurden bar oder mit Lebensmitteln bezahlt. Nachdem sie Lemberg besetzt hatten, erklärten die Deutschen, dass das Eigentum an die vorherigen Besitzer zurückgegeben würde, hielten ihr Wort jedoch nicht. Zudem übergaben sie alle von den Sowjets eingerichteten Industriebetriebe und Verbraucherorganisationen an die Treuhandstelle, die unter ihrer Schirmherrschaft operierte. Juden, die einst Fabriken oder Handelsunternehmen besessen hatten, schätzten sich glücklich, wenn sie in den Unternehmen, die ihnen einst gehört hatten, irgendeine Arbeit erhielten. Zudem vermieden es die Deutschen, von den Sowjets enteigneten Grundbesitz an die Eigentümer zurückzugeben. Mehreren früheren Immobilienbesitzern gelang es, als Hausmeister und Pförtner Arbeit in ihren früheren Gebäuden zu finden. Dieser Zustand dauerte jedoch nur wenige Wochen nach der deutschen Besetzung an. Nachdem sie Lemberg und Ostgalizien an das Generalgouvernement angeschlossen hatten, stellten die Deutschen Verfügungen zur Enteignung aus, welche die Juden ihres letzten Besitzes und der wenigen ihnen bis dahin verbliebenen Einkommensquellen beraubten.[207]

Für jede „Aktion" verwendeten die Deutschen die Liste der Arbeiter des Ghettos und des Julag und stellten oft ihren Bedürfnissen entsprechend neue Listen zusammen. Im März 1942 zum Beispiel sandte der Stadthauptmann Dr. Höller einen Rundbrief an alle Institutionen, Organisationen, kommerzielle Firmen und Besitzer von Unternehmen, in dem diesen befohlen wurde, dem „Arbeitsamt-Dienststelle für Judeneinsatz" eine Liste jüdischer Arbeiter zur Verfügung zu stellen, die immer noch von der Deportation verschont werden sollten, und für jeden Arbeiter das Geburtsdatum, nahe Verwandte, den Namen der Ehefrau und die Anzahl der Kinder anzugeben. Kopien dieser Listen wurden an das Hauptquartier der Polizei auf dem Smolki-Platz 3 weitergeleitet. Auf der Grundlage

---

[207] Szende, Der letzte Jude, S. 113; Trunk, Judenrat, S. 332; Friedman, Die Vernichtung der Juden von Lemberg, S. 627.

dieser Listen versahen Arbeitgeber ihre Juden mit einer besonderen Armbinde, die den gestickten roten Buchstaben „A" (Arbeitsamt) sowie die Nummer des Arbeiters trug. Die Arbeiter erhielten zudem Arbeitskarten. Der Judenrat musste eine ähnliche Liste von unentbehrlichen Arbeitskräften vorlegen. Jüdische Angestellte kommerzieller Unternehmen mussten von der Wirtschaftsabteilung des Generalgouvernements eine Genehmigung einholen. Der letzte Zeitpunkt für die Vorlage der Listen war der 27. März 1942, und jeder, der nach dem 1. April 1942 ohne eine solche Genehmigung und die dazugehörige Armbinde angetroffen wurde, die bezeugte, dass er ein registrierter Arbeiter war, wurde hart bestraft. Außerdem mussten alle, die Juden beschäftigten, das Arbeitsamt und das Polizeipräsidium jede Woche über alle Veränderungen in der Zusammensetzung ihrer Arbeitskräfte informieren.

Der Direktor des Sonderarbeitsamtes für Juden, Paul Weber, beschloss nach der „Aktion" gegen die „Asozialen", dass die Arbeitgeber jüdischer Angestellter dem deutschen Arbeitsamt neue Listen einreichen sollten. Auf der Grundlage dieser Listen führte das Amt für jeden jüdischen Angestellten eine Karte und stellte für jeden Arbeiter eine Sondererlaubnis aus, die „Meldekarte" genannt wurde. Auf der Karte befand sich ein besonderes Feld, in dem der Arbeitgeber Einzelheiten über den jüdischen Arbeiter eintrug. Die Karte machte den Juden zum „Eigentum" des Sonderarbeitsamtes, das ihn nach Gutdünken in ein anderes Lager oder an eine andere Arbeitsstelle transferieren konnte. Kein deutsches Unternehmen durfte einen Juden anstellen, es sei denn durch die Vermittlung des Sonderarbeitsamtes. Nach dieser Regelung galt die Frau eines Arbeiters als Hausfrau und die Kinder galten als Haushaltsmitglieder.[208]

5. Wirtschaftlicher Nutzen versus Ideologie der „Endlösung"

Wie oben gezeigt, gestattete die deutsche Interessenlage im Ghetto produktive Arbeit – trotz des gravierenden Mangels an Rohstoffen

---

[208] Kahana, Tagebuch aus dem Ghetto Lemberg, S. 67; Maltiel, Aus Rache..., S. 95–100; Zaderecki, Unter der Herrschaft des Hakenkreuzes, S. 205. Alles in allem wurden etwa 40.000 Ausweise an Männer und 20.000 an Frauen ausgegeben. YVA, M-37.

und Maschinen sowie des brennenden Verlangens führender deutscher Funktionäre, Juden, wo immer man sie fand, zu töten. Festzuhalten ist außerdem, dass die Deutschen, seit sie Juden auch für ihre persönlichen Bedürfnisse und zur Befriedigung ihrer Habgier benutzten, Interesse daran besaßen, ihre „jüdische Arbeitskraft" zu schützen. Da diese Sonderinteressen mit den existenziellen Bedürfnissen der Juden zusammenfielen, genossen die Einwohner des Ghettos das kurze Aufblühen von Produktion und Arbeit, das viele vor den häufig durchgeführten „Aktionen" schützte.[209]

Die unternehmerischen Initiativen und die Interessen der Zivilverwaltung ließen sich, was die Zukunft der Juden in den besetzten Gebieten betraf, nicht mit den ideologischen Zielen Berlins in Einklang bringen. Im Gegensatz zu den Beamten der Zivilverwaltung und den Unternehmern, die auf jüdische Arbeitskräfte angewiesen waren, hielten die SS und der übrige Sicherheitsapparat am Primat der Vernichtungspolitik fest. Dieser Konflikt herrschte natürlich nicht nur in Ostgalizien; er trat in allen von den Deutschen im Verlauf des Krieges besetzten Gebieten zutage.

Das Konfliktpotenzial zwischen diesen beiden Positionen wurde bereits vor der Eroberung Galiziens durch die Deutschen deutlich. Am 13. März 1941, mehrere Monate, bevor Hitler gegen Russland in den Krieg zog, gab Generalfeldmarschall Wilhelm Keitel in Hitlers Namen Richtlinien heraus, die dem Reichsführer SS und Chef der Deutschen Polizei, Heinrich Himmler, die Zuständigkeit für die Juden in den von der Wehrmacht besetzten Gebieten und in den Regionen nahe der Front übertragen. Die Wehrmacht, die ein Interesse daran hatte, die jüdischen Arbeitskräfte am Leben zu erhalten, die in ihren Ausrüstungswerkstätten arbeiteten, blieb außen vor, da Himmler seine Befehle direkt vom „Führer" erhielt.[210]

---

[209] Zaderecki, Unter der Herrschaft des Hakenkreuzes, S. 165. Siehe auch den „geheimen" Rundbrief über die Ausnutzung jüdischer Arbeit in der Rüstungsindustrie, 25.8.1942, unterzeichnet vom Inspektor für Beschäftigung im Generalgouvernement, Frauenhofer, in: Berenstein/Eisenbach/Rutkowski, Eksterminacja Żydów, S. 241. Zu den Gehältern der jüdischen Arbeiter siehe ebenda, S. 232. Zum Streit zwischen Vertretern der Wirtschaft und den NS-Ideologen siehe unten.

[210] Als Hitler den Befehl über die Wehrmacht übernahm, wurde Wilhelm Keitel zum Befehlshaber des Oberkommandos der Wehrmacht (OKW)

Katzmann richtete ein Arbeitsamt in Galizien ein und bestellte einen SS-Obersturmführer namens Hildebrand zum Leiter; SS-Untersturmführer Anton Löhnert war für Lemberg verantwortlich. Katzmann unterstellte alle Arbeitsverhältnisse mit zivilen Arbeitgebern dem Hauptquartier der SS. Alle jüdischen Arbeiter in Lagern, Ghettos und auf dem Gelände von Unternehmen waren seitdem Arbeitshäftlinge der SS.[211]

Folglich unterstanden die Juden im Verlauf des ersten Jahres der deutschen Besatzung zwei verschiedenen Behörden: der Zivilverwaltung (dem Gouverneur, dem Bürgermeister, den Distriktgouverneuren, etc.) sowie der Wehrmacht auf der einen und der SS und der Gestapo auf der anderen Seite. Die Besitzer deutscher Unternehmen und die Zivilverwaltung widersetzten sich der Politik der „Endlösung". Die zivilen Einrichtungen, die Tausende von Juden beschäftigten, sahen die Übernahme der jüdischen Arbeitskräfte durch die SS nicht gerne. Von ihrem Standpunkt aus gesehen sabotierte die Einmischung der SS in den routinemäßigen Produktions- und Arbeitsablauf, kombiniert mit plötzlichen „Aktionen" innerhalb der Fabriken, die Produktion für die Wehrmacht. Bei mehr als einer Gelegenheit bestellten für die Wehrmacht arbeitende Unternehmen doppelt so viele Arbeitskräfte wie benötigt, da sie sichergehen mussten, nach den Deportationen durch die SS genug Personal zur Verfügung zu haben.

---

ernannt. Keitel bekleidete dieses Amt bis zur Kapitulation Deutschlands am 9.5.1945 und unterzeichnete sogar die Kapitulationsurkunde. Der Internationale Militärgerichtshof in Nürnberg verurteilte ihn zum Tod durch Erhängen. Zu den Machtstrukturen in den jüdischen Arbeitslagern siehe Tatjana Berenstein/Arthur Eisenbach/Adam Rutkowski (Hrsg.), Faschismus – Getto – Massenmord: Dokumentation über Ausrottung und Widerstand der Juden in Polen während des Zweiten Weltkrieges, Frankfurt a. M. 1961, S. 459 f. Zur Struktur der SS und des Polizeiapparats in Lemberg siehe die Zeugenaussage des Angeklagten Oskar Heinrich Woltke im Verlauf seines Prozesses, YVA, TR-10/48.

[211] N. Farber, YVA, 033/1419; Friedman, Die Vernichtung der Juden von Lemberg, S. 653 f. Zaderecki, Unter der Herrschaft des Hakenkreuzes, S. 287, schreibt: „Selbst die Deutschen hassten Hildebrandt. Er führte die sog. Aktionen in den Ghettos der Städte an der Peripherie durch und liquidierte kleine Lager. In Bolchów veranlasste er die Tötung von 600 Menschen. Zudem war er für den Besitz der Ermordeten zuständig."

Rasch brachen Meinungsverschiedenheiten und Konflikte zwischen den Behörden aus und verschärften sich zunehmend. Die Besatzungsbehörden wollten die Juden vernichten; die kommerziellen Interessen verlangten Arbeitskräfte für Unternehmen, die den deutschen Kriegsanstrengungen dienten.

Wie die Quellen zeigen, waren sich die Behörden des Dilemmas bewusst. In einem offiziellen Bericht vom 29. August 1942 schrieb ein Vertreter der Zivilverwaltung in Lemberg, die Arbeitskräfte im Distrikt Galizien seien gegenwärtig bis zum Äußersten beansprucht. Darüber hinaus seien die jüdischen Arbeitskräfte dem Arbeitsmarkt auf sehr radikale Weise entzogen worden. Die Distriktverwaltung Galizien habe nur ein Jahr Zeit gehabt, um sich auf die Liquidierung der jüdischen Arbeitskräfte vorzubereiten. Die arische Bevölkerung sei handwerklich und in der Industrie in Galizien weniger einsatzfähig als in den anderen Distrikten. Aus diesem Grund werde die Kriegswirtschaft hier schwerer leiden als in anderen Teilen des Generalgouvernements. Die Zentralregierung scheine die Prinzipienfrage hinsichtlich der Vernichtung der Juden – politische Beweggründe gegenüber den Kriegsanforderungen – zugunsten der politischen Seite beantwortet zu haben und der Tatsache stillschweigend zuzustimmen, dass die wirtschaftliche Produktion in diesen Gebieten dramatisch zurückgegangen sei. Er müsse betonen, dass diese Politik schwerwiegende Folgen haben werde, und zwar vor allem im Distrikt Galizien.[212]

Das Problem wurde auch bei einem Treffen Hitlers mit zwei seiner Generäle auf dem Berghof am 8. Juni 1943 nach den großen „Aktionen" in Ostgalizien und der Ukraine diskutiert. In einem Hitler vorgelegten Bericht stellt Erich Koch, Reichskommissar in der Ukraine, fest, er habe 500.000 Juden verloren, die er liquidieren musste, da die Juden ein schädliches Element seien. Dennoch seien sie die einzigen Handwerker, die es in den besetzten Gebieten gebe. Er habe nicht genug Schuhmacher, um die Schuhe der Arbeiter zu

---

[212] Das Dokument wird im YIVO-Institut aufbewahrt. Hier nach Friedman, Die Vernichtung der Juden von Lemberg, S. 652. Zur SS und zum Polizeiapparat in Lemberg siehe den Prozess gegen Woltke, YVA, TR-10/48, wie in Kamenetsky, Hitler's Occupation of the Ukraine, S. 39, zitiert.

flicken. Seit die Juden eliminiert wurden, sei es ihm nicht gelungen, andere zu finden.²¹³

General Katzmann stellte ebenfalls fest, dass die Ermordung jüdischer Arbeitskräfte der deutschen Wirtschaft schaden könnte. In seinem Bericht schreibt er: „Durch die Eigenart, daß das Handwerkertum in Galizien fast zu 90 % aus jüd. Arbeitskräften bestand, [hätte] eine sofortige Entfernung nicht im Interesse der Kriegswirtschaft gelegen."²¹⁴

Im Spätsommer 1942 wurde die Behandlung der jüdischen Arbeitskräfte der SS übertragen, was zeigt, dass die gemäßigten Wirtschaftskreise, welche die Ausrottung der Juden bis nach dem Krieg aufzuschieben trachteten, in der Auseinandersetzung unterlagen. Die Motive für den Widerstand der Wirtschafts- und Militärangestellter gegen die Vernichtung waren rein praktischer und nicht etwa humanitärer Natur. Ranghohe Persönlichkeiten in der Zivilverwaltung und der Wehrmacht, darunter Generäle, protestierten häufig bei der Führung in Berlin und warnten sie vor den Gefahren, die durch die „frühzeitige" Vernichtung unersetzbarer jüdischer Arbeiter entstünden.

Berlin wies diese Überlegungen zurück. In verschiedenen Befehlen an seine Untergebenen hob Himmler wiederholt hervor, dass die Aufsicht der SS über die jüdischen Arbeitskräfte und deren Internierung in Lagern ihrer Ersetzung durch Nichtjuden vorangehe. Die Juden müssten letztendlich verschwinden, erklärte er, da dies der Wille des „Führers" sei.

Während das Morden im Sommer und Herbst 1942 im Generalgouvernement forciert wurde, blieb das Problem ungelöst, und die gegensätzlichen Interessen der Deutschen wurden deutlich. Dr. Georg Leibbrandt, Leiter der Politischen Abteilung des Reichsministeriums für die besetzten Ostgebiete, vertrat schon vor der Wannsee-Konferenz die Ansicht, dass die wirtschaftlichen Auswirkungen der „Lösung der Judenfrage" aus Prinzip nicht berücksichtigt werden sollten. Generalgouverneur Hans Frank sprach sich vehement für die Vertreibung und Vernichtung der Juden aus. Sein Vertreter auf der Wannsee-Konferenz, Bühler, bat sogar darum,

---

²¹³ Das Zusammentreffen wurde in einem in Cleveland, Ohio (USA) herausgegebenen Journal beschrieben: Development of State, 2(3) (Summer 1954).
²¹⁴ Katzmann-Bericht, S. 4.

dass diese Operation mit der größtmöglichen Eile ausgeführt werde, damit das Generalgouvernement als erstes Territorium „judenfrei" würde. Begierig darauf, den Mordfeldzug im Generalgouvernement zu beschleunigen, ignorierte Frank die andauernde Rivalität zwischen SS und Polizei sowie den Interessenvertretern der Wirtschaft und gewährte Ersteren freie Hand im Umgang mit den Juden in dem von ihm kontrollierten Gebiet. Im Gegensatz dazu argumentierte der Militärbefehlshaber im Generalgouvernement, General von Gienanth, dass die Deportation von Zehntausenden von Polen zur Zwangsarbeit nach Deutschland die Juden unersetzlich gemacht habe, und warnte davor, dass die Deportation der Juden das militärische Potenzial des Reiches schwächen würde. Von Gienanths deutliche Worte verärgerten Himmler, der die Entlassung des Generals forderte. Von Gienanths Nachfolger verstand den Hinweis und befahl der Wehrmacht, sich den Forderungen der SS und der Polizei zu beugen. Und so gewann die Ideologie der „Endlösung" Vorrang vor wirtschaftlichen Überlegungen, und die Vernichtung der Juden schritt zügig voran. Der Wegfall möglicher Arbeitsplätze wurde lediglich zu einer Frage der Zeit, und die endgültige Vernichtung der Lemberger Juden rückte näher.[215]

Am 5. August 1942 wurde das jüdische Arbeitsamt ohne Vorwarnung geschlossen; alle seine Funktionen gingen an die SS über. Von da an waren die Juden allein der Gestapo unterstellt – einer Organisation, die dem Vernichtungsbefehl folgte und den wirtschaftlichen Nutzen der jüdischen Arbeitskräfte ignorierte. Eines Tages überfielen SS-Männer eine Werkstätte in der Sikstuski-Straße 31 und ermordeten die meisten der 200 dort arbeitenden Juden, mit Ausnahme von zehn oder zwölf Männern, denen die Flucht gelang. Im April 1943 wurden 500 Juden, die für die Städtischen Reinigungsanstalten arbeiteten, getötet. Im Mai 1943 wurde die Belegschaft des HKP (Heereskraftwagenpark) ermordet. An einem Tag Anfang Juni 1943 wurden alle Arbeiter vor Morgengrauen – bevor

---

[215] Nürnberger Prozess, Dok. NO-1611; Encyclopedia of the Holocaust, S. 443–445; Israel Gutman, The Problems of Jews' Labor in the Service of the Germans in Eastern Europe in World War II, in: Israel Gutman (Hrsg.) Rescue Attempts During the Holocaust. Proceedings of the Second Yad Vashem International Historical Conference, Jerusalem. April 8-11, Jerusalem: Yad Vashem, 1977, S. 524–526; Israel Gutman, The Jews of Warsaw, 1939-1943. Ghetto, Underground, Revolt, Bloomington 1982, S. 344 f.

sie sich auf den Weg zur Arbeit machen konnten – zum Appell befohlen. Eine Selektion fand statt: Mehreren Arbeitern wurden die Ausweiskarten weggenommen, und sie wurden in die „Dünen" verschleppt. Die anderen Männer wurden ins Lager Janowska geschickt, und alle Frauen wurden zur Vernichtung fortgeschafft. Die Arbeitserlaubnis, an die so viele ihre Hoffnungen geknüpft hatten, erwies sich als wertlos. Dann wurden nacheinander und auf verschiedenen Wegen alle Angestellten der Ostbahn, der DAW, der Lepege Pelz und Papierwerke sowie der Textilia-Fabrik in den Tod geschickt. Regelmäßig befahlen die Deutschen den Leuten unter irgendeinem Vorwand, zum Appell anzutreten; nachdem diese sich versammelt hatten, wurden sie von SS-Männern umstellt und mit Peitschenhieben auf Lastwagen getrieben. Nach einer kurzen Fahrt zu einem Sandhügel in der Nähe des jüdischen Friedhofs (poln. Góra Piaskowa) wurden sie alle erschossen.[216]

Der Massenerschießungsort Sandhügel (Poln. Piaski oder Góra Piaskowa). © United States Holocaust Memorial Museum 67001, mit freundlicher Genehmigung der Novosti Press Agency

---

[216] Zeugenaussagen von Isidor Farber, YVA, 033/251; Marek Redner, YVA, 033/1101; J.L., S. 137; Scheinfeld, Das Ghetto Lemberg, S. 85; Kahana, Tagebuch aus dem Ghetto Lemberg, S. 95; Zaderecki, Unter der Herrschaft des Hakenkreuzes, S. 162–164; Farber, Chronik eines Lembergers, S. 14.

Die Feder-Daunen-Fabrik war ein Sonderfall. Diese Fabrik gehörte einer deutschen Firma und säuberte und verarbeitete das Eigentum von Juden, die zur Vernichtung deportiert worden waren. Der deutsche Leiter der Fabrik hatte versprochen, die Juden zu schützen, und drängte sie, ihre Familienmitglieder ebenfalls in die Fabrik zu bringen, um sie zu retten. Mehrere Tage lang versteckte er die Juden, aber nachdem er ihnen alles abgenommen hatte, was sie noch besaßen, übergab er sie der Gestapo.

An einem Morgen im Frühjahr 1943 verhafteten die Deutschen die Angestellten der Firma Schwarz auf dem Heimweg von der Nachtschicht am Tor des Julag, führten sie auf den großen Hof des Ghettos und erschossen sie. Der Kommandant des Julag, Hauptscharführer Grzimek, organisierte und kommandierte diese Operation und stellte überdies sicher, dass ein jüdisches Orchester während des Mordens Walzer von Strauss spielte.

Am 30. Juni 1943 sandte Katzmann an seinen Vorgesetzten in Krakau, Krüger, seinen Abschlussbericht über die „Lösung der Judenfrage in Ostgalizien".

In dem Bericht schrieb Katzmann:

> „Da die [zivile] Verwaltung nicht in der Lage war und sich zu schwach zeigte, diesem Chaos [der jüdischen Zwangsarbeit] Herr zu werden, wurde kurzerhand der gesamte Arbeitseinsatz der Juden vom SS- und Polizeiführer übernommen. Die bestehenden jüd. Arbeitsämter, die mit Hunderten von Juden besetzt waren, wurden aufgelöst. Sämtliche Arbeitsbescheinigungen von Firmen und Dienststellen [wurden] für ungültig erklärt und die von den Arbeitsämtern den Juden gegebenen Karten durch Abstempelung der Polizeidienststellen neu gültig gemacht. Im Zuge dieser Aktion wurden wiederum Tausende von Juden erfasst, die sich im Besitz von gefälschten Ausweisen befanden oder aber sich unter allen möglichen Vorwänden Arbeitsausweise erschlichen hatten. Auch diese Juden wurden einer Sonderbehandlung zugeführt [d.h. Tötung – E.Y.]."[217]

Verschiedene Faktoren verlangten die zeitliche Abstimmung der Auflösung von Unternehmen und Werkstätten. Mehrere große Aufträge für die Wehrmacht, wie zum Beispiel Straßenreparaturen und Brücken, waren abgeschlossen worden. Die Deutschen brauchten

---

[217] Katzmann-Bericht, S. 5.

keine Arbeiter mehr, die Arbeitslager wurden aufgelöst und die Juden zur Vernichtung deportiert. Die Niederlage der Deutschen bei Stalingrad im Februar 1943 hielt ihren Vormarsch in der Sowjetunion auf und minderte die zuvor zentrale Bedeutung der für die Wehrmacht arbeitenden Unternehmen. Die Führungsspitze der SS wollte den Vernichtungsfeldzug abschließen und die Spuren des Massenmords verwischen, bevor die Rote Armee die besetzten Gebiete zurückerobern konnte.

Diese Faktoren überlagerten alle anderen Überlegungen und besiegelten das Schicksal des ostgalizischen Judentums, im Widerspruch zu den praktischen und wirtschaftlichen Bedürfnissen. Alle Beteiligten – egal ob Angehörige der Polizei, der Verwaltung oder der Regierung – machten sich dienstfertig zu Handlangern der rassistischen Ideologie des Nationalsozialismus.

Kapitel 6:
Zwei Jahre fortwährender „Aktionen"

1. Die Zerstörung der Synagogen in Lemberg

Ostgalizien wurde am 1. August 1941 an das Generalgouvernement angeschlossen, etwa einen Monat, nachdem die Wehrmacht in Lemberg einmarschiert war. Die vorläufige Verwaltung durch die Wehrmacht wurde durch eine Zivilverwaltung ersetzt, und für die nächsten beiden Jahre richtete sich alles Leben an den Befehlen dieser Verwaltung und der Gestapo aus. Deportationen und Mordaktionen dauerten unvermindert fort. Im Gegensatz zu anderen Städten im besetzten Polen, wie zum Beispiel Warschau und Białystok, fanden in Lemberg fortwährend „Aktionen" statt, d.h. in kurzen Abständen eine nach der anderen, unterbrochen von Tötungen und der Verschleppung einzelner Juden. Die „Aktionen" nahmen praktisch kein Ende, bis Lemberg für „judenfrei" erklärt wurde.[218]

Im ersten Monat der Besatzung, im Juli 1941, wurde die „Gefängnisaktion" durchgeführt, und auch das Blutvergießen im Verlauf der Petljura-Tage erlangte traurige Berühmtheit. Damit gingen viele „spontane" Entführungen und Brandschatzungen durch die einheimische Bevölkerung einher, die von den Einsatzgruppen energisch ermutigt wurde. Schnell übernahmen deutsche Planer die Organisation solcher „Aktionen".

Anfang August 1941 befahlen die Deutschen dem Judenrat, wie erwähnt, einen „Beitrag" von 20 Millionen Rubel unter den Juden aufzubringen, um die Schäden zu beheben, die Lemberg im Verlauf der deutschen Invasion erlitten hatte. In dieser Maßnahme spiegelte sich die Einstellung der Deutschen wider, dass die Juden „schuld" am Krieg seien und deshalb für den Wiederaufbau der Stadt aufkommen sollten.

---

[218] Lemberg wurde am 23.6.1943 für „judenfrei" erklärt. Siehe Katzmann-Bericht, S. 14. Zu den vom Kommissariat der ukrainischen Polizei durchgeführten anitjüdischen „Aktionen" in Lemberg siehe den Bericht der ukrainischen Polizei in Lemberg, 1942, nicht unterzeichnet, YVA, M-37/101.

Noch während der „Beitrag" eingetrieben wurde und „kleine Aktionen" und Verschleppungen stattfanden, brannten die Deutschen die ersten Synagogen nieder. Im August 1941 fielen die Heichal-Synagoge in der Żółkiewska-Straße, die große städtische Synagoge in der Bojmów-Straße und die große neue Synagoge im Bogdanówka Viertel den Flammen zum Opfer. Um die brennenden Gebäude herum wurden Wachen aufgestellt, um zu verhindern, dass jemand das Feuer zu löschen versuchte oder irgendetwas barg, das von den Flammen nicht verzehrt worden war. Am vorherigen Tag war die Feuerwehr herbeigerufen worden, um sicherzustellen, dass sich der Brand nicht auf die benachbarten Häuser ausbreitete. Danach brannten die Deutschen auch die Ose Tow Synagoge in der Sznajnochy-Straße nieder.

Durch das Vorgehen der Deutschen ermutigt, stürmte eine Meute in die Synagogen und plünderte alles, was noch übriggeblieben war – Tische, Bänke, Lampen. Die Leute hoben Dachziegel ab und rissen Fensterrahmen heraus. Unter anderem zerstörte der Pöbel die als „Di Goldene Royz" (Die goldene Rose) bekannte Synagoge, ein Meisterwerk der Architektur und einer der schönsten gotischen Bauten in der Stadt, die 1582 von dem italienischen Architekten Paulo Romano entworfen worden war.

Seit vielen Jahren waren David Kahana der Rabbiner und David Packer der Kantor der Ose Tow Synagoge. Eines Morgens, so berichtete der Kantor dem Rabbi, traten drei Gestapo-Männer an ihn heran, befahlen ihm, die Schlüssel herauszugeben und zwangen ihn, mit ihnen die Synagoge zu betreten. Sie rissen den Vorhang von der Heiligen Lade, warfen ihn über seinen Kopf und befahlen ihm zu singen, während sie auf ihn einschlugen und nach ihm traten. Einer der Deutschen nahm ein Seil aus dem Rucksack, und die drei hängten ihn an den Füßen, mit dem Kopf nach unten, an dem großen Leuchter über der *Bima* auf. Dann schwangen sie ihn von Wand zu Wand, bis er das Bewusstsein verlor. Zum Glück beobachtete der Sohn des Kantors das Geschehen und band ihn los. In derselben Nacht brannten die Deutschen die Synagoge nieder.[219]

Auch die jüdischen Friedhöfe blieben nicht verschont. Die Deutschen rissen die Grabsteine heraus und benutzten sie zum Pflastern

---

[219] Kahana, Tagebuch aus dem Ghetto Lemberg, S. 46-49; Shapira, Erinnerungen, S. 33; Friedman, Die Vernichtung der Juden von Lemberg, S. 611; Zaderecki, Unter der Herrschaft des Hakenkreuzes, S. 83 ff.

von Straßen und Gehwegen. Später verwendeten sie Grabsteine als Bodenbelag in dem Konzentrationslager in der Janowska-Straße.

2. Die „Aktion unter der Eisenbahnbrücke" – die erste geplante „Aktion" der Zivilverwaltung

Als die Juden in das jüdische Viertel umziehen mussten, wurden unter dem Befehl der SS und der deutschen Sicherheitspolizei (Sipo) Trupps der ukrainischen Polizei unter einer Eisenbahnbrücke stationiert. An einer Kontrollstelle, die in einem alten öffentlichen, jetzt zur Baracke für die deutsch-ukrainischen Garnisonstruppen umfunktionierten Bad eingerichtet worden war, wurden die Habseligkeiten der Juden genau durchsucht. In den Monaten, in denen das Ghetto eingerichtet wurde, zogen von morgens bis abends Massen von Juden entlang der Pełtewna-Straße in das Ghetto. Die Straße führte unter der Eisenbahnbrücke hindurch. Jeder, der den Polizisten ausgemergelt, schäbig gekleidet, krank oder alt zu sein schien, wurde sofort in die Baracke auf der anderen Seite des Zauns gezerrt, wo die dort wartenden ukrainischen Wachen ihn zu Tode prügelten. Andere wurden in das Gefängnis in der Łackiego-Straße verschleppt und dort auf Lkws verladen. Sie wurden in einen Wald gebracht und hingerichtet. Junge und gesunde Juden mussten sich auf dem Schulhof in der Warszawska-Straße versammeln. Die Älteren zwang man zum Tanzen, die Jüngeren zum Singen; danach quälten die Wachen die Älteren und Kranken zu Tode. Dabei mussten die Jungen zusehen und die Leichen dann im Hof begraben. Am nächsten Tag wurden die überlebenden Juden an das Sonderarbeitsamt für Juden übergeben. Dort führten die SS-Männer, welche die Zwangsarbeitslager in Ostgalizien befehligten, an Ort und Stelle eine Selektion durch. Jeder, der als nicht arbeitsfähig eingestuft wurde, wurde hingerichtet. Tausende von Juden verloren ihr Leben im Verlauf dieses Mordzuges, der später als „Aktion unter der Eisenbahnbrücke" bezeichnet wurde und den die Deutschen offensichtlich begingen, um die Bevölkerung des jüdischen Viertels auszudünnen. Zum ersten Mal waren unter den Opfern in Lemberg zahlreiche Frauen.

Die Deutschen schlossen die „Aktion unter der Eisenbahnbrücke" eine Woche später ab. Wiederum wurden ältere und behinderte Juden aus ihren Wohnungen verschleppt. Wer keine „guten"

Papiere besaß, d.h. Dokumente, die die Arbeitsfähigkeit attestierten, wurde von der Gestapo und der ukrainischen Polizei weggeschafft. „Tausende älterer Menschen begingen Selbstmord. Zyankali war unter den Juden so weit verbreitet, dass es kaum einen Haushalt ohne gab", schreibt ein überlebender Augenzeuge. Die an der „Aktion" teilnehmende ukrainische Polizei legte einen außergewöhnlichen Eifer an den Tag. Unter dem Vorwand, nach alten Leuten zu suchen, drangen die Polizisten in Wohnungen ein und pressten den Juden Geld und Wertgegenstände ab.

Die „Aktion unter der Eisenbahnbrücke" und die nachfolgenden Verschleppungen gingen bis Mitte Dezember 1941 weiter. Dem Amt für Statistik des Judenrats zufolge kamen im Verlauf dieser „Aktionen" etwa 10.000 Juden ums Leben. Diese Zahl schließt wahrscheinlich nicht nur ältere Juden, sondern auch Menschen ein, die Selbstmord begingen oder in die Arbeitslager verschleppt wurden.[220]

Zahlreichen Juden gelang im Verlauf dieser Zeit die Flucht aus Lemberg; es gab Gerüchte, dass die Juden in den westlichen Bezirken des Generalgouvernements nicht verfolgt und unterdrückt würden. Denselben Behauptungen zufolge beabsichtigten die Deutschen, nur solche Juden zu liquidieren, die „von der kommunistischen Propaganda infiziert" worden wären, d.h. diejenigen in den vormals von den Sowjets besetzten Gebieten. Viele Flüchtlinge, die während der sowjetischen Besatzung nach Lemberg gekommen waren, kehrten nun zu ihren Familien im Westen zurück. Nicht wenige Juden aus Lemberg selbst zogen in die kleinen Städte an der Peripherie, in denen noch Ruhe herrschte. Obwohl die Deutschen den

---

[220] Kahana, Tagebuch aus dem Ghetto Lemberg, S. 56 f.; Maltiel, Aus Rache..., S. 73; Yones, Die Straße nach Lemberg, S. 31–38; Tatjana Brustin-Berenstein, Der protses fun farnikhtn di yidishe Ishuvim oyfn shetekh fun azoy gerufenem „Distrikt Galicien", in: Bleter for Geshichte (fertlier-shrift), Bd. VI, Heft 3, S. 53–153.
Nach Aussage von Maurice Rinde (AŻIH, Nr. 682) wurden 5000 bis 10.000 Juden unter der Eisenbahnbrücke ermordet; Zeugenaussagen von Marek Lessing, AŻIH, Nr. 4680; Alfred Monaster, AŻIH, 58; Uri Lichter, AŻIH, Nr. 61; siehe auch Ringelblum-Archiv, YVA, M-10/431/1.

Juden nicht gestatteten, die Stadt zu verlassen, machten sich Tausende auf den Weg. Da ihr Auszug illegal war und heimlich vonstatten ging, ist die Größenordnung nicht genau bekannt.[221]

3. Die „Aktion" gegen die „Asozialen" im März 1942

Der Winter 1941/42 war extrem hart. Als der Schnee auf den Straßen immer höher wurde und die Temperaturen mit jedem Tag sanken, initiierten die Deutschen eine Pelzsammlung „für die im kalten Russland kämpfenden Soldaten", wie sie erklärten. Die Juden mussten den Behörden alle Lederbekleidung und Pelze von Männern und Frauen sowie alle wollenen und warmen Kleidungsstücke übergeben. Wer sich widersetzte, den erwartete der Tod. In Wirklichkeit wurde ein Großteil der Beute nicht zu den Soldaten an die Front geschickt. Bürokraten der Zivilverwaltung und deutsche Polizisten eigneten sie sich für den eigenen Gebrauch an oder machten damit auf dem Schwarzmarkt Profit. Selbst nachdem die Deutschen sich bereichert hatten, verließen noch 35 mit Pelzen bepackte Eisenbahnwaggons den Distrikt Galizien.[222]

Gleichzeitig wurden jüdische Bettler, Waisen, Behinderte und ältere Frauen und Männer an einen unbekannten Ort verschleppt, von dem sie nie zurückkehrten. Verschleppungen in die Arbeitslager gingen ebenfalls weiter. Jeden Tag verschwanden zwischen 50 und 100 Juden aus Lemberg.

Juden mussten auf den Straßen Schnee schaufeln. Häufige „Aktionen", Hunger, Kälte sowie fehlende warme Kleidung und Heizöl vergrößerten die Not. Tausende von Menschen standen an den öffentlichen Küchen um einen Napf wässriger Suppe an, die ihren

---

[221] Friedman, Die Vernichtung der Juden von Lemberg, S. 631; Rennert, Drei Viehwaggons, S. 118.

[222] Katzmann-Bericht, S. 16. Der Bericht enthält eine Liste von Wertsachen, die den Juden im Verlauf der „Aktionen" in Ostgalizien abgenommen wurden. Allerdings geht daraus nicht hervor, welcher Anteil den Juden in Lemberg bzw. jenen aus anderen Städten gehört hatte. Siehe Benachrichtigungen des Stadthauptmanns von Lemberg, Hallbauer, vom 3.1.1942 (auf Deutsch) und 5.1.1942 (auf Polnisch). Zur Sammlung von Winterkleidung siehe YVA, M-37/22; Kahana, Tagebuch aus dem Ghetto Lemberg, S. 58 ff.; Friedman, Die Vernichtung der Juden von Lemberg, S. 622; Scheinfeld, Das Ghetto Lemberg, S. 82 f.

Hunger nicht stillen konnte. Unerträgliche Wohnbedingungen und eine totale Übervölkerung förderten die Ausbreitung von Krankheiten. Viele starben an Typhus.

Um nicht verschleppt zu werden, versteckten sich die Menschen in Kellern. Es folgt ein Auszug aus einem Bericht über das Leben in diesen Verstecken:

> „Bei Tag und bei Nacht saßen sie in feuchten, engen Verstecken, zitternd, die Sinne vom Gestank der Fäulnis abgestumpft, hungernd, durstend und völlig erschöpft. Sie sprachen miteinander in gereiztem, flüsterndem Ton. [...] Die Juden führten ihr Kellerleben hauptsächlich während der Nacht. Alle Bewohner des Kellers knüpften enge Beziehungen, ungeachtet der sozialen Klassenunterschiede. [...] Als die ‚Aktionen' weitergingen, wagte es gelegentlich ein sehr mutiger oder sehr hungriger Jude, nachts auf die verlassenen, Angst einflößenden Straßen zu treten. Manchmal vertrieb ihn ein jüdischer Polizist. Um seine eigene Haut zu retten, musste er eine bestimmte, von den Deutschen geforderte Quote von Juden abliefern, sodass er sogar nachts seinen Opfern einen Hinterhalt stellte."[223]

Kurz vor Pessach initiierten die Deutschen die „Aktion" gegen „asoziale" Elemente. Sie begann am 19. März 1942. Zu ihrer Durchführung wurde die jüdische Polizei mobil gemacht. Die erste für die Deportation vorgesehene Gruppe waren die Ärmsten, die aufgrund einer Liste der Wohlfahrtsempfänger ausfindig gemacht wurden. Mehrere Tage später wurden alle Juden, die eine Arbeitserlaubnis besaßen, in der Schule in der Sobieski-Straße zusammengetrieben. Als sich das Gebäude füllte, führten Gestapo-Männer die Juden zur Bahnstation, luden sie in einen Zug und deportierten sie mit unbekanntem Zielort. Da den Deutschen die Zahl der zusammengetriebenen Menschen zu niedrig war, vollendeten sie die Arbeit mithilfe der ukrainischen Polizei selbst. Um die Quote zu erfüllen, ignorierten die Deutschen und Ukrainer alle Ausweise und verschleppten die Menschen unterschiedslos. Am Vorabend von Pessach, als sich die Juden für den Seder an den Tisch setzten, überfielen Polizisten ihre Wohnungen, zerrten sie heraus und schleppten sie mit Gewalt zu den Zügen. Am Tag nach Pessach wurde deutlich, dass der Vortag der letzte und schlimmste Tag der „Märzaktion" gewesen war,

---

[223] Holzmann, Als Gott abwesend war, S. 410 f.

in deren Verlauf 15.000 Juden aus ihren Wohnungen verschleppt und ermordet wurden.

Als die „Aktion" gegen die „Asozialen" zu Ende ging, hörte man im jüdischen Viertel erstmals Berichte über die Zielorte der Züge. Bahnarbeiter erzählten, dass die Juden an der Eisenbahnstation von Kleparów in Züge geladen und ihnen befohlen worden war, die Waggons zur Station von Bełzec in der Nähe von Rawa-Ruska zu fahren, wo – den Berichten zufolge – die Deutschen sie alle mit Elektroschock oder in Gaskammern ermordeten.

Nach der „Aktion" sandten die Polizeistationen der Bezirke detaillierte Berichte an ihre Vorgesetzten. Der Verfasser einer dieser Berichte, der vom 25. März 1942 datiert ist, erklärte:

> „Hiermit teile ich mit, daß während der *Judenaktion* am 25. März 1942 (die Nachstehenden) auf der Polizeistation I zwischen 08.00 Uhr und 18.00 Uhr Dienst hatten:
>
> 10 deutsche Polizisten (Schutzpolizisten)
> 20 ukrainische Polizisten
> 40 Angehörige der jüdischen Ordnungspolizei.
>
> Sie führten insgesamt 512 Juden zur Schule in der Sobieski-Straße."[224]

Auch nach der „Märzaktion" gab es für die Juden in Lemberg keine Verschnaufpause. Die Zeit von nun an bis zur endgültigen Auflösung des Ghettos war ein einziges Pogrom.

Im Nachgang zur „Märzaktion" wurden die Methoden der Registrierung beim Sonderarbeitsamt für Juden ebenso wie die Arbeitskarten verändert. Die verbleibenden Juden reagierten darauf und auf die neuen Kennzeichen mit Neid und Feindseligkeit. Die Maßnahmen teilten die Juden in zwei Gruppen: diejenigen, die Papiere besaßen und somit angeblich am Leben bleiben konnten, und diejenigen, die keine Papiere besaßen und dem Tod geweiht waren.

Es dauerte nicht lange, bis die Gestapo mit einer „Säuberungsaktion" unter den Juden begann, die mit ihr kollaboriert hatten.

---

[224] YVA, M-37. Methoden der Registrierung auf den Arbeitsämtern werden ebenfalls bei Kahana, Tagebuch aus dem Ghetto Lemberg, S. 67, und Maltiel, Aus Rache..., S. 95–100, diskutiert.

Verschiedene Agenten und Verbindungsleute der Gestapo wurden ermordet. Die Deutschen eliminierten jeden, den sie für überflüssig hielten oder der zu viel wusste. Auf diese Weise verschwand zum Beispiel ein Mann namens Reiss, der frühere Besitzer einer Seifenfabrik, der zwischen Erich Engels, dem Kommandanten der Gestapo in Lemberg und Stellvertreter Katzmanns, und dem Judenrat vermittelt hatte. Das Gleiche geschah mit dem Agenten der Kripo, Oskar Halperin. Die Liquidierung der „privilegierten" Mündel der Deutschen kündigte die bevorstehende Katastrophe an.

Eine „Aktion" folgte der anderen. Nach der „Märzaktion" bemühten sich die Deutschen nicht länger, ihre Absichten zu verbergen. Gerüchte über Deportationen in Gebiete an der Front zur Zwangsarbeit, um die Überbelegung im Ghetto zu reduzieren, kursierten nicht mehr, und die Deutschen machten sich auch nicht die Mühe, die Tatsache zu verheimlichen, dass der Zielort die Vernichtungslager waren.

4. Juni 1942 – Die „Blitzaktion" und weitere „Aktionen"

Die „Blitzaktion", die erst im Nachhinein unter dieser Bezeichnung bekannt wurde, fand am 26. Juni 1942 statt. Am frühen Morgen führte eine Sondereinheit der SS, die „Rollbrigade der Vernichtungsgruppe", im Judenviertel eine Razzia durch. Mitglieder der polnischen, ukrainischen und jüdischen Polizei wurden in Alarmbereitschaft versetzt und mussten auf ihren Stationen bleiben. Diesmal waren zwei Gruppen von Juden das Ziel: diejenigen, die immer noch außerhalb des Ghettos wohnen durften, und diejenigen, die als nicht arbeitsfähig eingestuft wurden: ältere Leute, Frauen und Kinder. Die zwölf Stunden von 14:00 Uhr bis 02:00 am nächsten Morgen andauernde „Aktion" leiteten zwei SS-Offiziere: Erich Engels, der Gestapoleiter in Lemberg und Stellvertreter Katzmanns, sowie ein Deutscher namens Wepke. Die 6000 bis 7000 aus Lemberg verschleppten Juden wurden am selben Tag in ein „Dulag" in der Nähe der Janowska-Straße gebracht und dort zu Tode gequält.[225]

Im Verlauf des Sommers 1942 fanden in Lemberg weitere kleinere „Aktionen" statt. Am 20. Mai wurden plötzlich alle jüdischen

---

[225] Friedman, Die Vernichtung der Juden von Lemberg, S. 651; Zaderecki, Unter der Herrschaft des Hakenkreuzes, S. 214 f.; Scheinfeld, Das Ghetto Lemberg, S. 93.

Tierärzte aus ihren Wohnungen geholt, in das Janowska-Lager verschleppt und dort ermordet. Anschließend befahl man den jüdischen Ärzten, wie alle anderen Juden eine Armbinde als Kennzeichen zu tragen.[226] In einer der „Aktionen" in diesem Sommer trieben die Deutschen alle Juden zusammen, die vor dem Krieg für Baufirmen gearbeitet hatten, und brachten sie an einen unbekannten Ort. Eines Tages mussten sich die Mitglieder der jüdischen Polizei zum Appell aufstellen, in dessen Folge zwischen 200 und 250 von ihnen mit dem Befehl, dort Dienstleistungen zu verrichten, in das Janowska-Lager geschickt wurden, wo man sie in Wirklichkeit jedoch ermordete.

Im Juli 1942 wurde den Juden befohlen, ihre dritte „Spende" aufzubringen. Wiederum waren die Deutschen von der Summe enttäuscht; die Juden besaßen nichts mehr, was ihnen abgepresst werden konnte.

Die „Märzaktion", die „Blitzaktion" und die nachfolgenden Operationen hatten die jüdische Bevölkerung Lembergs um mehrere Zehntausend dezimiert. Nach der Ansicht der Deutschen war das jüdische Viertel für die Übrigen jedoch zu groß.

5. August 1942 – die „große Aktion"

Die später als die „große Aktion" bekannt gewordene umfangreichste Operation der Deutschen in Lemberg begann im Morgengrauen am Montag, dem 10. August 1942, und dauerte bis zum 23. August. Die Täter gehörten der SS und der Gestapo an, waren deutsche Kriminalbeamte und ukrainische Polizisten. Katzmann persönlich hatte den Oberbefehl.

---

[226] Der Bericht, der sich auf die jüdischen Tierärzte bezieht, wurde vom Distriktkommandanten der Polizei und des SD veröffentlicht und am 3.6.1942 an den Distrikthauptmann von Galizien in Lemberg gesandt. YVA, M-37/55. Die Anordnung, dass jüdische Tierärzte ein besonderes Abzeichen auf dem Ärmel zu tragen hatten, wurde in einen Rundbrief vom 11.12.1942 aufgenommen, der von Ortmanns unterzeichnet und an den Oberarzt des Distrikts, Dr. Danish, gesandt wurde. YVA, M-37/6. Dem Dokument ist eine erklärende Anmerkung von Dr. Siegel beigefügt, dass die Armbinden der Ärzte den Stempel des deutschen Gesundheitsamts aufweisen mussten.

Es handelte sich um eine systematische, präzise ausgeführte „Aktion". Deutsche und ukrainische Handlanger umstellten die jüdischen Wohngebiete. Alle Straßen wurden blockiert und Haus um Haus durchsucht. Nachdem alle Bewohner hinausgetrieben worden waren, wurde das Areal sorgfältig nach Versteckten abgesucht. Im Verlauf dieser gründlichen Inspektion, die die Deutschen „Auskämmen" (wie bei Läusen) nannten, wurden die meisten Personen, die sich verborgen hielten, entdeckt. Jeden Tag wurden Tausende in das Janowska-Lager geschickt.

Von dem plötzlichen Schlag wie betäubt, versuchten die Juden eilends, in Kellern, Tunneln und Gräben Zuflucht zu finden. Die meisten dieser Bemühungen waren fruchtlos. Selbst wenn es einigen Juden gelungen war, gute Verstecke vorzubereiten, fanden die von den Deutschen dressierten Hunde sie – mithilfe von polnischen und ukrainischen Kindern. Viele Juden zogen es vor, Selbstmord zu begehen. Andere versuchten, den Transporten zu entfliehen oder Widerstand zu leisten; sie wurden auf der Stelle erschossen.

Zehntausende von Juden kamen im Verlauf der „Aktion" im August ums Leben. Die jüdische Polizei nahm aktiv daran teil; Zeugen sprechen aber auch von Polizisten, die die Juden vor der bevorstehenden „Aktion" gewarnt hatten und Verwandte und Freunde retteten.

Nach dieser „Aktion" waren von den 160.000 Juden, die zu Beginn der deutschen Herrschaft in Lemberg gelebt hatten, noch 60.000 übrig. Die mit willkürlichen Morden, Krankheiten und Hunger einhergehenden „Aktionen" hatten die jüdische Bevölkerung der Stadt um 100.000 Menschen reduziert.

Am 15. August 1942 berichtete der Kommandant der ukrainischen Polizeistation Nr. 5, dass im Verlauf der „Aktion" 1660 Juden zur Sammelstelle gebracht worden seien und Polizisten unter seinem Kommando acht Juden getötet und vier durch Schüsse verwundet hätten.

Am 20. August 1942 wurden 525 Juden verhaftet, von denen 14 auf der Stelle getötet und sechs verletzt wurden. Die Täter waren 24 einheimische Polizisten und 30 Polizisten, die aus Tarnopol herbeigeholt worden waren – sechs von ihnen wurden im Verlauf der „Aktion" verwundet.

Das Eigentum der Juden, darunter goldene Uhren, Schmuck und Geld, wurde tatkräftig geplündert. Am nächsten Tag wurden

805 Juden festgenommen und 1095 Złoty konfisziert. Einem Bericht des Polizeikommandanten zufolge, der sich an der „Aktion" beteiligte, gab es Versuche, einen der Polizisten zu bestechen. Er erhielt eine Belohnung dafür, dass er dies seinen Vorgesetzten mitgeteilt hatte.[227]

Die „Aktion" schloss auch das jüdische Krankenhaus in der Kuszewicza-Straße mit ein. Da die Deutschen aus Angst vor Ansteckung die Krankenzimmer nicht betreten wollten, erschossen sie die Patienten sowie die Eltern und Kinder der Krankenhausangestellten vom Eingang aus. Den Apothekern und dem Hilfspersonal nahmen sie die Armbinden des Roten Kreuzes ab. Mehrere Männer – der Direktor des Krankenhauses, Professor Kurzrock, und der Arzt Dr. Jurim sowie deren Bekannter Boris Scheinbaum und andere – wurden mitgenommen.

Die Deutschen versuchten zunächst, der „Aktion" einen Anschein von Ordnung zu verleihen, so als ob es sich um „legale" Verhaftungen handelte und sie nach Regimegegnern suchten, die zufällig jüdisch waren. Innerhalb weniger Tage brach die Fassade von Recht und Ordnung jedoch zusammen, und die Operation verwandelte sich in einen wilden Raubzug. Tod und Schrecken ergriffen Lemberg. Sogar Angehörige der Zivilverwaltung, die der „Endlösung" im Grunde zustimmten, protestierten gegen die unmenschliche Wende, welche die „Aktion" genommen hatte.[228] Die „große Aktion" endete am 23. August 1942 in der Dämmerung. In ihrem Verlauf verloren etwa 60.000 Juden ihr Leben.[229]

---

[227] Friedman, Die Vernichtung der Juden von Lemberg, S. 655; Weiss, Die jüdische Polizei, S. 245 f.; Zaderecki, Unter der Herrschaft des Hakenkreuzes, S. 225 f.; Levin, Ich bin aus Spezia eingewandert, S. 122; Maltiel, Aus Rache..., S. 146–165, 237; Shapira, Erinnerungen, S. 36 f., 75; Kahana, Tagebuch aus dem Ghetto Lemberg, S. 76; Zeugenaussagen von B.L. Barb, Ghetto Fighters' House Archives, 0468, S. 3; Redner, YVA, 033/1101, S. 9; Radelecki, Tagebuch, YVA, 033/916; Lewinter, YVA, O-3/2252, S. 12. Die Polizeiberichte werden in YVA, M-37/101 aufbewahrt.

[228] Zu der „Aktion" siehe Katzmann-Bericht, S. 3.

[229] Rabbi David Kahana, der zu dieser Zeit für den Judenrat arbeitete, schreibt: „Wir legten die Anzahl auf der Grundlage der Zahl der Lebensmittelkarten für Brot fest." Kahana, Tagebuch aus dem Ghetto Lemberg, S. 90 f. Siehe auch den Bericht des SS-Offiziers Kurt Gerstein, der nach dem Krieg (April–Juli 1945) im Gefängnis in Paris geschrieben

6. Öffentliche Hinrichtungen durch Erhängen

An einem Tag Anfang September 1942[230] kamen mehrere mit Gestapo-Männern und ukrainischen Polizisten bemannte Lastwagen ins Ghetto. Sie fuhren in die Jakob-Hermann-Straße und umstellten das Gebäude, in dem das Präsidium des Judenrats, die jüdische Polizei und das Wohnungsamt eine provisorische Zentrale eingerichtet hatten. Gleichzeitig wurden alle auf diese Straße führenden Gassen hermetisch abgeriegelt. Mehrere hundert Juden standen im Hof und warteten, dass sich die Beamten des Wohnungsamts ihrer Probleme annahmen. Die Gestapo-Männer separierten die jüdischen Polizisten von den Übrigen und zwangen sie, sich unter Bewachung in der Nähe eines der Lastwagen zu versammeln. Dann ließen sie von den sich zur Straße hin öffnenden Balkonen Seile hinunter, stellten unter jedes Seil einen Stuhl und setzten auf jeden Stuhl einen an den Händen gefesselten jüdischen Polizisten. Die

---

wurde, und die Zeugenaussage von Gerstein vor dem Internationalen Militärgerichtshof in Nürnberg. Gerstein sagte aus, dass er bei einem Besuch von Bełżec im August 1942 einen Zug mit 45 Waggons sah, der mit 6700 Juden aus Lemberg eingetroffen war. Zu dem Zeitpunkt, da sie das Lager erreichten, waren 1450 von ihnen bereits ums Leben gekommen. Insgesamt wurden zwischen 17.7. und 15.11.1942 etwa 140.000 Juden aus dem Distrikt Galizien nach Belzec geschickt. Vgl. Nürnberger Dokumente, PS-3688. Daraus geht hervor, dass in Übereinstimmung mit einem Vorschlag vom Chef der Sicherheitspolizei und des SD bei dringenden Transporten aus dem Distrikt Galizien in das Lager Belzec täglich ein Zug fahren sollte.

[230] Verschiedene Quellen geben für dieses Ereignis unterschiedliche Daten an. Kahana (Tagebuch aus dem Ghetto Lemberg, S. 19) schreibt, „am vierten oder fünften Tag, an einem Tag im September, ich erinnere mich nicht genau". Friedman (Die Vernichtung der Juden von Lemberg, S. 662) hält fest: „An einem der ersten Tage im September – anscheinend der 1. September 1942." Shapira (Erinnerungen, S. 67) schreibt: „In eynem tog – eines Tages." „Am 31. August 1942, um 7:15 Uhr abends, erstach ein 20 Jahre alter Jude einen der Kriminalpolizisten [...] nahe der Kościuszko-Straße 6 (wo das Büro des Zeugen lag). Die Polizei nahm den jungen Mann fest, und am nächsten Tag erfolgte die Rache im Julag." Alles deutet darauf hin, dass dieser Vorfall sich am 1. September ereignete. Die Identität des Kommandanten bei den Erhängungen wird ebenfalls unterschiedlich angegeben. Siehe Zaderecki, Unter der Herrschaft des Hakenkreuzes, S. 173.

erste Schlinge, die vom Balkon an der Ecke der Jakob-Hermann-Straße hing, blieb leer. Als Engels, der Stellvertreter Katzmanns, der die Operation persönlich kommandierte, ein Signal gab, wurde der Vorsitzende des Judenrats, Dr. Landsberg, aus einem geschlossenen Fahrzeug geholt und zum ersten Galgen geführt. Ein Henker legte Landsberg die Schlinge um den Hals und zog den Stuhl weg. Auf ein weiteres Signal hin hängten die Deutschen die jüdischen Polizisten. Innerhalb einer halben Stunde war die Łokietka-Straße mit den Leichen gehängter Juden übersät.

Während die Henker mit der Exekution der Polizisten beschäftigt waren, betraten SS-Männer den Hof an der Jakob-Hermann-Straße und eröffneten das Feuer auf die dort versammelte Menge. Danach überreichten die Deutschen dem Judenrat eine Rechnung für die Kosten der Seile. Auf Befehl der Deutschen blieben die Leichen der gehängten Männer für einen weiteren Tag an Ort und Stelle, und die „arischen" Einwohner Lembergs wurden eingeladen, im Ghetto, dessen Betreten sonst verboten war, das grausige Schauspiel mitanzusehen. Und so wanderten die nichtjüdischen Einwohner Lembergs die Słoneczna-Straße entlang und beäugten die gehängten Männer, als besuchten sie eine Zirkusvorstellung. Viele brachten ihre Kinder mit. „Ein Pole namens Jan Kamiński kam mit seiner Frau und dem zweijährigen Sohn. Er sagte, er hätte den Jungen mitgebracht, damit er sich später damit brüsten könne, die letzten Juden vom Galgen hängen gesehen zu haben", schrieb Tadeusz Zaderecki, der die Szene beobachtete. „Das Wetter an diesem Tag", fügte er hinzu, „war fantastisch – ein goldener, vom Sonnenlicht durchfluteter Tag im polnischen Herbst. Die Körper schwangen in der Luft hin und her, bewegt von der leichten Brise. Die gesamte Bevölkerung Lembergs war erschienen, um sich dieses ungeheuerliche Bild anzusehen."[231] Die gehängten Männer auf den Straßen und das darauffolgende Massaker erinnerten und mahnten das Ghetto, dass es keinen Aufschub gab.

Der „Sandhügel", auch „Dünen" genannt, nimmt, gemeinsam mit dem Lager Belzec, einen besonderen Platz in der Leidensgeschichte der Lemberger Juden ein, denn hier wurden Zehntausende getötet und begraben. Regelmäßig brachten die Deutschen Juden in

---

[231] Kahana, Tagebuch aus dem Ghetto Lemberg, S. 92, 96–101; Zaderecki, Unter der Herrschaft des Hakenkreuzes, S. 242 f.; Shapira, Erinnerungen, S. 67; Farber, Chronik eines Lembergers, S. 5–33.

Gruppen von 150 bis 200 in die Dünen, zwangen sie, ihre eigenen Gräber auszuheben, sich auszukleiden und erschossen sie dann. Der Ausdruck „Du wirst in den Dünen enden" wurde zur stehenden Redewendung unter den Juden in Lemberg, die wussten, dass sie, wenn sie nicht in Belzec starben, dort ermordet werden würden.

7. Die „Aktion" im November 1942

Am 17. November führten die Juden abermals eine Volkszählung im Ghetto durch und gaben neue Kennzeichen aus. Angestellte in den Fabriken und den Einrichtungen der Wehrmacht erhielten metallene Abzeichen, die den Buchstaben „W" trugen, der besagte, dass sie für die Wehrmacht arbeiteten. Angestellte der Munitionsfabriken bekamen Abzeichen mit dem Buchstaben „R", der sowohl für Rüstungsindustrie als auch für „Rohstoff" stand. Etwa 12.000 Frauen und Männer erhielten die neuen Abzeichen. Die Deutschen nutzten den Zensus als Gelegenheit, eine weitere „Säuberungsaktion" durchzuführen. Etwa 5000 Personen, die sie als „überflüssig" betrachteten, wurden zur Vernichtung deportiert. Die wenigen Überlebenden dieser „Säuberungsaktion" bestanden aus zwei Gruppen: diejenigen, welche die Abzeichen trugen, die sie als Arbeiter auswiesen und im Ghetto die besten Unterkünfte erhielten, und die anderen, die in Verschlägen und Bruchbuden hausten. Da die mit Buchstaben versehenen Abzeichen erst zwei Tage vor der Selektion verteilt worden waren, hatten die Leute sie noch nicht an ihre Kleidung genäht, und einige der Fabriken der Wehrmacht waren über die neue Regelung noch nicht informiert worden. Die Gestapo nutzte dies als Vorwand, um auch Juden mit Arbeitserlaubnis, jedoch ohne Abzeichen auf der Kleidung zu deportieren und dadurch die Zahl der „privilegierten" Juden zu dezimieren.

Bevor die Bewohner am 18. November 1942 das Ghetto zur Arbeit verließen, führten Gestapo-Männer und ihre ukrainischen Helfer eine Razzia durch, um die Juden auf die ihnen zugewiesene Kategorisierung hin zu kontrollieren: „Arbeiter" (mit Abzeichen) oder „asoziale Elemente" (alle anderen). Unter der Eisenbahnbrücke waren zahlreiche Wagen mit zusätzlichen SS-Männern stationiert. Ranghohe Offiziere und ihre Begleiter standen am Tor. Jüdische Arbeiter, von denen die meisten ihre Abzeichen noch nicht trugen, drängten sich auf dem großen Platz vor dem Tor und warteten darauf, es auf dem Weg zur Arbeit zu passieren. Die Gestapo-Männer schoben sie alle durch das Tor, da sie wussten, dass die Juden möglichst schnell an ihre Arbeitsplätze wollten, um der „Aktion" zu entgehen. Auf der anderen Seite des Tores warteten Lastwagen auf sie. Die Arbeiter wurden hinaufgetrieben und in den Tod gefahren.

Deportationen der Juden aus Lemberg nach Belzec, 1942. © United States Holocaust Memorial Museum 31449, mit freundlicher Genehmigung der Fédération nationale des déportés et internés résistants et patriotes

Die „Aktion" im November dauerte fünf Tage und forderte den höchsten Zoll unter den arbeitenden Juden. Die meisten wurden in das Todeslager Belzec deportiert, einige auch in das Janowska-Lager. Ganz wenigen gelang die Flucht aus den Zügen; die Zahl der „Springer" nahm mit jedem Tag zu. Einer Handvoll Flüchtlingen gelang die Rückkehr ins Ghetto und sie berichteten über das Geschehen. Die Deutschen hatten sie gezwungen, ihre Oberbekleidung und Schuhe abzulegen, damit sie nicht entkommen konnten. In der Novemberkälte waren sie nackt und barfuß durch die Felder gelaufen. Nicht wenige fielen den Deutschen und ihren Hunden zum Opfer und wurden zum größten Teil auf der Stelle erschossen. Diejenigen, die von den Zügen sprangen und nach Lemberg zurückkehrten, suchten Unterschlupf im Ghetto und wurden letztendlich wieder beim statistischen Amt des Judenrats registriert. Schätzungsweise verloren in der November-„Aktion" 15.000 Juden ihr Leben.[232]

8. Die „Aktion" im Dezember 1942

Am 5. Dezember 1942 – mitten im Winter – nahmen die Einwohner von Lemberg die ersten Rauchsäulen aus der Richtung des „Sandhügels" wahr und registrierten in der Nacht, dass der Himmel sich rot färbte. Eine neue „Aktion" hatte begonnen. Um 6.00 Uhr, als die Leute sich auf den Weg zur Arbeit machten, war das Ghetto von einer undurchdringbaren Kette von SS-Männern und Ukrainern abgeriegelt. Die Kette setzte sich aus Kommandos aus jeweils zwei ukrainischen Polizisten und einem Schupo (Mitglied der Schutzpolizei, der deutschen Ordnungspolizei) zusammen. Das Ghetto war gänzlich umstellt.

Die Deutschen und die Ukrainer warfen – unterstützt von jüdischer Polizei – Handgranaten in die Keller und steckten die baufälligen hölzernen Hütten in Brand, die den Kleparów-Platz auf allen

---

[232] Kahana, Tagebuch aus dem Ghetto Lemberg, S. 100 f.; Zeugenaussage von Richard Alsheim, AŻIH, Nr. 770, Richard Rindner, AŻIH, Nr. 18; J. Dentel, AŻIH, Nr. 230; Heronym Meislisch, AŻIH, Nr. 1519. Für Zeugenaussagen von Personen, die von dem Zug nach Belzec absprangen oder durch die „Dünen" entkamen („Shpringers"), siehe zudem die Zeugenaussage von Rachel Sorek, Moreshet Archiv, A/411, und Dr. David Sobol, YVA, O-3/1179.

Seiten umgaben. Die Flammen sprangen schnell auf die benachbarten Gebäude über. Wo die Angreifer versteckte Juden vermuteten, begossen sie die Hütten mit reichlich Benzin und setzten sie dann in Brand. Das Gleiche geschah auf der Wierzbickiego-Straße, der benachbarten Straße und auf den rechtwinklig zu ihnen verlaufenden Gassen bis hin zur Grenze des Ghettos an der Jordańska-Straße. Der dichte Rauch trieb die Juden aus ihren Verstecken. Die Deutschen verfolgten und töteten sie. Kleinkinder wurden bei lebendigem Leib mit Bajonetten aufgespießt, ins Feuer geworfen oder gegen die Mauern geschleudert. Die Straßen füllten sich mit Blut und Leichen. „Am nächsten Tag", so hielt es ein Augenzeuge fest, „hing der Rauch immer noch in der Luft. Wiederum sandte Engels seine trainierten Einheiten ins Ghetto, und wiederum verbrannten die Juden in den Flammen und erstickten im Rauch. Wer versteckt war, wurde hinausgetrieben und ermordet oder den Gruppen für den Transport zugeordnet."

Zu diesem Zeitpunkt fand eine weitere „Aktion" statt, und zwar unter den Angestellten der Gelikol-Fabrik für Lebensmittel und Getränke, die außerhalb des Ghettos produzierte. Die Deutschen trennten die Frauen von den Männern, verschleppten die Männer in das Janowska-Lager und die Frauen in die „Dünen". Im Verlauf dieser „Aktion" wurden auch Angehörige des Judenrats deportiert; ihre Papiere boten ihnen keinen Schutz. Nach der Selektion wurden einige den Arbeitskommandos in den Lagern zugeordnet; der Rest wurde in den „Dünen" oder in Belzec ermordet. Nur wer im Gebäude des Judenrats geblieben war, entkam.

Im Verlauf dieser „Aktion" gelang einigen Juden die Flucht in die Schluchten der Kleparów-Hügel, während andere in den Verstecken unterschlüpften, die sie in der Hołosko- und Zamarstynów-Allee auf der „arischen" Seite gefunden hatten. An mehreren Stellen versuchten Juden, durch den Zaun des Lagers auszubrechen und zu entkommen; die deutschen und ukrainischen Wachen erschossen die meisten von ihnen. Einige entkamen aus den Transporten nach Belzec und kehrten ins Ghetto zurück.

Nach der „Aktion" zwang die jüdische Polizei Juden, die vielen auf der Straße liegenden Leichen zu begraben. Das „Totengräberkommando", wie es genannt wurde, bestattete die Leichen in Gräben auf der anderen Seite der Pilichowska-Straße.

Als Lemberg Weihnachten feierte, machten sich die Gefangenen des Janowska-Lagers wie gewohnt auf den Weg zur Arbeit. Ein Zug von Reinigungsarbeitern marschierte die Janowska-Straße hinunter zur Kazimierzowska-Straße, gegenüber der großen St. Annen-Kirche. Die Kirchengemeinde sang gerade ein polnisches Weihnachtslied, das vom Frieden auf Erden handelt, als der Messias geboren wurde. Beim Anblick der marschierenden Juden änderten diese Christen die Verse des Kirchenlieds: „Ein Loblied dem Himmel, sie haben den Juden die Knochen gebrochen, und das Land ist ruhig geworden." Offenbar kannten alle Polen den Text dieser revidierten Version.[233]

Obwohl fast jedem auf der „arischen" Seite erklärt worden war, dass das Ghetto ein verbotenes Quarantänegebiet sei und Kontakte zu Nichtjuden daher ohnehin kaum noch bestanden, hielt es SS- und Polizeiführer Katzmann für erforderlich, die Einwohner wiederholt daran zu erinnern, dass es strengstens und bei Todesstrafe verboten war, Juden zu verstecken oder ihnen auf irgendeine Weise zu helfen.

9. 1943 – das Jahr der Liquidierung

Bis Ende 1942 hatten die Deutschen etwa 80 % der jüdischen Bevölkerung Lembergs ermordet. Sowohl dem Judenrat als auch Katzmann zufolge waren noch etwa 23.000 Juden am Leben.[234]

Die Deutschen beschlossen, das Tempo der Vernichtung zu beschleunigen und die letzten Juden zu töten. Zur Vorbereitung reorganisierten sie das jüdische Leben in Lemberg nochmals. Das Ghetto wurde wiederum verkleinert, und sie begannen mit dem Bau eines Zauns entlang der neuen Grenzen. Zahlreiche Juden, welche die „Aktionen" in Verstecken überlebt hatten, waren nun aus dem Ghetto ausgegrenzt. Der Judenrat wurde aufgelöst und auch kein neuer mehr eingesetzt, um das Leben der im Ghetto verbliebenen Juden zu regeln. Alle Befugnisse über das Julag hatte die SS inne.

---

[233] Zaderecki, Unter der Herrschaft des Hakenkreuzes, S. 254–259; Maltiel, Aus Rache..., S. 44, 124-138, 148 f., 203, 256; Kahana, Tagebuch aus dem Ghetto Lemberg, S. 120. Die Verse des polnischen Kirchenliedes lauten wie folgt: *Chwała na Wysokości, Połamali Żydom kości, A na ziemi spokój.*

[234] Goldberg, Tage im Feuer, S. 46–48; Zaderecki, Unter der Herrschaft des Hakenkreuzes, S. 271 ff.

Auch beim SS-Kommando gab es Veränderungen. Der SS- und Polizeiführer in Lemberg, Katzmann, wurde im April 1943 versetzt, pendelte aber in den folgenden Monaten noch zwischen seinem neuen Dienstort und Lemberg. Seine Position übernahm für kurze Zeit Jürgen Stroop, der als Fachmann für Liquidierungen galt. Stroop blieb bis zum April 1943 in Lemberg; er wurde dann nach Warschau versetzt, um den Aufstand im dortigen Ghetto niederzuschlagen. Danach waren nacheinander die folgenden SS-Offiziere für das Lemberger Julag verantwortlich: Mansfeld, sein Adjutant Siller, Josef Grzimek und dessen Stellvertreter Hainisch. Auf ihren vorherigen Posten waren alle an der Deportation und Ermordung von Juden beteiligt gewesen.[235]

Die „Aktionen" und Transporte in den Tod fanden auch während der Reorganisation statt. Vom 5. bis 7. Januar 1943 erfolgte eine weitere furchtbare „Aktion". Diesmal wurden alle Juden, die nach der letzten Verkleinerung des Ghettos noch in der Kleparów-, Zródlana- und Jerzwicka-Straße – also außerhalb des Ghettos – lebten, liquidiert. Mindestens 4000 Juden wurden nach Belzec deportiert. Im Verlauf der „Aktion" steckten die Gestapo-Männer und die ukrainische Miliz zahlreiche jüdische Häuser, in denen noch Menschen lebten, in Brand und stießen jeden, der zu entkommen versuchte, zurück in die Flammen. Männer, alte Leute und Kinder verbrannten bei lebendigem Leib. Unter allen in Lemberg verübten Gräueltaten war diese „Aktion" die schlimmste.

Im Januar 1943, als die Einrichtungen in Belzec den Anforderungen nicht länger gewachsen waren, begannen die Deutschen an zwei Stellen in der Nähe von Lemberg mit dem Massenmord an Juden: in den Schluchten und Abgründen des Kortumwa Góra (Berg) – als „Tal des Todes" bekannt – und im Wald von Lesienice.

Der neue Kommandant des Julag, SS-Hauptsturmführer Josef Grzimek, trat seinen Posten am 19. Februar 1943 an. Er kam nach Lemberg, nachdem er gründliche Erfahrungen bei der Liquidierung des Lagers bei Jaktorów und der Organisation des Lagers Rawa-Ruska gesammelt hatte. Bei seiner Ankunft in Lemberg führte er

---

[235] „Zu einem bestimmten Zeitpunkt gab es gleichzeitig drei Kommandanten, und in der entstehenden Verwirrung wussten die Deutschen nicht, wem sie zu gehorchen hatten", schreibt Zaderecki; ebenda, S. 298 f.).

rigorose Disziplin im Julag ein. Grzimek übertraf sich selbst als Erfinder scheußlicher Foltern und in seiner teuflischen Hingabe an Disziplin und Hygiene.

Grzimek traf Vorbereitungen zur Liquidierung des Ghettos. Da die Straßen des Ghettos voll mit Abfall und Schutt und die Häuser schon vor der Ankunft der Juden verseucht waren, ordnete er eine Säuberungskampagne an. Er machte es sich zur Gewohnheit, jeden Tag durch die Straßen des Ghettos zu wandern. Er trug weiße Handschuhe, pflegte in Hinterhöfe und Wohnungen zu schauen und diese auf Sauberkeit hin zu untersuchen. Jeder Jude, der die strenge Inspektion durch Grzimek nicht bestand, wurde zu 25 Schlägen mit der Peitsche verurteilt, die er stets bei sich trug. Wann immer er im Ghetto auf Arbeitslose oder Kranke stieß, schickte er sie in das Ghettogefängnis, von wo aus sie in der Regel zur Vernichtung abgeholt wurden. Hunderte von Juden verloren auf diese Weise ihr Leben.[236]

---

[236] Zaderecki, Unter der Herrschaft des Hakenkreuzes, S. 263 f., 280; Maltiel, Aus Rache..., S. 243 ff. Josef Grzimek hatte an der von den Nationalsozialisten in Gleiwitz in der Nähe der polnisch-deutschen Grenze Ende August 1939 organisierten Provokation teilgenommen. Er und weitere polnisch sprechende Deutsche waren damals in polnische Uniformen gekleidet und ausgeschickt worden, um den deutschen Grenzposten anzugreifen. Der Überfall lieferte Hitler den Vorwand für den Angriff auf Polen.
Zaderecki, Unter der Herrschaft des Hakenkreuzes, schreibt: „Von da an stand er unter strenger Aufsicht, da man besorgt war, dass er bei einer eventuellen Gefangennahme den Mund aufmachen und alles gestehen würde. Er blieb nur dank seines Schweigens am Leben. Eine Beförderung wurde ihm erst für nach dem Krieg versprochen, und zwar von Hitler selbst, der dieser Einheit eine besondere Behandlung angedeihen ließ." Zaderecki fügt hinzu, dass Grzimek ein Hauptscharführer der Waffen-SS war, ein Rang, der dem eines Feldwebels entsprach und nicht dem eines Offiziers, wie in anderen Zeugenaussagen beschrieben wird. Von Lemberg wurde Grzimek nach Szebnie in der Nähe von Jasło in Westgalizien geschickt, um das Kommando über das dortige Lager zu übernehmen, und auch dort wurde er wegen seiner Brutalität und sadistischen Verhaltensweise bekannt. 1947 wurde Grzimek von den USA an Polen ausgeliefert, 1949 in Warschau öffentlich vor Gericht gestellt und zum Tode verurteilt und 1950 hingerichtet. Siehe YVA, O4/11-1-7; Friedman, Die Vernichtung der Juden von Lemberg, S. 680; Farber, Chronik eines Lembergers, S. 18.

In der Zwischenzeit gingen Geschichten und Gerüchte unter den nichtjüdischen Einwohnern Lembergs um, denen zufolge die Juden ihre Reichtümer vergraben hätten, bevor sie in den Tod geschickt worden waren. Diese Geschichten veranlassten Verbrecher, Banditen, Erpresser und auch ukrainische Detektive, die Ruinen zu durchsuchen in der Hoffnung, die angeblich verborgene Beute zu finden. Ihre Suche förderte häufig „Mäuse" zutage, wie sie Menschen in Verstecken nannten, denen sie regelmäßig Schweigegeld abpressten. Bei mehr als einer Gelegenheit brachen sie ihr Versprechen und denunzierten die „Mäuse" bei den Deutschen, obwohl jene Bestechungsgelder bezahlt hatten. Es verwundert nicht, dass viele Juden in den Verstecken sich lieber das Leben nahmen.

Die Ermordung von Juden war eine Routineangelegenheit, das tägliche Handwerk der Kommandanten des Julag. Juden, die deportiert werden sollten, wurden, wie gesagt, im Lagergefängnis gesammelt. Nachdem sich das Lager infolge der fortwährenden „Aktionen" weitgehend geleert hatte, wurde das Gefängnis in die Weissenhof-Straße 15 verlegt. Die Kommandanten ließen die Gefangenen jede Woche abführen. Die Häftlinge wurden zu einer der beiden Mordstätten geschafft: in die „Dünen" in der Nähe des jüdischen Friedhofs an der Janowska-Straße oder in den Wald von Lesienice.

Anfang März 1943 wurde wiederum geprüft, ob die 3000 in den Fabriken der Firma Schwarz beschäftigten Juden noch arbeitsfähig waren. Etwa 1600 von ihnen wurden für „arbeitsunfähig" befunden und zusammen mit ihren Kindern zur Vernichtung deportiert.

Am 16. März flohen vier Juden aus den Fabriken des SS-Arbeitslagers Czwartaków an der Listopad-Straße. Ein SS-Mann versuchte, sie aufzuhalten, aber sie behielten die Nerven, zogen Pistolen und töteten ihn. Den Deutschen gelang es nicht, die Mörder zu fassen, und um den Tod ihres Kameraden zu rächen, griffen sie zwölf Juden auf – die meisten waren Offiziere der jüdischen Polizei des Julag – und hängten sie in der Łokietka-Straße auf, um die verbleibenden Juden einzuschüchtern.

Am 17. März 1943 fand von 17:00 Uhr bis um 05:30 Uhr am nächsten Morgen als Vergeltung für den Mord an dem SS-Mann eine wilde Menschenjagd im Julag auf „arbeitsunfähige" Juden statt. Auf der Seite des Ghettotors, die auf die Pełtewna-Straße führte, stellten sich Polizisten auf, und als Gruppen von Arbeitern sich dem Tor näherten, wurden sie zur Musik des jüdischen Lagerorchesters in die „Dünen" geleitet und dort erschossen. Diese „Aktion", in deren Verlauf 1000 Juden ums Leben kamen, kennzeichnete den Beginn der systematischen Liquidierung der jüdischen Arbeiter in den Baracken der Deutschen.

Orchester des Janowska-Lagers, 1944. © United States Holocaust Memorial Museum 78708, mit freundlicher Genehmigung der National Archives and Records Administration

Grzimek stellte die Kapelle zusammen, welche die Juden auf ihrem Weg zur Arbeit begleitete. Auf Geheiß der Deutschen spielte sie Märsche und klassische Musik; deren Lieblingsstück war der Radetzky-Marsch von Johann Strauss d. J. Ein deutscher Soldat sagte aus, dass er diese Kapelle Beethovens Dritte Sinfonie, die Eroica, am Tor habe spielen hören. Grzimek blieb Kommandant des Julag in Lemberg bis zu dessen Liquidierung.

Ende März beschlossen die Deutschen, 600 Juden zu töten, die in einer Fabrik in der Janowska-Straße 5 arbeiteten, die ihre gesamte Produktion an die deutsche Wehrmacht lieferte. Anstatt sie in ihre Unterkünfte in der Wybranowskiego-Straße zu geleiten, brachten sie sie am Ende des Arbeitstages in das Lager und ersetzten sie mit Freiwilligen, die sie unter den sowjetischen Kriegsgefangenen türkischer Volkszugehörigkeit rekrutierten. Die deutsche Leitung der Fabrik versuchte, die Verschleppung der Juden zu verhindern, die seit der Einrichtung der Fabrik im Jahre 1941 zur Zufriedenheit der Männer gearbeitet hatten, aber die SS-Männer ließen sich nicht umstimmen.

Im April 1943 wurde die Zahl der jüdischen Arbeiter erneut halbiert. Alle Juden, die in Baracken außerhalb des Julag gewohnt hatten, wurden in das Quarantänelager zurückgebracht oder nach Janowska geschickt. Zu dieser Zeit fand eine „Aktion" zur Liquidierung der Familienangehörigen der jüdischen Ordnungspolizei statt.[237]

Eines Abends, als die Arbeiter in das Julag zurückkamen, wurde ihnen mitgeteilt, dass sie am nächsten Morgen nicht an ihre Arbeitsplätze zurückkehren würden. Mehrere Tage lang blieben ihnen die Absichten der Besatzer verborgen. Dann eröffneten die Deutschen ohne Vorwarnung das Feuer auf das Lager. Die wenigen, die den Angriff überlebten, versuchten sich zu verstecken; einige gelangten sogar an Waffen. Katzmann beschreibt dies in seinem Bericht:

> „Bei den Aktionen ergaben sich auch noch sonstige ungeheure Schwierigkeiten, da sich die Juden unter allen Umständen der Aussiedlung zu entziehen trachteten. Sie versuchten nicht nur zu flüchten, sondern versteckten sich in allen nur undenkbarsten Winkeln, in Abflußkanälen, in Kaminen, selbst in Jauchegruben, usw. Sie verbarrikadierten sich in Katakombengängen, in als Bunker ausgebauten Kellern, in Erdlöchern, in raffinierten Verstecken auf Böden und Schuppen, in Möbeln, usw."[238]

Am 2. Juni um 02:00 Uhr wurde das Julag von SS-Männern, der Schutzpolizei und ukrainischen Polizisten umstellt. Zwei Stunden

---

[237] Friedman, Die Vernichtung der Juden von Lemberg, S. 674–680; Kahana, Tagebuch aus dem Ghetto Lemberg, S. 90 f.; Zaderecki, Unter der Herrschaft des Hakenkreuzes, S. 280–285; Farber, Chronik eines Lembergers, S. 18; Redner, YVA, 033/1101, und Farber, YVA, 033/251.

[238] Katzmann-Bericht, S. 24. Vgl. Kahana, Tagebuch aus dem Ghetto Lemberg, S. 172; Farber, Chronik eines Lembergers, S. 20; Zeugenaussagen von Marceli Lubasz, AŻIH, Nr. 418; Bernhard Hirschhorn, AŻIH, Nr. 3745; Irene Shayewitch, AŻIH, Nr. 56.

später begann unter der gemeinsamen Leitung des abtretenden SS- und Polizeiführers Katzmann und seines designierten Nachfolgers, General Theobald Thier, die letzte „Aktion" im Ghetto von Lemberg.

Dieses Mal ging sie jedoch nicht wie geplant vonstatten. Im Gegensatz zu den vorangegangenen „Aktionen" verteidigte sich das Ghetto. Eine Warnung von Hauptsturmführer Pappe, dass die Deutschen auf Widerstand stoßen könnten, erwies sich als richtig.[239] Die Deutschen wurden mit Handfeuerwaffen, Granaten und Brandbomben empfangen und waren vollkommen überrascht. Katzmann war außer sich vor Wut. Von seinem Beobachtungsposten auf einer der Terrassen aus gab er widersprüchliche Befehle, riss danach eine Maschinenpistole an sich und begann, wild drauf los zu feuern.

Statt wie vorgesehen in einer „Blitzaktion" mussten sich die Deutschen und ihre ukrainischen Handlanger vorsichtig und langsam vorwärtskämpfen. An Einsatzkräften und Bewaffnung überlegen, säuberten sie ein Gebäude nach dem anderen. Sie warfen Handgranaten und gossen Benzin in die Keller und trieben so die Ghettokämpfer hinaus. Bald stand das gesamte Julag in Flammen. Die Deutschen wagten es nicht, die Häuser zu betreten; stattdessen warteten sie, bis die Juden vor dem Feuer flüchteten, und erschossen sie dann.[240]

---

[239] Zaderecki, Unter der Herrschaft des Hakenkreuzes, S. 299, berichtet: „Pappe war der Leiter der Gestapo im Julag." Er hatte die Angewohnheit, das Lager jeden Tag in Zivilkleidung zu besuchen. Seine Berichte prophezeiten den Deutschen, dass sie in den Ghettos Kämpfe auszutragen haben würden. Katzmann wurde beschuldigt, übertriebene Weichheit gezeigt und es den Juden gestattet zu haben, an Waffen zu kommen. Stroop wurde zur Prüfung der Sachlage abkommandiert. Wie gesagt wurde Katzmann des Amtes enthoben und nach Danzig geschickt, wo er zum Höheren SS- und Polizeiführer ernannt wurde. Die Gründe, warum er nach seiner Abberufung nach Danzig wieder in Lemberg auftauchte, um die Liquidierung des Julag zu kommandieren, sind nicht geklärt.

[240] Katzmann-Bericht, S. 63. In einer polnischen Untergrundzeitung erschien unter der Schlagzeile „Die Juden leisten Widerstand" ein Artikel über den Aufstand im Lemberger Ghetto. Aus irgendeinem Grund bezieht sich der Bericht auf „die erste Hälfte des Januar". Der Zeitung zufolge wurden etwa 8000 Juden bei der Liquidierung des Lemberger

Das Geschehen war von den an den Zaun des Julag angrenzenden Straßen aus gut zu beobachten. Die Einwohner des „arischen" Teils von Lemberg konnten von ihren Balkonen aus den brutalen Kampf verfolgen. Ein polnischer Autor, ein Einwohner Lembergs, der die Szene miterlebte, hielt Folgendes in seinem Tagebuch fest:

> „Die Juden reagierten mit Salven von Gewehrfeuer. Aus den Fenstern der Gebäude, aus den Kellern und von den Dachböden wurden schwere Salven abgefeuert und Granaten geworfen. Der Kampf setzte sich Tag und Nacht vierzehn Tage lang fort. Letztendlich gaben die Deutschen den offenen Kampf auf. Weitere Fässer mit Benzin wurden in das um sein Leben kämpfende Ghetto geschafft, und systematisch setzten die Deutschen die Gebäude eines nach dem anderen in Brand. [...] Ende Juli 1943 waren die Deutschen immer noch damit beschäftigt, die wenigen Überlebenden zu töten. Männer und Frauen, die Widerstand leisteten oder zu entkommen versuchten, ermordeten sie auf der Stelle, und ihre Kinder töteten sie grausam, indem sie diese lebendigen Leibes ins Feuer warfen oder die Schädel von Kleinkindern gegen Mauern und Laternenpfähle schmetterten. Auch Kinder der Nazis nahmen an dieser ‚Aktion' teil und amüsierten sich, indem sie jüdische Kinder als lebende Zielscheiben aufstellten und erschossen."[241]

Ghettos deportiert. „Die Deutschen reagierten auf den Aufstand der Juden und die Verluste, die diese ihnen zufügten, indem sie Frauen und Kinder in Häuser einsperrten und diese in Brand steckten." Zitiert nach: Faschismus – Getto – Massenmord, S. 504; Szende, Der letzte Jude, S. 266 f.

[241] Zaderecki, Unter der Herrschaft des Hakenkreuzes, S. 299 ff. Nach der Befreiung Lembergs durch die Sowjets führte Zaderecki getrennte Interviews mit drei Deutschen durch, die an der Liquidierung des Ghettos beteiligt gewesen waren: Engels, Grzimek und Riemann. Alle drei hoben den hartnäckigen Kampf der Juden hervor. Auf S. 300 ff. schreibt Zaderecki: „Die Leute in der Stadt waren über das, was vor sich ging, nicht gut informiert, da sie keinen Kontakt zum Ghetto hatten. Da der Widerhall des wilden Gewehrfeuers rund um die Uhr zu hören war, wussten wir, dass der Kampf weiterging. Daher war uns klar, dass irgendeine Form von Widerstand geleistet wurde, doch glaubte keiner, dass dieser so couragiert war. Es herrschte die Neigung, das Gefechtsfeuer den Deutschen und den Ukrainern zuzuschreiben, die überall schossen, um Angst zu verbreiten oder ihre eigene Moral zu heben, da

Fast 7000 Männer wurden gefangen genommen und in das Janowska-Lager gebracht. Dort fand eine Selektion statt: Die Schwachen wurden in die „Dünen" geschafft und die Starken Arbeitskolonnen angeschlossen, die mehrere Tage später liquidiert wurden.

Das Ghetto wurde mit solcher Brutalität aufgelöst, dass selbst Katzmann, der Liquidator, dies in seinem Bericht erwähnte:

> „Besondere Maßnahmen waren notwendig bei der Auflösung des jüdischen Wohnbezirks in Lemberg, wo die bereits demonstrierten Bunker eingerichtet waren. Hier mußte, um eigene Verluste zu vermeiden, von vornherein brutal eingeschritten werden, wobei mehrere Häuser gesprengt bzw. durch Feuer vernichtet werden mußten. Hierbei ergab sich die erstaunliche Tatsache, daß anstatt der gemeldeten 12.000 Juden insgesamt 20.000 Juden erfaßt werden konnten. Mindestens 3000 jüd. Leichen, die durch Einnehmen von Gift Selbstmord begingen, mußten bei den Aufräumungsarbeiten aus allen möglichen Verstecken geborgen werden."[242]

---

es bekannt war, dass die Moral der Deutschen beim ersten Widerstandsversuch gesunken war." Siehe auch Kahana, Tagebuch aus dem Ghetto Lemberg, S. 172.

[242] Katzmann-Bericht, S. 63. Vgl. die Zeugenaussagen von Toffet, AŻIH, Nr. 58; Weisbrot, AŻIH, Nr. 418; Bernhard Hirschhorn, AŻIH, Nr. 3745; Irene Shayevitch, AŻIH, Nr. 56, S. 119. General Katzmann führte die beiden letzten „Aktionen" nach seiner Rückkehr durch – und zwar, wie es scheint, von seinen Operationen in den Städten der Randgebiete in Ostgalizien aus, wo er ebenfalls Vernichtungsaktionen leitete. Stroop wurde offensichtlich nach Warschau zurückgerufen, um die Truppen zu befehligen, die den Aufstand im Warschauer Ghetto niederschlugen, der am 19. April 1943 begann. Katzmann wurde nach Lemberg zurückberufen, um die Liquidierung des Julag in die Hand zu nehmen. Nachdem er seine Aufgabe abgeschlossen hatte, bereitete Katzmann den Bericht über die „Lösung der Judenfrage in Galizien" vor und legte ihn dem HSSPF Ost, General Krüger, in Krakau vor. Der Bericht, den Katzmann am 30. Juni 1943 unterzeichnete, wurde nach der Niederlage Deutschlands der Sammlung von Dokumenten des Internationalen Militärgerichtshofs in Nürnberg, vor dem die Hauptkriegsverbrecher zwischen 1946 und 1947 vor Gericht gestellt wurden, als Appendix beigegeben. 1967 wurden die NS-Verbrecher, die in Ostgalizien ihr Unwesen getrieben hatten, in Stuttgart vor Gericht gestellt. Katzmann war nicht unter ihnen, obwohl sein Name im Verlauf des Verfahrens erwähnt

Einer Quelle zufolge töteten Juden, die sich in einem Bunker in der Łokietka-Straße 20 verbarrikadiert hatten, fünf Deutsche und Ukrainer.

Nach der „Aktion" wurde Lemberg für „judenfrei" erklärt (im Gegensatz zu „judenrein"). Die einzig verbleibende Nische war das Lager in der Janowska-Straße, wo Juden arbeiteten. Zusammen mit anderen Arbeitslagern wurde es jedoch ebenfalls aufgelöst.

Am 30. Juni 1943 berichtete Katzmann:

> „In der Zwischenzeit wurde die weitere Aussiedlung energisch betrieben, sodaß mit Wirkung vom 23.6.43 sämtliche Judenwohnbezirke aufgelöst werden konnten. Der Distrikt Galizien ist damit bis auf die Juden, die sich in den unter Kontrolle des SS- und Polizeiführers stehenden Lagern befinden
> j u d e n f r e i .
> Die noch vereinzelt aufgegriffenen Juden werden von den jeweiligen Ordnungspolizei- und Gendarmerieposten sonderbehandelt.
> Bis zum 27.6.43 waren insgesamt
> 4 3 4 . 3 2 9 J u d e n
> ausgesiedelt."[243]

Die letzten Liquidierungen fanden am 23. November 1943 statt. An diesem Tag wurde Lemberg für „judenfrei" erklärt. Nur wenige Juden blieben in ihren Verstecken zurück – in Kellern, auf Dachböden oder mit gefälschten „arischen" Papieren bei Einwohnern Lembergs, in ständiger Angst davor, erkannt und denunziert zu werden. Einige schafften es, sich in Dörfern zu verbergen oder in die Wälder zu flüchten, wo sie der ständigen Verfolgung durch die Ukrainer ausgesetzt waren.[244]

---

    wurde. Wie berichtet wird, war ihm die deutsche Staatsanwaltschaft auf der Spur, Katzmann war jedoch bereits vor Prozessbeginn eines natürlichen Todes gestorben. Siehe IMT, Bd. XXXVII, S. 391–432, sowie Protokolle und Zeugenaussagen von Überlebenden, die in Stuttgart vor Gericht erschienen, YVA, TR-10/696. Dem Bericht Katzmanns zufolge (S. 63) erlitten die Deutschen im Verlauf der „Aktionen" folgende Verluste: 120 steckten sich mit Typhus an, von denen 18 starben; sieben wurden von Juden erschossen und zwölf verwundet; einer wurde erstochen.

[243] Katzmann-Bericht, S. 14. Siehe auch Farber, Chronik eines Lembergers, S. 20–22, sowie IMT, Bd. XXXVII, S. 142.

[244] Pinkas ha-Kehillot, Ostgalizien, S. 44. Siehe die Protokolle der Kanzlei des sowjetischen Oberstaatsanwalts, YVA, M-37/111. Vgl. auch Kahana,

10. Zur Zahl der menschlichen Verluste

Die Zahl der Todesopfer der verschiedenen „Aktionen" ist sehr schwer zu bestimmen. Die Zeugenaussagen sind widersprüchlich. Im August 1944, einen Monat, nachdem die sowjetische Armee Lemberg befreit hatte, traf der Historiker Filip Friedman aus Lemberg Weiser, den Direktor des Amtes für Lebensmittelkarten beim Lemberger Judenrat. Unter Berücksichtigung der im Besitz Weisers verbliebenen Listen führte Friedman eine erste Berechnung durch. Seine Zahlen sind ungenau, da die Daten auf den Lebensmittelkarten nicht der Realität entsprachen. Familien pflegten Todesfälle nicht zu melden, um weiterhin Lebensmittelrationen zu empfangen. Wenn Juden zur „Zwangsarbeit" abgeholt wurden, glaubten ihre Angehörigen, dass sie zurückkehren würden, und weigerten sich, die begehrten Karten aufzugeben. Zahlreiche Juden waren nicht beim Amt für Lebensmittelkarten des Judenrats registriert, da sie „Illegale" waren, d.h. sie waren Kriminelle auf der Flucht, politische Aktivisten oder ganz normale Juden, von denen die deutschen Behörden nichts wussten. Nicht wenige Juden zogen es vor, auf die mageren Rationen zu verzichten, wenn dadurch ihre Namen nicht in Verzeichnissen auftauchten, die die Deutschen einsehen konnten. Jeder, der die Flucht in ein Versteck oder mit gefälschten „arischen" Papieren auf die „arische" Seite plante, wollte seinen Namen aus allen offiziellen Unterlagen heraushalten. Daher ist es schwierig, wenn nicht gar unmöglich, eine genaue Statistik über die jüdische Bevölkerung des Ghettos zu erstellen; wir müssen uns mit Schätzwerten zufrieden geben.

Der offiziellen Statistik des Judenrats und dem Bericht Katzmanns zufolge lebten im Juni 1941 zwischen 150.000 und 160.000 Juden in Lemberg. In den darauffolgenden Monaten zeichnete das Amt für Lebensmittelkarten die folgenden Zahlen auf:

1941:

Oktober	119.000 Juden
November	109.000 Juden
Dezember	106.000 Juden

Tagebuch aus dem Ghetto Lemberg, S. 172, und Yones, Al pi ha-bor, S. 114 ff.

1942:
Januar   103.000 Juden
Oktober   33.000 Juden
November   29.000 Juden
Dezember   24.000 Juden[245]

Von diesem Zeitpunkt an gibt es keine offiziellen Daten mehr, da die Einrichtungen des Judenrats Ende Januar 1943 aufgelöst wurden.

Wenn wir diese Zahlen mit denen der Todesopfer der verschiedenen „Aktionen" vergleichen, können wir die Dezimierung der jüdischen Bevölkerung Lembergs chronologisch vom Juni 1941 bis zum Juni 1943 wie folgt nachvollziehen:

30. Juni – 3. Juli 1941
10.000 Personen kamen in der „Gefängnis-Aktion" um – einschließlich der Verschleppungen bis Mitte Dezember 1941.

25. – 28. Juli 1941
2000 starben im Verlauf der „Petljura-Tage".

Juli 1941
2000 starben in der „Aktion" gegen sowjetische Aktivisten und „Sympathisanten".

August 1941
1000 starben als Geiseln für „Spenden".

1. – 5. November 1941
15.000 starben in der „Aktion" gegen die „Asozialen".

Juni 1942
6000–8000 kamen in der „Blitzaktion" ums Leben.

---

[245] In einem Vortrag über die „Endlösung der Judenfrage", der vom „Inspekteur für Statistik beim Reichsführer SS", Dr. Richard Korherr, auf Anordnung Himmlers am 18.4.1943 vorbereitet wurde, heißt es, dass am 31.12. im Distrikt von Lemberg, d.h. in Ostgalizien, 161.514 Juden lebten. Siehe Nürnberger Dokument, Nr. 5197; Friedman, Die Vernichtung der Juden von Lemberg, S. 682; Maltiel, Aus Rache..., S. 73 f.

August 1942
60.000 kamen in der „großen Aktion" um.

November – Dezember 1942
15.000

5. – 7. Januar 1943
10.000 kamen im Verlauf der „Aktion" zur Verkleinerung des Ghettos ums Leben.

17. März 1943
1000 starben im Verlauf der „Vergeltungsaktion".

März 1943
1500

1. – 16. Juni 1943
20.000 starben im Verlauf der „Auflösungsaktion".

Diese Zahlen wurden den Quellen entnommen, auf deren Grundlage die vorliegende Studie erstellt wurde. Zu diesen Ermordeten kamen die zahlreichen Juden, die in Zwangsarbeitslager in ganz Ostgalizien deportiert wurden. Die Berechnung schließt viele Tausend Opfer aus, die an Hunger, Krankheiten und Seuchen starben. Sie schließt die Opfer willkürlicher, mörderischer Hinterhalte durch die Sicherheitskräfte sowie die deutsche und ukrainische Polizei aus, die jedem auflauerten, der versuchte, in die Wälder zu fliehen. Sie bezieht ebenfalls die Juden nicht mit ein, die denunziert wurden – ihre Zahl wird für immer unbekannt bleiben.

Der Vergleich der Zahlen des Amtes für Lebensmittelkarten mit der großen Anzahl der Opfer lässt die Schussfolgerung zu, dass die Deutschen bei der Vernichtung der Juden in Lemberg und Galizien einem vorgefassten Plan folgten. Mit Absicht schufen sie Bedingungen, die durch Verhungern und Seuchen den „natürlichen" Tod von Juden verursachten. Zur Beschleunigung des Prozesses setzten sie „Aktionen" in Gang, in deren Verlauf Tausende ermordet wurden. Der Vernichtungsprozess der Juden in Lemberg und Umgebung dauerte nur aus technischen Gründen zwei Jahre. Die Tötungseinrichtungen – Belzec, Janowska und die Hinrichtungsstätten in den Dünen – verfügten nicht über die Kapazitäten für ein schnelleres

Morden, zumal auch Juden aus dem westlichen Generalgouvernement in die Lager deportiert wurden.

Die Fabriken und Werkstätten, die angeblich den Kriegserfordernissen der Deutschen dienen sollten, waren in Wirklichkeit Instrumente der Vernichtung, wenn auch in einem langsameren Tempo. Aus diesem Grund wurden die Älteren, die Kinder, die Kranken und die Behinderten – jeder, der keinen wirtschaftlichen Nutzen besaß – zuerst eliminiert. Nachdem die meisten nichtarbeitsfähigen Juden ermordet worden waren, kamen die Arbeitskräfte an die Reihe.

Entsprechend den von Überlebenden gesammelten Daten befanden sich am 21. September 1944, zwei Monate nach der Befreiung der Stadt durch die Rote Armee, in und um Lemberg 3400 Juden. Etwa 97 % von ihnen waren Erwachsene im arbeitsfähigen Alter (ein Drittel Männer und der Rest Frauen); die Übrigen waren einige ältere Menschen (55 Jahre und älter) sowie 85 Kinder und Jugendliche unter 18 Jahren, die an verschiedenen Orten Unterschlupf gefunden hatten. Nur wenige der Überlebenden waren Juden aus Lemberg; die meisten waren von anderswo her in die Stadt gelangt. Es besteht kein Zweifel, dass auch sie Opfer dieses Gemetzels geworden wären, wenn die Rote Armee die Stadt erst später befreit hätte.

Teil III
Jenseits des Ghettozauns

Kapitel 7: In den Zwangsarbeitslagern

1. Die Einrichtung der Lager in Ostgalizien

Nachdem die Deutschen das Gebiet im Juli 1941 besetzt hatten, begannen sie sofort mit der Einrichtung von Zwangsarbeitslagern für Juden in Lemberg. Das erste Lager entstand in der Stadt selbst: in der Herbutów-Straße. Weitere Lager in Lemberg wurden in der Janowska-Straße, der Czwartaków-Straße und in der „Festung" (der *Cytadela*) eingerichtet. Zahlreiche andere Lager entstanden in oder in der Nähe von Städten und Dörfern in anderen Orten in Ostgalizien.[246]

Die Deutschen folgerten aus ihrer Erfahrung, dass es für sie vorteilhafter war, Juden in Lagern in der Stadt statt in Gefängnissen einzusperren, um auf diese Weise jederzeit und zu jedem Zweck Arbeitskräfte zur Verfügung zu haben. Bis zur Einrichtung dieser Lager rekrutierten die Deutschen in Lemberg und in anderen Städten Ostgaliziens Arbeitskräfte. Meist traf es junge jüdische Männer, die gesund genug waren, um harte körperliche Arbeit zu leisten.[247]

In den meisten Fällen wurden sie in den Straßen Lembergs aufgegriffen und in Zwangsarbeitslager verschleppt. Ihnen folgten Tausende weiterer junger Leute, die im Zuge von „Aktionen" in verschiedenen Städten Ostgaliziens aufgegriffen wurden: in Przemyślany, Jaktorów, Hermonów, Winniki, Sasów und Pluchów. Zunächst versuchten der Judenrat und die Familien der Gefangenen, mit den Festgenommenen in Verbindung zu bleiben und ihnen Lebensmittel und Kleidung zukommen zu lassen. Aber im Laufe der Zeit brachen die Kontakte ab, und die Aufseher in den Lagern unterbanden jeglichen Kontakt zwischen den Gefangenen und ihren Familien oder der jüdischen Gemeinde. Viele dieser jungen Menschen starben infolge der harten Arbeit, an Unterernährung, Krankheiten und den Folgen der deutschen Vernichtungspolitik.[248] Der

---

[246] Vgl. die Liste der in Ostgalizien eingerichteten Lager, Anhang 1.
[247] Katzmann-Bericht, S. 2 f.; Pinkas ha-Kehillot, Ostgalizen, S. 38; Kahana, Tagebuch aus dem Ghetto Lemberg, S. 47; Yones, Die Straße nach Lemberg, S. 25-28, 33 f.
[248] Siehe die Veröffentlichungen des RELICO (Relief Committee for the War-Stricken Jewish Population), des Hilfskomitees für die vom Krieg

Lagerkommandant musste die Toten ersetzen und stellte deshalb fortwährend neue Forderungen an den Judenrat.

Das Zwangsarbeitslager in Stupki, 1941-1942. © United States Holocaust Memorial Museum 10241, mit freundlicher Genehmigung des Instytut Pamięci Narodowej

---

betroffene jüdische Bevölkerung. Das Komitee wurde im September 1939 von Abraham Silberschein in Genf gründet; Enzyklopädie des Holocaust, S. 1217 f.; Moreshet Archiv, A/466; Zeugenaussagen von Zofia Pohoryles, YVA, O-3/1017; Esther Katz, YVA, M-1/E860; Carolina Berger, YVA, O-3/2982; Klara Chaja Geller-Brandt, YVA, O-3/706; Stella Bojm, YVA, O33/138; Simon Wiesenthal, YVA, M-31/3692; O-3/1817; Eliahu Friedel, YVA, O-3/3140.

Arbeiter aus dem Zwangsarbeitslager in Stupki, 1941-1942. © United States Holocaust Memorial Museum 33112, mit freundlicher Genehmigung des Instytut Pamięci Narodowej

Die Deutschen nutzten die Zwangsarbeiter zur Ausführung von Erschließungsarbeiten, die überall in Galizien notwendig waren. Die Lager bestanden, solange die Arbeitskraft der Gefangenen benötigt wurde. Im Juni 1943 wurden die meisten aufgelöst.

Als die Front von Galizien nach Osten in die Sowjetunion hinein vorrückte, standen die Deutschen vor komplizierten logistischen Problemen, darunter – vor allem im Winter – der schlechte Zustand der Straßen im Osten Polens und in der Sowjetunion. Die wichtigste Verbindung von Przemyśl nach Kiew, die durch Lemberg führte, war voller Schlaglöcher und kaum befahrbar. Etwa 350 Kilometer dieser Straße waren für die Kriegsführung gegen die UdSSR von zentraler Bedeutung. Bereits einige Tage nach der Besetzung Galiziens gerieten die Ausbesserung der Straßen und die Vorbereitung für ihre militärische Nutzung ins Visier der Deutschen. Zur Befestigung und Instandhaltung richteten sie entlang dieser speziellen Straße Zwangsarbeitslager ein, von denen jedes mit der Reparatur eines bestimmten Abschnitts beauftragt war. Unter anderem wurde eine 160 Kilometer lange Straße entlang des südlichen Frontabschnitts gebaut.[249]

Der SS- und Polizeiführer im Distrikt von Galizien, General Fritz Katzmann, begründete die Notwendigkeit der Einrichtung von Zwangsarbeitslagern in einem Bericht an seine Vorgesetzten: „Unsere Aufgabe als Polizei gesehen bestand vorerst darin, den ungeheuren Schleichhandel im ganzen Lande, der von den Juden betrieben wurde, wirksamst zu bekämpfen. Insbesondere musste tatkräftigst gegen alle herumlungernden Faulenzer und Nichtstuer eingeschritten werden. Die beste Handhabe hierzu bot die Bildung von Zwangsarbeitslagern durch den SS- und Polizeiführer. Arbeitsmöglichkeiten boten sich vor allen Dingen an dem äußerst wichtigen, für den gesamten Südabschnitt der Front notwendigen Ausbau der Dg. 4 [Durchgangsstraße 4, auch als DG IV oder Rollbahn bezeichnet], die sich in einem katastrophalen Zustand befand. Am 15. Oktober 1941 wurde mit dem Ausbau der Lager an der Rollbahn begonnen und schon nach wenigen Wochen entstanden trotz erheblicher Schwierigkeiten 7 Lager, die mit 4000 Juden belegt wurden. Diesen ersten Lagern folgten bald weitere, sodaß in kürzester Frist 15 derartige Lager dem Höheren SS- und Polizeiführer gemeldet werden konnten. Durch diese Lager sind im Laufe der Zeit rd. 20.000 jüdische Arbeitskräfte durchgelaufen."[250]

---

[249] Katzmann-Bericht, S. 3.
[250] Ebenda.

Der Bau der Autobahn in Ostgalizien, 1941-1943. © United States Holocaust Memorial Museum 61159, mit freundlicher Genehmigung des Instytut Pamięci Narodowej

Juden wurden auch in den von deutschen Privatunternehmern und Firmen eingerichteten Fabriken, die von dieser billigen und leicht verfügbaren Arbeiterschaft profitieren wollten, zur Arbeit herangezogen. Zunächst durften die Fabrikbesitzer solche Arbeiter unentgeltlich beschäftigen. Später verlangte die SS eine Entschädigung.

Die Lager wurden von SS-Männern kommandiert, und wie gesagt führten Vertragsfirmen aus Deutschland und Österreich die Arbeiten aus. Diese Betriebe stellten Ingenieure, Mechaniker, Vorarbeiter und Fachleute verschiedener Art ein. Die meisten waren Deutsche, aber einheimische Ingenieure und Techniker (Polen und Ukrainer) wurden ebenfalls eingesetzt. In Lemberg und Ostgalizien richteten die Firmen Zweigstellen ein. Unter anderem beteiligten sich die Firmen Holzmann, Switelski aus Österreich und Hoch-Tief-Straßen- und Brückenbau Westfalen an der Reparatur und Befestigung der Schnellstraße DG/4.

Einige Lager existierten nur ein paar Wochen und wurden bei Abschluss der Arbeiten aufgelöst. Die Gefangenen wurden entweder erschossen oder in andere Lager verlegt, bis diese ebenfalls aufgelöst wurden.

2. Das Lager in der Janowska-Straße

Die Geschichte dieses Lagers ist ein Beispiel für das Leben in den Zwangsarbeitslagern in ganz Ostgalizien. Das Lager Janowska befand sich in einem Vorort Lembergs im Nordosten der Stadt, an der Janowska-Straße, die in die Stadt Janów führt. Obwohl die Deutschen die Straße in Weststraße umbenannten, hielten die Einwohner Lembergs auch weiterhin an der früheren Bezeichnung fest; daher rührt der Name des Lagers. Nach der Einrichtung des Lagers im Oktober 1941 erhielt der Name „Janowska" eine schreckliche Bedeutung.

Das Lager selbst erstreckte sich über mehrere Grundstücke, die an die Hausnummer 132 angrenzten. Vor dem Krieg hatte hier eine Fabrik zur Herstellung von Fräsmaschinen gestanden, die einem jüdischen Industriellen namens Steinhaus gehörte.[251] Während der sowjetischen Besatzung war die Fabrik enteignet, verstaatlicht und vom Transportministerium belegt worden. Als die Deutschen Lemberg okkupierten, übernahmen sie die Fabrik. Im September 1941 nahm die SS die Gebäude in Besitz und richtete hier zwei Produktionsstätten ein: die Vereinigten Industriebetriebe (V.I.B.) und die Deutschen Ausrüstungswerke (D.A.W.). Am 1. November 1941 wurde am Lagertor ein Schild in deutscher Sprache mit der Aufschrift angebracht: *Der SS- und Polizeiführer im Distrikt Galizien – Zwangsarbeitslager in Lemberg.*

---

[251] Die Quellen bieten widersprüchliche Berichte über den Tag der Lagererrichtung und die Hausnummer des Gebäudes, in dem Steinhaus wohnte. Wir haben uns entschieden, die Zahlen und das Datum zu übernehmen, die im Pinkas ha-Kehillot, Ostgalizien, S. 44, genannt werden. Zum Lager Janowska siehe Isidor Farber, YVA, 033/251; Scheinfeld, Das Ghetto Lemberg, S. 110 ff.; Goldberg, Tage im Feuer, S. 21-27, 41–55; 116 f.; Kahana, Tagebuch aus dem Ghetto Lemberg, S. 103 ff.; Friedman, Die Vernichtung der Juden von Lemberg, S. 704–711; Maltiel, Aus Rache..., S. 81 ff.; Zaderecki, Unter der Herrschaft des Hakenkreuzes, S. 189 ff.

Das Tor des Janowska-Lagers. © United States Holocaust Memorial Museum 67000, mit freundlicher Genehmigung der Novosti Press Agency

Anfangs unterstanden die deutschen Betriebe einem SS-Offizier namens Wolfgang von Mohwinkel. Ihn löste bald der Offizier Fritz Gebauer ab, ein junger Mann von etwa 30 Jahren, der aus Berlin stammte. Schon bald stellten die Produktionsstätten an der Janowska-Straße Güter für die SS und die Wehrmacht her.

Den in den Betrieben beschäftigten Juden wurden „gute" Arbeitspapiere ausgestellt, die sie vor den brutalen Entführungen schützten. Sie gingen davon aus, dass keiner einen Juden entführen oder misshandeln würde, der eine von der SS selbst ausgestellte Arbeitserlaubnis besaß. Viele Juden unternahmen beträchtliche Anstrengungen, um in diesen Betrieben arbeiten zu dürfen, und aufgrund ihrer Produktionsanforderungen und aus anderen Gründen benötigten die großen Fabriken fortwährend zusätzliche Arbeitskräfte. Im September 1941 arbeiteten in diesen Betrieben etwa 350 Juden, einen Monat später war die Zahl auf 580 gestiegen; hinzu kamen 320 Polen.

Anfang Oktober 1941 informierte Gebauer alle jüdischen Arbeiter, dass sie in den Betrieben bleiben müssten und nicht nach Hause gehen dürften. Die Fabriken wurden mit Stacheldraht umzäunt. Die Wachmannschaft des Lagers wurde von den SS-Offizieren Schliffe, Schuttelwerk und Sernitz geleitet. Sernitz hatte die Angewohnheit, mit einem Hund namens Asa im Lager die Runde zu machen, der darauf abgerichtet war, auf Befehl seines Herrn Menschen anzugreifen.

Das Lager wurde zu einer Quarantänestation, die vom Rest der Welt abgeschnitten war. Den Arbeitern wurden ihre Armbinden und die Arbeitserlaubnis abgenommen. Stattdessen mussten sie Abzeichen auf die Vorder- und Rückseite ihrer Kleidung nähen und einen fünf Zentimeter langen Farbstreifen auf dem Rücken anbringen. Haare und Bärte wurden abrasiert.

Im Frühjahr 1942 erreichten die ersten Transporte mit Juden aus Städten in der Peripherie das Lager Janowska. Die Bevölkerung des Lagers stieg – zunächst auf 7000 bis 8000 und dann auf Rekordzahlen von 20.000 und sogar 30.000 Frauen und Männer.[252]

---

[252] S. Gogołowska, Szkoła okrucieństwa, Lublin 1964, S. 30, 103; Zeugenaussage von Borwicz, YVA, 018/242, S. 6. Anfang April 1942 wurden Juden aus Przemyśl in das Lager Janowska eingeliefert; im Juli kamen Transporte mit Juden aus Drohobycz und Südgalizien, den Städten Kołomyja, Kotów (Koti), Stanisławów, Dolina und Delatyn in das Lager.

Das Lager selbst bestand aus drei Abschnitten. Im ersten befanden sich Garagen, Werkstätten und Empfangsbüros. Hier arbeiteten Mechaniker und das Verwaltungspersonal, darunter viele Häftlinge. Dieser Abschnitt beherbergte zudem die „Askaris", Ukrainer, die zuvor in der Wlassow-Armee gedient hatten und gemeinsam mit ihrem Kommandeur zu den Deutschen übergelaufen waren. Sie wurden in Sondereinheiten der SS aufgenommen und waren den Deutschen stets zu Diensten. Hier befand sich zudem das Durchgangslager – das erste Lager, das die Verschleppten durchlaufen mussten und in dem sie einer weiteren Selektion unterzogen wurden. Wer diese nicht bestand, wurde nach Belzec oder in die „Dünen" deportiert und dort ermordet.[253]

In der Mitte des Areals stand die Villa des Lagerkommandanten – das Heim von Gustav Willhaus, einem 30-jährigen SS-Obersturmführer aus Saarbrücken, der von Beruf Drucker war. Willhaus übernahm das Kommando am 2. März 1942. Zeugenaussagen deuten darauf hin, dass Gebauer vom Eintreffen Willhaus' wenig begeistert war und die beiden Männer nicht gut miteinander auskamen. Katzmann intervenierte in dieser Angelegenheit und teilte die Zuständigkeiten auf: Willhaus wurde Lagerkommandant und Gebauer Befehlshaber des Fabriklagers, in dem die D.A.W. und andere Firmen ihre Produktionsstätten unterhielten. Kurze Zeit später, offenbar am 1. April, wurde ein SS-Offizier namens Richard Rokita zum Stellvertreter von Willhaus ernannt. Vor dem Krieg war der etwa 40-Jährige Kapellmeister eines Jazzensembles in einer Stadt im westlichen Polen gewesen (mehreren Zeugen zufolge in Kattowitz). Willhaus besaß einen weiteren Stellvertreter, einen SS-Offizier mit Namen Adolf Kolanko, der ungefähr 30 Jahre alt war. Der im schlesischen Ratibor geborene Kolanko machte eine Ausbildung zum Stukkateur.

Kleine Gruppen von Juden wurden aus der Tschechoslowakei, Ungarn, Jugoslawien, den Niederlanden, Belgien, Deutschland und anderen Ländern eingeliefert.

[253] Die Bezeichnung „Askaris" stammt aus den deutschen Kolonien in Afrika vor dem Ersten Weltkrieg. Die Deutschen benutzten das Wort zur Bezeichnung der Hilfspolizei, die sie aus den Reihen der Eingeborenen rekrutierten. Friedman, Die Vernichtung der Juden von Lemberg, S. 709. Für Informationen über den Aufbau des Lagers siehe Gogołowska, Szkoła okrucieństwa, S. 44, 101 ff.; Kahana, Tagebuch aus dem Ghetto Lemberg, S. 106–197; Dricks, YVA, O-3/3849, S. 9.

Gustav Willhaus, Kommandant des Janowska-Lagers, 1944. © United States Holocaust Memorial Museum 69974, mit freundlicher Genehmigung von Herman Lewinter

Die Gefangenen lebten im zweiten Abschnitt des Lagers. Dieser Teil mit den Wohnbaracken war zusätzlich mit Stacheldraht eingezäunt. Am Eingang des Lagers befand sich ein großer Appellplatz; auf der Rückseite waren der Essensraum und dahinter der Galgen. Die Toiletten befanden sich am Rand. Vom hinteren Teil des Lagers, an einer leicht abschüssigen Stelle, führte ein schmaler Durchgang zwischen den Stacheldrahtzäunen hindurch. Er endete in einem Tor aus Stacheldraht. Von dort lief ein schmaler Pfad zwischen zwei Sandhügeln hindurch, die, wie erwähnt, unter der Bezeichnung „Dünen" bekannt waren. Die meisten Hinrichtungen fanden hier statt. Polizisten führten die Verurteilten zwischen den Stacheldrahtzäunen hindurch den schmalen Pfad entlang in das Tal des Todes. Dies war für viele Juden in Lemberg der letzte Weg.

Der erste und zweite Abschnitt des Lagers waren mit Grabsteinfragmenten vom jüdischen Friedhof in Lemberg sowie mit grobem Kopfsteinpflaster, das auf Polnisch *kocie łby* (Katzenköpfe) heißt, ausgelegt. Der Pfad aus dem Lager zur Villa des Kommandanten war ebenfalls mit harten Steinen gepflastert, und hungernde, erschöpfte Juden mussten dort entlanglaufen, um ihre Arbeitsfähigkeit zu beweisen. Nur die wirklich Gesunden konnten das Ende des Pfades erreichen, ohne zu stolpern. Diejenigen, deren Kräfte versagten, wurden fortgebracht, oder, wie die Gefangenen es zu nennen pflegten, zum „Einschmelzen" verschleppt.

Der dritte Teil des Lagers bestand aus einem besonderen Block, der die D.A.W beherbergte. Es handelte sich um eine Art von Industriegebiet, das Fabriken und Werkstätten umfasste, die sich im Besitz der Hermann Göring-Werke befanden. Mehr als die Hälfte der Gefangenen des Lagers und ein großer Teil der Arbeiter aus dem Ghetto waren hier beschäftigt.

Die Lagerabschnitte waren durch doppelten Stacheldraht voneinander getrennt, der von Wachtürmen unterbrochen wurde, deren Suchscheinwerfer bei Nacht das gesamte Lagergebiet ausleuchteten. Die Türme waren rund um die Uhr von ukrainischen Wachtposten (Askaris) und mit Maschinengewehren bewaffneten SS-Männern besetzt.

a. Die Häftlinge

Die Insassen des Zwangsarbeitslagers waren, wie bereits beschrieben, bei Menschenjagden in den Straßen der Städte und Ortschaften, vor allem bei „Aktionen", aufgegriffen worden. Die Entführten durften sich nur selten noch mit geeigneter Kleidung ausstatten. Sie erreichten die Lager nur mit dem, was sie am Körper trugen, und wurden sofort an die Arbeit beim Straßenbau oder im Steinbruch geschickt. Wenn Kleidung und Schuhwerk abgetragen waren – was schnell geschah –, gingen sie für den Rest ihres Aufenthalts im Lager, oder so lange, wie sie am Leben blieben, in Lumpen.

Im Lager bildete sich ein System sozialer Klassen heraus. Die oberste Klasse setzte sich aus Hilfsbeamten zusammen, die in den Büros des Lagers arbeiteten, angeführt vom Judenältesten. Ihr folgte die Klasse der Vorarbeiter und Facharbeiter – Ingenieure, Techniker, Maschinisten und Handwerker –, die in den Lagerbetrieben oder in der Arbeitskolonne dienten, die zur Durchführung verschiedener Arbeiten ausgeschickt wurde. Auf der untersten Stufe standen die ungelernten Arbeiter, darunter die meisten Mitglieder der Intelligenz, Rechtsanwälte, Bürokraten, Lehrer und Schriftsteller. Die meisten Ärzte galten als ungelernte Arbeiter. „Ein [jüdischer] Arzt ist zunächst einmal ein Jude", entschieden die deutschen Befehlshaber.

Die Rabbiner erfuhren unendliches Leid. Während der „Aktionen" in den Städten ermordeten die Deutschen an erster Stelle Rabbiner und Kultusbeamte. Wer überlebte und das Lager zusammen mit den Gemeindemitgliedern erreichte, war fortgesetzt Opfer von Misshandlungen, Schlägen, Erniedrigung und Verachtung. Die meisten hungerten oder arbeiteten sich schnell zu Tode oder wurden zu Tode geprügelt; andere fielen Krankheiten zum Opfer. Angehörige der jüdischen Polizei, die im Lager die Ordnung aufrechterhielten, erfreuten sich eines bevorzugten Status'.

Während des Aufnahmeprozesses prügelten und beschimpften SS-Männer und ukrainische Polizei die Häftlinge. Der „Empfang" war darauf ausgerichtet, den Neuankömmlingen zu demonstrieren, was sie im Lager zu erwarten hatten.[254] Neu eingetroffene Häftlinge, die nicht zur Fabrikarbeit eingeteilt wurden, erhielten verschiedene Dienstleistungsaufgaben im Lager und in Lemberg, wie zum Beispiel Straßen reinigen und im Winter Schnee schaufeln.

Das Janowska-Lager hatte auch nichtjüdische Häftlinge. Sie waren wegen verschiedener Vergehen eingesperrt, und ihre Haftzeit war begrenzt. Sie wohnten in separaten Baracken und trugen verschiedenfarbige Abzeichen: rot für Polen, blau für Ukrainer. Sie gingen mit den Juden in Begleitung eines jüdischen Polizisten zur Arbeit. Die meisten von ihnen wurden nach einem mehrmonatigen Aufenthalt entlassen. Im Lager vermieden sie jeglichen Kontakt mit Juden.

Der Tag der Gefangenen begann um 5:00 Uhr morgens mit dem Befehl zum Aufstehen. Nach dem Frühstück, das in dem einzigen Essensraum des Lagers ausgegeben wurde, hatten sie in Reihen zum Morgenappell anzutreten. Am Abend mussten sie sich schnell waschen und ihre Notdurft unter beengten Bedingungen und in Eile verrichten.

Die Häftlinge wurden in Gegenwart eines Kommandanten überprüft, der normalerweise einen SS-Offiziersrang besaß. Häftlinge, die krank waren und sich nicht zum Appell melden konnten oder versuchten, ihren schlechten Gesundheitszustand zu verbergen,

---

[254] Zur Not der jüdischen Ärzte im Lager siehe Pinkas ha-Kehillot, Ostgalizien, S. 45; Zeugenaussage von Dricks, YVA, O-3/3849, und von Borwicz, YVA, 018/242, S. 7.

wurden auf der Stelle erschossen. So war es der SS möglich, den deutschen Vorarbeitern nur gesunde und arbeitsfähige Personen zu liefern.

Der Appell war eine einzige Qual. Die Befehlshaber nutzten ihn regelmäßig als Gelegenheit, sich an Häftlingen zu rächen, sie für verschiedene Verfehlungen zu bestrafen und einige hinzurichten. Für das am weitesten verbreitete Delikt – „Faulheit" – wurden „Delinquenten" mit Auspeitschen bestraft. Nachdem ein derartiger Verbrecher gezwungen worden war, Hose und Unterhose herunterzulassen, peitschen zwei SS-Männer seinen nackten Körper aus, während ein dritter auf seinen Rücken trat, damit er sich nicht bewegen konnte.

Nach dem Morgenappell durch den SS-Kommandanten fand bei den Leitern der Baufirmen ein weiterer Appell statt. Diese Männer teilten entsprechend der Arbeitsanforderungen des Tages die Arbeiter in „Brigaden" auf. Diejenigen, die das Lager auf dem Weg zur Arbeit verließen, taten dies in jeweils nach dem Arbeitsplatz zusammengestellten Gruppen, von denen jede von einem jüdischen „Brigadier" geführt wurde. Er musste kein Abzeichen tragen; stattdessen kennzeichnete ihn am rechten Ärmel eine braune Armbinde.

Außerhalb des Ghettos gab es mehrere Arbeitsplätze, wie zum Beispiel die „östliche" und die „westliche" Bahnlinie, die Lemberger Müllhalde und verschiedene Fabriken. Die Häftlinge zogen diese Arbeitsplätze den Stellen innerhalb des Lagers vor, weil man auf diese Weise der Konfrontation mit den SS-Männern entkam. Außerdem konnte man mit den Städtern Kontakt aufnehmen und gelegentlich die Rationen aufbessern.

Wer keine regelmäßige Arbeit hatte, litt große Not. Die für diese Personen vorgesehenen Arbeitspflichten waren in Wirklichkeit ein Foltersystem. Diese Häftlinge lachten verbittert über die ihnen zugeteilten Aufgaben, wie zum Beispiel Baumaterialien von Ort zu Ort zu schleppen. In der Umgangssprache des Lagers nannten sie diese Aufgaben „Vitamine". Ziegel schleppen hieß „Vitamin C" (der Buchstabe „C" stand für das polnische Wort *cegły* für Ziegel), Bretter tragen wurde „Vitamin D" (*deski*) genannt und Baumstämme rollen war „Vitamin B" (*belki*). Sie mussten die Baumaterialien auf die Schultern heben und mit ihnen unter einem Hagel von Schlägen und Hieben von Ort zu Ort rennen. Nach jedem solchen „Training" war der Boden mit Leichen übersät, welche die überlebenden Gefangenen ins Lager schaffen mussten. An „Nachtschichten" fehlte es ebenfalls nicht; zu diesem Zweck wurden die Häftlinge mitten in der Nacht geweckt und gezwungen, an ihren „Arbeitsplatz" zu laufen.

Als das Lager eingerichtet wurde, arbeitete General Katzmann für die Behandlung der Häftlinge Regeln aus. In einem Brief an zivile und militärische Betriebe vom 23. Oktober 1942, den Katzmann in Beantwortung von Anfragen durch zwei für die Wehrmacht arbeitende Fabriken schrieb, legte er die Bedingungen dar, unter denen sie jüdische Lagerinsassen zur Arbeit erhalten würden. Der Brief enthielt detaillierte Vorschriften über die Behandlung der jüdischen Arbeitskräfte sowie über die Bedingungen, unter denen sie untergebracht, verpflegt und bezahlt werden mussten:

> „Die jüdischen Arbeitskräfte sind grundsätzlich zu kasernieren und stehen in ihren Lagern unter der Kontrolle des SSuPolF. Galizien bzw. der von ihm beauftragten Polizeidienststellen. [...] Vom 1.11.1942 an erhalten die jüdischen Arbeitskräfte keinen Barlohn. Die Betriebsleitungen führen an den SSuPolF. Galizien für jede jüdische Arbeitskraft je Kalendertag und Schicht für den Mann 5,- Zloty, für die Frau 4,- Zloty ab. Lohnsteuer und Beiträge für Sozialversicherungen fallen fort. Von den oben erwähnten Beiträgen von 5,- bezw. 4,- Zloty sind die Kosten für die Verpflegung und für die Regie abzuziehen. [...]
> Die jüdischen Arbeitskräfte erhalten die Genehmigung, vor Überstellung in das Lager reichliche Bekleidung, insbesondere Winterkleidung, mitzunehmen. [...] Der SSuPolF. Galizien und das Rü.Ko. Lemberg stimmen überein, daß es notwendig ist, die jüdischen Arbeitskräfte auch arbeitsfähig zu erhalten, das bedingt entsprechende Unterkunft, Bekleidung und ärztliche Betreuung."[255]

---

[255] Dieses Schreiben ist ungekürzt abgedruckt im Katzmann-Bericht, S. 11-13; siehe auch Interview des Autors mit Rabbi David Kahana; Yones, Al pi ha-bor, S. 34–38; Michał Borwicz, Uniwersytet Zbirów, Krakau 1946, S. 107 [deutsche Ausgabe: Die Universität der Mörder, in: Frank Beer/Wolfgang Benz/Barbara Distel (Hrsg.), Nach dem Untergang. Die ersten Zeugnisse der Shoah in Polen 1944-1947. Berichte der Zentralen Jüdischen Historischen Kommission, Dachau/Berlin 2014, S. 65-129]; Wieliczker, Manuskript, YVA, M-21/202-1160; Zeugenaussagen von Schmuel Dricks, YVA, O-3/3849, S. 17; Rosa Beseks-Wengrowa, YVA, O33/1144; Marek Redner, YVA, O-3/1101.

Nachstehend erscheinen Verordnungen und Regulierungen, die zwar nicht schriftlich belegt sind, jedoch in den Zeugenaussagen zahlreicher Überlebender der Arbeitslager als routinemäßiges Vorgehen in allen Zwangsarbeitslagern beschrieben werden:
1. Nicht arbeitsfähige Juden werden sofort erschossen.
2. Häftlinge, die bei der Arbeit Faulheit an den Tag legen, werden erschossen.
3. Für jeden entlaufenen Häftling werden zehn Mitglieder seiner Brigade aus seiner Heimatstadt bestraft.
4. Saboteure bei der Arbeit werden erschossen.[256]

b. Unterbringung, Verpflegung, Hygiene und Gesundheit

Die meisten Unterkünfte bestanden aus alten und baufälligen Gebäuden, die aus der Zeit der Polen und Sowjets stammten. Da die Deutschen die Lager als vorübergehende Einrichtungen betrachteten, taten sie nichts zur Verbesserung der Wohnbedingungen. Im Lager Janowska wurden hölzerne Baracken in der Form eines langgezogenen Rechtecks errichtet und mit vier bis sechs Reihen von Kojen ausgestattet, auf denen die Häftlinge schliefen. Die Regale bestanden ebenso wie die Kojen aus groben, unbehandelten Brettern. Überall lagen Schmutz und Unrat; im Winter drang eisige Kälte in die Baracken. Die Häftlinge durften ihre Baracken erst spät abends, nach einem harten Arbeitstag, betreten. Zwischen 22:00 Uhr und 5:00 Uhr nachts wurden die Baracken verriegelt, sodass niemand sie verlassen konnte, nicht einmal für einen Gang zur Latrine. Die meisten Baracken besaßen weder einen Eimer noch irgendeine andere Vorrichtung für die Notdurft. Ein Gefühl des Erstickens legte sich auf die verschlossenen, überfüllten Baracken. Bei Tagesanbruch beeilten sich die Insassen, um sich in der langen Menschenschlange an der Latrine sowie vor dem Essensraum zum Erhalt ihres mageren Frühstücks anzustellen.

Das gesamte Lager besaß nur eine Latrine. Zunächst verfügte diese Latrine über zwölf Plätze, später über vierzig. Die Häftlinge durften sie nur außerhalb der Arbeitsstunden benutzen, d.h. mor-

---

[256] Bela Gutterman, Mit dem Tod auf das Leben anstoßen. Chronik des Lagers Janowska in Lemberg (1941–1943). Magisterarbeit, Universität Tel Aviv 1983, S. 44.

gens und abends. Deshalb herrschte dort ein großes Gedränge. Dutzende und manchmal Hunderte von Gefangenen warteten darauf, an die Reihe zu kommen, schrien und bahnten sich gelegentlich mit Faustschlägen ihren Weg.

Hunger, Überbelegung, Schmutz und der Mangel an medizinischer Versorgung begünstigten die Ausbreitung von Krankheiten unter den Häftlingen. Auch die allgegenwärtigen Läuse und die fehlende Abwasserentsorgung trugen dazu bei. An den wenigen Wasseranschlüssen im Lager gab es immer eine lange Schlange. Seife hatte Seltenheitswert, eine Dusche blieb ein Traum. Um ansteckende Krankheiten einzudämmen, wurden die Häftlinge einmal in der Woche in Gruppen von einhundert und mit einer Eskorte von mehreren Askaris und Polizisten in ein öffentliches Bad gebracht. Das Duschen wurde jedoch zu einem schmerzhaften Erlebnis. Das Badehaus befand sich in der Szpitalna-Straße. Vor dem Baden wurden die Gefangenen gründlich durchsucht – für den Fall, dass sie Wertgegenstände in ihrer Kleidung verborgen hatten – und weiter zur Desinfektion gebracht. Die ukrainischen Polizisten schlugen sie mit Stöcken und Gewehrkolben und trieben sie so durch den engen Eingang des Badehauses. Während sie auf die Häftlinge einschlugen, vermengte sich ihr Geschrei mit dem Stöhnen der Opfer. Die wenigen, die in das überfüllte Badehaus gedrängt wurden, verbrannten sich oft mit kochend heißem Wasser, während die anderen draußen darauf warteten, an die Reihe zu kommen, nackt in der Sommersonne oder Winterkälte. Nach dem Bad musste sich jeder Häftling aus dem Stapel desinfizierter Kleidung etwas zum Anziehen suchen. Sobald sie sich über den Stapel hermachten, drängten die Starken die Schwachen zur Seite. Wenn der Aufruhr zu groß wurde, feuerte einer der Wachtposten oder ein SS-Mann in die Menge. Badetage endeten immer mit Todesfällen und Verletzungen.

Auch im Lager Kurowice gab es zum Beispiel kein Wasser zur Körperpflege. Erst nach der ersten Typhusepidemie richteten die Behörden einen Wasseranschluss ein. Nachdem alle an Typhus Erkrankten ermordet worden waren, verbrannten die Deutschen das Stroh aus den Kojen und stellten keinen Ersatz zur Verfügung. Von nun an schliefen die Häftlinge auf den blanken Brettern. Die Lage in Winniki war ähnlich. Obwohl den Insassen das Baden gestattet war, herrschte dort eine Läuseplage. Im Lager Borki Wielkie verweigerte der Kommandant den Häftlingen Wasser zum Baden und Trinken; er stellte Wachtposten am Wasserhahn auf, um dies durchzusetzen. Damit die Gefangenen ihren Durst löschen konnten, verkaufte er ihnen schluckweise Wasser, und zwar mithilfe eines jüdischen Verbrechers, dessen Stimme jeden Morgen bei Tagesanbruch zu hören war: *„A Złoty far a Trunk Vaser!"* (Einen Złoty für einen Schluck Wasser!)

Eine Küche musste das ganze Lager versorgen. Folglich stellten sich hier zu den Essenszeiten Massen von Menschen an und warteten auf die spärlichen Rationen, die den Hunger kaum mildern, geschweige denn stillen konnten. Morgens erhielt jeder Häftling eine Tasse heißen Wassers mit schwarzem Ersatzkaffee ohne Zucker. Zu Mittag wurde eine dünne Gemüsesuppe verteilt; wenn man Glück hatte, schwammen darin ein bisschen Grütze, Kohlbätter und manchmal ein anderes Gemüse. Zu seltenen Gelegenheiten fand jemand einen Knochen oder ein Stückchen schlechten, billigen Fleisches in seiner Suppe. Manchmal war diese jedoch so ungenießbar, dass die Häftlinge sie wegschütteten.

An einem Tag im Winter 1942 reicherten die Zuständigen die Suppe mit ein paar ungeschälten, ungewaschenen Kartoffeln an, die in einem Abfallhaufen hinter der Küche „gelagert" gewesen waren. Sie rochen faulig. Die meisten Häftlinge, die sie aßen, wurden krank; einige starben sogar.

Das Grundnahrungsmittel war Brot. Abends nach der Rückkehr von der Arbeit erhielten jeweils acht Häftlinge einen Laib Brot im Gewicht von 1,4 Kilogramm – 175 Gramm pro Person. Das Brot war klebrig, geschmacklos und mit fremdartigen Zutaten vermengt. Beim Versuch, es zu schneiden, zerkrümelte es. Die dramatisch unterernährten Gefangenen rissen sich um die Krumen und kämpften wie wild darum. Hungernde Häftlinge scharten sich um die Kameraden, die mit der Verteilung der Rationen an der Reihe waren, und warteten auf eine Gelegenheit, die zu Boden fallenden Krümel zu erwischen. Streitigkeiten unter Häftlingen um die täglichen Rationen waren an der Tagesordnung.

Alle Zeugenaussagen von Häftlingen im Lager Janowska bestätigen, dass sie nie die volle, ihnen zustehende Ration erhielten. Die für deren Verteilung Verantwortlichen achteten darauf, einen Teil auf die Seite zu schaffen und für sich und ihre Schützlinge zu konfiszieren.

Auf der Farm der SS in Winniki, auf der landwirtschaftlich gearbeitet wurde, sah der Speisezettel nicht anders aus. „Das Mittagessen wurde um zwölf Uhr ausgegeben", schreibt ein Zeuge. „Das Essen: Abfälle von gekochtem Gemüse, ohne Salz und ohne Fett. Der Lagerkommandant verkaufte alles andere an Spekulanten."

Die Häftlinge marschierten in Lumpen, in denen sie nachts auch schliefen, zur Arbeit. Im Herbst und Winter schliefen sie in von Regen und Schnee durchnässten Kleidern; Letzterer schmolz am Körper. Unerbittlicher Hunger, harte Arbeit, Angespanntheit, Furcht und Schrecken schwächten sie. Der Hunger ließ ihre Gesichter anschwellen – ein Zustand, den sie so gut sie konnten zu verbergen trachteten, da ihre Bewacher sie andernfalls als nicht arbeitsfähig in die „Dünen" schickten.

Seit der Einrichtung des ersten Lagers bemühten sich der Judenrat und die Juden in Lemberg, das Leid der Häftlinge zu mildern. Sie versuchten, mit den Behörden Bedingungen auszuhandeln, um eine Häftlingsgruppe gegen andere Juden auszutauschen, um die Schwachen und Kranken vor dem Tod zu bewahren. Nachdem diese Versuche jedoch fehlgeschlagen waren, konzentrierten sich die Bemühungen darauf, bescheidene Mengen an Lebensmitteln und Kleidung an die Häftlinge zu liefern. Sie bestachen den Lagerkommandanten für die Erlaubnis, Pakete ins Lager bringen zu dürfen. Die Zeugenaussagen betonen allerdings, dass sich die SS-Männer den größten Teil des Inhalts aneigneten und sie den Häftlingen nur Reste überließen. Diese Hilfsbemühungen dauerten bis zur „Aktion" im August 1942.

Die wenigen Lebensmittel und andere Dinge, die trotz allem ins Lager gelangten, dienten als Währung beim Handeln. Ein Schwarzmarkt entwickelte sich, auf dem Geschäfte „mit einem Stück Zucker und einer Süßstofftablette, einer halben Scheibe Brot und einem Stückchen Wurst, einer Knoblauchzehe oder einer Viertel Zwiebel, einer Nadel und einem Faden, einem zerdrückten, in schmutziges Zeitungspapier gewickelten Keks und Ähnlichem" getätigt wurden.[257]

Die Lebensumstände der polnischen und ukrainischen Häftlinge sahen anders aus. Sie gingen außerhalb des Lagers zur Arbeit, wo sie Verwandte trafen. Bei der Rückkehr brachten sie Lebensmittel mit, die sie den Juden zu Wucherpreisen verkauften. Einigen Juden gelang es, mit Nichtjuden in Kontakt zu bleiben. Leute, die für

---

[257] Scheinfeld, Das Ghetto Lemberg, S. 114.

die Eisenbahngesellschaften der Westbahn und Ostbahn oder für die Einrichtungen der Wehrmacht arbeiteten, waren dabei besonders erfolgreich, da sie gegen Geld, Gold, Schmuck und Auslandswährung Nahrung und Medikamente ins Lager schmuggeln konnten.

Im Lager Janowska und in anderen Lagern entwickelte sich eine neue Schicht von „Aristokraten" – eine Gruppe, die wusste, wie sie aus der Not ihrer Leidensgefährten Profit schlagen und sich bereichern konnte. Einige der Angehörigen dieser Schicht waren vor dem Krieg wohlhabend gewesen, hatten es geschafft, ihren Besitz zu retten, und nutzten ihn nun, um unter den harten Bedingungen zurecht zu kommen. Sie stellten die herrschende Klasse im Lager dar und hatten die besten Chancen zu überleben. Die meisten Schwarzmarktgeschäfte fanden an der Latrine statt, wo die Bewachung weniger streng war und das Gedränge half, den Handel im Verborgenen abzuwickeln.

Die medizinische Betreuung in den Lagern war völlig unzureichend. Ärzte, die das Leid der Häftlinge ein wenig hätten lindern können, mussten stattdessen körperliche Arbeit leisten; es blieb den Häftlingen in den Lagern überlassen, sich um die Kranken zu kümmern. Erst im Oktober 1942 wies der stellvertretende Lagerkommandant, Rokita, jeder „Arbeitsbrigade" einen Arzt und einen Friseur zu. Doch dem Lagerkommandanten, Willhaus, gefiel diese Anordnung nicht. Er sah keinen Unterschied zwischen Ärzten und gewöhnlichen Häftlingen und zwang sie, dasselbe Abzeichen zu tragen und zur Arbeit zu gehen wie alle anderen. Die Leiter einiger Betriebe erlaubten Ärzten die Ausübung ihres Berufes, andere wiederum nicht. Gelegentlich wurden Ärzte wie gewöhnliche Gefangene geschlagen.

Das Lager Janowska besaß eine Krankenstation mit zwölf Betten, die von einem inhaftierten jüdischen Arzt namens Maximilian Kurzrock geleitet wurde. Diese Krankenstation hatte weder Medikamente noch eine medizinische Ausstattung. Alles, was die Ärzte tun konnten, war, die Moral der Patienten zu stärken. Die Krankenstation unterstand dem Befehl zweier SS-Männer, Brumbauer und Bormann, welche die Station gelegentlich „besuchten", die am schwersten erkrankten Patienten wegholten und sie erschossen. Wenige Patienten verließen die Krankenstation lebend.

Im Winter 1941/42 brach im Lager Janowska eine Typhusepidemie aus, die nicht eingedämmt werden konnte, bis das Lager endgültig aufgelöst wurde. Die hygienischen Bedingungen im Lager machten die Bekämpfung unmöglich. Auf dem Höhepunkt der Seuche im September und Oktober 1942 fielen ihr pro Tag etwa 50 Häftlinge zum Opfer, nach anderen Quellen starben zeitweise bis zu 100 Menschen pro Tag. Die Lagerleitung hatte eine bewährte Heilmethode für die Seuche: Sie schickten die Kranken in die „Dünen". Tatsächlich hatten die Häftlinge jedoch gar keine Gelegenheit krank zu werden. Jeden Morgen nach dem Appell zogen die SS-Männer auf dem Weg zur Arbeitsstätte alle aus dem Verkehr, die zurückfielen oder zu müde zum Arbeiten schienen, und erschossen sie. In der Umgebung von Lemberg zeigten riesige, farbige Plakate das Bild eines von Läusen befallenen Juden mit der Aufschrift auf Polnisch und Ukrainisch: „Vorsicht! Typhus! Kontakt mit Juden vermeiden!" Einige, die nicht an der Krankheit starben, wurden erschossen, „um die Ausbreitung der Epidemie zu verhindern". Dennoch mangelte es nicht an Arbeitskräften. Die Toten wurden durch andere Juden ersetzt, die man aus den Ghettos verschleppte.

In den Zwangsarbeitslagern herrschten ein brutales Regiment und extreme Disziplin. Vorarbeiter, ukrainische Polizisten und verschiedene Aufseher schlugen oder erschossen Häftlinge für jedes kleine Vergehen. Nach der Rückkehr ins Lager am Abend erstatteten sie routinemäßig Bericht über die Zahl der fehlenden Mitglieder ihrer Kompanie, die wegen „Nachlässigkeit bei der Arbeit" erschossen worden waren. Die Getöteten wurden von ihren Mithäftlingen auf der Stelle, entlang der Straße, begraben.

Nach einem Fluchtversuch wieder aufgegriffene Häftlinge wurden an dem Galgen in der Mitte des Lagers gehängt, während alle Insassen zusahen. Wann immer dies geschah, fand ein Sonderappell statt, sodass allen das Schicksal derjenigen vor Augen geführt wurde, welche die Unverschämtheit besaßen, die Flucht zu wagen. Der Kommandant des Lagers Kurowice, Epple, unterhielt seine Besucher häufig, indem er die Häftlinge zum Appell rief und dann seine Pistole zog und einige niederschoss. Um seine Gäste bei Laune zu halten, befahl er den Häftlingen, ein Lied anzustimmen. Solche Vorkommnisse sind auch aus dem Lager Lackie bekannt.

Von Beginn an fanden Morde und Vernichtungsaktionen statt, ganz nach Lust und Laune der Mörder, bei jeder Gelegenheit, grundlos, einzig und allein zur Erheiterung. Die Mörder benutzten jedes Instrument, dessen sie habhaft werden konnten, von Peitschen bis hin zu Seilen. Viele Häftlinge wurden auch am Arbeitsplatz erschossen. Der Judenrat musste sie dann ersetzen.

Dr. Samuel Dricks, ein Arzt, arbeitete als Häftling im Lager Janowska zusammen mit den gewöhnlichen Insassen. In seiner Zeugenaussage nach dem Krieg versuchte er die Ereignisse im Lager von einem professionellen Standpunkt aus zu beschreiben: „Zunächst (nach dem Erhalt der ersten Schläge) pflegte der geschlagene Mensch erstickte Schmerzensschreie auszustoßen. Nach einer Weile jedoch verstummte er, als ob er nichts fühle. Offensichtlich reagierten seine Glieder nicht mehr. Blut sickerte aus seinem nackten Körper, aber seine Stimme war nicht zu hören. Nachdem er zwei Mal fünfundzwanzig Hiebe erhalten hatte, musste der geschlagene Mensch schnellstens auf seinen Platz in der Reihe zurückkehren. Wer dies nicht schaffte, wurde erschossen. Nach den Aussagen von Zeugen waren dies die Höhepunkte des täglichen Appells im Lager."

In mehreren Fällen flüchteten Häftlinge von ihren Arbeitsplätzen in Lemberg und kehrten nicht mit dem Rest ihrer Gruppe in das Lager zurück. Wenn dies entdeckt wurde, erhielten die Häftlinge eine Kollektivstrafe: Zehn oder zwanzig von ihnen wurden hingerichtet. Ein SS-Mann lief durch die Reihen, suchte die Opfer aus und erschoss sie mit seiner Pistole.[258]

---

[258] Leon Wieliczker Wells, Ein Sohn Hiobs, München 1963, S. 153; A. Weitz, Auf Deinen Ruinen, Stanisławów, Tel Aviv 1947 [hebr.], S. 67; Pinkas ha-Kehillot, Ostgalizien, S. 45; Protokoll der Verhandlung gegen Gebauer, YVA, 10/728; Zeugenaussagen von Ernst Roth, YVA, O-3/4064; Borwicz, YVA, 018/242; Dricks, YVA, O-3/1101; Eliezer Mendel, YVA, O-3/2976; Marek Redner, YVA, O-3/1101; Zofia Pohoryles, YVA, O-3/1017; Esther Katz, YVA, M-1/E860; Feuerstein, YVA, M-1/E489; Eliahu Friedel, YVA, O-3/3140; Geller-Brandt, YVA, O-3/706; Feige Gelles, YVA, O-3/4155; Rosa Beseks-Wengrowa, YVA, O33/1144; Zwi Radelecki, YVA, O-33/916; Marcel Lubisz, YVA, O-3/2741; Isidor Farber, YVA, 033/251; Nathan Birkin, YVA, O-3/4198; Edmond Zuckerkandel, YVA, 033/953; Manuskript von Marek Redner, Death Agonies of the Ghetto Doctors, Tagebuch, YVA, O-3/430; Erinnerungen von Bernhard Hirschhorn, Manuskript, Ghetto Fighters' House Archives, E/IV/3706.

c. Das soziale und kulturelle Leben

Die hungernden, erschöpften, erniedrigten und geschlagenen Häftlinge im Lager Janowska versuchten, und sogar mit Erfolg, einen Anschein ihres menschlichen Selbsts im täglichen Leben aufrechtzuerhalten. Es gab nicht wenige Fälle gegenseitiger Hilfe und Unterstützung anderer sowie Versuche, eine Flucht in die Freiheit zu organisieren. Zahlreiche Aktivisten des Julag blieben auch im Lager engagiert, schmiedeten Fluchtpläne und bemühten sich, an Waffen zu gelangen.

Die wenigen erhaltenen Zeugenaussagen nennen Namen, auf die wir im Ghetto und im Julag gestoßen sind. 1942 tat sich im Lager unter der Führung von Richard Axer, dem Sohn eines bekannten Lemberger Rechtsanwalts – der in den Zeugenaussagen von Bekannten als „ein junger Mann von Charakter und eine gefühlvolle Seele" beschrieben wird – und eines Juden namens Jakobowicz eine Selbsthilfegruppe zusammen. Ärzte bemühten sich besonders darum, den kranken und hungernden Gefangenen zu helfen, unter ihnen Boris Pliskin, Lust, S. Cohen, M. Osman, H. Birnboim, Fallek und Schoch aus Rzeszów. Eine Gruppe von Leuten fand sich in der Nähe der Waffenfabrik des Lagers zusammen, um Selbsthilfe mit Vorbereitungen für einen bewaffneten Aufstand zu verbinden, darunter der Journalist David Frankel und Abraham Wahrman („Bonek"), ein führendes Mitglied des *Ha-Shomer Ha-za'ir*. Sie halfen auch Juden, die eine Flucht aus dem Lager planten, und versorgten sie mit Kleidung sowie gefälschten Papieren und organisierten Verstecke und Unterkünfte für sie in Lemberg.

Die Schrecken und die harten Bedingungen im Lager konnten das Bedürfnis, sich kreativ zu betätigen, zu schreiben, zu malen und sich zu entfalten, nicht ersticken. Am 31. Dezember 1941 rezitierten jüdische Dichter ihre Werke auf einem im Geheimen stattfindenden Literaturfest, das der Schriftsteller Emanuel Schlechter organisiert hatte. Offensichtlich war dies die erste Veranstaltung dieser Art im Lager. Weitere Zusammentreffen fanden 1942 und 1943 auf Initiative von Mitarbeitern der Stadtreinigungsfirma – Michał Borwicz, Leon Birnboim, W. Osman und andere – statt. Benzion Ginzburg, Bornstein, David Frankel, Karl Drezner, Jerachmiel Grün, Daniel Oker, Dr. Boris Pliskin und andere jüdische Schriftsteller und Intellektuelle lasen ihre Gedichte und Kurzgeschichten vor. Juden, die in den Büros des Lagers beschäftigt waren, vervielfältigten die Arbeiten und verteilten die Kopien unter den Häftlingen.

Spontan wurde auch gemeinsam gesungen. Einer fing an zu singen und die anderen Häftlinge fielen nach und nach ein – erst aus derselben Baracke, dann auch aus anderen Baracken. Am 3. Dezember 1942 erinnerte sich jemand daran, dass in dieser Nacht das Chanukka-Fest begann. Sofort organisierte man die erste Kerze zum Anzünden, die aus etwas übriggebliebenem Talg gefertigt wurde. Rabbi David Kahana sprach den Segen über der Kerze und vom Mut der Makkabäer in längst vergangenen Zeiten. Die Versammelten stimmten feierliche Lieder an. Unvorhergesehene Ereignisse wie diese verbesserten die Stimmung ein wenig.

Von dem kreativen Geist in Janowska überlebte wenig. Manuskripte von Jerachmiel Grün, Zygmund Schorr und anderen Schriftstellern gingen verloren, andere jedoch wurden nach der Befreiung veröffentlicht.[259]

Im Lager wurden auch Volkslieder komponiert – Folklore, die das Leben und die Wirklichkeit im Lager beschrieb. Die Komponisten sangen sie ihren Kameraden vor, die sie unter die Leute brachten. Die überlieferten Lieder sind satirisch, fast launisch und voll eines in Traurigkeit getränkten Humors. Eines dieser Lieder wurde auf Jiddisch zur Melodie eines damals bekannten Volkslieds gesungen, *Mein tate is a smoraovozshnik* (mein Vater ist ein Müllmann). Es beschreibt die Gefühle eines Gefangenen im Lager Janowska. Nachstehend eine freie Übersetzung:

Wir sitzen am Fuße des Sandhügels
und stoßen mit dem Tod auf das Leben an
lachen über Leute mit Ahnen
und arbeiten nur, wenn wir müssen.
Wir haben unsere Verwandten schon verloren,
wir drücken ihre Bilder an die Brust;
Jeden Tag werden wir scheinbar wiedergeboren,
wie es nur einem Mann des Lagers geschieht.
Wir stoßen mit dem Tod auf das Leben an,
und zum Nachtisch gibt's einen Laib faules Brot.
Wir zählen die Tage bis zur Befreiung
am verriegelten Tor.[260]

---

[259] Siehe Michał Borwicz, Literatura w Obozie, Krakau 1946.
[260] Ebenda, S. 27–30.

Nachstehend zwei Lieder, die die Realität im Lager widerspiegeln und auf Polnisch gesungen wurden (freie Übersetzung):

> Wir sind junge Kerle – eine Reservearmee
> aus dem Arbeitslager Janowska.
> Essen gibt man nicht aus, „Arbeiten!" sagt man uns,
> und jeden Tag töten sie, erschießen ein paar von uns.
> Zu Mittag; eine delikate „laufende Suppe",
> ein Liter Wasser und ein wenig Grütze.
> Mamaliga[261] – am Sonntag.
> Wir haben's gerade gekostet und spucken's schon wieder aus.[262]
> So muss man im Lager, so muss man im Lager ständig an die Arbeit.
> Und man muss marschieren.
> Für all dies wird der großzügige Koch bitteren Kaffee ausschenken
> und ein wenig Brot, und ein wenig Brot.
> Am Morgen, im „Bad" und an der Latrine
> beginnt ein neuer Tag.
> Ein weiterer Tag unter vielen,
> ein weiterer Tag unter vielen.
> Die Peitschen pfeifen, die Kugeln zischen.
> So werden wir zum Morgenappell begrüßt.
> Zum Morgenappell.
> Jeden Morgen – das Wecksignal.
> Jeden Morgen, vorbei an der Bude des Feldwebels
> und an der Bude – ein Stacheldrahtzaun.
> Stacheldraht an der Bude.
> Alte Männer marschieren, junge Männer marschieren.
> Wehe dem, der stolpert
> oder dessen Schuhe verschlissen sind,
> dessen Schuhe verschlissen sind,
> der hier kauft, der dort verkauft.
> Das ganze Lager handelt mit irgendetwas
> Offen oder versteckt
> Offen oder versteckt.
> Alles hier steht zum Verkauf.
> Eines ist spottbillig hier:
> Menschenleben
> Menschenleben.[263]

---

[261] Maisbrei.
[262] Zaderecki, Unter der Herrschaft des Hakenkreuzes, S. 13.
[263] Gogołowska, Szkoła okrucieństwa, S. 91 f.

Andere Lager hatten ihre eigenen Lieder. Sie besaßen keine Orchester, aber sie sangen Lieder, die sie schon kannten oder komponiert hatten. Der Lagerkommandant in Kurowice, Ernst Epple – ein gestörter, alkoholabhängiger Schlägertyp –, befahl den Häftlingen, wenn sie zur Arbeit und zurück marschierten oder bei Hinrichtungen, regelmäßig zu singen. Nach einer Zeugenaussage kehrten die Arbeiter an Abenden im Herbst und Winter mit ihrer von Regen und Schnee durchnässten Kleidung zurück, versammelten sich um den eisernen Ofen – die einzige ihnen zur Verfügung stehende Wärmequelle – und trockneten sie. Um ihre Wehmut und ihr Elend zu verscheuchen, sangen sie gemeinsam. Poldek Kleiman, ein junger jüdischer Musiker aus Lemberg, sang ein jüdisches Lied auf Polnisch. Seine traurige Melodie und der spöttische Tonfall drückten eine nostalgische Sehnsucht nach Wärme in einer weit entfernten, imaginären Welt aus (freie Übersetzung):

Oh Madagaskar!
Schwarzes, erstickendes Land im halbwilden Afrika,
Oh Madagaskar!
Kokosnüsse und Bambus.
Dort leben wilde Stämme –
vielleicht wird es mir dort besser gehen,
(denn) wo immer es „Zivilisation" gibt,
wird getötet und geschlagen.
Oh Madagaskar – ich werde von hier fortziehen,
es lebe der schwarze Kontinent![264]

d. Das Lager Janowska– Universität der Mörder

Zahlreiche Zeugenaussagen über das Verhalten und die Verbrechen der Kommandanten und Funktionäre im Lager Janowska wurden bereits veröffentlicht; anstatt sie nochmals aufzubereiten, werden wir hier nur einige Beispiele anführen:

SS-Obersturmführer Willhaus[265], Kommandant des Lagers Janowska, war ein Kunstliebhaber. Seine Villa auf dem Areal des Lagers

---

[264] Vgl. Yones, Die Straße nach Lemberg, S. 52-59.
[265] Willhaus' Name erscheint in den meisten der zuvor genannten Büchern und Zeugenaussagen sowie in Levin, Ich bin aus Spezia eingewandert, S. 140; Simon Wiesenthal, YVA, O-3/1817, M-313692; Erinnerungen von Irena Szajewicz, AŻIH, Nr. 56; Aharon Spiner, YVA, M-1/E1262.

barst von Wertgegenständen, die den Juden im Ghetto geraubt worden waren. Willhaus schoss regelmäßig zur Unterhaltung seiner Frau und seiner jungen Tochter von der Terrasse seines Hauses aus auf vorbeigehende Juden. Das Mädchen klatschte vor Freude über die Geschicklichkeit ihres Vaters als Schütze in die Hände. Zu ihrem Geburtstag schenkten er und seine Frau Ophelia ihr eine Pistole, sodass auch sie sich im Scharfschießen auf lebende Zielscheiben üben konnte. Obwohl Willhaus und der Kommandant der Werkstätten, Gebauer, einander hassten, taten sich doch beide durch ihre Grausamkeit hervor, und ihr Verhalten diente anderen im Lager Dienst tuenden deutschen Offizieren als Vorbild. Willhaus wurde am 1. Juli 1943 seines Amtes enthoben.

Richard Rokita[266], der Stellvertreter von Willhaus, war Unterscharführer der Waffen-SS, ein Volksdeutscher aus Kalisz in Polen. Vor dem Krieg war er Dirigent und Musiker des Orchesters in Kattowitz gewesen. Im Lager erwies er sich als Experte für Grausamkeiten, der sich besonders unmenschliche Foltermethoden ausdachte. „Er sprach gerne mit den Häftlingen", sagte einer der Überlebenden aus. „Manchmal gab er ihnen Brotscheiben. Er behauptete wiederholt, dass er von Natur aus ein guter Mensch sei und es nicht vertragen könne, wenn Leute vor ihm zitterten. Wenn sich irgendjemand in der ihm gegenüberstehenden Reihe bewegte, tötete er auf der Stelle mehrere Leute. Danach zündete er sich eine Zigarette an, lächelte freundlich und sagte: ‚Ich bin gut zu euch, aber ihr macht mich wütend. Seht nur, wozu ihr mich getrieben habt.'" Eines Tages traf Rokita im Lager auf einen alten jüdischen Bekannten namens Kampf, der mit ihm vor dem Krieg im Orchester gespielt hatte. In Janowska ernannte ihn Rokita zum „Lagerältesten". Kampf jedoch, ein geschwätziger Mann, berichtete, dass Rokita regelmäßig von den Deutschen konfiszierte Gegenstände von Lemberg nach Hause nach Deutschland schickte. Er nannte Musikinstrumente als Beispiel und behauptete, dass Schmuck und Wertgegenstände im Inneren von Ziehharmonikas versteckt würden. Rokita kamen diese Gerüchte zu Ohren, und er tötete Kampf sowie dessen Frau und Tochter. Als die Kommandanten des Lagers Janowska im Sommer 1943 abgelöst wurden, avancierte Rokita zum Befehlshaber des jüdischen Arbeitslagers in Tarnopol.

---

[266] Ebenda.

In Janowska wurde Willhaus von Friedrich Warzok abgelöst, der die Häftlinge aus reinem Vergnügen misshandelte. Eines Tages versuchte einer der Häftlinge, Simon Wiesenthal, aus purer Verzweiflung Selbstmord zu begehen, indem er Warzok bat, ihn zu töten. Ein Jude, antwortete Warzok, habe kein Recht, aus freiem Willen zu sterben. „Hier entscheide ich", pflegte er zu sagen.

Fritz Gebauer[267], der Kommandant der dritten Sektion des Lagers Janowska, in der sich die Rüstungsfabriken der Deutschen befanden, war vor dem Krieg Angestellter der Firma Siemens und Schuckert in Berlin gewesen. Er machte den Häftlingen gegenüber den Eindruck eines in Wort und Tat freundlichen Mannes. Dieser Eindruck täuschte; Zeugenaussagen zufolge war Gebauer ein außergewöhnlicher Sadist. Höflich pflegte er sich einem Arbeiter im Lager zu nähern, sich mit ihm zu unterhalten und dann mitten im Satz die Hände um den Hals seines Gesprächspartners zu legen und zuzudrücken, bis der Mann erstickt war, ohne dass dieser je die Absicht des Offiziers erkannte. Er machte das so oft, dass die Häftlinge ihm den Beinamen „der Würger" gaben. Dieser höfliche Offizier mit seinen feinen Gesichtszügen verwandelte sich in einen brutalen Mörder. Sein Gesicht verzerrte sich, seine Augen wurden blutrünstig. Der Anblick eines in einer Blutlache sterbenden Juden berauschte ihn buchstäblich. Wenn der Mann tot war, zog Gebauer seine Uniform zurecht, legte seine Handschuhe wieder an und verwandelte sich wieder in die vorherige Person – der Inbegriff von Vornehmheit und Klasse.

---

[267] Yosef Tenenbaum, Das Königreich der Rasse und des Bösen, Jerusalem 1979 [hebr.], S. 165; Zaderecki, Unter der Herrschaft des Hakenkreuzes, S. 304, 310; Gogołowska, Szkoła okrucieństwa.

Heinrich Himmler (rechts vorne) besucht Friedrich Warzok in Galizien. Hinter Himmler steht Fritz Katzmann. © United States Holocaust Memorial Museum 82796, mit freundlicher Genehmigung des Instytut Pamięci Narodowej

Im Lager tat eine Reihe von Offizieren und Unterscharführern der SS Dienst. Letztere, verantwortlich für Selektionen, Hinrichtungen,

Zwangsarbeit und Dienstleistungen im Lager, waren alle der Anlage nach Mörder, die ihren Opfern um des Vergnügen willens auflauerten, um ihren Todeskampf zu beobachten, und sie erfanden eine Vielzahl von Möglichkeiten für Misshandlungen.

Im Verlauf des Jahres 1943 wurden einige dieser Unterscharführer an die Front im Osten abkommandiert und mehrere in andere Lager versetzt – offensichtlich, weil ihre systematischen Morde die Lagerbevölkerung dezimierten, die Lage an der Front sich verschlechterte und zusätzliche Kämpfer gebraucht wurden. Diese Deutschen wurden durch nicht-deutsche Polizisten ersetzt; eine wachsende Zahl von Männern in den SS-Einheiten waren Ungarn, Volksdeutsche und Ukrainer. Wie zuvor blieb die Befehlsgewalt in den Händen deutscher SS-Angehöriger – normalerweise Unterscharführer. Obwohl sich in der Einstellung gegenüber den Häftlingen Unterschiede feststellen ließen, behandelten alle ihre Untergebenen grob und grausam. In den kleinen Lagern war der Kontakt mit den Häftlingen unmittelbarer. Die Soldaten des zu den Deutschen übergelaufenen russischen Generals Wlassow misshandelten sie hemmungslos.[268]

Einige der in den Zeugenaussagen der Häftlinge beschriebenen Ereignisse fanden zu den Klängen eines Orchesters statt, das der SS-Offizier Rokita im Sommer 1942 zusammengestellt hatte. Die Mitglieder waren vor dem Krieg bekannte jüdische Musiker gewesen – Josef Mund, Gold, Josef Hermann und Eduard Steinberg, um nur einige zu nennen. Das Orchester leitete Leon Stricks. Rokita hörte bei den Auftritten des Orchesters aufmerksam zu, registrierte jede Note und erschoss jeden Spieler, der einen Fehler machte. Auf den Befehl Rokitas hin schrieb ein inhaftierter Komponist namens Schatz eine besondere Melodie – den „Todestango" –, die oft gespielt wurde, wenn die Häftlinge zur Arbeit aufbrachen oder in Gruppen auf ihren letzten Weg in die „Dünen" geschickt wurden.[269]

---

[268] Ebenda.
[269] Farber, YVA, 033/251, S. 25, und Wieliczker, Manuskript, YVA, M-1/E/1160. Wieliczker ist der Ansicht, dass die Gründung von Orchestern hatte Methode, da sowohl das Julag als auch die Todesbrigade und das Lager Janowska Orchester besaßen. „An allen drei Orten fand ich Orchester, und anscheinend war dies ein wichtiges Anliegen."

Es ist schwierig, „gute" Deutsche unter den fürchterlichen Bedingungen im Lager auszumachen. Aber einige Zeugenaussagen sprechen davon.[270]

Das Leben und Sterben Tausender, die ihre letzten Tage im Lager Janowska verbrachten, hing von den Deutschen ab. Tausende fielen den Schlägen und Folterungen zum Opfer. Der Arzt Dr. Dricks sagte aus: „Hätte ich die Ereignisse im Lager nicht mit eigenen Augen gesehen, so würde ich nicht glauben, dass solche Dinge geschehen können."[271]

Die Aussichten auf ein Überleben in Janowska waren minimal. Jedem, der diesem Alptraum ausgesetzt war, war es bestimmt, früher oder später zu sterben.

Janowska war das Hauptlager für ganz Ostgalizien. Juden, die im gesamten Gebiet bei „Aktionen" zusammengetrieben wurden, wurden hier eingeliefert. Die meisten Kommandanten der Lager und Ghettos des Distrikts Ostgalizien kamen zum Training und zur praktischen Ausbildung nach Janowska. Diese Tatsache könnte die einheitlichen Methoden bei Bestrafung, Folter und Misshandlung erklären, die in allen Lagern angewandt wurden. Die Zeugenaussagen der Häftlinge werfen ein Licht auf die ihnen auferlegten Strafen: Geflüchtete Häftlinge, die wieder aufgegriffen wurden, wurden gehängt; für Disziplinarvergehen gab es 25 bis 50 Hiebe in Gegenwart der zum Appell aufgerufenen Häftlinge. Darüber hinaus erschossen die Deutschen und ihre ukrainischen Helfer in allen Lagern regelmäßig Gefangene zur Unterhaltung von Besuchern, die der Lagerkommandant zu „Festen" eingeladen hatte. Häftlinge mussten aufmarschieren und singen. In der Nacht mussten sie überraschend Durchsuchungen über sich ergehen lassen, die von Morden, Misshandlungen und Folter begleitet wurden. In allen Lagern wurden krankhafte Praktiken ausgeführt; so wurden zum Beispiel weibliche Häftlinge vergewaltigt, Paare zum öffentlichen Beischlaf gezwungen, man betrank sich bis zur Bewusstlosigkeit, schoss auf Opfer in den Gruben und ermordete kranke Häftlinge, um Epidemien auszurotten.

---

[270] Zaderecki, Unter der Herrschaft des Hakenkreuzes, S. 304, 310; Goldberg, Tage im Feuer, S. 48, 51 f.; siehe zudem die Zeugenaussage von Yones, YVA, O-3/7684.

[271] Zeugenaussage von Dricks, YVA, O-3/3849, S. 14.

Der Schriftsteller Michał Borwicz, ein Häftling im Lager Janowska, der vom polnischen Untergrund herausgeschmuggelt wurde, nannte ein nach dem Krieg veröffentlichtes Buch, das er über das Lager Janowska schrieb, „Die Universität der Mörder". Er erklärt:

> „Das Lager an der Janowska-Straße in Lemberg war eine Universität für Mörder, und im Vergleich dazu waren Majdanek, Auschwitz, Dachau und Buchenwald lediglich Gymnasien. Die Grundschule wiederum war die Ausbildung im Sinne Hitlers."[272]

3. Die „Todesbrigade", die Auflösung der Lager und das Verwischen von Spuren

Am 30. Juni 1943, kurz bevor alle Lager in Ostgalizien aufgelöst wurden, legte General Katzmann dem Höheren SS- und Polizeiführer Ost, dem Obergruppenführer (General) der SS und der Polizei, Friedrich Wilhelm Krüger in Krakau, den bereits zitierten Bericht vor, in dem er den Distrikt Galizien als „judenfrei" erklärte. An diesem Tag gab es in Lemberg und entlang der Schnellstraße zwischen Lemberg und Tarnopol noch weitere Zwangsarbeitslager: Lemberg, Weinbergen, Ostrów, Kurowice, Jaktarów, Lackie Wielkie, Pluchów, Kozaki, Zborów, Jezierna, Tarnopol, Borki-Wielkie, Kamionka, Borysław, Stryj, Skole und Drohobycz. In diesen Lagern lebten noch 21.156 jüdische Häftlinge.

Mitte 1943 nahm der Plan zur Ermordung aller Juden in Galizien – in Lemberg selbst, in den umliegenden Städten und in den Lagern – Gestalt an und gewann an Dynamik. Zur planmäßigen Ermordung der Juden in Lemberg richteten die Deutschen drei Hinrichtungsstätten ein: eine in den Hügeln im Nordwesten von Lemberg, nicht weit von den Hängen des Berges Kartomówka, etwa einen halben Kilometer vom Lager Janowska entfernt („Dünen"); eine am Hügel der *Cytadela* im Stadtzentrum, zwischen der Kopernik- und der St. Lazarus-Straße (ul. św. Łazarza), wo Tausende sowjetischer Kriegsgefangener ermordet worden waren, und eine im Wald von Lisienice, in der Nähe von Lemberg östlich der Vorstadt Łyczaków, an der Straße nach Tarnopol. Entlang der Straße von

---

[272] Borwicz, Uniwersytet Zbirów.

Lemberg nach Tarnopol gab es unzählige kleinere Hinrichtungsstätten – verstreut in Schluchten und Wäldern in der Nähe eines jeden jüdischen Shtetl in Ostgalizien. Dort wurden Juden aus Lemberg und Flüchtlinge, welche die Stadt in den ersten Monaten nach der deutschen Besetzung Polens erreicht hatten, sowie Juden, die aus Städten und Ortschaften in ganz Ostgalizien in das Lager Janowska gebracht worden waren, hingerichtet. Darunter befanden sich Juden, die aus anderen, von den Deutschen besetzten Ländern verschleppt worden waren – aus Frankreich, der Tschechoslowakei, Jugoslawien, den Niederlanden und Belgien – und aus Konzentrationslagern in Deutschland. Einige waren amerikanische oder britische Staatsangehörige, die vom Kriegsbeginn in Europa überrascht worden waren und ebenfalls ermordet wurden.[273]

Der Mord an den Juden war ein eilig durchgeführtes Massaker. Um die Opfer an der Flucht zu hindern, wurden riesige Gruben ausgehoben, und ukrainische und deutsche Polizisten befahlen den zur Schlachtbank Geführten, sich auszuziehen und am Grubenrand aufzustellen. Das Exekutionskommando leerte die Magazine seiner Waffen und die Opfer fielen direkt in die Grube. Da die Mitglieder des Exekutionskommandos nicht immer gut zielten, wurden einige Opfer nicht tödlich getroffen. Den Henkern genügte es jedoch, dass die „Zielscheiben" in die Grube fielen. Sie traten an den Rand, schossen auf jeden, der noch am Leben zu sein schien, und gingen weiter zur nächsten Grube. Am Ende des Blutbads wurden die Leichen mit Erde bedeckt, und das Werk der Polizisten war vollbracht.

Bei dieser Vorgehensweise blieben jedoch Spuren des Verbrechens zurück. Als im Frühjahr 1943 der Schnee schmolz, legte das Wasser die stark verwesten Leichen frei. Von den Gruben ging ein übler Gestank aus, der sich schnell ausbreitete. Die von Einheiten der deutschen Armee und der Zivilbevölkerung der Umgebung vorgebrachten Beschwerden über diese widerwärtigen Zustände erreichten auch Berlin. Schon im Januar 1942 hatte Reinhard Heyd-

---

[273] Protokolle der sowjetischen Untersuchungskommission der Naziverbrechen, YVA, M-37, S. 24; Zeugenaussage von Goldberg, Massuah Archiv, 3/158/T. Unten sind die Zahlen der Häftlinge genannt, die aus Orten in Ostgalizien in das Lager Janowska verschleppt wurden. Die wichtigsten Quellen für die Liste sind Brustyn-Berensztajn, Der Protses; Wieliczker, Manuskript; Pinkas ha-Kehillot, Ostgalizien, etc.

rich, der Chef des Reichssicherheitshauptamtes (RSHA), SS-Standartenführer Paul Blobel beauftragt, die Spuren der Massenmorde in einer mit dem Decknamen „Sonderkommando 1005"[274] versehenen Operation zu beseitigen. Der Zweck bestand darin, die Spuren der Verbrechen so schnell und gründlich wie möglich zu tilgen.

Blobel beschloss, die Leichen exhumieren und verbrennen zu lassen. In der Region Lemberg begann er mit der Umsetzung seines Auftrags im Lager Janowska und traf in der ersten Hälfte des Jahres 1943 mit Katzmann in Lemberg zur Besprechung und Vorbereitung der Angelegenheit zusammen. Im Juni 1943 begann die Arbeit. Die Operation wurde als „streng geheim" eingestuft.

Am 15. Juni 1943 wurden im Lager Janowska einige Dutzend Männer ausgewählt. Nachdem sie darüber informiert worden waren, dass sie an der Schnellstraße zwischen Kulików und Żółkiew arbeiten würden, wurde die Gruppe mit dem Lastwagen an eine Stelle in der Nähe der „Dünen" transportiert. Dort wurde ihnen nach dem Appell mitgeteilt, dass sie zum „Sonderkommando 1005" ernannt worden seien. Wegen der Geheimhaltung der Operation mussten sie Stillschweigen über ihre Arbeit bewahren. Zuwiderhandelnde würden mit dem Tod bestraft.

Der Befehlshaber der Operation im Lager Janowska war Unterscharführer Schallock. Sein Stellvertreter, Rauch, wurde mit der Einäscherung beauftragt. Die Mannschaft umfasste den SD-Oberwachmeister Kepik, weitere Männer des SD aus Lemberg und 80 deutsche Polizisten der Reserveeinheit 23 aus Tarnopol.[275]

---

[274] SS-Standartenführer Paul Blobel war Befehlshaber des Sonderkommandos A4, das zur Einsatzgruppe C gehörte. Diese Einheit operierte in der Ukraine und ermordete unter anderem Juden aus Kiew in Babi Yar und aus Charkiw in Drobyzkyj Jar. Infolge seines exzessiven Alkoholkonsums zog sich Blobel ein schweres Leberleiden zu und wurde am 13. Januar 1942 aus medizinischen Gründen seiner Pflichten enthoben. Auf dem Heimweg nach Düsseldorf zur Behandlung traf er mit Heydrich zusammen, und der Letztgenannte setzte ihn zum Befehlshaber der „Aktion 1005" ein, in deren Verlauf die Spuren der Massenmorde verwischt werden sollten. Siehe Shmuel Spector, Die Aktion 1005 zur Auslöschung der Spuren des millionenfachen Mords im Zweiten Weltkrieg, in: Yahadut Zemanenu, Bd. 4 (1988) [hebr.], S. 207–225.

[275] Wieliczker, Manuskript, YVA, M-1/E/1160, S. 42–54, 64–71, 94; Sowjetische Untersuchungskommission, YVA, M-37, S. 24; Mendel, YVA, O-3/2976, S. 14–21.

Die „Brigade" wurde in mehrere Gruppen unterteilt, von denen jede mit einer besonderen Aufgabe betraut wurde: Eine Gruppe musste die Leichen (oder deren Überreste) aus der Grube holen, eine andere die Leichen zum Ort der Einäscherung schaffen und sie in Reihen anordnen. Mitglieder der Letzteren errichteten einen Scheiterhaufen und legten die Leichen zwischen die Holzscheite. Danach übergossen sie den Scheiterhaufen mit Benzin oder Kerosin und steckten ihn in Brand. Unter dem Scheiterhaufen wurde eine schmale Grube ausgehoben, um den von den Leichen tropfenden Talg aufzufangen. Einer der Häftlinge wurde zum „Brandmeister" ernannt; er hatte darauf zu achten, dass das Feuer nicht erlosch. Er hatte einen Assistenten („Zähler"), der die Zahl der verbrannten Leichen für die tägliche Berichterstattung prüfte und aufschrieb. Nach Aussagen Überlebender äscherte das Kommando in der Hochphase 2000 Leichen pro Tag ein.

Eine dritte Gruppe siebte die Asche, um Ringe, Schmuck, Goldzähne und andere Wertgegenstände zu suchen. Sie wurden in Kisten mit der Aufschrift „Sonderkommando 1005-SD" gepackt, auf Lastwagen geladen und aus dem Lager transportiert.

Eine vierte Gruppe zermahlte die Knochen in einem Zementmischgerät zu Asche. Nach Schätzung der wenigen Mitglieder des Sonderkommandos, denen die Flucht gelang, füllte die Asche von tausend Leichen fünf Eimer. Häftlinge in der fünften Gruppe schleppten die Eimer in den Wald und verstreuten die Asche im Wind. Nach der Leerung der Massengräber wurde die Erde eingeebnet. Um die Spuren zu verwischen, wurden Setzlinge gepflanzt oder Samen ausgesät.

Die Männer des Sonderkommandos nannten ihre Einheit die „Todesbrigade", aber die Deutschen hatten für die dort arbeitenden Juden eine eigene Bezeichnung: „Figuren". Die Arbeiter waren „lebende Figuren", die Leichen waren „tote Figuren".

Unterscharführer Schallock hielt vor den Männern des Kommandos gerne Reden. Er erklärte, dass die Deutschen die Mitglieder der Brigade normalerweise acht bis 14 Tage lang am Leben ließen und sie dann zusammen mit den „toten Figuren" liquidierten. Wenn sie gute Arbeit leisteten, würde er sie am Leben lassen. Dennoch müssten sie daran denken, beim Eintreffen von Inspektoren auf die Frage, wie lange sie schon in der Brigade arbeiteten, zu antworten: „Heute angefangen!" Kranke Mitglieder wurden sofort erschossen.

Jüdische Häftlinge des Kommandos 1005 im Janowska-Lager vor einer Maschine zum Zermahlen von Knochen. © United States Holocaust Memorial Museum, 67019 (Belarusian State Archive of Documentary Film and Photography)

Wiederholt drückte der Kommandant seinen Wunsch aus, fröhliche Gesichter zu sehen und die Arbeiter singen zu hören. Und sie sangen wirklich. Von allen vorgetragenen Liedern gefiel Schallock ein ukrainisches Lied am besten – offensichtlich verstand er den Text nicht – und bestand darauf, dass es wieder und wieder gesungen wurde. Den Gefangenen gefiel das Lied auch, da sie sich mit seinem Text identifizierten. Schallock nannte das Lied „Russische Karawane". Frei übersetzt lauteten die Verse: „Heh, Mama.../ warum wurde ich geboren? / dein Schoß, dein Schoß / warum hast du mich nicht abgetrieben?"[276]

Nachdem die Brigade alle Leichen, die in den „Dünen" vergraben gewesen waren, eingeäschert hatte, wurde sie in den Wald von Lisienice versetzt, wo sich 20 Massengräber befanden. Nach der Verbrennung der Leichen brachten die Deutschen lebende Menschen dorthin, erschossen sie an Ort und Stelle und befahlen dem

---

[276] Leon Wieliczker, Brygada Śmierci, Łódź 1946, S. 65.

jüdischen Kommando, sie einzuäschern. Beim Eintreffen jedes neuen Transports ertönte ein Alarm. Sobald sie diesen hörten, mussten sich Mitglieder der Sonderkommandos in ihre Zelte zurückziehen und dort bleiben, bis sie die Erlaubnis erhielten, wieder herauszutreten. In den Zelten hörten die Männer die Schreie der Leute, bevor sie erschossen wurden. Am Ende dieser Aktion mussten sie an der Hinrichtungsstätte die Leichen verbrennen. Viele Opfer waren noch am Leben; auch sie wurden verbrannt.

An einem Tag im Oktober 1943 wurden 150 Frauen aus dem Lager Janowska in den Wald von Lisienice gebracht. Die Angehörigen der Todesbrigade hörten deutlich den Befehl der Gestapo-Männer, die Kleidung abzulegen, gefolgt vom Schreien und Jammern der Frauen, als ihnen ihr Schicksal klar wurde. Als das Sonderkommando die Mordstätte erreichte, um die Leichen zu verbrennen, fanden sie in den Kleiderhaufen „gute" Arbeitsgenehmigungen, die ihre Inhaber vor solcher Behandlung hätten schützen sollen. Offenbar hatten die Frauen in der Munitionsfabrik der D.A.W. gearbeitet, aber die Deutschen benötigten ihre Arbeitskraft nicht länger.

Am 25. Oktober 1943 erhielt die Brigade den Befehl, die Leichen einer besonders großen Gruppe einzuäschern – etwa 2000 Männer und Frauen. Wiederum waren darunter Menschen, die nicht tödlich getroffen worden waren; und wieder wurden diese Juden bei lebendigem Leib verbrannt.

Nachdem sie die Beweise über das Vorgehen der Deutschen im Wald von Lisienice vernichtet hatte, wurde die Brigade versetzt und auf 126 Männer erweitert. Sie wurde zunächst in Kamionka Strumiłowa und dann in Zimna Woda eingesetzt, wohin Leichen aus Jaryczów gebracht wurden. Danach wurde die Brigade nach Brzuchowice, Bóbrka, Dornfeld (Ternopillja) und an andere Orte verlegt.[277]

Unmittelbar nach der Befreiung Lembergs gab eine „Sonderkommission der sowjetischen Regierung" einen Bericht in Auftrag,

---

[277] Mendel, YVA, O-3/2976, S. 14–21; Wieliczker, Manuskript, YVA, M-1/E/1160, S. 71; Nachman Tona, Massuah Archiv, 1/18/T; Zwi Radelecki, YVA, 033/916, S. 21; Borwicz, YVA, O-18/242; Scheinfeld, Das Ghetto Lemberg, S. 112; Ignac Lencicki, YVA, O-33/1358; Zeugenaussagen von Louf Kleiman, Wieliczke Chamaydes, Briefe von Noszwic an das gerichtsmedizinische Komitee der sowjetischen Untersuchungskommission in Lemberg unter dem Vorsitz von M.I. Avdayev, sowjetische Untersuchungskommission, YVA, M-37, S. 24–26.

um „die Handlungen der deutschen faschistischen Besatzer im Gebiet des Distrikts Lemberg" zu untersuchen. Der Bericht stellte unter anderem fest, dass mehr als 200.000 „sowjetische Staatsangehörige" im Lager Janowska ermordet worden waren. Nach Schätzungen hatten zwischen 300.000 und 400.000 Juden aus Lemberg und Ostgalizien dieses Lager durchlaufen, darunter viele Flüchtlinge. Etwa 140.000 bis 200.000 Menschen, darunter zahlreiche Juden, waren im Wald von Lisienice ermordet worden.[278]

Zusammenfassend hielt die sowjetische Untersuchungskommission fest, dass die Deutschen 700.000 Männer, Frauen und Kinder in Lemberg und in Galizien getötet hatten. Während der fünf Monate, in denen das Sonderkommando Leichen eingeäschert hatte, wurden 110 Kilogramm Gold aus der Asche geborgen; diese Beute war nach Deutschland geschickt worden. Als die Rote Armee in Lemberg einmarschierte und das Lager Janowska befreite, fanden die sowjetischen Soldaten die Maschine, die zum Zermahlen der Knochen benutzt worden war; sie befand sich in funktionsfähigem Zustand. Der mit ihrem Betrieb beauftragte Beamte war SS-Scharführer Elitko vom SD.[279]

---

[278] Der Historiker Thomas Sandkühler schätzt die Opferzahlen niedriger. Thomas Sandkühler, „Endlösung" in Galizien. Der Judenmord in Ostpolen und die Rettungsinitiativen von Berthold Beitz 1941–1944, Bonn 1996, S. 191. In der Enzyklopädie des Holocaust, Bd. II, S. 659, ist von „mehreren zehntausend" jüdischen Opfern die Rede.

[279] Siehe den Bericht der sowjetischen Untersuchungskommission in Lemberg, die die von den Nationalsozialisten und ihren Komplizen begangenen Verbrechen untersuchte, YVA, M-37/9154, S. 13–24. Offizielle sowjetische Bekanntmachungen über den Massenmord an der Zivilbevölkerung gaben niemals an, dass die Opfer Juden waren. Sie definierten die Opfer stets als „sowjetische Bürger". Ausnahmen waren die ermordeten sowjetischen Kriegsgefangenen. In solchen Fällen lautete die herkömmliche Formulierung „der von den faschistischen deutschen Besatzern an der Zivilbevölkerung und an sowjetischen Kriegsgefangenen begangene Massenmord", ebenda, S. 7; vgl. Pinkas ha-Kehillot, Ostgalizien, S. 44. Zur Liquidierung des Lagers Janowska siehe den Bericht der Delegatura, der Mission des polnischen politischen Untergrunds in London, vom November 1943: „Als das Arbeitslager in Lemberg liquidiert wurde, gab es dort immer noch mehrere Tausend Juden. Dieses als Janowska bezeichnete Lager wurde am 20. November 1943 liquidiert." Zitiert nach: Faschismus – Getto – Massenmord, S. 366;

Während des Aufenthalts der Brigade im Wald von Lisienice hatten ihre Angehörigen Gerüchte über den Beginn der Liquidierung des Lagers Janowska gehört. Da ihnen klar war, dass sie nicht länger warten konnten, planten sie einen Aufstand. Zu dieser Zeit war die Brigade etwa 150 Mann stark. Am 19. November 1943 überfielen die Männer die deutschen Polizisten, töteten mehrere von ihnen und durchbrachen den das Lager umgebenden Stacheldrahtzaun. Die Polizei formierte sich rasch neu und beschoss die Rebellen mit Gewehrfeuer und Granaten. Dennoch gelang mehreren Dutzend Juden im Durcheinander die Flucht. Die Deutschen initiierten eine Menschenjagd, griffen die meisten wieder auf und töteten sie. Schätzungen zufolge blieben weniger als zehn Mitglieder der „Todesbrigade" am Leben.[280]

Der Augenzeuge Leibl (Aryeh) Schmieder aus Wiznian beschreibt den Tag der Liquidierung im Lager Kurowice:

> „Als wir uns zum Appell im Lager Kurowice aufgestellt hatten, informierte uns Laszczower, der Zuständige für die Offiziersmesse, dass wir nun nach Beendigung der Arbeit in Kurowice nach Jaktorów gingen, wo es viel mehr zu tun gebe. In der Zwischenzeit traf der Lagerkommandant, Kempke von der SS, ein und begann mit der Organisation der Abreise. Den Häftlingen in Kurowice wurde befohlen, auf die Lastwagen zu steigen, je fünfzig Mann pro Lastwagen. Zusammen mit den Häftlingen stiegen bewaffnete ukrainische Polizisten auf, und der Konvoi setzte sich in Bewegung. Die Lastwagen fuhren mit hoher Geschwindigkeit, und der Verdacht, dass wir in den Tod fuhren, wurde immer stärker. Dutzende von Juden sprangen von den Lastwagen ab, und die Polizisten schossen auf sie. Hunderte brachen tot am Straßenrand zusammen. An der Abzweigung zum Jaktorów-Lager regelten uniformierte SS-Männer in weißen Handschuhen den Verkehr. In dem Hof des Lagers befanden sich Hunderte von Juden, die aus allen Richtungen gebracht worden waren. Es gab dort Juden aus Złoczów, Pluchów, Zborów,

---

Zeugenaussagen von Marceli Lubasz, AŻIH, Nr. 418; Bernhard Hirschhorn, AŻIH, Nr. 3745; Mieciesław Ostrowski, AŻIH, Nr. 3734; Goldberg, Massuah Archiv, 158/T, 7/7/T.
[280] Wieliczker, Manuskript, YVA, M-1/E/1160, S. 241; Zeugenaussagen von Mendel, YVA, O-3/2976; Ignac Lencicki, YVA, O-33/1358; Pinkas ha-Kehillot, Ostgalizien, S. 45; Friedman, Die Vernichtung der Juden von Lemberg, S. 714.

Przemyślany, Gliniany, Lackie, Ostrów, Hermanów und aus anderen Orten. Friedrich Warzok von der SS hatte das Kommando über diese vielen Menschen. Er befahl ihnen, sich auf den Boden zu setzen und keinen Laut von sich zu geben. Er verweigerte ihnen den Zutritt zur Latrine und gestattete es nicht einmal aufzustehen, um sich zu strecken. Jeder, der es wagte aufzustehen, wurde auf der Stelle erschossen. Es gab einen Juden namens Yankl Kanner aus dem Dorf Sielce, der den Mut aufbrachte zu fragen, warum wir uns nicht bewegen durften. Daraufhin befahl Warzok der ukrainischen Polizei zu handeln, und sie begannen, die Menschen zusammenzuschlagen. Yankl und andere Juden wurden zu Tode geprügelt und ihre Leichen mitten in der Menschenmenge auf den Lagerhof gelegt. Auf den Befehl Warzoks hin zogen sich die Juden bis auf die Unterwäsche aus. Dann wählten die Polizisten aus jeder Gruppe fünfzig Juden aus und führten sie zu einer riesigen Grube, die mehrere hundert Meter lang war. Den Juden wurde befohlen, sich in die Grube zu legen. Die Polizisten feuerten in die Grube, auf eine Gruppe nach der anderen. Als sie mit den Männern fertig waren, brachten sie die Frauen – hundert Frauen in jeder Gruppe. Nicht alle wurden tödlich getroffen. Einige waren verletzt, aber am Leben, und mehrere blieben unverletzt. Alle jedoch wurden mit Erde bedeckt, Lebende und Tote gleichermaßen."[281]

Leibl Schmieder war einer von 22 Juden, die zum Zuschütten der Grube zunächst am Leben bleiben durften. Bei ihm befanden sich Shlomo Nissenboim aus Gliniany, Jossl Enda aus Uhnow (der „Oberjude" im Lager Jaktorów) und ein Jude namens Kubele Hescheles. Leibl versuchte seine Kameraden dazu zu überreden, mit

---

[281] Zeugenaussage von Leibl (Aryeh) Schmieder. Die Zeugenaussage befindet sich im Besitz des Verfassers, der ihn interviewte. Vgl. die Zeugenaussage von Feige Gelles über die Liquidierung des Lagers Sasów, YVA, O-3/4155; Karol Kahn, AŻIH, Nr. 142; Nachman Blumenthal, Moreshet Archiv, 2/105.4 – Zeugenaussage über die Liquidierung der Lager Borki Wielkie und Kamionka Strumiłowa sowie über die Flucht in den Wald. Unter denjenigen, die auf dem Weg nach Jaktorów von den Lastwagen sprangen, waren: Icze Diamant aus Przemyślany, ein Jude namens Cohen, Kobe Galeb, den seine Verfolger durch eine Kugel am Bein verletzten, und ein Jude aus Podahajczyk, der als *der Rebbe* bekannt war, und dem es zusammen mit seinem Sohn gelang, aus der Grube in den Wald zu entkommen.

ihm zu fliehen, aber sie wagten es nicht. Leibl wartete einen geeigneten Augenblick ab und machte sich allein davon. Er rannte ohne Ziel los, bis er an einen Sumpf gelangte und versteckte sich dort im Schilf. Die Polizisten waren ihm hart auf den Fersen und schossen auf ihn, trafen ihn jedoch nicht. Nach zahlreichen Abenteuern und Strapazen erreichte er den Wald, in dem er seine Lagerkameraden fand.

Die anderen 21 Juden wurden in Jaktorów ermordet. Leibl Schmieder war der einzige Jude, der die Liquidierung des Zwangsarbeitslagers mit ansah, überlebte und Zeugnis ablegen konnte.

Nach der Liquidierung der Zwangsarbeitslager überall in Ostgalizien lebten noch etwa 7000 Juden und 225 Nichtjuden (hauptsächlich Kriminelle) im Lager Janowska.

Mitte 1943 löste der SS-Offizier Friedrich Warzok, der seinen Auftrag zur Liquidierung des Lagers Złoczów erfüllt hatte, Willhaus als Kommandant des Lagers Janowska ab. Der neue Befehlshaber verbesserte die Bedingungen im Lager und führte hygienische Maßnahmen und Ordnung ein. Er brachte mehrere Juden mit; sie mischten sich unter die Häftlinge, sammelten Informationen und hielten ihn über die Aktivitäten der Gefangenen auf dem Laufenden. Durch Täuschung und Betrug versuchte Warzok den Eindruck zu erwecken, dass das Regime menschlicher geworden sei. So hoffte er, einem Aufstand vorzubeugen. Tatsächlich waren die Häftlinge überzeugt, dass das Lager bald liquidiert werden würde, und bereiteten sich in geheimen Zellen auf einen bewaffneten Aufstand vor.

Am 19. November 1943 entdeckten die Häftlinge im Morgengrauen, dass das Lager von zahlreichen Polizei- und SS-Kräften umstellt war. Als sich die Häftlinge auf dem Weg zur Arbeit den Ausgangstoren näherten, griff die Polizei sie an. Ein wilder Aufstand brach aus. Die Häftlinge widersetzten sich den Polizisten, indem sie sie mit allem, was sie in die Hände bekommen konnten, attackierten. Die Polizei öffnete das Feuer und tötete zahlreiche Häftlinge auf der Stelle. Tausende wurden gefangen genommen und hinter dem Lager hingerichtet. Mehrere Dutzend schafften es, den Stacheldrahtzaun zu durchbrechen und aus dem Lager zu entkommen, aber fast alle wurden aufgegriffen und auf der Flucht ermordet. Nur wenigen gelang es, den Wald zu erreichen.

Nach dem Ende des Aufstands blieben nur wenige Juden im Lager. Am 19. Juli 1944, sieben Tage vor dem Einmarsch der Roten

Armee in Lemberg, waren es 105 Menschen, darunter eine organisierte Gruppe von 18 Mitgliedern des Untergrunds, die einen Ausbruch planten, und zwei Personen, die aus der „Todesbrigade" geflohen waren. Warzok rief die verbleibenden Juden des Lagers zusammen und informierte sie darüber, dass die Deutschen vor der Abreise aus Lemberg stünden und er vorhabe, die Juden mitzunehmen. Einige Häftlinge wandten ein, dass sie für die Fahrt nicht kräftig genug seien; sie wurden erschossen.[282]

Die verbleibenden Juden wurden an einen Zug gebracht und in Güterwagen geladen. Der Zug fuhr in Richtung Przemyśl, wo die Organisation Todt ein Lager betrieb. Dort wechselten sie die Kleider und wurden angewiesen, sich nicht als Juden, sondern als nichtdeutsche Arbeiter auszugeben. Dann mussten sie Barrikaden zur Verteidigung errichten.

Als die Rote Armee Richtung Deutschland marschierte, töteten die SS-Männer die Juden nicht, sondern führten sie zu Fuß nach Westen. Einigen gelang unterwegs die Flucht; andere brachen vor Erschöpfung zusammen und starben am Straßenrand. Am 15. September 1944 erreichte der Konvoi das Lager in Płaszów. Als sich die Front weiter näherte, wurden die überlebenden Juden zu Fuß in Richtung Westen bis nach Österreich getrieben. Als der Krieg zu Ende ging, zerstreuten sich die wenigen Überlebenden in alle Himmelsrichtungen.[283]

---

[282] Als die Zählung stattfand, nahm Richard Dyga mit den Juden Kontakt auf und fragte sie, ob irgendjemand mit den Deutschen gehen wolle. Nur eine Frau entgegnete, sie könne dies nicht, da ihre Beine geschwollen seien. Dyga holte sie aus den Reihen, führte sie an eine Stelle zwischen den Baracken und erschoss sie.

[283] Zeugenaussagen von Simon Wiesenthal, YVA, O-3/217, S. 41; Edmund Adler, AŻIH, Nr. 808; Michael Moldover, AŻIH, Nr. 1071 und Alma Sewarin, Erinnerungen, AŻIH, Nr. 56.

Kapitel 8:
Im Untergrund und in den Wäldern

1. Verstecke außerhalb des Ghettos

Von dem Tag an, als die Juden von Lemberg aus ihren Häusern in ein eigenes Viertel verbannt wurden, wurden ihre Verbindungen zum Rest der Stadt gekappt. Als ihr Wohngebiet verkleinert und zu einem geschlossenen Ghetto wurde, verstärkte sich diese Isolation. Die Juden durften das Ghetto nicht verlassen; ihren Nachbarn war das Betreten verboten. Plakate auf Polnisch und Ukrainisch warnten die Städter vor dem Kontakt mit Juden wegen der drohenden Typhusgefahr. Nur ukrainische und polnische Polizisten sowie Agenten waren davon ausgenommen.[284]

Mit dem Versuch, die Ghettobevölkerung zu isolieren, hatten die Deutschen jedoch nur zum Teil Erfolg. Trotz der Androhung schwerer Strafen stahlen sich Juden aus dem Ghetto und schlichen sich auch wieder hinein. Geschäftemacher bestachen die Ghettowachen, um verschiedene Gegenstände hinauszuschmuggeln und gegen Lebensmittel einzutauschen; viele bezahlten dafür mit dem Leben. Der geheime Pendelverkehr aus dem und in das Ghetto dauerte an, solange das Ghetto existierte. Da der Hunger im Ghetto ständig präsent war, war das Verlangen nach Essbarem stärker als die Furcht vor dem Tod.

Alle Ghettobewohner teilten denselben Traum: ein Versteck zu finden, in dem sie das Kriegsende abwarten und den „Aktionen" entgehen konnten. Dieser Traum konnte jedoch nur mit Unterstützung der „arischen" Seite verwirklicht werden.

Eine der Voraussetzungen dafür, sich außerhalb des Ghettos verbergen zu können, war der Besitz „arischer Papiere". Zudem musste ein Jude auch „arisch" aussehen, sich wie ein Nichtjude benehmen, Polnisch sprechen und mit den religiösen Bräuchen der Katholiken vertraut sein. Vor allem musste jedoch jeder potenzielle Flüchtling jemanden finden, der bereit war, unter Lebensgefahr einen Juden zu verstecken, und solche Menschen – „gute" Polen, alte

---

[284] Zaderecki, Unter der Herrschaft des Hakenkreuzes, S. 146; Goldberg, Tage im Feuer, S. 99–105, 120.

Freunde oder durch konfessionell gemischte Ehen angeheiratete Verwandte – waren selten (siehe Kapitel 9).

Juden gelangten auf verschiedene Weise an Papiere. Einige kauften zum Beispiel Ausweise von Christen, die im Krieg gefallen oder von den Deutschen entführt worden waren und ihre Papiere bei Verwandten zurückgelassen hatten. Außerdem gab es gefälschte Papiere, sogenannte *lipa* (Poln. Pfusch).

Juden fälschten Papiere und verkauften sie; Polen lieferten echte Dokumente. Mehrere „Experten" im Ghetto fertigten derart überzeugende Ausweise an, dass selbst die Fachleute von der Polizei sie kaum von echten unterscheiden konnten. Daher verlangten ukrainische Polizisten von Verdächtigen oft handfestere „Beweise" für die Echtheit ihres Ausweises. Männer mussten zeigen, dass sie nicht beschnitten waren; Frauen mussten ihre Vertrautheit mit den Grundlagen des Christentums, religiösen Bräuchen, Gebeten usw. unter Beweis stellen.[285]

Die Nachfrage nach christlich-religiösen Gegenständen stieg. Juden kauften Gebetsbücher, katholische Religionsbücher, kleine Kreuze, geweihte Anhänger, Rosenkränze, Statuen und Ikonen. Die Leute hofften, dass sie mithilfe dieser rituellen Objekte als Christen galten, den Krieg überlebten und vielleicht sogar Trost bei der Kirche fanden. Einige Zeugen berichten von Versuchen, zum Christentum überzutreten, um zu überleben. Eine Quelle nennt mehr als 4000 solche Personen in Lemberg, diese Zahl ist aber vermutlich zu hoch. Wahrscheinlich gaben Leute, die konvertierten, um zu überleben, ihre Entscheidung nicht allgemein bekannt. Ebensowenig behandelte die zeitgenössische Presse dieses Phänomen ausführlich. In der Mehrzahl solcher Fälle halfen die Polen den Konvertierten nicht nur nicht, sondern mieden sie sogar. Eine polnischsprachige Lemberger Zeitung publizierte folgenden Artikel:

---

[285] Maltiel, Aus Rache..., S. 216; Kahana, Tagebuch aus dem Ghetto Lemberg, S. 135; Levin, Ich bin aus Spezia eingewandert, S. 142. Siehe auch die Zeugenaussagen von B.L., Ghetto Fighters' House Archives, 1078; Rozolia Landberg (oder Antonina Zatoka, wie sie laut ihren „arischen" Papieren hieß), Ghetto Fighters' House Archives, 4394; Artur Wieski-Ajzer (Zeugenaussage über einen jungen Juden, der sich als Pole ausgab und eine Gruppe von Aktivisten im Untergrund anführte, die „arische" Papiere fälschte. Der Zeugenaussage liegt in der Anlage das Muster eines gefälschten Dokuments bei), YVA, O-3/1691.

„Mehr als 4000 Juden in Lemberg haben mit der katholischen Kirche Kontakt aufgenommen und sich darum beworben, zu konvertieren. [...] Aber kann ein abtrünniger Jude seine Rasse dadurch ändern, dass er Christus annimmt? Die semitische Rasse ist anders als die arische Rasse und kann sich nicht ändern, ohne der arischen Rasse zu schaden. Es ist nicht wünschenswert, dass sich die neuen Christen in das polnische Volk eingliedern. Es wäre besser, wenn sie ihre eigene, separate Gruppe jüdischer Katholiken bildeten. Dies wäre zu ihrem eigenen Besten, da die Polen sie ablehnen und die Juden sie verachten werden."[286]

Einige Lemberger versteckten Juden aus ideologischen und humanitären Gründen oder, um einem früheren Genossen der Kommunistischen Partei (oder irgendeiner anderen Partei) oder Arbeitskollegen zu helfen; andere demonstrierten dadurch ihren Widerstand und ihren Hass auf die Nationalsozialisten. In zahlreichen Fällen war das Motiv jedoch auch materieller Natur. Für den Unterschlupf, den sie gewährten, nahmen von Gier getriebene Polen den Juden alles ab, was diese noch besaßen – Geld, Gold, Schmuck, Kleidung, Kunstobjekte. Einige forderten monatliche Miete, die sich in der Regel auf mindestens 2000 Złoty „Eintrittsgebühr" sowie auf 2000 bis 10.000 Złoty im Monat belief. Mehr als einmal wurden Juden aus ihren Verstecken vertrieben, wenn sie kein Geld mehr besaßen. Wenn Erpresser das Versteck eines Juden entdeckten, verlangten sie maßlose Summen oder regelmäßige monatliche Schmiergelder für ihr Schweigen.

Erpresserbanden machten in Lemberg die Runde und terrorisierten die Flüchtlinge. Die berüchtigtste führte ein gewisser Dr. Kolnik an, der eine kriminelle Vergangenheit besaß. Dieser Mann steckte mit deutschen Offizieren unter einer Decke, die ihm dabei halfen, Juden in Lemberg und anderswo aus der Haft zu „retten". Seine Leute hatten eine „Preisliste" für die Verwandten, die ihre Familienangehörigen auslösen wollten: Zunächst mussten sie bezahlen, um in Erfahrung zu bringen, wo ein jüdischer „Kandidat zur Befreiung" inhaftiert war, dann für seine Entlassung. Die meisten Banden unterstanden Kolnik. Frieser, der deutsche Drahtzieher, traf sich selbst mit „Kunden", die die Hilfe eines Bandenmitglieds

---

[286] *Gazeta Lwowska*, 8.9.1941; Zaderecki, Unter der Herrschaft des Hakenkreuzes, S. 240; Lewinter, YVA, O-3/2252.

brauchten; die Leute wurden an bestimmte Läden verwiesen, deren Inhaber Partner bei diesem „Geschäft" waren.

Selbst wenn ein Jude ein Versteck fand, litt er psychisch. In den meisten Fällen war er allein, das einzige überlebende Mitglied seiner Familie, mit Erinnerungen an schreckliche Szenen, die er mitangesehen hatte, und fürchtete sich vor jedem Türklingeln, jedem Geräusch, jedem Menschen. Er musste ständig auf der Hut sein und konnte sich nicht frei bewegen. Beim Verlassen des Verstecks musste er sich natürlich ganz normal benehmen, um keinen Verdacht zu erregen. Nur die Hoffnung, den Krieg zu überstehen, hielt solche Menschen am Leben.

Unter derartigen Umständen konnte ein Jude sich nicht sicher fühlen, selbst wenn er in einem „arischen" Quartier unter Polen, Ukrainern, Deutschen und sogar Muslimen und „Zigeunern" – die ebenfalls in Gefahr waren – Unterschlupf fand. Da er jederzeit verhaftet werden konnte, lebte er unter ständiger Anspannung. Zahlreiche Berichte über den psychischen Zustand und das Verhalten von im Verborgenen lebenden Personen sind überliefert; die meisten wurden veröffentlicht.[287]

Wenn ein Jude im Besitz „arischer" Papiere und den Ghettowachen entkommen war, sah er sich dem Problem gegenüber, wie er seinen Lebensunterhalt verdienen sollte. Die Angst, entdeckt zu werden, verfolgte ihn selbst, wenn er in der Stadt eine Anstellung als christlicher Arbeiter fand. Gestapo-Agenten in Zivil setzten Spione und Informanten ein, die an den Arbeitsplätzen die Runde machten, um Juden, die sich als „Arier" ausgaben, aufzuspüren. In den meisten Fällen war es nicht die Gestapo, die die Juden identifi-

---

[287] Maltiel, Aus Rache..., S. 217 f.; Michal Borwicz, Aryshe papirn, Buenos Aires 1953, Bd. 1, S. 441, Bd. 3, S.17; Friedman, Die Vernichtung der Juden von Lemberg, S. 996; Rennert, Drei Viehwaggons, S. 63, 65, 122; Zeugenaussagen von Wladelka Katz, YVA, O-3/2268; Miriam Kowaledo-Gold, YVA, O-3/1181; Schmuel Fisch, Tagebuch, YVA, O-33/1427; Miriam Friedman, YVA, O-3/1014; Marcel Lubisz, YVA, O-3/2741, S. 12 (zu Erpressungen durch Polen) und Schalom Lewinter, YVA, O-3/2252. Zu ähnlichen Erfahrungen siehe die Zeugenaussagen von Nathan Horowitz, YVA, O-3/2980; Anna Schneid, YVA, O-3/1609; Rolf Sichting, YVA, O-6/27; Emanuel Brand, YVA, O-3/649; Hannah Yattes, YIVO Archiv, O-17/133.

zierte, sondern die Städter, die darin versierter waren als die deutschen Polizisten. Daher mussten untergetauchte Juden wegen der Nachbarn sehr vorsichtig sein und es vermeiden, von Vorkriegsbekannten gesehen zu werden. Erpresser zogen auch in Begleitung von Kindern durch die Straßen, weil diese verkleidete Juden leichter an ihren Bewegungen, Gesichtszügen oder ihrer Sprechweise erkennen konnten.

Gelegentlich führten bewaffnete Ukrainer und Deutsche in der Umgebung der Stadt Fahndungen durch, um untergetauchte Juden aufzugreifen; sie nahmen sie fest oder erschossen sie an Ort und Stelle. Der Großteil der vielen auf diese Weise gefassten Juden war im Besitz „arischer" Papiere. Einem Augenzeugen zufolge führten die Mitglieder der Trupps die verdächtigen falschen „Arier" zum Eingang eines nahegelegenen Gebäudes, wo sie die Hosen herunterlassen mussten. Wer beschnitten war, wurde sofort erschossen. Am Ende einer jeden solchen Razzia waren die Straßen mit Leichen übersät.

Der Hass vieler Polen und Ukrainer auf die Juden erleichterte den Deutschen ihre Arbeit; wenn dem nicht so gewesen wäre, hätten zweifelsohne viele Juden überlebt, indem sie sichere Verstecke gefunden oder andere Unterstützung erhalten hätten. Dies unterstreicht das besondere Verdienst der wenigen Polen, die den Flüchtlingen auf verschiedene Weise halfen und dabei oft das eigene und das Leben ihrer Familien riskierten.

Die traditionelle Feindseligkeit war jedoch nicht der Hauptgrund dafür, dass die Polen die Juden bei den Deutschen denunzierten. Entscheidend waren materielle Motive. Für jeden ausgelieferten Juden offerierten die Behörden eine Belohnung – Geld oder Waren. Am häufigsten gab es mehrere Liter Wodka, einige Kilogramm Zucker oder Salz oder ein paar Zigaretten. Gelegentlich wurde eine kleine Geldsumme ausgezahlt. Und so war der Leidensweg eines Juden, dem es gelang, aus dem Ghetto in die „Freiheit" zu entkommen, noch lange nicht zu Ende.[288]

Juden Unterschlupf zu gewähren war zweifellos ein recht weit verbreitetes Phänomen, das während der gesamten Besatzungszeit

---

[288] Farber, Chronik eines Lembergers; Lewinter, YVA, O-3/2252, S. 54; von Cohen Naftali Herz aufgenommene Zeugenaussagen, Ghetto Fighters' House Archives, 4971/1, S. 34; Buczacz. Das Buch über Buczacz, Tel Aviv 1956 [hebr.], S. 313, 335; Borwicz, Aryshe papirn, A, S. 41 ff.

anhielt. Das Sondergericht in Lemberg verhandelte zahlreiche Fälle von Polen, die Juden versteckt hatten. In einem Bericht vom 7. Oktober 1943 schrieb der Kommandant der Gestapo im Generalgouvernement an den Leiter der Abteilung VII des RSHA in Berlin, dass Berichten aus dem Distrikt Galizien (an Krakau) zufolge die Anzahl der in der näheren Zukunft vor dem Sondergericht in Lemberg zu führenden Verhandlungen gegen Personen, die Juden versteckt haben, in der letzten Zeit rasch angestiegen sei. Das Gesetz sehe für dieses Vergehen die Todesstrafe vor. Unter diesen Umständen seien die Sondergerichte gezwungen, zahlreiche Todesurteile auszusprechen. Die Richter seien eindeutig dagegen. Die Kritiker argumentierten, dass die Todesstrafe von der Gestapo vollstreckt werden solle. Dennoch seien sich alle einig, dass die Todesstrafe unbedingt angebracht sei und versteckte Juden vom Gesetz her unter den gegenwärtigen Bedingungen mit Banditen gleichzusetzen seien.[289] Wann immer eine Verhandlung stattfand und ein Todesurteil ausgesprochen wurde, machten die Behörden dies bekannt, um die gesamte christliche Bevölkerung einzuschüchtern.

Als sich die Todesurteile wegen des Versteckens von Juden häuften, erwogen die Behörden, die Verantwortung für diese Verhandlungen dem Sondergericht zu entziehen und der Gestapo zu übertragen. In zahlreichen Fällen kamen SS und Gestapo dem Gericht zuvor und töteten die Herbergsgeber zusammen mit den Versteckten.

Überall in Lemberg warnten Plakate davor, Juden Unterschlupf zu gewähren. Die Bekanntmachung vom 4. Juni 1943 erschien in drei Sprachen – auf Deutsch, Ukrainisch und Polnisch – und war vom SS- und Polizeiführer Katzmann unterzeichnet. Sie besagte, dass jeder, der einen Juden bei sich zu Hause aufnahm, ihm Unterkunft bot oder ihn außerhalb des für Juden reservierten Wohnviertels, d.h. des Ghettos, mit Lebensmitteln versorgte, entsprechend Abschnitt 3 der Verordnung der SS und der Polizei des Generalgouvernements bezüglich der Einrichtung eines besonderen Wohnviertels für die Juden vom 10. November 1942 mit der Todesstrafe zu

---

[289] Friedman, Die Vernichtung der Juden von Lemberg, S. 700. Name und Rang des Kommandanten der Geheimpolizei werden nicht genannt. YVA, M-37/43–48.

rechnen habe. Zudem stellte die Bekanntmachung Informanten eine Belohnung in Aussicht.[290]

Nicht mehr als 2000 Juden fanden bei „Ariern" Unterschlupf oder gaben sich mithilfe gefälschter Papiere und der Unterstützung nichtjüdischer Bekannter als „Arier" aus. Letztlich entdeckten Gestapoagenten, die auf den Straßen und Höfen patrouillierten und überraschend in Wohnungen auftauchten, die meisten von ihnen. Andere wurden von Informanten verraten. Nur wenigen gelang es, sich vom Beginn der deutschen Besatzung bis zum Tag der Befreiung verborgen zu halten, unter ihnen Konvertiten und assimilierte Juden.[291]

Einzelne, mit falschen Papieren ausgestattete Juden versuchten, sich beim deutschen Arbeitsamt zu melden, um zum Arbeitseinsatz nach Deutschland oder in die östliche Ukraine geschickt zu werden. Ein Zielort für Juden, die aus Lemberg fliehen wollten, war das Gebiet um Petropawlowsk in der östlichen Ukraine, wo die Deutschen 1943 mit dem Bau von Befestigungen gegen die heranrückende Rote Armee begannen. Polnische und ukrainische Arbeitskräfte wurden zur Errichtung dieser Befestigungen eingesetzt, aber es gelang auch einer nicht geringen Anzahl von Juden, sich unter diese Arbeitskommandos zu mischen und so ihr Leben zu retten.[292]

---

[290] Bekanntmachungen aus dem Hauptquartier der Polizei in Galizien über die Hinrichtung von Personen, die zwischen 1943 und 1944 Juden versteckt hatten, YVA, M-37/29–48; Briefwechsel mit der Kanzlei des deutschen Anklägers, der Sicherheitspolizei und anderen Einrichtungen bezüglich der Beschlagnahme der Möbel von Personen, die in der Zeit zwischen dem 25.11.1942 und dem 10.5.1944 für das Verstecken von Juden verhaftet worden waren, YVA, M-37/51; Borwicz, Aryshe papirn, A, S. 144 ff.

[291] Rennert, Drei Viehwaggons, S. 130; Shapira, Erinnerungen, S. 83; Katzmann-Bericht; Maltiel, Aus Rache..., S. 216 f.; Borwicz, Aryshe papirn, A, S. 14; C, S. 17; Kahana, Tagebuch aus dem Ghetto Lemberg, S. 135; Levin, Ich bin aus Spezia eingewandert, S. 127 ff.

[292] Borwicz, Aryshe papirn, A, S. 217 ff., C, S. 15; Weiss, Die jüdische Polizei, S. 247; Friedman, Die Vernichtung der Juden von Lemberg, S. 603; Goldberg, Tage im Feuer, S. 46 f., 99–105, 113–116, 120; Zeugenaussagen von Emanuel Brand, YVA, O-3/649, und Marcel Lubisz, YVA, O-3/2741. Zu Diskussionen innerhalb der verschiedenen Jugendbewegungen siehe Massuah Archiv, 28/2/T. Siehe zudem die Zeugenaussage

2. Widerstand im Ghetto

Die Organisation des jüdischen Untergrunds in Lemberg verlief aus mehreren Gründen schleppend:
- Die Gemeinde verfügte nicht über ausreichend viele junge Erwachsene und Mitglieder von Jugendbewegungen. Nahezu alle Jugendbewegungen waren zwischen 1939 und 1941 ausgelöscht worden. Die Sowjets hatten während ihrer Herrschaft in Lemberg zahlreiche junge Leute inhaftiert; andere hatten sich der Roten Armee angeschlossen oder waren in die Sowjetunion geflohen.
- Andere Untergrundorganisationen, vor allem die der Ukrainer, wollten nicht mit dem jüdischen Widerstand kooperieren.
- Die jüdische „Ordnungspolizei" in Lemberg kollaborierte mit den Deutschen und versuchte jede illegale Organisation und einen Aufstand im Ghetto zu vereiteln. „Jedes Vorgehen hätte absolute Geheimhaltung erfordert. Das Ghetto wimmelte von Informanten und Agenten der Gestapo, die glaubten, sie könnten ihr Leben dadurch retten, dass sie ihre Brüder denunzierten", schrieb ein Augenzeuge. Darüber hinaus war eine der jüdischen Polizeieinheiten (der Sonderdienst) mit der Aufgabe betraut, sich gezielt um „politische" Probleme zu kümmern, darunter die Jagd auf Mitglieder linksgerichteter Kreise und Sympathisanten der Sowjets. Jeder Versuch, Widerstand oder die Flucht in die

---

von Ida Meron-Kaminski, Moreshet Archiv, A/690. Emanuel Brand beschreibt, wie er und andere Kameraden des *Ha-Shomer ha-za'ir*, ehemalige Studenten und junge Leute aus linksgerichteten Kreisen, dadurch überlebten, dass sie eine Gruppe bildeten und zur Zwangsarbeit in die östliche Ukraine geschickt wurden. Ein anderer Jude, der überlebte, Marcel Lubisz, war für den deutschen Arbeitsdienst tätig, indem er sich als Pole ausgab. Er lebte zusammen mit den anderen Arbeitern im Lager und war von diesen nicht zu unterscheiden. Im Lager traf er auf einen anderen Juden, der mit einem Transport aus der Ukraine eingetroffen war: Keiner enthüllte dem anderen seine Identität, und die Polen wussten nicht, dass sie Juden waren. Emanuel Brand, Die Untergrundbewegung der Pionierjugend im Ghetto Lemberg, in: Yediot Yad Vashem 26/25 (1961) [hebr.].

Wälder zu organisieren, wurde als eine Form von Unterstützung der Sowjetunion gewertet, und die Polizisten meldeten Verdächtige gewissenhaft bei der Gestapo.[293]

Trotz dieser Hindernisse planten mehrere Gruppen von Ghettobewohnern Widerstandsaktionen. Einzelpersonen versuchten, Kampfgruppen im Ghetto zu bilden oder in die Wälder zu fliehen, um sich den Partisanen anzuschließen. Einige Stadtbewohner halfen Juden bei der Flucht.

Der Versuch, in die Wälder zu entkommen, war auch ein Akt des Widerstands. Die Flucht erforderte Planung, Vertrautheit mit dem Gelände, Waffen, Informationen über die Standorte der Partisanen und deren Einstellung gegenüber Juden. Es war sehr riskant, an diese Informationen zu gelangen, weil auch die kleinsten Bemühungen nur im engsten Kreis unternommen werden konnten, damit kein Informant davon erfuhr. Vertrauen war von größter Bedeutung. An Waffen zu gelangen war sehr kompliziert. Für Juden war dies fast unmöglich, da sie sich nicht frei in der Stadt bewegen und zu Leuten Kontakt aufnehmen durften, die ihnen hätten helfen können. Außerdem fehlte es an Geld. Wenn diese Hindernisse überwunden waren, mussten die Waffen in das abgeriegelte Ghetto geschmuggelt werden, das von innen und außen streng bewacht wurde.

Angehörige der zionistischen Jugendbewegungen waren die wichtigsten Protagonisten, wenn es darum ging, Menschen aus den von den Deutschen kontrollierten Gebieten zu schleusen. Eine Zeit lang teilten sich alle Mitglieder von *HaNo'ar HaZioni*, die vor dem Krieg einem Ausbildungskibbutz angehört hatten, ein Zimmer im Ghetto und suchten nach einem Weg, in die Wälder zu fliehen. „Es herrschte gemeinhin das Gefühl, dass die alten Leute auf jeden Fall verloren waren und sich die jungen Leute Waffen verschaffen und die Flucht ergreifen sollten." Die Mitglieder zionistischer Jugendbewegungen beteiligten sich aus Prinzip nicht am Judenrat. Trotz-

---

[293] Augenzeugenberichte wie bei Goldman zitiert, Manuskript, YVA, MK/91, S. 75; Zaderecki (Unter der Herrschaft des Hakenkreuzes, S. 294) ist der Ansicht, dass die Hauptursache für die Schwäche des Untergrunds der „Mangel an begabten und passenden Köpfen, die einen Führer hervorgebracht hätten", war. Siehe auch die Zeugenaussage von Abraham Goldberg, Massuah Archiv, 7/7/T, S. 45.

dem berichten einige Augenzeugen von einer Gruppe aus dem Umfeld des Judenrats, die in den Kellern des Gebäudes des Judenrats eine militärische Ausbildung zur Vorbereitung auf den Notfall absolvierten.

1941 waren mehrere jüdische Widerstandsgruppen in Lemberg aktiv. Eine von ihnen setzte sich aus Angehörigen des *Bund* zusammen und operierte unter dem Deckmantel eines Sportvereins in einem Keller der Schuhfabrik Rigauer. Eine weitere Gruppe arbeitete unter der Schirmherrschaft des Sportvereins Makkabi, und eine dritte gehörte zum Sportverein der Union jüdischer Studenten, ZAKS.[294] Die beiden letztgenannten Gruppen koordinierten ihre Aktionen. Dr. Faber und ein Jude namens Brauner waren ihr Kern. Eine weitere Gruppe traf sich hinter dem Stryjski-Stadtpark zum Austausch von Informationen über die künftigen Entwicklungen und zur Durchführung verschiedener Aufträge. Jedes Mitglied besaß einen *nom de guerre*: „Felix" (Dr. Fischel Rotenstrauch), „Kube" (Elias Blumenkranz), „Emil" (Josef Galanter) und „Richard" (Henryk Leitheisen).

Durch die „große Aktion" im August 1942 erhielt der Wille zum Widerstand neuen Aufschwung. Dem Untergrundkämpfer Abraham Goldberg zufolge (siehe unten) erreichte die Zahl der Aktiven auf dem Höhepunkt des Widerstands etwa 150. Nur wenige Namen sind überliefert. In dem umfangreichen Archivmaterial, das in Yad Vashem, Moreshet, Massuan, im Haus der Ghettokämpfer und im Jüdischen Historischen Institut in Warschau aufbewahrt wird, wird Abraham Wahrman vom *HaShomer HaZa'ir* („Bonek") als führendes Mitglied der Gruppe erwähnt; des Weiteren werden ein Jude namens Rabinowicz von der *Akiva*-Bewegung sowie Amster Wallgenthal, Mundek Weg, Jomek Steger und Bronia Margolis von *HaNo'ar HaZioni* genannt. Jakob Schudrich und Mosche Horowitz werden als Aktive im linken Lager aufgeführt.

Die Untergrundaktivitäten im Ghetto kamen trotz der elenden Lebensbedingungen und der ungeheuren Gefahr, die selbst die geringfügigste „Operation" mit sich brachte, nicht zum Stillstand. Immer wenn die Mitglieder einer Gruppe verhaftet und ermordet wurden, traten Nachfolger in ihre Fußstapfen und bemühten sich um

---

[294] Ein in Polen vor dem Krieg aktiver Sportklub jüdischer Studenten, der sich einen polnischen Namen gab: Żydowski Akademiczny Klub Sportowy (ZAKS).

Waffen und die Verbreitung von Propagandamaterial und Bulletins. Eines der im Ghetto erschienenen Nachrichtenblätter ist uns bekannt. Michael Hoffmann hatte es erstellt; es enthielt politische und militärische Informationen, die er heimlich aus Radioübertragungen oder polnischen Untergrundzeitungen entnommen hatte, sowie Informationen über das Leben im Lemberger Ghetto. Die Verfasser des Blattes gaben zudem Flugschriften und Kampfaufrufe heraus.[295]

Im Zusammenhang mit diesen Aktivitäten wird Abraham Wahrman vom *HaShomer HaZa'ir* wiederholt als herausragende Führungspersönlichkeit genannt. Er stellte zahlreiche Kopien der Nachrichtenblätter auf der Schreibmaschine her, die Stefania Pecnowska dann verteilte. Nur sechs Ausgaben des Nachrichtenblattes erschienen. Schon ein Redaktionsteam zusammenzustellen und eine Schreibmaschine in das Julag zu bringen, war gefährlich. Es gelang Wahrman, die Schreibmaschine an der Polizei am Tor des Ghettos vorbeizuschleusen und die Maschine im „Büro" der Redaktion abzuliefern. Leider ist keine der sechs Ausgaben des Blattes überliefert.[296]

Vor der Auflösung des Ghettos hatte die Gruppe ihren Sitz in der Jakob-Hermann-Straße 6, wo die Arbeiter der Bürstenfabrik Hellmann untergebracht waren und ein Waffenlager unterhalten wurde. In dem Keller des Nachbargebäudes, in der Jakob-Hermann-Straße 5, hielt sie ein illegales Radiogerät über die Entwicklungen im Ausland und an der Front auf dem Laufenden. Der Bericht Katzmanns nennt den Herausgeber des Bulletins, M. Horowitz, als den Anführer der Widerstandsbewegung und den wichtigsten Repräsentanten der (kommunistischen) polnischen Arbeiterpartei in Lemberg.

---

[295] Goldberg, Tage im Feuer, S. 46-66, 81–86, 96 ff.; M. Gefen u. a. (Hrsg.), Das Buch der jüdischen Partisanen, Merhavia 1958 [hebr.], B, S. 222 f. In ihren Erinnerungen erwähnt Hescheles (Tagebuch, YVA, O-16/494, O-16/148) weitere Kameraden, die im zionistischen Untergrund im Lemberger Ghetto aktiv waren. Neben Wahrman erwähnt sie Grün, Jakunowicz, Frenkl, Kleinmann und Borwicz.

[296] Pecnowska starb am 29.7.1943 bei dem Versuch, Wahrman aus dem Ghetto zu schmuggeln; Zaderecki, Unter der Herrschaft des Hakenkreuzes, S. 297. Zum Schicksal Wahrmans siehe Batya Temkin-Berman, Tagebuch des Untergrunds, Beit Lohamei Hagehaot 1955, S. 41, 247.

Ende 1942 organisierten sich weitere Gruppen im Ghetto, um in die Wälder der Umgebung zu fliehen. Deutsche und ukrainische Wachtposten griffen die meisten Flüchtigen wieder auf; einige erreichten jedoch die Wälder oder kehrten ins Ghetto zurück.[297]

Jakob Schudrich, ein der Lemberger Linken nahestehender jiddischer Dichter, leitete eine Gruppe, die sich in den Wald von Brody abzusetzen versuchte. Die Mitglieder rüsteten sich mit Waffen und falschen Papieren aus, aber die beiden von ihnen angeheuerten Fahrer, die sie in den Wald bringen sollten, verrieten sie an die Gestapo. Im Schusswechsel mit der deutschen Polizei wurden 20 Mitglieder der Gruppe getötet und ein SS-Mann wurde schwer verwundet. Eine andere kleine Gruppierung unter der Führung von Dr. Boris Pliskin schaffte es, die Karpaten zu erreichen, wo sie sich einer sowjetischen Partisaneneinheit anschloss und mit ihr kämpfte, bis die Rote Armee das Gebiet 1944 befreite.

Zahlreiche Zeugen beschreiben Versuche von Widerstand und Flucht, die zum größten Teil scheiterten.[298] Im Verlauf der „Aktion"

---

[297] Katzmann-Bericht, S. 57 f.; Zeugenaussage von Zippora Towaszewicz, Moreshet Archiv, A/245.

[298] Jakob Schudrich, der in literarischen Kreisen verkehrte, die sich um das Journal *Tsushtier* versammelten, hatte eine bezahlte Stelle in der Werkstatt eines Hutmachers und Kürschners in Lemberg und galt als „proletarischer Poet". Sein Buch mit Gedichten, *Di erd rirt*, wies deutliche revolutionäre Untertöne auf. Während der sowjetischen Ära in Lemberg war er in der Sektion der jiddischen Autoren der Union der Schriftsteller in Lemberg aktiv und schrieb Gedichte mit sowjetischen Themen auf Jiddisch. Offensichtlich gelang ihm beim Rückzug der Roten Armee die Flucht nicht, und er blieb in Lemberg und schließlich im Ghetto zurück. Siehe Anm. oben und die Zeugenaussage von Zippora Scheffer-Minmer, YVA, O-3/674; Cohen/Sadan, Geschichte Galiziens, S. 451. Zu den Spitzeln im Ghetto siehe Ghetto Fighters' House Archives, 1078, und Rivka Cooper, Moreshet Archiv, A/317. Dr. Boris Pliskin, der aus der Gegend um Wilna in das Lager Janowska kam, betätigte sich im Lager als Arzt und war Mitglied des Untergrunds. Nach dem Krieg zog er zunächst nach München und wurde zu einer wichtigen Persönlichkeit im Komitee der Überlebenden und der Partei *Poalei Zion (CS) – Hitachdut*. Er leitete die Gesundheitsfürsorge des American Joint Distribution Committee in Westdeutschland und setzte sich unermüdlich für das Wohlergehen und die Rehabilitation der Überlebenden des Holocaust ein. Nach der Gründung des Staates Israel wanderte Pliskin dorthin aus und war als medizinischer Direktor für den JDC tätig.

im August 1942 gab es einen aussichtslosen Versuch, Widerstand im Ghetto zu organisieren. Die betreffende, 40 Mitglieder zählende Gruppe erlitt schwere Verluste, und mehr als zwei Drittel fielen den Kugeln der Deutschen zum Opfer.

Dem Bericht einer Zeugin namens Rivka Kupper zufolge war das Ghetto als Operationsbasis ein schwieriger Ort, da „es von Verrätern wimmelte". Eine andere Zeugin, Ruth Schefis, verbrachte einige Zeit in einem Versteck bei einer Polin, die Kontakte zu Kreisen der polnischen Linken unterhielt. Mitglieder der Kommunistischen Partei der Westukraine (*Komunistyczna Partja Zachidnoj Ukrajiny*, KPZU), einer der pro-sowjetischen Gruppierungen, die nach der Auflösung der Kommunistischen Partei Polens entstanden waren, versammelten sich in ihrem Hof zu Gesprächen.

Junge Juden schlossen sich mehreren kommunistischen Widerstandsgruppen in Lemberg an. Nach der Einrichtung des jüdischen Wohnviertels versuchten diese jungen Leute, Kontakt mit kommunistischen Untergrundgruppen in der Stadt herzustellen. David Hoffenstandt und der Schriftsteller Adolf Rudnicki wurden zur Anbahnung von Kontakten ins Warschauer Ghetto geschickt. Versuche der Zusammenarbeit mit dem kommunistischen Untergrund gab es auch zu späteren Zeitpunkten, selbst in den Wäldern.

Schalom Lewinter erinnert sich daran, dass er während seines Aufenthalts im Julag in der zweiten Jahreshälfte 1943 über eine von Kommunisten geführte Untergrundorganisation von Juden und Polen informiert wurde, die für die Partisanen in den Wäldern von Brody Freiwillige rekrutierten. Mehrere Mitglieder erreichten die Wälder und operierten von dort aus; andere blieben im Ghetto aktiv. Zukünftige Mitglieder – selbst solche, die der Gruppe schon vor dem Krieg angehört hatten – mussten als Aufnahmebedingung eine Waffe mitbringen. Damit war die Gruppe für Juden aus dem Ghetto praktisch unerreichbar.[299]

---

[299] Moreshet Archiv, A/E/157; Rivka Cooper, Moreshet Archiv, A/317; AŻIH, Nr. 1078, Lewinter, YVA, O-3/2252. Fanger, der zwischen 17 und 18 Jahre alt war, Szunio Lichtenberg und Jehuda Hochberg organisierten die Flucht aus dem Ghetto von Przemyślany zusammen mit Bunjo Kharmats. Der Kampf in dem polnischen Dorf war eine der schwierigsten Operationen, welche die jungen Waldbewohner zu dieser Zeit zu bestehen hatten. Juden und Polen bekundeten am Grab Lichtenbergs, der

Lewinter, der in den Maschinenwerkstätten im Ghetto arbeitete, schloss sich der Gruppe auf Empfehlung eines ihrer Anführer an. Die Gruppe sollte alle zwei Wochen zehn Juden aus dem Ghetto in die Wälder schmuggeln. Lewinters Gruppe verließ das Ghetto an einem Samstagmorgen. Doch an einer Straßenkreuzung umstellten die Deutschen den Lastwagen. Mit ihren spärlichen Waffen eröffneten die Juden das Feuer; einige von ihnen wurden im Verlauf des ungleichen Kampfes gefangen genommen, aber erst, nachdem es ihnen gelungen war, mehrere Deutsche zu töten. Auf beiden Seiten gab es Verwundete.

Eine der Gruppen, die sich der polnischen Partisanenbewegung in den Wäldern in der Nähe von Brody anschlossen, wurde von einem jungen Juden geleitet, der nur unter seinem *nom de guerre*, Janek, bekannt war. Zu den Mitgliedern gehörten Dr. Zimmer, Zofia Goldberg und Dr. Bogner. Weitere Namen kommunistischer Kämpfer in Lemberg waren Dr. Stucki, Gang, Michael Herckowski, Mendeler, Schapranski, Katz, Jossi Helawicz, Ber Zenon, Backmann, Schwamm, Rosengart, Gottlieb und Bleich.

In seinen Erinnerungen berichtet Abraham Goldberg über einen Mann desselben Namens, der als zweiter Lieutenant in der jüdischen Polizei Dienst tat und Stellvertreter von Rupert war, der nach der Absetzung von Roizen 1943 zum Kommandanten der jüdischen Polizei ernannt worden war. Goldberg stellte eine Gruppe von 50 Kämpfern auf die Beine und stattete sie mit Waffen aus. Einer von ihnen, Bonek, schlug vor, sich Dr. Balch anzuvertrauen, „einem der anständigen unter den Kommandanten der jüdischen Polizei, der die Mitglieder des Untergrunds über einen Plan zur Liquidierung des Ghettos informiert hatte", und gab den Gruppenmitgliedern bekannt, dass sich auch Männer bei den Polizeikräften befanden, die in der polnischen oder sowjetischen Armee gedient hatten und über einen Aufstand nachdachten. Die Idee, mit der jüdischen Polizei zusammenzuarbeiten, wurde am 14. Mai 1943 erprobt, an dem Tag,

---

im Kampf gefallen war, sich den künftigen Herausforderungen gemeinsam zu stellen.

Siehe auch die Gruppenbefragung durch den Verfasser von Kehat Berger, Marek Schlumper (Ben-Dov), Kobe (Kobush) Geva, Aryeh (Leibel) Schmieder, Jehuda Hochberg; Kwaśniewski, Węgrzyn, Krótki opis dziejów Hanaczowa w okresie międzywojennym. (Das Manuskript befindet sich bei Jerzy Węgierski.)

an dem mehrere Widerstandsaktionen geplant waren. Nach einem abgestimmten Plan meldeten sich die Mitglieder des jüdischen Untergrunds am Sammelpunkt der Arbeiter und stießen dort auf eine große Zahl von Polizisten. Die jüdischen Polizisten beruhigten sie mit dem Versprechen, dass ihnen nichts geschehe. Und so gaben die Mitglieder des Untergrunds ihr Vorhaben auf. Um 06:00 Uhr wurde das Ghettotor geöffnet, um ein Fahrzeug der Schutzpolizei hineinzulassen, auf dem sich eine Einheit unter der Führung eines SS-Mannes befand. Die Schutzpolizisten umstellten alle jüdischen Arbeiter. Die Widerstandskämpfer zerstreuten sich und liefen den Zaun entlang, durchbrachen ihn mit Eisenstangen und flohen auf die „arischen" Straßen. Ihre Flucht überraschte die Deutschen. Die meisten der jungen Männer entkamen, erreichten ihren Arbeitsplatz und wurden nicht festgenommen. Dennoch bewies der Vorfall, dass es sinnlos war, bei Widerstandsaktivitäten eine Zusammenarbeit mit der jüdischen Polizei in Erwägung zu ziehen.[300]

Einem damals kursierenden Gerücht zufolge organisierte Goldberg eine Gruppe junger Leute und schaffte es persönlich, Lemberg zu verlassen und sich Partisanen in der Nähe anzuschließen. Als das Ghetto im Januar 1943 zum Julag erklärt wurde, wurde Goldberg als Repräsentant des Hauptquartiers der Partisanen zurück nach Lemberg geschickt, um dort eine Widerstandsbewegung auf die Beine zu stellen; die Deutschen fingen ihn jedoch unterwegs ab und ermordeten ihn.

Auch im Lager Janowska bildeten sich mehrere Widerstandsgruppen, über ihre Aktivitäten liegen uns jedoch nur bruchstückhafte Informationen vor. Eine Gruppe in der deutschen Waffenfabrik – zu der der Schriftsteller R. Grün und seine Frau Helena, der Schriftsteller Michał Borwicz, der Maler Peretz Kleinman, Dr. Boris Pliskin, Steinberg und andere gehörten – organisierte die Flucht einzelner Juden aus Janowska und arbeitete mit Untergrundgruppen in Lemberg zusammen. Eine Einheit der Stadtreinigung in Lemberg schmuggelte Waffen in das Lager Janowska und hielt den Kontakt zu Widerstandsgruppen in der Stadt.

---

[300] Zur Kollaboration mit der jüdischen Polizei siehe Kapitel 4; Weiss, Die jüdische Polizei, S. 250; Goldberg, Tage im Feuer, S. 61 f.; Friedman, Die Vernichtung der Juden von Lemberg, S. 694 f., und Zaderecki, Unter der Herrschaft des Hakenkreuzes, S. 259.

Im Lager bereiteten sich Häftlinge auf einen Aufstand vor und versuchten, einen Vorrat an Waffen und Munition anzulegen. Simon Wiesenthal, der bei seiner Arbeit für die Ostbahn eng mit Leuten auf der anderen Seite kooperierte, half in dieser Angelegenheit. Wiesenthals deutscher Vorarbeiter, Kohlrauch, erlaubte es ihm, einige Waffen in seinem Büro zu verbergen. Weitere Waffen wurden im Büro eines deutschen Ingenieurs namens Werner Schmidt mit dessen Wissen untergebracht. In der Baracke Nr. 2, in denen die Mitglieder des Orchesters wohnten, wurde ein geheimes Arsenal angelegt; niemand hegte den Verdacht, dass sie Waffen versteckten. Zwei jüdische Vorarbeiter, Breslauer und Scheinmann, beteiligten sich 1943 über mehrere Monate hinweg an der Beschaffung von Waffen und an deren Transport in das Lager Janowska; ihre Unterstützung war von großer Bedeutung.[301]

Doch im Mai 1943 setzten die Mordaktionen der SS im Lager Janowska, in deren Verlauf Tausende von Häftlingen getötet wurden, den Vorbereitungen für einen großangelegten Aufstand ein Ende. Wir wissen, dass mehrere Mitglieder der geheimen Zellen Polizisten angriffen und mehrere von ihnen verwundeten; diese Juden wurden hingerichtet. Im Verlauf der Liquidierung des Lagers Janowska riss eine Gruppe von Häftlingen den Stacheldraht nieder und entkam in den Wald.

Im Ghetto verbarrikadierten sich Mitglieder des Untergrunds in Bunkern, sammelten Waffen und bereiteten sich auf den großen Tag vor. Die organisatorischen Aktivitäten erreichten im Juni 1943 ihren Höhepunkt, als die Deutschen mithilfe der ukrainischen Polizei mit der Liquidierung des Lemberger Ghettos begannen.

Im Verlauf dieser „Aktion" verbarrikadierte sich eine Gruppe jüdischer Kämpfer in der Łokietka-Straße. Die Deutschen setzten daraufhin die Straße in Brand. Die meisten jüdischen Kämpfer verbrannten bei lebendigem Leib oder begingen Selbstmord. Am 20. November 1943 starteten die Mitglieder der „Todesbrigade" einen Aufstand. Sie fielen fast alle im Kampf; wenigen gelang die Flucht. Nach Berichten, die in der Zeitung des polnischen Untergrunds, *Biuletyn Informacyjny*, erschienen, töteten die jüdischen Rebellen

---

[301] Zeugenaussage von Simon Wiesenthal, YVA, O-3/1817.

acht Gestapo-Männer. Derselben Zeitung zufolge leisteten Polen einigen Geflohenen Hilfe.[302]

3. Das Leben in den Wäldern

Die Wälder von Hanaczów, Świrz und Bogdanówka sowie in der Umgebung von Horodenka, Zborów und Myszkowce boten vielen Juden Unterschlupf – älteren Menschen, Frauen und Kindern. Sie hausten in unterirdischen Höhlen oder in Hütten. Im Herbst drang das Wasser ein und es schimmelte, im Winter war es eiskalt, und im Sommer machte ihnen die Hitze zu schaffen. Sie lebten in ständiger Furcht vor den Deutschen, die in den Wäldern auf Menschenjagd gingen, und vor einheimischen Denunzianten. Sie hungerten und litten an Krankheiten und anderen Nöten; selbst die Partisanen bereiteten ihnen Probleme, weil sie Juden waren. Trotzdem flohen immer mehr Juden in die Wälder, um den Alternativen zu entgehen: „Aktionen" und Zwangsarbeitslager.

Die Wachen, die in der Stadt oder an den Lagergrenzen patrouillierten, versuchten jedoch, die Fluchtversuche zu vereiteln. Unterwegs waren die Fliehenden in den Dörfern feindlichen Banden ausgesetzt, die dort im Hinterhalt lagen. Die Flucht aus Lemberg gelang nur wenigen; meist waren die mühsamen Vorbereitungen vergebens.

Katzmanns Berichte bestätigen die Schilderungen der Juden über Fluchtversuche aus dem Ghetto und aus der Stadt. SS und Gestapo beunruhigte das Thema offensichtlich. Katzmann missfiel vor allem die Tatsache, dass die meisten der jungen Juden, die in die Wälder flohen, mit Pistolen und Gewehren bewaffnet waren, die sie italienischen oder ungarischen Soldaten abgekauft hatten. Letztere halfen den Juden sogar bei der Organisation und Vorbereitung der

---

[302] Cohen/Sadan, Geschichte Galiziens, S. 451 f.; Zaderecki, Unter der Herrschaft des Hakenkreuzes, S. 290–301; Zeugenaussage von Choms, YVA, O-3/2543; Kahana, Tagebuch aus dem Ghetto Lemberg, S. 127; Yitzchak Sternberg, Unter anderer Identität, Tel Aviv 1984 [hebr.], S. 78, 83. Zur Vernichtung der Juden in Lemberg siehe den Bericht des Jewish Agency Rescue Committee, April 1945, S. 14–20. Der Bericht beruht auf der Schilderung eines Juden, dem im Verlauf der Liquidierungsaktion die Flucht aus Lemberg geglückt war und der im Januar 1945 nach Palästina gelangte.

Flucht. Nachdem er seinen Vorgesetzten in Krakau über eine am 21. Mai 1943 gefangengenommene Gruppe von Juden berichtet hatte, fügte Katzmann hinzu:

> „Je geringer die Zahl der noch verbleibenden Juden wurde, umso größer wurde ihr Widerstand. Waffen aller Art, darunter insbesondere solche italienischer Herkunft, wurden zur Verteidigung benutzt." Und weiter: „Da immer mehr alarmierende Nachrichten eintrafen, über die sich mehrende Bewaffnung der Juden, wurde in den letzten vierzehn Tagen des Monats Juni 1943 in allen Teilen des Distrikts Galizien gleichzeitig mit den schärfsten Mitteln gegen die Vernichtung des jüd. Banditentums eingeschritten."[303]

Als die Juden im Sommer 1943 spürten, dass die Auflösung der Zwangsarbeitslager bevorstand, flohen sie aus diesen Lagern in die umliegenden Wälder. Offenbar erreichten viele hundert Juden die Wälder Ostgaliziens sowohl einzeln als auch mit ihren Familien oder in Gruppen.

Flüchtlinge aus den Lagern waren besser dran als die, die dem Ghetto entkommen waren. In den Lagern gab es viele, die mit der Gegend vertraut waren und organisierte Gruppen gebildet hatten, die sich auf eine Flucht vorbereitet hatten. Mehrere von ihnen besaßen Waffen und einige hatten militärische Erfahrung oder organisatorisches Talent. Da sie normalerweise jünger und familiär weniger gebunden waren, waren sie zudem mobiler. Dies traf eher auf die Juden aus den *Shtetlekh* und Dörfern zu als auf jene aus Lemberg, die weit vom Wald entfernt gelebt hatten und nicht ortskundig waren.

Sobald die Flüchtlinge den Wald erreichten, erwarteten sie neue Probleme: Sie mussten Lebensmittel und Waffen beschaffen, dem Rest ihrer Familie dabei helfen, sich ihnen anzuschließen und sie vor der deutschen und ukrainischen Polizei, vor den Leuten Banderas und vor Banden schützen, die versuchten, ihnen Geld abzupressen oder eine Belohnung zu verdienen, indem sie sie an die Deutschen verrieten.

Die Notwendigkeit, ständig in Bewegung zu bleiben – um Verfolger abzuhängen oder Lebensmittel zu organisieren – erschwerte die Beachtung der jüdischen Feiertage und religiösen Gebote. Der

---

[303] Katzmann-Bericht, S. 63.

allseits beliebte Gedalia Stricks aus Hanaczów diente den Juden in den Wäldern als „wandelnder jüdischer Kalender". Er kannte die Daten der jüdischen Feiertage und den genauen Beginn des Schabbats. Er besuchte die Lagerplätze der Familien, gab bekannt, welcher Feiertag bevorstand und brachte die Männer für den Gottesdienst zusammen. Gemeinsam mit einem Mann namens Nussboim organisierte Stricks die Gottesdienste an den hohen Feiertagen und stärkte so die Moral der Überlebenden.

Als sie die Wälder erreichten, begriffen die Juden, dass sie allein keine Überlebenschance besaßen und sich in Gruppen zusammentun mussten, um sich den anderen Widerständlern anzuschließen. Zur Beschaffung von Waffen überfielen Gruppen von jungen Männern ukrainische Polizeistationen. Ähnliche „Schläge" wurden zur Vergeltung oder zwecks Waffenbeschaffung gegen ukrainische Nationalisten geführt, die Juden an die Deutschen verrieten.

Eine dieser Gruppen in den Wäldern, die aus 15 bis 20 Männern und Frauen bestand, wurde von einem Veteranen der polnischen Armee angeführt, der die anderen Mitglieder an den Waffen ausbildete. Er und seine Kameraden nahmen an Angriffen auf deutsche Bauernhöfe (Liegenschaften) sowie ukrainische und deutsche Polizeistationen teil, um sich Waffen zu beschaffen. Gelegentlich attackierten sie auch Konvois der Wehrmacht auf dem Weg an die Ostfront, indem sie ihnen einen Hinterhalt legten und aus den Straßengräben heraus das Feuer eröffneten. Diese Angriffe brachten den Deutschen schwere Verluste bei und versorgten die jüdischen Kämpfer mit vielen Waffen und Lebensmitteln.

Im Verlauf ihres Jahres im Wald (Juli 1943 bis Juli 1944) überfielen die Gruppen 13 ukrainische Dörfer und Polizeistationen. Neben der Waffenbeschaffung ging es ihnen vor allem darum, die Juden zu rächen, welche die Ukrainer der Gestapo ausgeliefert oder selbst ermordet hatten. Der Mut der jungen Juden war legendär.[304]

---

[304] Yehoshua Shiloni, Einer, dem die Flucht gelang, Tel Aviv 1956 [hebr.], S. 10; Yones, Die Straße nach Lemberg, S. 126 ff.; J. Wegierski, W lwowskiej Armii Krajowej, Warschau 1989, S. 74-99, 104–140; Zeugenaussagen von Sewerin Korn, YVA, M-1/E/1880; Wilhelm Korn, YVA, M-1/E/1777; Hella Enosch, YVA, M-1/E/2210; Mira Ringel, YVA, M-1/E/1825; Schmuel Vilner, Tagebuch, AŻIH, Nr. 170; Chaim Wander, AŻIH, Nr. 377; Chaim Scheps, AŻIH, Nr. 4991. Einer der überlebenden Partisanen, der eine Aussage machte, war Resner aus Warschau (der

4. Beziehungen zu anderen Untergrundorganisationen

Da es ihnen an Mitgliedern sowie an Geld und Verstecken mangelte, waren die jüdischen Widerstandsgruppen gezwungen, Bündnisse mit anderen Untergrundorganisationen einzugehen. Dabei traten ebenfalls unzählige Schwierigkeiten auf.

a. Der ukrainische Untergrund und die Juden

Nach dem Kongress der OUN im März 1940 in Krakau zerfiel die ukrainische Nationalbewegung in zwei Richtungen: in die von Stepan Bandera angeführte Mehrheitsfraktion und in eine Splittergruppe unter Andrej Melnyk. Die beiden Fraktionen stritten unter anderem über die Haltung gegenüber den Deutschen und darüber, was den nationalen Interessen der Ukrainer während des Krieges am besten gerecht würde. Angesichts der aggressiven Politik der Deutschen und ihres Vorgehens gegen die Gründung eines unabhängigen ukrainischen Staates während der Besatzung eskalierten diese Unstimmigkeiten erheblich. Die aktivere Fraktion um Bandera ging in den Untergrund und verwickelte die rivalisierende Partei in blutige Zusammenstöße.

Die Entwicklungen an der Ostfront veranlassten beide Fraktionen, ihre Beziehungen auf den Prüfstand zu stellen. Auf dem dritten Kongress der OUN, der am 21. Februar 1943 im Untergrund stattfand, bemühten sie sich um Kooperation und kamen zu der gemeinsamen Einschätzung, dass die historischen Gegebenheiten am Ende der Kampfhandlungen die Gründung einer unabhängigen Ukraine ermöglichten. Sie kamen überein, ein gemeinsames militärisches

---

Sohn von Chaim Resner, einem Mitglied des polnischen Sejm). Er leitete die erste Gruppe, die aus Kurowice floh, und wurde wegen seiner Führungseigenschaften bewundert. In den ersten Wochen wurde nichts ohne seine Zustimmung und Ermutigung unternommen. Resner wurde „irrtümlich" durch Mitglieder des polnischen Untergrunds ermordet. Einer der jungen Menschen, die sich durch ihren Mut und ihre couragierten Taten auszeichneten, war Michael Lessinger. Ein anderer war Bunjo Kharmats, erst 18 Jahre alt. Bunjo war in Hanaczów geboren und kannte die Umgebung und die Wege im Wald gut. Er sprach den ukrainischen lokalen Dialekt, und niemand hegte den Verdacht, dass er Jude war. Er beging seine wagemutigen Taten in einer ukrainischen Polizeiuniform, die er sich beschafft hatte. Die Brüder Mosche und Itscha Kanner waren ähnlich mutig.

Kommando unter der Leitung von General Taras Chuprynka (Roman Schuchewytsch) zu schaffen, der im pro-deutschen Bataillon Nachtigall diente.[305] Dies kam einer Unterwerfung der „Bulbowcy"- und der Melnyk-Fraktion unter die Hegemonie Banderas gleich. Zudem teilten sie auch ihren Aktionsradius untereinander auf: Melnyks Leute konzentrierten sich in Wolhynien auf die Umgebung von Kremenez, und die Fraktion Banderas operierte in Ostgalizien. Deutschen Quellen zufolge belief sich die Stärke der Ukrainischen Aufständischen Armee (UPA, Ukrajinska Powstanska Armija) 1944 allein in Galizien auf 80.000 Mann. Gruppen ukrainischer Nationalisten, die nicht mit der UPA verbunden waren, operierten ebenfalls in dieser Gegend, ebenso wie Einheiten sowjetischer Partisanen.

Die anti-deutschen Aktionen der ukrainischen Nationalbewegung im Jahr 1942 wurden in Ostgalizien nicht positiv aufgenommen. Die Führungsspitze der UPA wollte nämlich die westliche Ukraine aus dem Aktionsradius der Partisanen ausklammern, um Ostgalizien als Basis für die Konzentration von Nachschub und die Ausbildung von Soldaten und Offizieren zu nutzen, die irgendwann anderswo in der Ukraine in den Kampf geschickt werden sollten. Ein

---

[305] Zum Bataillon Nachtigall siehe das Protokoll des Prozesses gegen Theodor Oberländer, YVA, O-4/90, und die Zeugenaussagen von Abraham Goldberg, Emanuel Brand und Eliyahu Yones.
Bulbowcy war der Spitzname für eine Gruppe ukrainischer Nationalisten, die von Kommandant Taras Borowez gegründet worden war, der sich selbst nach einem Helden des russischen Schriftstellers Nikolai Gogol Taras Bulba nannte. Zur Politik der Ukrainer im Verlauf der deutschen Besatzung siehe Ilnytzkyj, Deutschland und die Ukraine, Bd. 2, S. 79, 201-207; Kamenetzky, Hitlers Besatzung der Ukraine, S. 69–75; Moshe Kaganowicz, Di milkhomme fun di yiddishe partizsaner in mizrakh Eirope, Buenos Aires 1956, B, S. 17–123; Gad Rosenblatt, Als das Feuer im Wald um sich griff: Mit der jüdischen Partisanenbrigade und der Kobpak-Einheit, Tel Aviv 1957 [hebr.], S. 280–289; Zaderecki, Unter der Herrschaft des Hakenkreuzes, S. 253 f.; Friedman, Ukrainishe-yidishe betsiyungen, S. 239, 241; Shiloni, Einer, dem die Flucht gelang, S. 10; Encyclopedia of the Holocaust, A, S. 14; Torzecki, Kwestia Ukraińska, S. 7–18; Armstrong, Ukrainian Nationalism, S. 46–72; Prozess gegen die Hauptkriegsverbrecher, Dokument PS–1526; D.N. Medwedew, Silnye dukhom, Moskau 1957, S. 123–317.

weiterer Grund, warum die anti-deutschen Aktivitäten in Ostgalizien auf weniger Resonanz stießen als im Osten, lag darin, dass die Ukrainer im Distrikt Galizien unter besseren Bedingungen lebten als die Einwohner der ehemaligen sowjetischen Ukraine, die dem Reichskommissariat einverleibt worden war.

Nach der Wende an der Ostfront 1943 änderte der ukrainische Widerstand seine Einstellung. Bis dahin hatte er die Deutschen bekämpft; von nun an richtete sich der Einsatz hauptsächlich gegen die Sowjets. Plakate erklärten: Die Deutschen sind nur kurzzeitig unsere Feinde; so wie sie gekommen sind, werden sie auch gehen. Daher wird nun die hauptsächliche Kraft in den Kampf gegen die Sowjets investiert. Das neue Ziel bestand in der „Säuberung der Wälder und Dörfer von fremden Elementen". Alle Anstrengungen der Ukrainer richteten sich gegen die polnischen Dorfbewohner, die sowjetischen Partisanen und „ihre jüdischen Helfer".

Im Winter 1942/43 startete der ukrainische Untergrund einen großangelegten Kampf gegen sowjetische Partisanen und Juden, die in den Wäldern Schutz suchten. Die ukrainischen Kämpfer ermordeten jeden Juden, dessen sie habhaft werden konnten, und jeden sowjetischen Kriegsgefangenen, der aus einem Kriegsgefangenenlager geflohen war. Sie bekämpften deutsche Kollaborateure in der Unierten Kirche und setzten einen „Kreuzzug" gegen die Polen in Gang. Sie ermordeten polnische Waldhüter, die in der Einsamkeit lebten, und ließen ihrem Hass auf die polnische Landbevölkerung freien Lauf. Bis zum April 1943 hatten die Streitkräfte der UPA den gesamten Distrikt Galizien unter ihre Kontrolle gebracht.

Angesichts dieser Sachlage schien es unwahrscheinlich, dass jüdische Untergrundgruppen sich den ukrainischen Trupps anschließen oder mit ihnen kooperieren würden. Doch als im Sommer 1943 Not am Mann war, zögerten die Ukrainer nicht, die jüdischen Fachleute einzusetzen, die in den Lagern interniert waren. In Kurowice zum Beispiel überredeten ukrainische Kuriere die Lagerärzte Dr. Staropulski und Dr. Kalfus ebenso wie einen Zahnarzt, sie zur Behandlung ihrer Kranken und Verletzten in den Wald zu begleiten. Auch überzeugten sie mehrere Automechaniker, Metallarbeiter und andere ausgebildete Handwerker (darunter ein Mechaniker namens Kosovar, der die Autowerkstatt im Lager Kurowice leitete) davon, sich ihnen anzuschließen, wodurch sie vor „Aktionen" und Liquidierungen geschützt würden. Die Juden stimmten zu. Als die Front sich bis in das Gebiet vorschob, ermordeten die Ukrainer sie.

b. Der polnische Untergrund

Die Beziehungen zwischen dem polnischen Untergrund und dem jüdischen Widerstand unterschieden sich davon. Nicht alle polnischen Untergrundgruppen waren in Lemberg aktiv. Die pro-kommunistische, linksgerichtete militärische Organisation Armia Ludowa (Volksarmee, AL) unterhielt in Lemberg keine Vertretung und konnte folglich nicht um Unterstützung gebeten werden. Die Aktivitäten der Armia Krajowa (Polnische Heimatarmee, AK), die der polnischen Exilregierung unterstand, waren deutlicher sichtbar.

Die AK brachte den Juden keine Sympathie entgegen. Mitglieder der AK, die sich mit militärischen Angelegenheiten befassten, standen ihnen besonders feindselig gegenüber. Aber jene, die für die Propaganda verantwortlich waren, halfen Juden und nahmen ihrerseits deren Hilfe in Anspruch. Einzelne Juden, die sich der AK anschließen wollten, wurden normalerweise aus Gründen der Geheimhaltung abgelehnt, damit sie andere Mitglieder der Organisation nicht verraten konnten, falls sie in die Hände der Gestapo fielen. Einige Mitglieder der AK in Lemberg halfen Juden, aber alle in unserem Besitz befindlichen Zeugenaussagen heben hervor, dass sie dies aus persönlichen Gründen und ungeachtet ihrer Zugehörigkeit zur Organisation taten. Dr. Marek Radner zufolge „denunzierten Mitglieder der A.K. Juden in vielen Fällen und ermordeten sie sogar eigenhändig".[306]

Seit Oktober 1942 versuchten Mitglieder des jüdischen Widerstands im Ghetto, Kontakt zu Funktionären der AK in Lemberg aufzunehmen. Juden, die in Fabriken in der Stadt beschäftigt waren, trafen mit ihren polnischen Kollegen zusammen und erhielten Bulletins des Untergrunds zur Verbreitung im Ghetto. Jedes dieser Bulletins trug die folgende Aufschrift: „Respektiert die Mühe der Drucker und Verteiler. Nach dem Lesen – nicht vernichten, sondern an andere weiterreichen." Im Ghetto wurde dies sehr ernstgenommen. Dennoch zirkulierten die Bulletins nicht ausreichend, und die angeknüpften Beziehungen entwickelten sich nicht den Erwartungen entsprechend.

---

[306] Zeugenaussagen von Marcel Lubisz, YVA, O-3/2741; Celina Koniska, YVA, O-3/1180; Dziomek Ellerbaum, YVA, M-1/E/1570; Sender Goldmann, YVA, M-1/E/1693; Emanuel Schreck, YVA, M-1/E/1829; Max Donner, YVA, O-3/1323; Marian Wilder, YVA, O-3/1394; Marek Redner, YVA, O-33/1001.

Im Dezember 1942 wurde der Rat für die Unterstützung der Juden (*Żegota*) als Teil der Widerstandsbewegung im besetzten Polen eingerichtet. Er wurde schnell zu einer der aktivsten Organisationen des polnischen Untergrunds.[307] Seinem Beispiel entsprechend etablierten sich in anderen Städten, einschließlich Lembergs, ähnliche Räte. Im November oder Dezember 1943 kam ein Sonderkurier aus Warschau nach Lemberg, um in der Stadt ein lokales Komitee der *Żegota* einzurichten. Dem Komitee schlossen sich Vertreter zweier politischer Parteien Polens an, der Nationalpartei (*Stronictwo Ludowe*) und der Demokratischen Partei (*Stronictwo Demokratyczne*). Die treibende Kraft hinter dem Komitee war dessen Vorsitzende Władysława Choms, die einen Hilfsfonds für Juden durch die Sammlung von Geld- und Schmuckspenden einrichtete. Als sich das Komitee konsolidierte, schlossen sich ihm weitere Personen an. Bei der Gründung des Komitees stellte ihm die Zentrale der *Żegota* in Warschau einmalig etwas Geld zur Verfügung.[308]

Das Komitee stattete Männer mit Papieren aus, sodass sie sich zur Arbeit bei der Organisation Todt in der östlichen Ukraine melden konnten.[309] Seine Mitglieder benutzten gefälschte Papiere, um Juden über die Grenzen nach Rumänien und Ungarn zu schmuggeln und Juden zu retten, die aus den Leichenbergen in den „Dünen" entkommen waren. Zu den Aktiven des Komitees der *Żegota* gehörten die Schwestern der Orden der Ursulinerinnen und Zmartwychwstanki. Das Komitee unterhielt zudem Kontakte zu Haus-

---

[307] *Żegota* war zwischen Dezember 1942 und Januar 1945 aktiv. Die Organisation entstand auf Initiative von Zofia Kossak-Szczucka und umfasste Delegierte aus fünf polnischen und zwei jüdischen Gruppen. Siehe dazu Encyclopedia of the Holocaust, S. 1729–1731; Kermisz, Über die Beziehungen, S. 306; Israel Gutman/Shmuel Krakowski, Unequal Victims: Poles and Jews During World War Two, New York 1986, S. 252–299; Teresa Prekerowa, Konspiracyjna Rada Pomocy Żydom w Warszawie 1942–1945, Warschau 1982.

[308] Zeugenaussage von Władysława Choms, YVA, O-3/2543; Wyla Orbach, Wladyslawa Choms – „Eine der Gerechten unter den Völkern", in: Massuah 10 (1982), S. 200–206.

[309] Zur Organisation Todt siehe Kapitel 5. Die Angehörigen der Organisation Todt trugen Uniformen und waren in Zwangsarbeitslagern in ganz Ostgalizien als Ingenieure, Techniker und Vorarbeiter tätig. Sie behandelten die Juden oft in brutaler Weise.

meistern, die dabei halfen, Juden zu verstecken und sie mit gefälschten Papieren auszustatten. Junge Juden, denen es gelang, sich dem Komitee der Żegota in Lemberg anzuschließen, führten Aufträge des Untergrunds aus.

Die Arbeit wurde jedoch durch Spitzel und Erpresser behindert, die versteckte Juden und ihre Wohltäter ihres Geldes beraubten und „Schutzgelder" forderten. Oft wurden Denunzianten vor ein Gericht des polnischen Untergrunds gestellt. In einem Fall wurden zwei Polinnen – von denen eine Agentin der Gestapo war – beschuldigt, Juden der Gestapo ausgeliefert zu haben. Der Untergrund verurteilte sie zum Tod und vollstreckte das Urteil.

In den Dörfern setzten sich Polen, die sich vor den Leuten Banderas fürchteten, oft mit Juden in Verbindung, die sich in den Wäldern organisiert hatten, und baten sie, sich als Gegenleistung für eine warme Unterkunft und etwas zu essen ihrem Verteidigungssystem anzuschließen. In einer Nacht begaben sich mehrere im Wald lebende Juden mit ihren Familien und anderen Angehörigen ihres Lagerplatzes, die schwach, hungrig oder krank waren, in das Dorf Hanaczów. Die Juden waren vergleichsweise gut ausgerüstet, und die Polen teilten ihre Waffen und Munition mit ihnen. Der Historiker der AK für die Region um Lemberg, Jerzy Węgierski, schreibt, dass die Juden in Hanaczów eine Kampfeinheit organisierten, die sich aus jungen Leuten der Umgebung zusammensetzte und von der AK anerkannt wurde. Die Einheit stand unter dem Befehl von Abraham Baum; sein Stellvertreter war Motte Strelisker. Sie verfügte zudem über eine Spionageabteilung unter der Leitung von Schlomo Zwili. Bunjo Tannenboim aus Hanaczów galt als der Anführer der Juden im Dorf.

Am Vorabend des Osterfestes wurden die Juden damit beauftragt, das Dorf während der Feiertagsmesse zu schützen. In dieser Nacht griffen Einheiten der UPA den Ort an. In dem folgenden harten Kampf wehrten die jüdischen Verteidiger die Angreifer mit Gewehrfeuer ab und verwundeten viele von ihnen. Doch auch die Verteidiger erlitten Verluste. Einer der Gefallenen war der oben erwähnte Szunio Lichtenberg. Mehrere Juden verloren ihr Leben, als mit den Ukrainern kämpfende Deutsche Granaten in ihren Bunker im Dorf schleuderten. Węgierski erwähnt den Mut, den die Mitglieder der jüdischen Einheit im Kampf zeigten, bei dem 20 Juden und 85 Polen ihr Leben verloren.

Nach dem Überfall auf Hanaczów stellte Bunjo Kharmats eine Gruppe von 30 bewaffneten Juden in den Wäldern der Umgebung von Bilky zusammen, um einer Einheit unter dem Befehl eines sowjetischen Majors, der unter dem Namen Friedrich Staub („Faruch") bekannt war, als Verstärkung zu dienen. Die Gruppe wurde von einem einheimischen, als „Korporal Żedzin" bekannten Juden geführt. Unter den jüdischen Kämpfern zeichnete sich Oswald Kanner durch seinen Mut aus, aber viele andere zeigten ebenfalls Courage. Ihr mutiger Einsatz im Kampf um Hanaczów veranlasste den Kommandanten der AK in Lemberg, Oberstleutnant Sawicki, den Befehlshaber und die Männer der jüdischen Kampfeinheit auszuzeichnen.[310]

c. Die sowjetischen Partisanen

Die Einheiten der sowjetischen Partisanen in den Wäldern gehörten zur allgemeinen Partisanenbewegung der Sowjets und nahmen Leute auf, die Waffen besaßen und nicht mit Familien, kleinen Kindern oder alten Leuten belastet waren. Juden, denen es gelang, die Wälder mit ihren Familien zu erreichen, wollten sich nicht von diesen trennen – selbst wenn die Familien nicht ihre eigenen waren. Daher waren die meisten Juden, die sich den sowjetischen Partisanen anschlossen, unverheiratet und besaßen weder Familie noch andere Verpflichtungen.[311]

Anfang Januar 1944 erschienen Kämpfer der unter dem Befehl des sowjetischen Oberst Medwedew stehenden Partisanentruppe,

---

[310] Bronja Roth, YVA, O-3/2542; Josef Stieglitz, YVA, O-3/2543; Emanuel Shrek, YVA, O-3/3191; Zeugenaussage von Miriam Peled und M. Ben-Zwi, YVA, O-3/3191. Michał Borwicz, Spod Szubieniccy na taren, Paris 1980, S. 130 ff.; Zeugenaussage der Gebrüder Watowicz, in: ebenda, S. 6; The Poles from Hanaczów (Manuskript im Besitz des Autors); Zeugenaussage von Aryeh (Leibl) Schmieder (im Besitz des Verfassers); Yones, Die Straße nach Lemberg, S. 150–154; Węgierski, W Lwowskiej Armii Krajowej, S. 74–86.

[311] Zippora Scheffer-Minmer, YVA, O-3/674; Kamenetsky, Hitler's Occupation of the Ukraine, S. 60–70; Ilnytzkyj, Deutschland und die Ukraine, Bd. 2, S. 201–207; Kaganowicz, Di milkhomme, B, S. 117–123; Rosenblatt, Als das Feuer, S. 288 f.; Yones, Die Straße nach Lemberg, S. 146 ff.

die in der Gegend von Równo operierte, in der Umgebung der Wälder von Hanaczów-Kruschenko, um dort eine Kampfeinheit auf die Beine zu stellen. Von der relativ großen Gruppe waren viele auf ihrem Weg von Wolhynien bei Zusammenstößen mit den Banden Banderas und ukrainischen Dorfbewohnern getötet worden. Wassili Druzdov, Fjodor Pristofa und Wassilis Frau Genia waren unter denjenigen, die den Wald von Hanaczów erreichten, Letztere allerdings mit einem verletzten Bein. Sie nahmen Kontakt zu Mitgliedern des polnischen Untergrunds im Dorf Czeniczewka auf, und ein Bericht darüber wurde an die sich im Wald verbergenden Juden weitergeleitet. Vertreter der Polen und der Juden beraumten ein Treffen zur weiteren Absprache im Haus eines Waldhüters namens Witowicz an, in dessen Verlauf (unter anderem) die Bedingungen zur Aufnahme in die Einheit diskutiert wurden. Die Sowjets wollten die Aufnahme auf Personen beschränken, die Waffen besaßen; die Juden betonten hingegen ihre Verpflichtung für das Wohlergehen ihrer Familien, der Alten, Frauen und Kinder, denen die Flucht vor den Deutschen gelungen war.

Die Not der Familien und der anderen verschlimmerte sich durch die Anfang 1944 herrschende große Kälte dramatisch. Bunker stürzten unter der Schneelast ein und begruben ganze Familien bei lebendigem Leib. Lebensmittel waren nur sehr schwer zu beschaffen. Viele starben an Typhus. Juden, die ihre armselige Behausung verloren hatten, mussten sich im Gebüsch und auf dem nassen Waldboden verstecken. Kleidung verschimmelte, Gliedmaßen erfroren, und der Mangel an Nahrungsmitteln verschlimmerte die Folgen von Verletzungen. Medikamente gab es nicht. Darüber hinaus wurden viele Juden verwundet oder getötet, dies vor allem, als im Frühjahr die Menschenjagd wieder aufgenommen wurde.

Vor dem Hintergrund dieser harten Wirklichkeit fanden das Treffen und die Diskussion im Haus des Waldhüters statt. Die Teilnehmer waren in die Debatte vertieft, als plötzlich ein bewaffneter deutscher Gendarm in das Zimmer eindrang. Erst dann bemerkten die Teilnehmer, dass das Holzhaus von zahlreichen deutschen Gendarmen umstellt worden war. Die Kämpfer verteidigten sich und fügten den Deutschen Verluste zu, Letztere steckten jedoch die Hütte samt Insassen in Brand. Mehreren Kämpfern gelang die Flucht in den Wald. Nach dem Krieg errichteten die Behörden hier ein Denkmal.

Nach diesem Zusammenstoß gruppierte sich die Partisaneneinheit in sechs Abteilungen um: drei polnische, zwei jüdische und eine russische. Einige der Polen waren junge Dorfbewohner, die an Kämpfen gegen die Ukrainer in der Umgebung teilgenommen hatten; andere hatten in der polnischen Armee gedient oder waren aus der deutschen Gefangenschaft entkommen. Die russische Abteilung setzte sich aus ehemaligen Soldaten zusammen, die aus deutscher Kriegsgefangenschaft geflohen waren. Jeden Morgen fanden unter Anleitung eines jungen Juden aus Krakau namens Reichmann Manöver statt. Jede Nacht machten sich Kampfgruppen auf, um russische Soldaten aus den Kriegsgefangenenlagern zu befreien und nach intensiver Befragung bei den Partisanen aufzunehmen.

Die jüdischen Untergrundkämpfer in der Umgebung nahmen in Lemberg am Attentat auf Otto Bauer, den stellvertretenden Gouverneur Galiziens, und seinen Sekretär, Dr. Schneider, teil. Der aus dem Hauptquartier von Medwedew ausgeschickte Trupp wurde von dem Partisanen Nikolai Iwanowitsch Kusnezow sowie zwei weiteren Männern namens Jan Kamiński und Bielow geführt. Dem Trupp gehörten zwei Mitglieder der jüdischen Einheit an, Schmuel Ehrlich und Marek Spilka, die sich freiwillig als Wegführer zur Verfügung stellten. Die Operation war erfolgreich, doch auf dem Rückweg wurde der Trupp von ukrainischen Nationalisten überfallen, die mit Ausnahme von Spilka alle Mitglieder töteten.

Nachdem sie sich im Kampf bewiesen hatten, erhielten die Juden automatische Waffen und andere elementare Ausrüstungsgegenstände. Die beiden Russen Waske und Fjodor, die innerhalb der Partisaneneinheit hohes Ansehen genossen, verstanden, dass die Juden überaus loyal waren, und beschlossen, eine weitere jüdische Gruppe aufzunehmen und zu bewaffnen. Die jüdischen Kämpfer in der von Medwedew geführten Partisaneneinheit waren aufopferungsvoll und mutig. Sie beteiligten sich an Hinterhalten und zahlreichen anderen Aktionen, welche die Rückzugsrouten der deutschen Logistikeinheiten blockierten. Von da an mangelte es nicht mehr an Waffen und Lebensmitteln, denn diese wurden von den Konvois der sich zurückziehenden Wehrmacht „konfisziert".

Ein Jahr war vergangen, seit Ostgalizien für „judenfrei" erklärt worden war. Im Juli 1944 erreichten die ersten sowjetischen Panzer das Waldgebiet und befreiten die Juden. Die jungen Männer wurden vor die Wahl gestellt, entweder in die Rote Armee eingezogen zu werden oder sich Sondereinheiten anzuschließen, die mit der

Säuberung des Waldes von nationalistischen Banden beauftragt waren. Viele von ihnen fielen im Kampf und erlebten den Tag der Befreiung nicht.[312]

Die meisten jüdischen Untergrundgruppen in den Wäldern wurden nach harten Kämpfen liquidiert. Die Mehrzahl der Familien wurde getötet, nur wenige Dutzend überlebten und traten beim Eintreffen der Roten Armee aus den Wäldern in die Freiheit.

---

[312] Bericht des Gouverneurs des Distrikts Galizien über die Aktivitäten der ukrainischen (nationalistischen) Partisanen, 7.5.1944, auf Deutsch und Russisch, YVA, M-1/E37/138; Benachrichtigung an das Hauptquartier des Lagers über den Kontakt mit Banden der UPA, auf Deutsch und Russisch, 22.5.1944, YVA, M-1/E37/141; Shiloni, Einer, dem die Flucht gelang, S. 80–87; Yones, Die Straße nach Lemberg, S. 162–166; Wilhelm Korn, YVA, M-1/E/1777; Book of the Jewish Partisans, B., S. 236–243; Memories of Battles of AK Units in the Przemyslany Area. Diese nicht veröffentlichte Dokumentensammlung befindet sich in der Sammlung von Jerzy Węgierski. Medwedew schreibt, dass sich seine Partisaneneinheit (russ.: „Otrjad") aus ukrainischen, polnischen und russischen Kämpfern zusammensetzte. Einer Zeugenaussage zufolge operierten dort „drei polnische, zwei jüdische und eine russische Gruppe". Medwedew, Silnye dukhom, S. 82–85, 168, 441–486.

Kapitel 9:
Die „Gerechten unter den Völkern"

Seit 1962 verleiht ein öffentliches Komitee in Yad Vashem den Titel eines „Gerechten unter den Völkern" an Nichtjuden, die ihr Leben riskierten, um Juden zu retten.[313] Das Komitee unter der Leitung eines Richters des Obersten Gerichtshofs ist befugt, Kandidaten auszuzeichnen und ihr Handeln durch die Ausstellung eines persönlichen Zertifikats, durch die Überreichung einer eigens geprägten Medaille und durch das Anpflanzen eines Baumes entlang der „Allee der Gerechten" auf dem *Har Hazikaron*, dem Gedächtnisberg in Jerusalem, zu würdigen. Das Komitee diskutiert jeden ihm vorgelegten Fall en détail und versucht, die Motive zu beurteilen, die Nichtjuden dazu veranlassten, sich durch die Rettung von Juden in Gefahr zu begeben.

Es gab viele solcher Rettungsaktionen. Das Komitee legte eine Anzahl spezifischer Merkmale fest, aufgrund derer die Retter zu „Gerechten unter den Völkern" erklärt werden:

Die Bereitschaft, einem Juden Unterschlupf zu gewähren oder ihm (oder ihr) bei der Flucht vor den Deutschen ohne jegliches Entgelt oder jeglichen anderen Vorteil sowie unter Gefahr für sich und alle Familienangehörigen zu helfen. Die Gefahr der Denunziation durch Nachbarn und Verwandte war besonders groß. Wie wir wissen, forcierten die Deutschen die Denunziation von Juden auf jede mögliche Weise, da sie die Voraussetzung für Verschleppungen und „Aktionen" war. Sie bestachen Informanten, indem sie diesen Nahrungsmittel, Benzin oder Geld anboten, die in den entbehrungsreichen Zeiten so lebenswichtig waren, oder indem sie ihnen versprachen, sie am Leben zu lassen. Daher war jeder, der einem Juden auf irgendeine Weise half, vom ersten Augenblick an der ständigen Furcht vor den Nachbarn und der Sorge um das Wohlergehen seiner nächsten Angehörigen unterworfen.

---

[313] Die Arbeit des Komitees basiert, wie auch die Einrichtung der Holocaust-Gedenkstätte Yad Vashem, auf dem Gesetz zum Andenken an den Holocaust und seine Helden, 5713–1953.

Die Zeitdauer, in der sich der Retter oder die Retterin für die verfolgte Person in Gefahr brachte, spielt bei der Verleihung des Titels eines „Gerechten unter den Völkern" ebenfalls eine große Rolle, da der Preis dafür, einen Juden zu verstecken – was die Gefahr des Entdecktwerdens oder die Kosten des Unterhalts für den Flüchtling betraf –, im Laufe der Zeit beträchtlich anstieg. Nicht wenige dieser Gerechten hielten den Juden, die sie versteckt hatten, sogar noch die Treue und nahmen sich ihrer weiterhin an, nachdem sie zur Evakuierung oder dem Verlassen ihrer Wohnungen gezwungen worden waren. Sobald sie sich der Rettung jüdischer Kinder verpflichtet hatten, gaben sie die Suche nach Verstecken für diese nicht auf und setzten ihr Leben dadurch auch weiterhin aufs Spiel, dies oft sogar bis zum Ende des Krieges.

Ein hervorstechendes Merkmal war, dass die Retter oft keinerlei familiäre oder bekanntschaftliche Beziehungen mit den Personen hatten, die sie unterstützten. Sich für einen Familienangehörigen oder einen guten Bekannten in Gefahr zu begeben, ist verständlicher als für einen Fremden in Not.[314] Christliche Hausangestellte oder Hausmeister riskierten oft ihr Leben für die jüdischen Familien, die sie vor dem Krieg beschäftigt hatten.

Der Zeitpunkt und die Umstände der geleisteten Hilfe sind ebenfalls von großer Bedeutung. Das Verstecken oder Herausschmuggeln von Juden aus der Arena des Mordens war im Verlauf der schlimmsten „Aktionen" schwieriger und gefährlicher als zu anderen Zeiten. Vor allem war es sehr gefährlich, Juden in Lemberg oder der Umgebung zu verstecken, da die Bevölkerung den Juden gegenüber feindlich eingestellt war und die Zahl der Kollaborateure, Spitzel und Erpresser ständig anstieg.

Wenn das Komitee eine Einzelperson als „Gerechten unter den Völkern" anzuerkennen bereit ist, interessiert es sich gleichzeitig besonders für die Beziehungen, die der Retter und der Überlebende nach dem Krieg unterhielten. Es gab viele Wege, Juden zu retten: Man konnte ihnen ein provisorisches oder permanentes Versteck bieten, ihnen Nahrungsmittel und Kleidung zukommen lassen, eine Arbeitserlaubnis für „sichere" Arbeitsplätze und/oder „arische" Papiere verschaffen, mit denen der Flüchtling sich in Lemberg bewe-

---

[314] Zu den Schwierigkeiten von in „Mischehen" lebenden Familien in Lemberg siehe Kahana, Tagebuch aus dem Ghetto Lemberg, S. 45.

gen oder aber die Stadt verlassen konnte. Jeder Retter und jede Retterin schlugen den Weg ein, den er oder sie sich angesichts der eigenen Möglichkeiten und der Umstände erlauben konnte.

Die Retter von Juden gehörten verschiedenen Religionen, Völkern und Klassen an und hingen verschiedenen Ideologien an. Auch ihre Motive waren unterschiedlich, aber den humanitären Beweggrund teilten alle.

* * *

Unter den etwa 15.000 Christen, denen Yad Vashem durch das besagte Komitee bis 1994 den Titel „Gerechte unter den Völkern" zuerkannte, nennen wir nachstehend die Namen von 85 Personen und Familien, die unter Einsatz des eigenen Lebens Rettungsaktionen für Juden in und um Lemberg durchführten. Es ist gut möglich, dass es weitere Retter und Rettungsinitiativen gegeben hat, die bisher noch nicht bekannt wurden.

Die Berichte über Rettungsaktionen können kaum das volle Ausmaß der eigenen Gefährdung und des Mutes, den die Retter an den Tag legten, widerspiegeln. Sie können lediglich die Namen der Retter und der Geretteten sowie einige wichtige Einzelheiten aufzeigen. Wer Interesse hat, kann die genannten Quellen einsehen. Zunächst muss jedoch hervorgehoben werden, dass alle Einwohner von Lemberg mit einer Bekanntmachung vertraut waren, welche die Deutschen gut sichtbar in den Straßen der Stadt angebracht hatten und die davor warnte, Juden in irgendeiner Form zu helfen. Wer Juden in der eigenen Wohnung beherbergte, mit Nahrungsmitteln versorgte oder außerhalb des Ghettos versteckte, musste mit der Todesstrafe rechnen. Gleichzeitig wurde das Denunziantentum gefördert, weil jedem, der das Versteck eines Juden bei der Polizei meldete, eine Belohnung zugesagt wurde.

* * *

Pelagia Łozińska (Kazimiera Poraj), die ukrainische Ehefrau von Dr. Julius Sperber, einem Juden, führte während der deutschen Besatzungsherrschaft in Lemberg ein Tagebuch und notierte alles, was sie auf den Straßen der Stadt registrierte, einschließlich der Gräueltaten, welche die Deutschen sowie ihre eigenen Landsleute an den Juden verübten. Sie berichtet über die Rettung von Juden im Verlauf von „Aktionen", Verschleppungen und Morden in Lemberg. Łozińska gewährte der Familie Praga – der Mutter und ihren beiden Töchtern – sowie einem weiteren Juden namens Lichtenberg bei sich zu Hause Unterschlupf. Sie versteckte ihren jüdischen Ehemann auf dem Friedhof, nachdem sie einen Wächter bestochen hatte. **Bonkowski**, der Direktor des Botanischen Gartens, half ihr dabei, ihren Mann und seine Mutter zu retten. Dieses Geheimnis teilten sie mit **Seniszin**, einem ukrainischen Polizisten und Untervermieter.

Laut Łozińskas Tagebuch versteckte die **Familie Azikowski** 16 Juden in ihrer Wohnung. Als die Gestapo bei der Familie auftauchte, flohen sie in die Wohnung von Łozińska und fanden dort Unterschlupf bis zur Befreiung. Łozińska beschreibt zudem, wie sie den Übertritt von Sabina Kalmus, die aus Łódź geflüchtet war, zum Christentum verhinderte. Kalmus wohnte bei einer tief religiösen christlichen Frau, die verlangte, dass sie als Gegenleistung für die Beherbergung zum Christentum übertrat und schickte sie zu einem Priester, der sie durch Schläge gefügig zu machen versuchte.
(Tagebuch von Pelagia Łozińska, YVA, O3/3173, 003/952; siehe auch YVA, M-31/472, und das Interview mit Klara Ray, YVA, M-31/126.)

Józefa Wojciechowska, die zum polnischen Untergrund gehörte, rettete ihren Freund Josef Schrager (den sie später heiratete), indem sie ihn aus dem Ghetto holte und bei sich in der Wohnung versteckte. **Marian Ilkiewicz**, ihr Nachbar, half ihnen dabei, für Schrager einen Bunker zu bauen.
(Zeugenaussage von Josef Schrager, YVA, O3/4013; Zeugenaussage von Josefa Wojciechowska-Schrager, YVA, O3/4014.)

Władysława Choms und Mitglieder der von ihr geleiteten polnischen Widerstandsgruppe retteten den Sohn eines Mannes namens Bilewicz sowie seine katholische Frau und brachten ihn in ein Versteck bei einer Polin, die sich bis zur Befreiung um ihn kümmerte. Mitglieder der Gruppe holten Bilewicz aus der Haft und versorgten ihn mit gefälschten Papieren. Choms rettete auch Reuma Gutmann, die sie vor dem Krieg kennengelernt hatte, und half ihr dabei, zum Arbeitseinsatz nach Deutschland zu gelangen. Sie organisierte ein

Versteck für die Schwester Reuma Gutmanns, Frieda David, und ihren neun Jahre alten Sohn bei der Hausmeisterin in einem Gebäude in der Łyczakowska-Straße und brachte die beiden danach heimlich nach Czernowitz, sodass sie sich ihrer Familie in Rumänien anschließen konnten.

Der Aussage von W. Choms zufolge half der polnische Rat in Lemberg Juden und schmuggelte sie aus dem Ghetto nach Zielonka, darunter folgende Personen: Philip Hermann, seine Frau Adela, ihre Tochter Eva, ihre Schwiegertochter Dr. Walde Tsaban, Dr. Iza Begleiter und ihre Schwester, Ludmilla Bogdanowicz-Begleiter und ihre zweijährige Tochter. In Zielonka wurden sie von **Maria Dzinieczyk und ihrem Mann** betreut.
(Zeugenaussage von Władysława Choms, YVA, 03/2543. Zu ihren Aktivitäten in der *Żegota* in Lemberg, siehe Kapitel 8.)

Maria Majewska versteckte ihren Mann, Izydor Kraisberg, und seine Mutter vom Beginn der deutschen Besatzung bis zum Ende des Krieges. Sie half zudem dem 17 Jahre alten Lucjan Kops, einem Verwandten ihres Mannes.
(Zeugenaussage von Professor Lucjan Kops von der McGill University, Montreal, YVA, M-31/6113.)

Julia Jurek, eine Hausangestellte und Kinderfrau bei der Familie Cohen, holte die kleine Charlotte Cohen aus dem Ghetto und versteckte sie von 1941 bis 1943 in ihrer Wohnung. Nach der Liquidierung des Ghettos im Juni 1943 brachte Jurek das Mädchen in die Wohnung ihres Bruders nach Przemyśl. Im November 1943 gelang es den Eltern des Mädchens, Yitzhak und Rosa Cohen, aus dem Lager Janowska zu fliehen und die Wohnung von Jurek zu erreichen, wo diese sie versteckte, bis die Stadt im Juli 1944 befreit wurde.
(Zeugenaussagen von Yitzhak und Rosa Cohen, YVA, M-31/3046.)

Edward Kurda versteckte Maria Gruber-Bajgerowicz und zwei Neffen unentgeltlich von Ende 1941 bis zur Befreiung der Stadt im Juli 1944.
(Zeugenaussage von Maria Gruber-Bajgerowicz, die heute in Israel lebt, YVA, M-31/2187.)

Józef und Julia Starak retteten im Jahr 1942 Marek Solant, seine beiden Schwestern Felicja und Renia sowie seinen Onkel Max Zucker. Das mittellose Paar leistete zudem weiteren Juden moralische Unterstützung.
(Zeugenaussage von Marek Solant, YVA, M-31/2910.)

Henryka Ułanowska (Kowalska), die in einem Viertel wohnte, in dem vor der Errichtung des Ghettos viele Juden gelebt hatten, unternahm mehrere Versuche zur Rettung von Bekannten und holte sie aus dem Ghetto. Fünf Mal ging sie ins Ghetto, um Czesława Wilder herauszuholen, aber diese weigerte sich, ihren Mann zu verlassen, der als Arzt im Ghetto tätig war. H. Ułanowska holte auch Felicja Wilder, geborene Mazurek, und ihren Mann Tadeusz, aus dem Ghetto und verschaffte ihnen ein Versteck im Dorf Nowosielce, wo sie sich bis zum Ende des Krieges aufhielten. Im Dezember 1942 schlossen sich den Wilders die Schwester von Felicja Wilder und deren Mann an, die ebenfalls bis zum Kriegsende dort blieben.
(Zeugenaussagen von Tadeusz Mazurek und Henryka Ułanowska (Kowalska), heute in Israel, YVA, M-32/1852.)

Maria Charaskiewicz rettete 1942 mehrere Juden in Lemberg, unter ihnen auch die Zahnärztin Camelja Landau, die sie bei ihrer Schwester in Gródek-Jagieloński versteckte. Mit der Hilfe eines Bekannten bei der Polizei befreite sie die beiden Töchter der Familie Lewin aus der Haft. Zudem versteckte sie die Eltern der Mädchen, Cwija und Janek Lewin, beschaffte ihnen „arische" Papiere und brachte sie nach Warschau.
(Zeugenaussage von Dr. Camelja Landau, YVA, M-31/1028.)

Anelja Szarkiewicz war in den 1930er-Jahren Hausangestellte der Familie Halperin. Sie und ihr Mann **Mirosław** nahmen die Tochter der Familie Halperin, Irena, in ihrem Haus in Przemyśl auf.
(Zeugenaussage von Irena Halperin, YVA, M-31/1007.)

Władysława Peska, eine Beamtin im Postministerium in Lemberg, versteckte Hannah Waich und ihre Mutter in ihrer Wohnung. Mitte des Jahres 1942, als Peska nach Drohobytsch versetzt wurde, nahm sie beide mit, arrangierte Verstecke für sie auf einem nahegelegenen Bauernhof und stattete sie mit „arischen" Papieren aus. Später brachte sie sie in das Dorf Zbicze.
(Zeugenaussage von Hannah Waich, YVA, M-31/690.)

Kazimierz Moździerz und seine Schwester Helena retteten zwei jüdische Kommilitoninnen von der Universität Lemberg, Jela Korwicz, geborene Meisels, und Eliszewa Landau. Sie statteten ihre Schützlinge mit „arischen" Papieren aus, mit deren Hilfe es Korwicz gelang, sich als Christin auszugeben und zum Arbeitseinsatz nach Deutschland zu gelangen, und Landau und ihrer Mutter, nach Warschau zu ziehen.
(Zeugenaussage von Eliszewa Landau und Jela Korwicz, YVA, M-31/4219.)

Franciszek und Bronisława Dimek und Bronisławas Eltern schmuggelten die zwölf Jahre alte Bianca Emilson-Halperin über den Zaun des Ghettos und betreuten sie bei sich zu Hause aufopferungsvoll. Zudem versteckten sie auf dem Dachboden ihres Schuhgeschäfts eine Jüdin. Aus Furcht, dass die Deutschen das Mädchen in ihrer Wohnung entdecken würden, schickten sie sie mit dem Zug aus der Stadt und brachten sie in die Wohnung von Franciszeks Schwester. B. Emilson-Halperin berichtet, dass der Vater ihres Retters, Herr Kolano, ihrem Vater bei sich zu Hause ein Versteck anbot, doch ihr Vater wollte das Lager Janowska nicht ohne seine Frau verlassen.
(Zeugenaussage von Bianca Emilson-Halperin, heute in San Francisco, YVA, M-31/4305.)

Michał Kantor, ein polnischer Installateur, und seine Frau **Władysława**, eine Wäscherin, die bei Juden gearbeitet hatte, erklärten sich bereit, Ya'akov Grünberg und seiner Frau zu helfen, als das Ghetto liquidiert wurde. Am Tag nach der „Aktion" brachte Kantor Grünberg seine russische Identitätskarte und die polnische seiner Frau sowie seine Arbeitserlaubnis. Grünberg benutzte diese Ausweise, um sich deutsche Papiere zu beschaffen, dank derer er überlebte. Als Zeichen seiner Wertschätzung und Dankbarkeit gegenüber den Rettern nahm die Familie Grünberg den Namen Kantor an.
(Zeugenaussage von Michał Kantor aus Tel Aviv, vormals Ya'akov Grünberg aus Lemberg, YVA, M-31/4134.)

Theodor-Ryszard Dutkiewicz arbeitete im Geschäft von Dr. Ozjasz Tau, einem Juden, und bot ihm an, ihm, seiner Frau Cecylia und ihren Töchtern Miriam (Polski) und Charlotte (Steinwurzel) zu

helfen. Er versorgte die Familie im Ghetto mit Nahrungsmitteln, versteckte sie in seinem Haus während der „Aktionen" im Ghetto, und als die Deutschen Anfang Mai 1943 mit der Liquidierung des Ghettos begannen, brachte er sie in ein Haus, das er in dem Dorf Zimna Woda in der Nähe von Lemberg besaß, wo er sie für geraume Zeit versteckt hielt. Den Flüchtlingen schloss sich Cecylias Schwester, Adela Ornstein, an. **Dutkiewiczs Frau Anna und ihre Kinder, Ryszard-Wiktor und Stefania Nalepka,** waren ebenfalls an der Rettungsaktion beteiligt.
(Zeugenaussage von Dr. Miriam Polski aus Kiryat Motzkin, Israel, YVA, M-31/3753.)

Józefa Sobol rettete Rosia Schneur, geborene Chamaydes, indem sie sie offenen Herzens aufnahm und sie mit Lebensmitteln versorgte. Als die Eltern von R. Schneur-Chamaydes ermordet wurden, fand sie Schutz in Sobols Wohnung, und diese verschaffte ihr Unterschlupf bei Bekannten in einem weit entfernten Dorf im Distrikt Stanisławów. Für kurze Zeit erhielten auch weitere Juden bei ihr Unterkunft, bis sie anderswo Unterschlupf fanden.
(Zeugenaussage von Rosia Schneur, geborene Chamaydes, YVA, M-31/3538.)

Maria Dicker, Hana Rajs und Helena Bielec versteckten Ignacy Radewski, Abraham Dicker, Moshe Rajs, Eduard Gleich, Shlomo Kin sowie Feige und Leib Drucker in ihrer Wohnung. Als ihre Nachbarn misstrauisch wurden, brachten alle drei Retter die Flüchtlinge in einen Bunker, den sie in unmittelbarer Nähe zum Janowska-Lager eingerichtet hatten. Die Frauen betreuten die Juden und kümmerten sich um alle ihre Bedürfnisse, bis die Rote Armee die Stadt Mitte 1944 befreite. Bei Kriegsende heiratete Abraham Dicker Maria und Ignacy Radewski Helena Bielec.
(Zeugenaussagen von Ignacy Radewski und Moshe Rajs, YVA M.31/3680b.)

Janina Sic rettete Irena Schwartz, die Tochter ihrer ehemaligen Nachbarin. Als Sic und ihre drei Kinder nach Skarżysko Kamienna umzogen, nahm sie das jüdische Mädchen mit. Sic, eine Lehrerin, ernährte ihre Schützlinge durch schwere körperliche Arbeit.
(Zeugenaussage von Irena Schwartz aus Netanya, Israel, YVA, M.31/2272.)

Jan Kołodziej und sein Sohn Marian verbargen die Habe der Familie Matal (Nathan Matal war ein Klassenkamerad von Marian) in ihrer Wohnung und halfen der Familie Matal auch noch, als nichts mehr von ihrem Besitz übrig war. Marian Kołodziej stattete Nathan mit den echten Papieren eines polnischen Freundes, Kazimierz Dunczek, aus, einem Soldaten der polnischen Armee, der über die Grenze nach Rumänien entkommen war. Marian Kołodziej gab seinem Freund zudem auch seine eigenen Papiere, und Nathan Matal und seine Freundin machten sich in Begleitung von Jan Kołodziej nach Warschau auf den Weg. Unterwegs nahmen ihnen Erpresser ihr ganzes Geld ab und zwangen sie zur Rückkehr nach Lemberg. Jan und Marian Kołodziej richteten für Nathan Matal ein neues Versteck bei einer Polin namens **Katarzyna Matwiszyn** ein, deren Mann, ein ukrainischer Kommunist, von der Gestapo gesucht wurde und nicht zu Hause lebte. Im Haus befanden sich ein Waffenversteck und Materialien zur Sabotage. Trotz der Gefahr erklärte sich Matwiszyn, die zwei kleine Kinder hatte, ohne Zögern bereit, dem jungen Juden Unterschlupf zu gewähren. Nathan Matal bat sie, ihm eine Dosis Gift zu besorgen, um sie und ihre Kinder vor der Gefahr zu bewahren, aber sie weigerte sich standhaft. Statt ihm sterben zu helfen, arrangierte sie mithilfe ihres Mannes, dass Nathan Matal sich den Partisanen anschließen konnte.
(Zeugenaussage von Nathan Matal, Israel, YVA, M.31/1902.)

Stefania Borowik warnte Czesława Lipnik, ihre Klassenkameradin, vor der bevorstehenden Liquidierung des Ghettos durch die Deutschen. Sie drängte ihre Freundin dann, ihr gelbes Kennzeichen abzutrennen und bei ihr einzuziehen. Dort versteckte ihre Familie sie, stattete sie mit den passenden Papieren, mit Kleidung und ein wenig Geld aus und half ihr, nach Warschau zu entkommen.
(Zeugenaussage von Czesława Lipnik, YVA, M.31/3989.)

Kazik Koszocki bot Ida Tur-Sternlicht, die während der sowjetischen Ära seine Klassenkameradin auf der Oberschule gewesen war, seine Hilfe an. Als das Ghetto eingerichtet wurde, fand er für sie eine Unterkunft, und mithilfe seiner Freunde versteckte er weitere junge Juden. Im Laufe der Zeit statteten sie ihre Schützlinge mit „arischen" Papieren aus, und Koszocki brachte Tur-Sternlicht nach Warschau.
(Zeugenaussage von Ida Tur-Sternlicht, YVA, O.3/7767.)

Roman Ościeński war bei einem Bauunternehmen, das in den Eisenbahnwerkstätten arbeitete, beschäftigt. Der Ingenieur Simon Wiesenthal, der zur Arbeit für Ościeński aus dem Ghetto geholt worden war, charakterisierte ihn als „Philosemiten und Deutschenhasser". Ościeński erklärte sich bereit, Wiesenthal bei sich zu Hause zu verstecken, und als sich die Gerüchte über die Liquidierung des Ghettos verdichteten, half er ihm und seinem Freund Scheinmann, in den Untergrund zu gehen und zu entkommen.
(Zeugenaussage von Simon Wiesenthal, YVA, M.31/3692, O.3/1817.)

Ab Mitte 1942 bis zur Befreiung von Lemberg durch die Rote Armee verbargen **Ludwik und Anna Gędzala** Felicja Grynspan (später Weiner) in einem Bunker unter ihrer kleinen Wohnung. Felicja Weiners erster Mann und ihre Kinder versteckten sich dort ebenfalls für kurze Zeit, und zwar immer, wenn sie das Versteck wechseln mussten. Schließlich wurden sie von den Deutschen ermordet.
(Zeugenaussage von Felicja Weiner aus Haifa, YVA, M.31/3226.)

Wanda Wysocka, die Tochter einer als antisemitisch bekannten Familie, rettete Sarah Ehrenreich und deren zweijährige Tochter. Ehrenreich versuchte, ihr „arisches" Aussehen auszunutzen und sich zur Arbeit in Deutschland zu melden. Bei ihren Bemühungen um „arische" Papiere wandte sie sich an Wysocka, ihre ehemalige Nachbarin, die für ein Büro arbeitete, das für den Transport von Arbeitern nach Deutschland zuständig war. Wysocka gelang es in der Folge, Ehrenreich und deren Tochter die für die Fahrt nach Deutschland erforderlichen Ausweise zu beschaffen. Mithilfe einer Bekanntschaft, die Transporte von Osten nach Westen organisierte, gelang es Wysocka, Ehrenreich in einen Zug zu setzen, was zu dieser Zeit eigentlich unmöglich war.
(Zeugenaussage von Sarah Ehrenreich aus Tivon, Israel, YVA, M.31/3494.)

Kazimierz Tobiasiewicz brachte Tsipora Katz und ihren Bruder Aharon in ein „arisches" Wohnviertel in Lemberg und verbarg Tsipora bis zur Befreiung in seiner Wohnung, die er sich mit seiner Mutter und seiner Schwester teilte. **Anna Borozowska**, die Schwester von Tobiasiewicz, war mit einem Juden verheiratet, der zum Christentum übergetreten war. Vier Monate vor der Befreiung

von Lemberg musste auch er sich in das Versteck im Haus von Tobiasiewicz begeben. Nach dem Krieg heiratete Tsipora Katz Tobiasiewicz, und als ihr Mann bei einem Verkehrsunfall ums Leben kam, zog sie mit ihren beiden Söhnen nach Israel.
(Zeugenaussage von Tsipora (Felicja) Tobiasiewicz aus Bat Yam, Israel, YVA, M.31/1020.)

Joanna Blas und ihre Eltern versteckten Marian, den achtjährigen Enkel von Frau Pups, und Mundek, ihren Sohn. Auch Mundeks Schwester Rosa tauchte mit unter. Nachdem zwei ukrainische Polizisten Mundek und Marian infolge einer Denunziation verschleppt hatten, ging Blas in das Ghetto, holte Marian heraus und verbarg ihn mithilfe gefälschter Papiere bei ihren Eltern im Dorf Skole. Als der Junge an Typhus erkrankte, pflegte ihn Blas im Dorf trotz der Ansteckungsgefahr. Frau Pups und ihr Sohn Mundek wurden wenig später im Ghetto ermordet. Marian und die Eltern von Blas wurden wenige Wochen vor der Befreiung von Ukrainern ermordet.
(Zeugenaussage von Eva Pups, YVA, M.31/5886.)

Waleria Grawicka-Waller half Dr. Szenk, ihrem jüdischen Hausarzt, dabei, seine Frau Regina und ihre kleine Tochter Lydia mithilfe gefälschter „arischer" Papiere, die sie für sie beschafft hatte, aus der Stadt zu bringen. Zudem verbarg Grawicka den Medizinstudenten Jan Leszczyński und eine Frau Aleksandrowicz und stattete sie mit gefälschten Papieren aus, die ihnen die Flucht nach Ungarn ermöglichten. Außerdem half sie mehreren Studenten.
(Zeugenaussage von Prof. Jan Leszczyński und Regina Szenk, YVA M.31/5223.)

Józef Barczyński schlüpfte ins Ghetto und holte Zola Fris, die Tochter von jüdischen Bekannten, heraus und versteckte sie bei Freunden unter dem Vorwand, sie sei eine Nichte, deren Eltern nach Sibirien ins Exil geschickt worden waren. Die polnische Familie erklärte sich bereit, das Mädchen gegen Bezahlung bei sich zu Hause aufzunehmen. Barczyński verschaffte zudem auch Zolas Eltern Unterkunft und Arbeit in der Fabrik in der Nähe von Lemberg, in der er selbst beschäftigt war. Die Zeugenaussagen von Überlebenden deuten darauf hin, dass er auch anderen Juden half.
(Zeugenaussagen von Leah Fris, geborene Kaner, Dr. Artur Fris, Shulamit Fris und Anna Barczyńska, YVA, M.31/5846.)

Zofia Tik, Hausmeisterin und Wäscherin in einem Gebäude in Lemberg, lebte mit ihrer Mutter in einem kleinen Zimmer am Eingang zum Keller. Die Familie Eisenstein floh aus ihrem Haus im jüdischen Viertel und fand Unterschlupf bei Tik, die sich um alle ihre Bedürfnisse kümmerte und ihnen bei der Beschaffung „arischer" Papiere half. Tik versteckte auch Lusia Fuchs in dem Keller.
(Zeugenaussage von Franciszek Bilecki (vormals Ajzik Eisenstein) und Josefa Bilecka, YVA, M.31/5876.)

Maria Duma und ihre Kinder **Bolesław-Tadeusz und Krystyna** halfen dem Architekten Salomon Lanz, seiner Frau Miriam und deren Sohn Pawel, die aus Bielsko nach Lemberg gekommen waren, und vermietete ihnen ein Zimmer in ihrer Wohnung. Krystyna Duma war in der Arbeiterküche der Eisenbahn beschäftigt und brachte bei jeder sich bietenden Gelegenheit Lebensmittel mit nach Hause. Maria Duma und ihr Sohn fanden Wege, Salomon Lanz mit Essen zu versorgen, nachdem er verhaftet und in das Lager Czwartaków verschleppt worden war. Zudem statteten sie die Familie Lanz mit gefälschten Ausweisen aus und organisierten ihre heimliche Flucht nach Ungarn.
(Zeugenaussagen von Miriam Lanz und Krystyna und Bolesław Duma, YVA, M.31/4980.)

Halina Sawicka und ihre Eltern statteten Stefania Likman (heute Aviva Ohana) und ihre Mutter, die sich in einem Arbeitslager befanden, mit „arischen" Papieren aus, holten sie aus dem Lager und setzten sie in einen Zug nach Warschau. Auf dem Weg versuchten Gestapomänner, sie zu verhaften. Stefania gelang es, die Deutschen davon zu überzeugen, dass sie katholisch sei, doch ihre Mutter wurde verhaftet und kehrte nicht zurück. Sawicka nahm das Mädchen unter ihren Schutz und betreute es, bis sie wegen Aktivitäten in der AK verhaftet wurde. Stefania zog von einem christlichen Heim zum nächsten, bis sie in ein christliches Waisenhaus kam. Nachdem Sawicka aus dem Gefängnis entlassen worden war, machte sie sich auf die Suche nach Stefania, fand sie im Waisenhaus und nahm sie mit nach Hause, wo sie sich bis zur Befreiung der Stadt um sie kümmerte. Nach der Befreiung sorgte sie auch weiterhin für Stefania, bis Vertre-

ter der jüdischen Gemeinde beide überredeten – das gerettete Mädchen und die Retterin – sich auf den Weg nach Frankreich zu machen, um von dort nach Palästina zu gelangen.
(Zeugenaussage von Aviva Ohana, geborene Likman, YVA, M.31/6310.)

Zofia Twardzicka und ihre beiden Söhne Tadeusz und Jerzy erklärten sich bereit, drei jüdische Frauen auf der Flucht in ihrem Haus zu verstecken – Danuta Rosenzweig, Jadwiga Pampus und Leonora Kaplicka. Ein vierter Jude, Zygmunt Appel, erreichte die Wohnung der Familie Twardzicka nach der Flucht aus dem Lager Korowice in der Nähe von Lemberg und erhielt Unterkunft, Kleidung und gefälschte Papiere auf den Namen Antoni Nowakowski. Mit ihrer Hilfe überlebte er den Holocaust.
(Zeugenaussagen von Zygmunt Appel, Danuta Rosenzweig, Jadwiga Pampus und Leonora Kaplicka, YVA, M.31/5500.)

Mirosława Olszewska, eine Klassenkameradin und Freundin von Maria Vogel (später Joubert) in Lemberg, gab ihrer Freundin ihre Geburtsurkunde, mit deren Hilfe es Vogel gelang, eine Kennkarte zu erhalten. Vogel fand Arbeit als Kinderpflegerin bei einem SS-Offizier. Zudem stellte Olszewska ihrer Freundin weitere Papiere und eine Fahrkarte für die Bahn zur Verfügung, sodass sie sich als Polin ausgeben und nach Deutschland zum Arbeitseinsatz fahren konnte.
(Zeugenaussagen von Maria Joubert und Mirosława Olszewska, YVA, M.31/6138.)

Die beiden Töchter von **Antonina Brzozowicz**, einer Polin, waren in Sarny Klassenkameradinnen eines jungen Juden namens Jan Pastor und seiner Schwester Stanisława. Im Verlauf ihrer Schulzeit freundeten sich die jungen Leute und ihre Mütter an. Als Brzozowicz beschloss, von Sarny nach Lemberg zu ziehen, zog die Familie Pastor mit ihnen um. Als die Deutschen 1941 Lemberg besetzten, musste die Familie Pastor ihre Wohnung räumen, und Brzozowicz beherbergte sie in ihrer bescheidenen Wohnung trotz der Gefahr, die von den deutschen Behörden und den ukrainischen Nachbarn ausging.
(Zeugenaussage von Jan und Stanisława Pastor, YVA, M.31/6226.)

Franciszka Lawer-Mławska richtete in ihrer Wohnung ein Versteck ein und verbarg dort Emanuel Stanisław Lawer, den sie später heiratete, sowie weitere Juden. Mławska schickte Miriam Blau und einen weiteren Juden mit Namen Piotr zu Bekannten nach Tarnopol, wo sie sich verstecken konnten.
(Zeugenaussagen der Überlebenden Emanuel Stanisław Lawer, Ignaz und Maria, YVA, M.31/1615.)

Anna Saban und ihr Sohn **Mieczysław** retteten Ephraim Adler das Leben, indem sie in ihrer Wohnung ein Versteck einrichteten und sich zwei Jahre lang um ihn kümmerten.
(Zeugenaussage von Ephraim Adler, YVA, M.31/4226.)

Suzanna Łozińska erklärte sich bereit, die zehn Jahre alte Ilena Ben-Israel (Oren) trotz ihres jüdischen Aussehens und gegen den Willen von Familienangehörigen bei sich aufzunehmen, und versteckte sie bis zum Tag der Befreiung.
(Zeugenaussage von Ilena Ben-Israel-Oren aus dem Kibbutz Yechiam, YVA, M.31/302.)

Bronisława und Zachariasz Flaksej und ihre Tochter **Paulina** aus Krakau verbargen Miriam Helfgot, bis ihnen die Umstände dies nicht länger erlaubten. Dann fuhr Zachariasz Flaksej sie auf einem Lastwagen der Fabrik, in der er als Büroangestellter arbeitete, nach Lemberg, um sie dort bei Verwandten unterzubringen. Die Familie Flaksej verschaffte Miriam Helfgot falsche Papiere auf den Namen Maria Wesołowska, nachdem sie sechs Monate lang bei ihnen versteckt gewesen war. Mithilfe ihrer neuen Kennkarte gab sich Helfgot als Polin aus und fuhr nach Deutschland, wo sie bis zum Ende des Krieges arbeitete.
(Zeugenaussage von Miriam Helfgot, YVA, M.31/456.)

Die Familie Peżycki versteckte Alfred Schenker und seine Frau, die als Flüchtlinge in Lemberg eintrafen, und deren Tochter Elisabeth, die dort auf die Welt kam. Die Familie Peżycki adoptierte das Mädchen und betreute es ab September 1942 bis zur Befreiung von Lemberg. Um es zu retten, verließen sie Lemberg und zogen unter beträchtlichen Risiken von Ort zu Ort.
(Zeugenaussage von Alfred Schenker, YVA, M.31/844.)

Remigiusz Węgrzynowicz, ein Pole, versteckte Charlotte Katz in seinem kleinen Zimmer in Lemberg. Er und sein Bruder halfen bei der Unterbringung weiterer Juden im Versteck bei seiner Mutter und bei anderen Verwandten. Sie verbargen Eva, die Enkelin eines Lemberger Rechtsanwalts namens Rabiner, und statteten die Flüchtlinge mit gefälschten Papieren aus. Eva lebt heute in Israel.
(Zeugenaussage von Charlotte Katz, YVA, M.31/3937.)

Maria Huszcza-Borusińska erklärte sich bereit, die zwölf Jahre alte Schoschana Glickstein in ihrer Wohnung zu verstecken. Die verwitwete Huszcza-Borusińska zog drei Töchter groß, von denen die Älteste neun Jahre war. Trotz ihrer schwierigen wirtschaftlichen Situation kümmerte sie sich bis 1943 um Glickstein wie um ihre eigenen Töchter. Dann schickte sie Glickstein mit ihren beiden jüngsten Töchtern zu ihrer Mutter, die in einem Dorf in der Nähe von Lemberg lebte, ohne ihr zu sagen, dass Glickstein Jüdin war. 1947 zog Glickstein nach Palästina. Huszcza-Borusińska versteckte noch einen weiteren Juden, Tadeusz (Max) Barmat, in ihrer Wohnung und half zudem zwei jüdischen Frauen, Aniela Gurfinkel und Camilla (an deren Nachnamen sie sich nach dem Krieg nicht mehr erinnern konnte). Sie stattete Camilla mit „arischen" Papieren aus, konnte sie jedoch nicht retten. Regelmäßig schmuggelte Huszcza-Borusińska mithilfe einer ihrer Töchter, die sich für diese Missionen einen gelben Fleck ansteckten, Nahrungsmittel für ihre jüdischen Freunde ins Ghetto.
(Zeugenaussage von Schoschana Glickstein aus Israel und weiteren, YVA, M.31/3671.)

Antonina Siwek, die polnische Kinderpflegerin einer deutschen Familie in Lemberg, rettete Rivka Hollander aus Zakopane. Wann immer Gefahr drohte, floh Hollander aus dem Ghetto in das Zimmer von Siwek, das Teil der Wohnung war, in der sie mit den Deutschen lebte. Auf diese Weise rettete sie sie auch während der „großen Aktion", ließ sie dann jedoch nicht mehr in das Ghetto zurückkehren und nahm das Risiko auf sich, sie bis zur Befreiung in ihrem Zimmer zu verstecken.
(Zeugenaussage von Rivka Hollander aus Netanya, Israel, YVA, M.31/2461.)

Zofia Głobiak-Marynowicz arbeitete für eine Versicherungsgesellschaft. Ephraim Pelz gelang es, in den Besitz gefälschter Papiere eines Polen zu gelangen und Arbeit bei der Gesellschaft zu finden. In Gesprächen mit Kollegen hielt Głobiak-Marynowicz mit ihrer Meinung über die Vorgehensweise der Deutschen nicht hinterm Berg und sprach oft wohlwollend über Juden. Auf die Bitte von Pelz hin fuhr Głobiak-Marynowicz nach Tarnopol, holte seine Schwester Zyla und ihre Tochter Deborah aus dem dortigen Ghetto und verbarg sie bei sich zu Hause. Als einer der Nachbarn sie denunzierte, schmuggelte sie die beiden aus Lemberg in ein Dorf. Zudem half Głobiak-Marynowicz weiteren Juden und beschaffte ihnen „arische" Papiere.
(Zeugenaussagen von Deborah Pelz-Freund und Zofia Globiak, YVA, M.31/2641.)

Zwischen November 1942 und der Befreiung im Juli 1944 verbarg **Mieczysław Koczerkiewicz** drei junge Mädchen in seinem Haus, nachdem diese aus dem Ghetto von Tarnów nach Lemberg geflohen waren.
(Zeugenaussagen von Dr. Lucja Reich aus Kiryat Motzkin, Dr. Miriam Heller aus Kiryat Eliezer und Dr. Batya Resner-Hochberg aus Ramat Hen, alle in Israel, YVA, M.31/3420.)

Imgard Wait bot Josef Poduszyn, der in einer Apotheke in Lemberg beschäftigt war, Hilfe an und informierte ihn, dass sie eine Jüdin namens Lily Stern bei sich zu Hause versteckte. 1943 kamen auch Poduszyn und Sterns Mutter in ihrer Wohnung unter. Wait verließ Lemberg Anfang April 1944 und organisierte den Flüchtlingen ein neues Versteck in einem Konvent unter der Aufsicht des Metropoliten Scheptyzkyj.
(Zeugenaussage von Josef Poduszyn, YVA, M.31/403.)

Die Familie **Mitrega** mietete ein Zimmer für Stefania Trojanowska-Bertyńska und ihre beiden Kinder, als diese zur Zeit der sowjetischen Besatzung aus Brody nach Lemberg flüchteten. Sie versteckte sie während der deutschen Besatzung, obwohl sie wusste, dass sie jüdisch waren. Antoni Mitrega, ein Lehrer, nahm die Kinder in seiner Schule auf und versorgte sie mit „arischen" Papieren und Essensmarken.
(Zeugenaussagen von Josefa Richling, Zofia Feifer und des Retters, Antoni Mitrega, YVA, M.31/2216.)

Für längere Zeit verbarg **Natalia Szczepaniak** Anna Albert und Janina Koral, geborene Sandel, in ihrer Wohnung in Lemberg; zudem bot sie Teresa Brauner, geborene Albert, häufig Unterschlupf, gelegentlich auch Teresas Schwester, Julia Einstein, geborene Albert.
(Zeugenaussage von Teresa Brauner, YVA, M.31/1963.)

Nachdem ihre Eltern und fünf Geschwister deportiert worden waren, floh die 18-jährige Adele Gersman im Winter 1942 nur mit leichter Kleidung ausgestattet aus einem Arbeitslager in Lemberg. **Wiktoria Szymańska** öffnete dem Flüchtling ihre Tür. Szymańska und ihr Bruder **Piotr**, ein Rechtsanwalt, der sich ebenfalls vor den Deutschen verbarg, kümmerten sich aufopferungsvoll um Gersman, obwohl sie sie vorher nicht gekannt hatten. Aus Furcht vor Denunzianten verließen Szymańska und ihr Bruder Lemberg und flohen mit Gersman nach Krakau. Piotr brachte den im Arbeitslager Czwartaków inhaftierten Juden regelmäßig gekochte Äpfel und Brotscheiben und wartete den richtigen Augenblick ab, um ihnen die Nahrungsmittel über den Lagerzaun zuzuwerfen.
(Zeugenaussage von Adele Frenkel, geborene Gersman, aus Pardes Hannah, Israel, YVA, M.31/1623.)

Karolina Załuska versteckte Gizela Nuss, die entkommen war, während der Rest ihrer Familie in das Lager Janowska transportiert wurde, in ihrem Bett. Am nächsten Tag nahm Załuska Nuss mit in eine Wohnung in der Sarewska-Straße, in der sich Ronit Grupper, Adam Livne und Anita Maryńska-Teitelbaum sowie ein sechs Monate altes Mädchen namens Ruma verbargen. Die Wohnung war unter dem Namen von **Marynia Kulik** gemietet worden, die sich zusammen mit Zaluska und ihrer Tochter **Lidia** bis zur Befreiung um die Überlebenden und ihre Nöte kümmerte.
(Zeugenaussagen von Gizela Nuss und Dr. Adam Livne, YVA, M.31/1582.)

Janina Muszałowska, eine Näherin, welche die Familie Kopler im Ghetto besuchte, um ihre Waren zu verkaufen, rettete die Töchter der Familie, Bina und Hella, sowie Edosza, das Baby von Bina, nachdem ihre Eltern ermordet worden waren. Obwohl Mus-

załowska sich und ihren 15-jährigen Sohn Zdzisław kaum selbst ernähren konnte, nahm sie die beiden Schwestern und das Baby bei sich auf und versorgte die beiden Frauen mit „arischen" Papieren. Wegen misstrauisch gewordener Nachbarn war Muszałowska gezwungen, ihren drei Schützlingen ein Zimmer in einer weit entfernten Gegend zu suchen, und bis zum Ende des Krieges lebten die Frauen zusammen. **Muszałowskas Mann**, der aus einem deutschen Zwangsarbeitslager zurückkehrte, spielte beim Schutz der jüdischen Frauen und der Versorgung der Flüchtlinge mit Nahrung und Kleidung eine wichtige Rolle. **Sein Sohn**, dem er sich anvertraute, war auch in jeder Hinsicht hilfreich. Alle diese Geretteten leben heute in Israel und pflegen mit der Familie ihrer Retter enge Beziehungen.
(Zeugenaussagen von Bina Kopler-Bert, ihrer Tochter Edosza und ihrer Schwester Hella, YVA, M.31/4335.)

Dr. Zdzisław Bieliński und seine Frau Zofia halfen vielen Juden. Dr. Bieliński, ein Arzt, der in einem Lemberger Krankenhaus tätig war, betrat von Zeit zu Zeit das Ghetto, um der Familie seines Freundes, Prof. Zilewski, Lebensmittel und Medikamente zu bringen und sie ärztlich zu versorgen. Bei diesen Besuchen holte Dr. Bieliński Juden aus dem Ghetto und verbarg sie in seiner Wohnung und in dem Krankenhaus, in dem er arbeitete. Seine Frau Zofia brachte eine jüdische Frau von Lemberg nach Warschau.
(Zeugenaussagen von Janke Zorawiecka, Prof. Dr. Severin Zorawiecki und Prof. Jenny Zilewska, YVA, M.31/4343, M.31/4349.)

Prof. Bolesław Wiśniewski versteckte von Beginn der deutschen Besatzung bis 1945 Stella Freilich in seiner Wohnung, nachdem die Familie des Mädchens aus Krakau nach Lemberg geflüchtet war.
(Zeugenaussagen von Bruno Hoffmann und der Überlebenden, Stella Alebes de Souza-Freilich, Professorin für Architektur, beide aus Rio de Janeiro, YVA, M.31/557.)

Die Familie Prokailo bot Dr. Prokoczmer, seiner Frau und ihrem Sohn Unterschlupf. Als sie denunziert wurden, mussten sie ein Versteck im Wald finden. Einige Zeit später kehrten sie zur Familie Prokailo zurück. Doch wurden sie erneut denunziert, und im November 1943 zogen sie zur **Familie Kalbiński**. Frau Kalbińska

versteckte 24 Juden in verschiedenen Unterkünften und verpflegte sie auf eigene Kosten bis zum Ende des Krieges.
(Zeugenaussage von Dr. Prokoczmer, YVA, M.31/322. Siehe auch Leon Wieliczker Wells Buch über das Ghetto von Lemberg und die Todesbrigade, das in zahlreichen Sprachen veröffentlicht wurde.)

Józefina Lombe beherbergte Lila Rosenberg und ihre junge Tochter, die auf die „arische" Seite Lembergs geflohen waren. **Prof. Gruca**, der wusste, dass sie Juden waren, besuchte sie und andere Juden im Versteck regelmäßig, um ihnen ärztliche Hilfe zu leisten. Als die Deutschen eine Menschenjagd auf Polen veranstalteten, um sie zur Zwangsarbeit einzuziehen, wurde Lila Rosenberg zusammen mit den anderen als Polin nach Deutschland geschickt.
(Zeugenaussage von Lila Rosenberg aus Bat Yam, Israel, YVA, M.31/3516.)

Ein ganzes Jahr lang versteckte **Rozalia Gross** Cywia Stupnicka, die aus dem Ghetto geflohen war, bis zur Befreiung in ihrem Keller.
(Zeugenaussage von Cywia Stupnicka aus dem Kibbutz Netzer Sireni, YVA, M.31/2731.)

Dymitr Korowec, ein Ukrainer aus der Tschechoslowakei, bot Frau Lipski und ihrer Familie Unterschlupf, beschaffte ihnen „arische" Papiere und Unterkunft und beschützte sie in schwierigen Zeiten. Korowec rettete zudem zwei jüdische Mädchen aus dem Lager Zamarstynów in Lemberg und kümmerte sich bis Kriegsende um sie.
(Zeugenaussage von Dymitr Korowec, YVA, M.31/2537, M.03/6956, und Frau Lipski, 03/257.)

Kazimiera Nazarewicz, eine Polin, half der Familie von Janina Werber, während sie im Lemberger Ghetto lebte, und verbarg sie von 1942 bis zur Befreiung in ihrer Wohnung.
(Zeugenaussage von Janina Werber, YVA, M.03/2539.)

Stanisław Tymoficzyk, ein junger Pole, versteckte den aus dem Lemberger Ghetto geflohenen Meir Lichter und seine Frau Tova bis zum Tag der Befreiung viele Monate lang bei sich zu Hause. Zudem bot Tymoficzyk auch anderen Juden während dieser Zeit Unterschlupf.
(Zeugenaussage von Meir Lichter und Tova Lichter, geborene Selig, YVA, M.31/2988.)

Maria und Iwan Malenkiewicz verbargen die Familie Sendauer bei sich zu Hause und halfen weiteren Juden, die sich in einem nahegelegenen Gebäude versteckten, indem sie sie alle mit Lebensmitteln versorgten.
(Zeugenaussage von Irena Glanz-Sendauer, YVA, M.31/2779.)

Ignac Ustianowski, ein polnischer Bauer, versteckte zwei junge Juden, die aus dem Lager Janowska geflohen waren, und half auch anderen Juden. Er brachte 20 Juden in einem von ihm eingerichteten Bunker unter. Eines Tages wurde dieser Bunker entdeckt; alle Insassen wurden auf der Stelle ermordet. Nach der Befreiung steckten einheimische Ukrainer das Haus und den Hof von Ustianowski in Brand, da er Juden gerettet hatte. Shimon Tauber berichtete, dass er und ein Freund namens Shikler einige Zeit lang auch Hilfe von einem anderen Ukrainer namens **Iwan Kostiuk** erhalten hatten.
(Zeugenaussagen von Shimon Tauber und Mordechai Shikler, YVA, 03/3049.)

Leopold Socha und Stefan Wróblewski retteten Juden, die versuchten, durch das Abwassersystem von Lemberg zu entkommen. Socha, der vor dem Krieg ein Dieb gewesen war, rehabilitierte sich in der Zeit der sowjetischen Besatzung und wurde zur Arbeit am unterirdischen Abwassersystem eingesetzt, wo er Wróblewski kennenlernte. Als beide auf Juden trafen, die durch das Abwassersystem zu entkommen versuchten, schlugen sie ihnen vor, in dem Abwasserkanal zu bleiben. Die Gruppe der Juden umfasste einen Teenager namens Alina, die Familie Chirowski (Chiger) – Jerzy, Pepa, die siebenjährige Tochter Krystyna und den vier Jahre alten Sohn Paweł, die Familie Weiss, einen Juden namens Berestecki, Maryan und Krystyna Karen, Mundek und Klara Margulis, Grisha Przyszkolnik und eine Frau Weinberg, die hochschwanger war. Socha, Wróblewski und ihre Frauen beschützten und verpflegten die Juden monatelang und wuschen sogar ihre Kleidung. Mehrere Mitglieder dieser Gruppe, die die harten Bedingungen nicht ertrugen, beschlossen, sich auf die Suche nach einem besseren Ort zu begeben. Am nächsten Tag wurden ihre Leichen in einer nahegelegenen Straße gefunden. Unter ihnen war auch die Familie Weiss. Nach der Besetzung Lembergs durch die Rote Armee informierten die beiden Retter die Juden, dass sie frei seien, und führten sie zu

einer Wohnung, die sie für sie vorbereitet hatten. Dort feierten sie ein üppiges Fest anlässlich der Befreiung.
Leopold Socha wurde im Mai 1950 von einem Lastwagen überfahren und starb. Als er auf dem Gehsteig lag und sein Blut in einen Abwasserkanal floss, bekreuzigten sich die umstehenden Polen und meinten, Gott habe ihn dafür bestraft, dass er Juden versteckt hatte.
(Zeugenaussage von Alina Cypora Preston, YVA, M.31/1379. Siehe auch die Zeugenaussage von Wladimir Bielajew, YVA, 033/1490, S. 78–120.)

Michał und Maria Podolczak und ihre Töchter Zofia und Lidia Chodorowski verbargen Janina Scheffer und kümmerten sich um alle ihre Nöte. Zofias Mann Jan leitete eine Fabrik und beschäftigte mehrere Juden, wodurch er ihnen das Leben rettete.
(Zeugenaussagen von Janina Scheffer und Tova Wild, YVA, M.31/5890.)

Prof. Jarosław Semkow versteckte Eugenia Joran und ihren Mann sowie Paulina Fogel in seiner Wohnung. Mehrere Jahre nach dem Krieg heiratete er Letztere.
(Zeugenaussagen von Paulina Semkow, geborene Fogel, und Eugenia Joran, YVA, M.31/6307.)

Marian und Władysława Słonieski und ihre Kinder retteten Lusia Gross-Raubfogel und ihre Schwester Giza Gross und schützten sie ab Mitte 1941 bis Ende 1942.
Marian Słonieski, aktiv im polnischen Untergrund, holte Regina Laufer aus dem Lemberger Ghetto und brachte sie zu sich nach Hause. Danach beschaffte er seinen Schützlingen gefälschte Papiere auf den Namen polnischer Christen, mit denen sie nach Deutschland fuhren und dort bis zum Ende des Krieges arbeiteten.
(Zeugenaussagen von Lusia und Giza Gross sowie Regina Laufer, YVA M.31/4076.)

Walentyna Zak half Mstysław Morgenstern und seinem Schwiegervater Henryk Lewinson, Lebensmittel und Unterkunft zu finden, und ermöglichte es ihnen dann, nach Warschau zu gelangen. Sie und zwei weitere Juden wurden zur Rückkehr nach Lemberg gezwungen und versteckten sich bis zur Befreiung auf einem Dachbo-

den. Żak, die im polnischen Untergrund aktiv war, fuhr wegen verschiedener Missionen zwischen Lemberg und Warschau hin und her und trieb Geld auf, um die versteckten Juden zu versorgen.
(Zeugenaussagen von Frank Morgenstern, vormals Mstysław Morgenstern, YVA, M.31/3166, sowie von Renta Wasielicka-Ogustiniak und Bronisław Repalowski-Epsztajn, heute in Schweden.)

Wiktoria Dziedzic holte Szarlotta Waks und weitere Juden aus dem Ghetto, brachte Szarlotta auf die „arische" Seite und schickte sie mithilfe anderer Polen nach Warschau. Dziedzic war im polnischen Untergrund aktiv und half Juden bei der Beschaffung gefälschter Papiere. **Maria Fernandez**, eine Polin, verbarg den Vater von Waks. Bei der Hilfe, die Dziedzic den Juden leistete, ermutigte sie ihr Priester.
(Zeugenaussage von Szarlotta Waks, YVA, 03/2842, S. 10.)

Fritz Witt, der von den Deutschen wegen seiner sozialistischen Einstellung verfolgt wurde, organisierte eine Gruppe, die Juden in Lemberg mit Verstecken, Lebensmitteln und Ausweisen versorgte. **Seine Frau Maria, ihr Sohn Zenon, ihre Tochter Bronisława** und weitere Personen, darunter jemand namens **Korowec**, waren ebenfalls in dieser Gruppe aktiv. Korowec versteckte zwei junge jüdische Frauen in der Wohnung seines Bruders und baute ihnen ein Versteck in einer angemieteten Wohnung, wo er auch andere Juden unterbrachte.
(Zeugenaussagen von Dr. Lucja Reich, Dr. Miriam Heller und Dr. Batya Rosner-Hochberg, YVA, M.31/3420.)

Józefa Rysińska und Tadeusz Bilewicz, Mitglieder der Sozialistischen Partei Polens (PPS) in Krakau, schmuggelten jüdische Häftlinge aus dem Lager Janowska. Einer der auf diese Weise geretteten Juden war Michał Borwicz, der vor dem Krieg Mitglied der Partei in Krakau gewesen war. Borwicz war Journalist und Schriftsteller, hatte in der polnischen Presse Artikel gegen die Nationalsozialisten veröffentlicht und befand sich in Lebensgefahr. Sie bereiteten ein Versteck für ihn in Krakau vor. Sie gehörten einer Gruppe an, die Juden aus dem Lager Janowska holte, bis es im November 1943 endgültig liquidiert wurde. Unter den Geretteten befand sich die zwölf Jahre alte Janina Altman-Heschels (die Tochter von Henryk Heschels, Herausgeber der auf Polnisch erscheinenden zionistischen Zeitung *Chwila*),

eine junge Frau namens Rina (Familienname unbekannt), Dr. Boris Pliskin, Shlomo Kin, Y. Landheim-Ajzman und Bonek Wahrman. Die Überlebenden wurden in eine konspirative Wohnung nach Lemberg gebracht, wo sie eine Polin namens **Winiarska** betreute. Später wurden sie in Begleitung von Mitgliedern der Gruppe nach Krakau gebracht. Rysinska wurde auf einer solchen Fahrt verhaftet, in das Konzentrationslager Płaszów eingeliefert und unter schwerer Folter verhört.
(Zeugenaussage von Miriam Peleg-Mariańska, jüdische Delegierte in der *Żegota*, dem Hilfskomitee der Juden in Krakau, in der Akte von Józefa Rysinska, YVA, M.31/2714; Akte des Tadeusz Bilewicz, YVA, 2809; Michał Borwicz, Spod Szubienicy w Teren, Paris 1980; siehe das Tagebuch von Janina Altman-Heschels, YVA, M.31/810, 016/494; Dr. Michał Borwicz und Jehuda Ajzman, alle in der Akte von Józefa Rysińska, YVA, M.31/2714.)

Jadwiga Szostakiewicz nahm Zofia Marciniszyn und ihre Tochter im Sommer 1942 in ihrer Wohnung auf. Einige Zeit später erfuhr sie, dass sie Juden waren und Zofias wirklicher Name Camilla Kruk war. Trotz der Gefahr, die ihr und ihren sechs Kindern drohte, behielt Szostakiewicz Camilla und ihre Tochter Janina bis zur Befreiung von Lemberg im Jahre 1944 bei sich. Die 16-jährige Tochter von Szostakiewicz fungierte als Kontaktperson zur *Żegota*, der jüdischen Hilfsorganisation.
(Zeugenaussage von Janina Kruk, M.31/5379.)

Wiktoria Pokrywka und ihr Bruder **Stanisław**, ein Rechtsanwalt, versteckten in ihrer Wohnung Klara Eintow und Miriam Polonski sowie ihre Familie – ihren jüngeren Bruder Shlomo, ihre Mutter Bronisława sowie ihren Großvater und ihre Großmutter, Yitzhak und Guta Freundlich. Nach der Befreiung starben nacheinander alle Familienmitglieder außer Klara Eintow und Miriam Polonski, die sich in Israel niederließen.
(Zeugenaussage von Klara Eintow, YVA, M.31/1061.)

Ein älterer Pole namens **Cieszanowski** half Antonina Drabik, obwohl er wusste, dass sie Jüdin war und er dadurch sein Leben riskierte. Nach Ansicht der Geretteten lagen dieser Tat tief religiöse Motive zugrunde.
(Zeugenaussage von Antonina Drabik, YVA, 03/735, S. 4.)

Ein armenischer Priester mit Namen **Romaschkian** versteckte die 15-jährige Tochter von Bertha Kahana und kümmerte sich mit der gleichen Sorgfalt um sie, die er seiner Nichte Krystyna, einem 15 Jahre alten Mädchen mit angegriffener Gesundheit, angedeihen ließ. Andere Polen und auch Ukrainer halfen Kahana ebenfalls, darunter die Familien **Litwak** und **Brodziński**, die ihr „arische" Papiere beschafften.
(Zeugenaussage von Bertha Kahana, geborene Scharf, YVA, 03/2541.)

Ein anonymer Priester half Zyla Menkes-Post, die aus dem Lager Janowska mit einem kleinen Mädchen in den Armen geflohen war. Polen halfen ihr bei der Beschaffung „arischer" Papiere, mit denen sie aus Lemberg fliehen konnte.
(Zeugenaussage von Zyla Menkes-Post, YVA, 033/634.)

Frau Tomasik, eine Polin, und ihr Mann, ein Büroangestellter und Hauptmann in der polnischen Untergrundarmee, verbargen Marcel Lubisz bei sich zu Hause. Als Lubisz gezwungen wurde, ihr Heim zu verlassen, wandte er sich an Polen um Hilfe, meist Angehörige der Arbeiterklasse und der Unterschicht, die eher bereit waren als andere, Juden zu helfen. Zudem erhielt er Unterstützung von einem Klassenkameraden am Technikum, **Kazimierz Paczkowski**, und einem polnischen Bekannten, **Józef Paliński**, der als Automechaniker beschäftigt war.
(Zeugenaussage von Marcel Lubisz, YVA, 03/2741.)

Ein Ukrainer mit Namen **Kaczmarski**, Offizier der ukrainischen Polizei, betrieb nebenher eine Schuhfabrik, die griechisch-katholische Mönche beschäftigte. Die Einrichtung der Fabrik finanzierte der Metropolit Scheptyzkyj. Die Familie Fink, die mit Kaczmarski schon vor dem Krieg bekannt gewesen war, bat ihn um Hilfe. Kaczmarski stellte Herrn Fink in der Fabrik an und versteckte dessen Frau Feige und deren Tochter Hannah in einem Konvent, obwohl alle wussten, dass sie Juden waren. Ukrainische Nonnen und Mädchen behandelten sie sehr gut, und vor allem ein Mönch namens Lamarz war ihnen gegenüber besonders freundlich.
(Zeugenaussagen von Feige und Hannah Fink, YVA, 03/2544.)

Zusammen mit **Kazimierz Repa** verbargen **Władysław und Maria Jakubowski sowie ihre Tochter Helena** bei sich zu Hause ein neun Jahre altes jüdisches Mädchen namens Rina Avidar. Die Retter waren gläubige polnische Katholiken und wurden für ihre Dienste zunächst bezahlt, aber nachdem Rinas Familie umgekommen war, kümmerten sie sich unentgeltlich weiter um das Kind. Der Sohn der Familie Jakubowski drohte damit, sie zu denunzieren, doch hielten ihn die Eltern von zu Hause fern und betreuten das Mädchen weiter. Am Ende des Krieges wollte Rina die Familie nicht verlassen und zum christlichen Glauben übertreten. Die Retter überzeugten sie, zum Judentum zurückzukehren und schickten sie in ein jüdisches Waisenhaus, von wo aus sie zusammen mit ihrer Schwester im Rahmen der Jugendaliyah nach Palästina zog.
(Zeugenaussage von Rina Avidar, YVA, M.31/5724.)

Kazimierz Scheptyzkyj (Vater Klement) stand den Klöstern der unierten Kirche in ganz Ostgalizien vor. Vor dem Krieg hatten die Kirchenführer persönliche Beziehungen zu mehreren prominenten Juden in Lemberg unterhalten, darunter auch Rabbiner der Gemeinde. Als in der Öffentlichkeit stehende Juden ermordet wurden, suchten mehrere Juden Unterschlupf im Palast des Metropoliten Scheptyzkyj, und dieser wies seinen Bruder Kazimierz an, sich um sie zu kümmern und ein Versteck für sie zu finden. Es existieren keine Unterlagen, aus denen hervorginge, wie viele Juden in den Klöstern Ostgaliziens mithilfe von Kazimierz Scheptyzkyj Schutz fanden, doch Zeugenaussagen zufolge belief sich die Zahl auf etwa 150 Kinder und Erwachsene. Die Zeugenaussagen sprechen zudem von plötzlichen Razzien ukrainischer Polizisten, die mithilfe von Denunzianten Juden aus ihren Verstecken treiben wollten. Zu Zeiten, in denen Gefahr drohte, schickte Stek Marco, der einem der größten Klöster vorstand, jüdische Kinder von einem Kloster zum anderen und rettete so vielen das Leben.
(Zeugenaussagen von Kurt (Yitzhak) Lewin, Rabbi Dr. David Kahana, Natan Lewin et.al., YVA, M.31/6304.)

Nachwort

Mehr als ein halbes Jahrhundert ist seit den beschriebenen schrecklichen Ereignissen vergangen. Wir haben die Qualen der jüdischen Bevölkerung und ihre Ermordung sowie die Geschichte von Juden, die dem Tod entrannen, dicht beschrieben. Ich habe mich auf Dokumente und Aufzeichnungen – deutsche, ukrainische und polnische – gestützt, die bislang unbenutzt in Archiven lagerten, um die fünf Kriegsjahre im Leben der Juden in der Stadt Lemberg und Umgebung darzustellen.

Seit mehr als 600 Jahren lebten Juden in Ostgalizien und dessen Hauptstadt Lemberg. In diesem Zeitraum wurde die Stadt viele Male angegriffen. Die jüdische Bevölkerung erlebte Brände und Epidemien, Pogrome und Gewalt. Doch nach jedem Ausbruch der Zerstörung und des Chaos erholte sich die Gemeinde wieder, wuchs und gedieh und brachte herausragende Köpfe hervor, die die Stadt intellektuell und gesellschaftlich prägten. Nach dem Zweiten Weltkrieg hatte es damit ein Ende.

Im Verlauf der vorliegenden Studie habe ich versucht, die von den Deutschen systematisch, Tag für Tag durchgeführten „Aktionen" zu dokumentieren. Die Gebeine der Juden ruhen in den „Dünen" Lembergs und seiner Umgebung, in den Krematorien von Belzec sowie in den Wäldern und entlang der Straßen Galiziens. Ihre sterblichen Überreste verwesen in den Mordgruben, die neben jeder Stadt, jedem Ort und jedem Zwangsarbeitslager ausgehoben wurden.

Lemberg war eine Vielvölkerstadt, und die Juden – zwischen den beiden dominierenden Gruppen der Polen und Ukrainer, die untereinander um die Vorherrschaft rangen – hatten ständig um ihre Rechte kämpfen müssen. Die Beziehungen zwischen den Juden und ihren Nachbarn konnten sich immer ändern, sobald neue Herrscher andere politische Bedingungen und nationale Interessen diktierten. Als die nationalsozialistische Besatzungszeit begann, brach der traditionelle Judenhass mit zuvor nie erlebter Brutalität hervor. Ukrainer und Polen halfen den Deutschen und arbeiteten mit ihnen gegen die jüdische Bevölkerung zusammen – die einen mehr, die anderen weniger.

In der Zeit zwischen den beiden Weltkriegen war Lemberg die drittgrößte Stadt Polens. Kurz vor Ausbruch des Zweiten Weltkriegs lebten etwa 100.000 Juden in der Stadt, was ungefähr einem Drittel der Gesamtbevölkerung entsprach. Als am 1. September 1939 der Zweite Weltkrieg mit der Teilung Polens zwischen Deutschland und der Sowjetunion nach dem Ribbentrop-Molotow-Pakt begann, wurden Ostgalizien und Lemberg dem von der Sowjetunion annektierten Bereich zugeschlagen. Zehntausende von Flüchtlingen aus Polen, vor allem Juden, flohen vor der deutschen Wehrmacht und strömten in die von den Sowjets besetzten Gebiete. Schätzungsweise 130.000 jüdische Flüchtlinge erreichten Lemberg, sodass sich die jüdische Bevölkerung der Stadt mehr als verdoppelte.

Bei der Verfolgung ihres Ziels, die „alte Weltordnung" zu verändern, zerstörten die Sowjets schon bald die wirtschaftliche, soziale und kulturelle Struktur der Stadt. Eigentum wurde verstaatlicht, der Handel brach wegen des Mangels an Waren zusammen, das Handwerk war wegen ausbleibender Rohstoffe wie gelähmt, und traditionelle Erziehungs- und Kultureinrichtungen wurden geschlossen. In den ersten Monaten schien es, als erlebe die jiddische Kultur auf den Ruinen der traditionellen jüdischen Erziehung und der Schulen, an denen die Unterrichtssprache Hebräisch war, eine Wiedergeburt. Doch auch diese Hoffnung wurde schon vor dem Ende eines einzigen Schuljahres zerstört. Tausende von Schulkindern und jungen Leuten schrieben sich an den Schulen und Universitäten ein, die nun allen offenstanden, doch die Schließung der kommunalen Einrichtungen und Organisationen, gepaart mit der Verhaftung und Verbannung von Führungspersönlichkeiten und Tausenden normalen Bürgern, verstärkte das Gefühl der Angst und Unsicherheit. Jeden Morgen erhielten Juden Berichte über Freunde, Nachbarn und Verwandte, die im Verlauf der Nacht ins Gefängnis geworfen oder mit unbekanntem Zielort verbannt worden waren.

Familien brachen auseinander. In den meisten Haushalten fehlte mindestens eine Person, die während der Arbeitssuche oder beim Herumstreifen auf der verzweifelten Suche nach Nahrungsmitteln für die Familie verhaftet worden war. Andere flohen aus Lemberg an Orte, an denen sie niemand kannte.

Dennoch gelang es den Juden, sich an das neue Regime anzupassen. In den ersten Monaten stellte die sowjetische Verwaltung in Lemberg bevorzugt Juden ein, da sie weder den polnischen Vertretern des früheren Regimes noch den einheimischen Ukrainern traute, die auf die Ankunft der Wehrmacht warteten. Juden nahmen Jobs als Lehrer (nach der Absolvierung von Fortbildungskursen über „sowjetische Pädagogik"), als Arbeiter in verstaatlichten Unternehmen, als Büroangestellte und selbst in der Belegschaft von Sicherheitsdiensten an.

Aber auch dieser Zustand war vorübergehend. Da die Juden in den Organen des sowjetischen Regimes unübersehbar waren, identifizierte die einheimische Bevölkerung sie – entsprechend dem tradierten Vorurteil vom „kommunistischen Juden" – mit diesem Regime. Schon bald ersetzten die Sowjets die Juden durch einheimische Ukrainer und Personal aus der UdSSR. Wie andere Städter und vor allem die zahlreichen Flüchtlinge machten die Juden von Lemberg die bittere Erfahrung des Hungers.

Lemberg und Ostgalizien waren in den Jahren der sowjetischen Herrschaft vom Rest Polens abgeschnitten. Die Juden wussten kaum etwas über das Schicksal ihrer Landsleute in der deutschen Besatzungszone. Die sowjetischen Medien hüllten sich über das, was dort geschah, in Schweigen. Wann immer Berichte verschiedener Art durchsickerten, unterdrückten die Juden in Lemberg Gerüchte über die Judenverfolgung in den von den Deutschen kontrollierten Gebieten. Jüdische Bürger aus dem Mittelstand, die ihr Eigentum an die Sowjets verloren hatten, behielten eine gewisse Sympathie für die Deutschen, ein „kultiviertes Volk", an das sie sich gerne aus der österreichischen Zeit erinnerten.

Die Zeit der sowjetischen Besatzung zeichnete sich durch eine Atmosphäre angespannter Unsicherheit und fehlender Kontinuität aus. Doch die Intensität des täglichen Lebens und die schnell aufeinanderfolgenden Ereignisse verschleierten die dunklen Wolken, die sich am westlichen Horizont zusammenzogen und auf den Windstoß warteten, der sie nach Osten treiben würde.

Am 22. Juni 1941 durchbrachen die Deutschen die neue Grenzlinie und starteten das „Unternehmen Barbarossa". Als sie in Lemberg einmarschierten und die Sowjets in Panik flohen, entlud sich der aufgestaute Hass der Ukrainer auf die Sowjets. Darüber hinaus hatten die Sowjets den Ukrainern einen Vorwand geliefert: In ihrer wilden Flucht vor der Wehrmacht hatten sie alle in den Gefängnissen einsitzenden Häftlinge ermordet und die Gefängnisse dann in Brand gesteckt. Obwohl viele der Häftlinge Juden gewesen waren, machte die Bevölkerung die Juden dafür verantwortlich. Die Morde in den Gefängnissen stellten sozusagen den Sprengstoff dar, den die

Sowjets den ukrainischen Nationalisten und den Deutschen hinterlassen hatten. Und so fiel die jüdische Bevölkerung einem ersten Pogrom zum Opfer – die Ouvertüre für den drohenden Holocaust.

Vom ersten Tag der deutschen Besatzung an handelten die Wehrmacht und die Einsatzgruppen unter der Maßgabe, die Heydrich gegenüber Eichmann erklärt hatte: „Der Führer hat die physische Vernichtung der Juden befohlen."[315]

Laut Zeugenaussagen im Nürnberger Hauptkriegsverbrecherprozess wollte Hitler dem militärischen Nachrichtendienst die Aufgabe übertragen, Pogrome anzuzetteln. Falls die Wehrmacht sich weigere, müsse sie es hinnehmen, dass SS-Einheiten den Auftrag ausführten.[316]

Offensichtlich wussten die Deutschen, dass die Ukrainer und die Polen ihre Judenpolitik positiv aufnehmen würden und diese Politik ihren Hass auf die Juden schüren würde. Die Kooperation aller antijüdischen Akteure unter dem Banner der Nationalsozialisten führte dazu, dass der Holocaust in Lemberg besonders radikal in die Tat umgesetzt wurde. In den ehemaligen polnischen Städten gab es zwischen den einzelnen „Aktionen" Pausen, und in diesen Zeiten fand weiterhin ein gesellschaftliches Leben statt, Erziehung und Kultur, öffentliche Gottesdienste, und sogar politische Organisationen wurden im Untergrund wieder aktiv. Im Gegensatz dazu gab es in Lemberg keine Schonfrist.

Ab dem Tag des deutschen Einmarsches am 30. Juni 1941 bis zum 23. Juni 1943, dem Tag, an dem Lemberg für „judenfrei" erklärt wurde, erlebten die Juden der Stadt eine einzige, unaufhörliche „Aktion". Auch nach dem 23. Juni 1943 fanden weiterhin Jagden auf Juden statt, die in Verstecken, Bunkern und Wäldern zu überleben versuchten. Dies endete erst am 22. Juni 1944, als die sowjetische Armee die Stadt erneut besetzte.

Paradoxerweise belebten die Deutschen die Institutionen der jüdischen Gemeinde wieder. Es wurde schnell deutlich, dass sie damit die Einrichtung eines Judenrats anstrebten, der ihre Politik gegenüber der jüdischen Öffentlichkeit umsetzen würde. Parallel zum Judenrat wurde eine jüdische Polizeieinheit aufgestellt, die sich zu Handlangern der Deutschen entwickelte. Die Deutschen säuberten

---

[315] Hannah Arendt, Eichmann in Jerusalem: Ein Bericht von der Banalität des Bösen, München 1964, S. 116.
[316] Jäckel, Hitlers Herrschaft, S. 172.

die Polizei von ihren verantwortungsvolleren Elementen, sodass nur die Unterwürfigen übrigblieben, darunter einige mit Verbindungen zur Unterwelt. Die jüdischen Polizisten waren Werkzeuge in den Händen der Deutschen, die Juden in die Arbeitslager und zu den Mordgruben verschleppten. Denunziationen, Korruption und räuberische Erpressung waren typische Verhaltensweisen der meisten Angehörigen der Polizeikräfte. Sie führten eine Herrschaft voll Angst und Schrecken. Ihr „Sonderdienst" verfolgte unnachgiebig jeden, der im Verdacht stand, in Verbindung zu irgendeiner Gruppe im Untergrund zu stehen, pro-sowjetische Sympathien zu hegen oder zu versuchen, in die Wälder zu flüchten. Alle diesen Kriterien entsprechenden Personen wurden der Gestapo ausgeliefert.

Das Ghetto in Lemberg wurde in einer Gegend eingerichtet, die zuvor kein jüdisches Wohnviertel gewesen war. Alle Juden in Lemberg waren gezwungen, aus ihren vorherigen Häusern auszuziehen. Die Umsiedlung wurde in drei Phasen durchgeführt.

a) Ein „Sonderviertel für jüdische Einwohner" wurde eingerichtet; diese Phase dauerte bis zum 15. Dezember 1941.
b) Am 7. September 1942 wurde das Viertel verkleinert und mit einem Zaun umgeben.
c) Vom 5. bis 7. Januar 1943 wurde der Umfang des Ghettos nochmals reduziert und das verbleibende Areal zum „Judenlager" erklärt und direkt der Aufsicht der SS unterstellt. Ein halbes Jahr später – im Juni 1943 – wurde das sogenannte Julag aufgelöst, und alle seine Einwohner wurden ermordet.[317]

Mitglieder und Vorsitzende des Lemberger Judenrats erfuhren ebenfalls ein unvergleichlich grausames Schicksal, unabhängig davon, ob sie zur Kollaboration bereit waren oder nicht. Nur einer der vier Männer, die dem Lemberger Judenrat vorstanden, starb eines natürlichen Todes. Die anderen drei wurden von der Gestapo ermordet, entweder erschossen oder gemeinsam mit Mitgliedern des Judenrats und jüdischen Polizisten auf der Straße gehängt, wobei die Stadtbewohner zusahen.

---

[317] Für abweichende Zeitangaben siehe Sandkühler, „Endlösung" in Galizien, S. 588.

Enge und Hunger, Epidemien und Not kennzeichneten das Leben im Ghetto. Der Judenrat versuchte, Linderung durch die Einrichtung von Fabriken, Werkstätten und Dienstleistungen zu schaffen, die Tausenden von Juden Beschäftigung boten. Deutsche und österreichische Firmen entdeckten ebenfalls das wirtschaftliche Potenzial der qualifizierten, billigen jüdischen Arbeitskräfte und eröffneten Zweigstellen ihrer Unternehmen in Lemberg und in den Zwangsarbeitslagern. Die Juden kämpften darum, Arbeitsplätze in diesen Unternehmen zu erhalten, in dem Glauben, dass die Arbeit sie vor dem Tode bewahren würde.

Obwohl diese Unternehmen den deutschen Kriegsanstrengungen dienten, wurden sie von den Befehlshabern der SS und der Polizei nicht wohlwollend, sondern als Hindernisse bei der „Endlösung der Judenfrage" betrachtet. Der Konflikt zwischen den beiden Anliegen – die Ausnutzung der jüdischen Arbeitskraft für wirtschaftlichen Gewinn und die Implementierung der NS-Vernichtung – schlug Wellen bis nach Berlin. Ein Befehl von hoher Stelle entschied zugunsten der Ideologie; Deutschland würde auf den wirtschaftlichen Nutzen der jüdischen Arbeiter verzichten müssen. Seit August 1942 war ausschließlich die SS für die Juden in Lemberg und in ganz Ostgalizien zuständig. Sofort wurden das Arbeitsamt-Judeneinsatz geschlossen, die betreffenden Unternehmen peu à peu aufgelöst und alle Arbeiter ermordet.[318]

Obwohl Lemberg Bestandteil des Generalgouvernements war, gab es zwischen den dortigen jüdischen Einrichtungen und anderen Zentren keinen Kontakt. Aufgrund dieser erzwungenen Isolierung war der Judenrat in Lemberg (mit Ausnahme eines einzigen Falls) nicht in der Lage, seine Politik zu koordinieren und sich Zugang zu Hilfsquellen zu verschaffen. Die Żegota (Rat für die Unterstützung der Juden) und die *Jiddische Alaynhilf* (die jüdische Selbsthilfeorganisation) mit Hauptquartier in Krakau richteten in Lemberg Zweigstellen ein und taten ihr Bestes, um zu helfen, aber die Verbindung der Filialen zu den Zentren war schwach, da die deutschen Behörden im Distrikt Galizien sehr restriktiv agierten. Für die Juden in den Ghettos des Generalgouvernements befand sich Lemberg wie auf einem anderen Stern.

---

[318] Siehe Katzmann-Bericht, S. 3.

Am 23. März 1942 notierte H.H. Kaplan in seinem Tagebuch: „Seltsame Gerüchte erreichen Warschau." Kaplan stand diesen Gerüchten skeptisch gegenüber, doch ein Jahr später schrieb er: „Und Lemberg ergab sich diesen Erlassen, bevor es andere Städte taten. Dort begann eine langsame, jedoch systematische Deportation. [...] Ich habe einen Brief, der besagt, dass jeden Tag 1100 Juden aus Lemberg deportiert werden. Die jüdische Gemeinde in Lemberg wird innerhalb weniger Wochen verschwinden." Abraham Levi, Lehrer aus Yehudia, hielt am 30. Mai 1942 Folgendes in seinem Tagebuch fest: „Heute saßen wir, eine Gruppe öffentlicher Funktionäre, zusammen, als uns ein Rechtsanwalt die ‚Klagelieder' Lembergs und Ostgaliziens vortrug. Seine Geschichte ist so schrecklich, so angsterregend, dass Worte nicht beschreiben können, was dort geschah."[319]

Am 2. Juni 1943 wollten die Deutschen und ihre Komplizen das Lemberger Ghetto liquidieren. Zu ihrer Überraschung wurden sie diesmal mit bewaffnetem Widerstand begrüßt, der ihren Truppen Verluste zufügte. Vierzehn Tage lang bekämpfte eine Handvoll schlecht bewaffneter Juden eine Übermacht von Deutschen und Ukrainern. Erst als die Liquidierungstruppen mit der Zerstörung des Ghettos begannen und es Haus um Haus in Brand setzten, wurden die letzten Rebellen besiegt und im Kampf getötet.

* * *

Um die Vernichtung der Juden zu rationalisieren und zu beschleunigen, richteten die Deutschen in Lemberg und in ganz Ostgalizien Lager und Hinrichtungsstätten ein. Das größte Lager befand sich in der Stadt selbst, in der Janowska-Straße. Neben seiner Funktion als Vernichtungslager war es eine Art Ausbildungszentrum für Kommandanten und Aufseher, die dort Erfahrungen und Fachwissen sammelten. Unter der Anleitung der Lagerkommandanten lernten und erfanden sie Methoden zur Tötung und Folter, die darauf ausgerichtet waren, die Agonie der Todesopfer zu verlängern. „Hier stießen sie einen spitzen Pfahl durch den Bauch eines Mannes, bis dessen Eingeweide herausquollen; dort unterkühlten sie Leute in

---

[319] H. H. Kaplan, Auszüge aus dem Tagebuch, in: Yalqut Moreshet 3 (Winter 1964/65) [hebr.], S. 18; A. Levin, Warsaw Ghetto: July – September 1942, Beit Lohamei Hagehaot 1968, S. 61 f., 158, 186.

einem Wasserfass; und da amüsierten sie sich dabei, Säuglinge in die Luft zu werfen und zu erschießen; dort schlugen sie einen Juden mit einer Axt entzwei, so wie man einen Holzscheit spaltet."[320]

Es war mein unglückliches Los, mit mehreren von diesen Leuten Bekanntschaft zu schließen, und mehr als ein halbes Jahrhundert nach den Ereignissen frage ich mich befremdet: Wo entsteht ein solcher Hass? Wie eignete sich der Nationalsozialist die zerstörerische Energie und den pervertierten Hass an, um anderen solche Not und Qual zuzufügen? Vereinigte sich die Erziehung und Ausbildung, die sie für ihre Aufgaben erhielten, mit einer kranken Seele, oder ist es möglich, dass unter bestimmten Umständen jeder seine Eigenschaft als Ebenbild Gottes auf diese Weise verlieren kann?

Die Täter waren in besonderen Einheiten organisiert. In den „Schulen", in denen sie ausgebildet wurden, unterzog man sie einer ideologischen Gehirnwäsche; sie hörten dort vom „teuflischen Juden, dem Antichrist, dem Verderber der Kultur, dem internationalen Verschwörer, dem Schmarotzer, dem Intriganten, [...] von all jenen Eigenschaften der Verderbtheit, die den Juden als zerstörerisches Element auszeichneten. Der Kampf gegen die Juden wurde diesen Männern als Existenzkampf präsentiert, in dem der Überlegene den Unterlegenen zu besiegen hatte."[321]

Ein Anleitungsheft zu Rassenfragen, das von der SS herausgegeben wurde, erklärt, dass die niedrigste aller Rassen der jüdische „Untermensch" sei, der folgendermaßen beschrieben wird: „jene biologisch scheinbar völlig gleichgeartete Naturschöpfung mit Händen, Füßen und einer Art Gehirn, mit Augen und Mund, ist doch eine ganz andere, eine furchtbare Kreatur, ist nur ein Wurf zum Menschen hin, mit menschenähnlichen Gesichtszügen – geistig, seelisch jedoch tiefer stehend als jedes Tier. Im Inneren dieses Wesens ein grausames Chaos wilder, hemmungsloser Leidenschaften: namenloser Zerstörungswille, primitivste Begierde, unverhüllteste Gemeinheit. Untermensch – sonst nichts!"[322]

Es ist daher nicht verwunderlich, dass die Absolventen der NS-Schulen, wenn sie in den Lagern eintrafen, völlig indoktriniert und

---

[320] Niemiecka Dusza, Nowe Widnokręgi, in: Borwicz, Uniwersytet Zbirów, S. 19.
[321] Zvi Bacharach, Rassismus im Dienste der Politik, Jerusalem 1985, S. 45.
[322] Reichsführer SS, SS-Hauptamt, Der Untermensch, Berlin 1942, zitiert nach: Segev, Soldaten des Bösen, S. 103.

voll Abscheu vor den „Zerstörern der Menschheit" waren, sich lebenden Sandsäcken gegenübersahen und beim Anblick von Blut und Wunden und dem langsamen Tod des Opfers Befriedigung empfanden.

Die Truppe von Oskar Dirlewanger, die als „Jagdkommando" bekannt war, wurde in einer dieser „Schulen" aufgestellt. Dirlewanger, ein verurteilter Verbrecher, wurde mit der Einrichtung der Brigade der „Dirlewanger Wilddiebe" beauftragt (später: Bataillon und Brigade). Das „Jagdkommando" war eine Truppe, die sich aus Kriminellen zusammensetzte und einer strengen Disziplin unterworfen war. 60 handverlesene Henker wurden für diese Aufgabe trainiert. Am Ende ihrer „Studien" und bevor sie auf ihre Posten geschickt wurden, wurden sie Hitler persönlich vorgestellt. Zehn von ihnen wurden in das Lager Janowska nach Lemberg beordert.[323]

Nach Abschluss eines „Praktikums" im Lager Janowska wurden SS-Männer zur Befehlsübernahme in Zwangsarbeitslager in ganz Ostgalizien geschickt. Zeugenaussagen von Überlebenden dieser Lager deuten darauf hin, dass die Arbeitsbedingungen, die Disziplin und die Methoden der Bestrafung in allen diesen Lagern genauso wie im Lager Janowska waren. Jedes Lager besaß einen SS-Kommandanten oder wenigstens zwei Befehlshaber, die auf die ukrainische Polizei und Mitglieder der Wlassow-Armee zurückgriffen.

---

[323] Auch in Dachau existierte eine derartige „Schule". Ihr Kommandant war Theodor Eicke, der zuvor Befehlshaber der Totenkopfverbände gewesen war. Als er in das Konzentrationslager Dachau kam, um dort das Kommando zu übernehmen, fand er ein Team von Polizisten und SA-Männern im Alter von 25 bis 30 Jahren vor – „Abenteurer, Gesindel von der Straße mit zweifelhafter Vergangenheit sowie [...] Männer, deren geistige Stabilität in Frage stand". Eicke versuchte, sie durch „einen solideren Typ [...], stärker motiviert und voller Idealismus" zu ersetzen, ledige Männer im Alter von 16 bis 23 Jahren. Er richtete eine Produktionswerkstätte in Dachau ein und verwandelte diese jungen Männer in seelenlose Roboter ohne menschliche Empfindungen. Für den zukünftigen Dienst als Lagerkommandanten ausersehen, umfasste ihre Ausbildung gleichzeitig Verwaltungsaufgaben, ideologische Gehirnwäsche und die Durchführung von Strafmaßnahmen. Siehe Segev, Soldaten des Bösen, S. 119-153, Zitate S. 122; vgl. Shlomo Aronson, Reinhard Heydrich und die Frühgeschichte von Gestapo und SD, Stuttgart 1971, S. 37; Tenenbaum, Das Königreich, S. 163 f., 388.

Das Lager in der Janowska-Straße wurde am 23. November 1943 aufgelöst. Mehrere Zeugenaussagen erzählen von einem bewaffneten Zusammenstoß zwischen den Häftlingen sowie den Deutschen und ihren Komplizen im Verlauf der Liquidierungsaktion, der auf beiden Seiten zu Verlusten führte. Mehrere Teilnehmer des Aufstands erreichten den Wald. Sobald das Lager aufgelöst war, wurde Lemberg für „judenfrei" erklärt.

* * *

Im Sommer 1943, nachdem die Deutschen mit der Auflösung der Lager begonnen hatten, setzte eine Flucht in die Wälder ein. Hunderte von Juden, denen die Flucht gelang, wanderten durch die Wälder Ostgaliziens und wurden von deutschen und ukrainischen Polizisten ermordet, die die Wälder durchkämmten, um jeden versteckten Juden aufzugreifen. Einige der jungen Männer, die ihnen entkamen, bildeten Kampfgruppen im Untergrund und schlossen sich Einheiten der sowjetischen Partisanen an; andere kämpften Schulter an Schulter mit Mitgliedern des polnischen Untergrunds. Die Bewohner polnischer Dörfer fanden Verbündete in den Wäldern und bemühten sich in einigen Fällen um die Unterstützung der Juden bei der Verteidigung ihrer Dörfer gegen Angriffe durch die UPA. Nur in Ostgalizien kämpften Juden und Polen Seite an Seite.

Jüdische Partisanen in den Wäldern Ostgaliziens nahmen an allen Operationen teil und führten einen mutigen Kampf, der in der Literatur des Partisanentums der ehemaligen Sowjetunion und des heutigen Polen Bewunderung fand – eine Literatur, die bisher noch nicht die ihr gebührende Anerkennung erhielt.

* * *

Im Juni 1942 begannen die Deutschen mit den Vorbereitungen, um die Spuren des Massenmords zu verwischen. In Lemberg wurden sie im Juni 1943 in dieser Richtung aktiv. Im Lager Janowska wurde eine besondere Abteilung jüdischer Häftlinge gebildet, die als das „Sonderkommando 1005" bekannt war. Die Mitglieder dieser Einheit – die sich selbst als „Todesbrigade" bezeichneten – erhielten den Befehl, die Leichen aus den Mordgruben zu entfernen und sie einzuäschern. Trotz des strengen Regiments gelang es den jungen Mitgliedern der Brigade, einige Waffen zu sammeln, sich gegen ihre

Bewacher zu erheben und ihnen Verluste zuzufügen. Einige schafften es, sich in die Wälder in Sicherheit zu bringen.

In diesem Meer des Hasses und der Gräueltaten machte ich jedoch auch die Bekanntschaft von Menschen, die ihr Leben aufs Spiel setzten, um diejenigen zu retten, die zur Vernichtung verdammt waren. Unter dieser Schreckensherrschaft riskierten Dutzende von Polen und Ukrainern ihr Leben, um Juden zu retten. Ihre Motive waren unterschiedlicher Art: die Treue zu einem Verwandten oder Freund, religiöse Beweggründe (gelegentlich missionarischer Natur), materieller Gewinn und vor allem Menschlichkeit. Einige bezahlten ihren Mut mit dem Leben. Bis zum Ende des Jahres 1995 erkannte Yad Vashem etwa 100 Polen und Ukrainer aus Lemberg und Umgebung als „Gerechte unter den Völkern" an.

* * *

Im Verlauf des Holocaust wurden zahlreiche Juden in den Ghettos und Lagern von dem „Fatalismus und der Machtlosigkeit der Juden Galiziens"[324] überwältigt und in den Selbstmord getrieben oder traten zum Christentum über. Doch die meisten Juden, die überlebten, setzten ihr Vertrauen auf die Ostfront und hofften, bis zur Befreiung zu überleben. Jedes Bruchstück eines Gerüchts, wie unglaubwürdig es auch war, erregte Hoffnung oder Verzweiflung. Mit Spannung verfolgten Juden im Ghetto, in den Verstecken und in den Wäldern die Entwicklungen an den Fronten des Krieges. Jeder Vorstoß der sowjetischen Armee nach Westen hatte praktische Auswirkungen: die Chance, dass weitere Juden überleben würden. Nur wenige kamen in den Genuss dieses Privilegs. Von den etwa 160.000 Juden, die sich beim Einmarsch der Deutschen in der Stadt befunden hatten, kehrten nur wenige Tausend mit dem erneuten Einmarsch der Sowjets dorthin zurück.[325]

---

[324] Gerald Reitlinger, Die Endlösung, Berlin 1957, S. 310 f.
[325] Das jüdische Komitee, das nach dem Krieg in Lemberg gebildet wurde, registrierte 3400 Juden, die zwischen dem Tag der Befreiung und dem 21.9.1944 nach Lemberg zurückgekehrt waren. Da die große Mehrheit unter ihnen aus den Städten an der Peripherie kam, überstieg die Zahl der Juden, die tatsächlich aus Lemberg stammten, kaum mehrere Hundert. Friedman, Die Vernichtung der Juden von Lemberg, S. 727 f.

Glossar

Bund – 1897 in Wilna gegründete sozialistische Partei Allgemeiner Jüdischer Arbeiterbund in Polen, Litauen und Russland

Chassidismus – im 18. Jahrhundert in Osteuropa entstandene religiöse Strömung, die das traditionelle Judentum in Einklang mit Mystik und fröhlicher Lebensweise bringt

Ha-Schomer Ha-Za'ir – vor dem Ersten Weltkrieg gegründete sozialistisch-zionistische Jugendorganisation („Junge Wächter")

Haskalah – jüdische Aufklärungsbewegung, die für die Gleichberechtigung der Juden eintrat

Karaiten – Turkvolk, das sich als jüdische Religionsgemeinschaft begreift

Kehilla – jüdische Gemeinde

Maggid – jüdischer Wanderprediger

Maskilim – Aufklärer um Moses Mendelssohn, die die chassidischen Ostjuden als rückständig betrachteten

Mitnaggedim – „Gegner" der fröhlichen Lebensweise der Chassiden, die ihr Verhalten streng an den Geboten des Talmud ausrichten

No'ar ha-Zioni – zionistische Jugendorganisation

Po'alei Zion – marxistisch-zionistische Arbeiterpartei („Arbeiter Zions")

Streimel – mit einem breiten Pelzrand besetzte Kopfbedeckung chassidischer Juden

Zaddik – chassidischer Gelehrter

Karte 1. Karte der Lager in Ostgalizien, aus: Eliyahu Yones, Smoke in the Sand. The Jews of Lvov in the War Years 1939–1944, Jerusalem 2004.

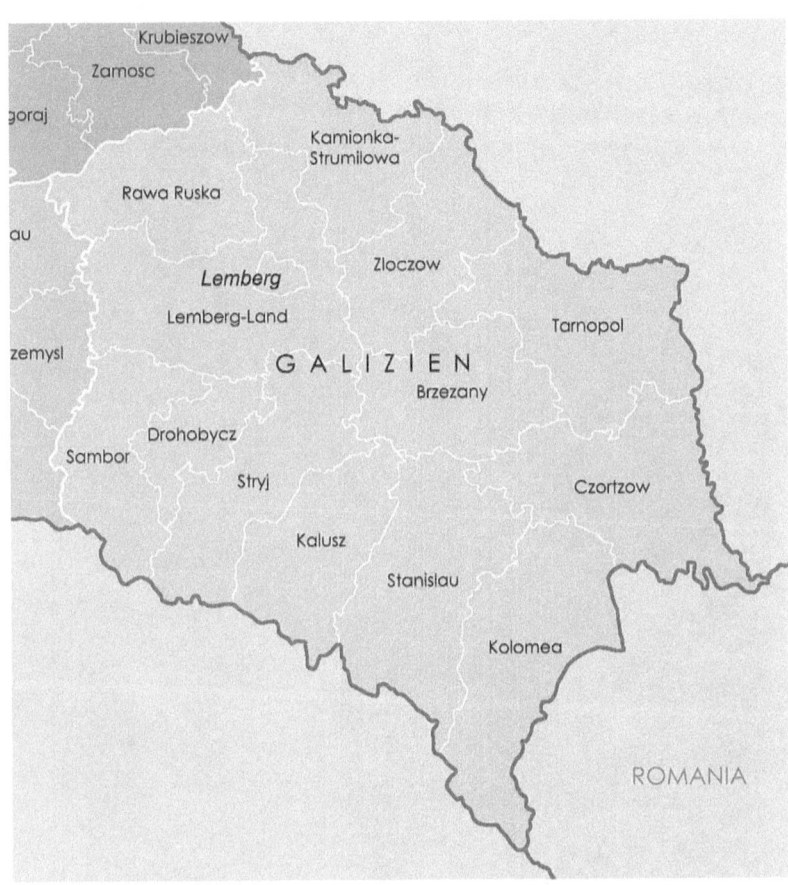

Karte 2. Distrikt Galizien. Quelle: Wikimedia Commons.
Lizenziert unter CC BY-SA 3.0,
siehe https://creativecommons.org/licenses/by-sa/3.0/deed.en.

Anhang 1

Zwangsarbeitslager in Ostgalizien[326]

Der vorliegende Anhang listet die in Ostgalizien eingerichteten Zwangsarbeitslager sowie das Schicksal ihrer Insassen auf.

Das Lager **Baśni**, in der Nähe von Rawa Ruska, wurde im März 1942 eingerichtet und beherbergte etwa 100 Insassen. Als es im Oktober 1942 liquidiert wurde, wurden einige der Häftlinge in das Vernichtungslager Belzec und einige nach Rawa Ruska geschickt. (Wieliczker Manuskript, YVA, M.1/E/1160 und *Fun letstn Khurbn*, S. 17–31.)

Das Lager **Belzec** wurde neben der Eisenbahnlinie zwischen Lublin und Lemberg eingerichtet, keinen halben Kilometer von der Bahnstation Bełżec entfernt. Die Bauarbeiten für das Lager, das von Anfang an als Todeslager bestimmt war, begannen am 1. November 1941. Der erste Kommandant war Polizeihauptmann und SS-Hauptsturmführer Christian Wirth. Etwa 20 bis 30 Deutsche und 90 bis 120 Ukrainer und sowjetische Kriegsgefangene, die sich freiwillig zum Dienst für die Deutschen gemeldet hatten, dienten in Belzec nach ihrer Ausbildung in Trawniki. Die Ukrainer waren mit der Bewachung des Lagers, der Vernichtung sowie der Verhinderung von Widerstand und Fluchtversuchen beauftragt.

Das Lager war in zwei Sektoren unterteilt. Das nordwestliche Areal, Lager A, umfasste Verwaltungsgebäude und Unterkünfte, den Bahnsteig und die Eisenbahnschienen. Nachdem die Juden aus den Zügen geholt worden waren, wurden sie auf dem Hof neben dem Bahnsteig zusammengetrieben und mussten sich dort in einer Baracke ausziehen; ihre Habseligkeiten wurden in einem anderen Gebäude gelagert. Die Gaskammern, die vom Rest des Lagers durch einen Zaun abgetrennt waren, befanden sich im Lager B. Lager A und B waren durch eine Art Tunnel von etwa zwei Metern Breite

---

[326] Zu den hier aufgeführten Lagern siehe auch Encyclopedia of camps and ghettos 1933-1945, hrsg. vom United States Holocaust Memorial Museum, vol. 1, bearbeitet von Geoffrey Megargee, Bloomington 2009 und vol. 2, bearbeitet von Martin Dean, Bloomington 2012.

miteinander verbunden, und durch ihn wurden die nackten Häftlinge in die Gaskammern geführt.

Die Vernichtung begann am 17. März 1942. Etwa 700 bis 1000 Häftlinge waren an dem Vorgang beteiligt. Eine Gruppe arbeitete am Bahnsteig und säuberte die Waggons, aus denen die Juden ausgestiegen waren, holte Juden heraus, die zu schwach zum Laufen waren, und entfernte die Leichen. Eine andere Gruppe sortierte die Habseligkeiten der Opfer und sammelte Wertgegenstände. Eine dritte Gruppe schnitt den Häftlingen die Haare ab. Im Lager B arbeiteten Hunderte von Häftlingen. Ihre Aufgabe bestand darin, die Ermordeten aus den Gaskammern zu den Leichengruben zu schaffen. Eine Gruppe, die als die „Zahnärzte" bekannt war, entfernte das Zahngold aus dem Mund der Opfer.

Von 17. März bis Mitte April 1942 wurden etwa 80.000 Juden – 15.000 aus Lemberg, 30.000 aus Lublin und die anderen aus Ostgalizien – in diesem Lager ermordet. Dann wurde deutlich, dass die Einrichtungen den Anforderungen nicht gerecht werden konnten. Die Aktivitäten wurden für einen Monat ausgesetzt, während ein neues Gebäude aus Ziegeln und Zement errichtet wurde. Der Bau enthielt sechs Gaskammern, von denen jede 4 mal 5 Meter maß. Die neuen Gaskammern besaßen eine Tötungskapazität von jeweils 1000 bis 1200 Personen.[327] Im Juli 1942 wurden die Transporte wieder aufgenommen, und bis zum Oktober wurden 130.000 Menschen aus dem Distrikt Krakau und 220.000 aus den Distrikten Lemberg und Ostgalizien, Lublin und Radom in das Lager eingeliefert. Juden aus Deutschland, Österreich und der Tschechoslowakei wurden ebenfalls hier ermordet. Der Plan zur Einlieferung von 220.000 Juden aus Rumänien wurde nicht realisiert, da die rumänische Regierung sich weigerte, sie auszuliefern. Bis zu 500.000 Juden und weitere Tausende von „Zigeunern" wurden in Belzec ermordet. Im Dezember 1942 wurde das Lager liquidiert, und zu dieser Zeit war die Mehrzahl der Juden im Generalgouvernement bereits ermordet.

Von Dezember 1942 an wurden die Massengräber geöffnet und die Leichen in einer eigens zu diesem Zweck gebauten Einrichtung

---

[327] Nach Angaben des aus Belzec geflohenen ehemaligen Funktionshäftlings Rudolf Reder wurden jeweils 750 Personen in die Gaskammern getrieben; Robert Kuwałek, Das Vernichtungslager Bełżec, Berlin 2013, S. 190.

verbrannt. Die Einäscherung wurde bis zum Frühjahr 1943 fortgesetzt. Die Asche der Opfer wurde vergraben und das Land gepflügt und mit Bäumen bepflanzt.

Nach der Auflösung des Lagers wurden die 600 überlebenden Juden in das Lager Sobibor überführt und dort ermordet. In der letzten Phase wurde das Lager Belzec von SS-Hauptsturmführer Gottlieb Hering kommandiert. Die Umgebung des Lagers wurde von sowjetischen und polnischen Truppen befreit.

(Wegen der geringen Zahl von Überlebenden ist wenig über Belzec bekannt. Ein Jude mit Namen Rudolf Reder, der vier Monate in dem Lager verbrachte, legte nach dem Krieg eine detaillierte Zeugenaussage ab. Siehe die Zeugenaussage von Rudolf Reder in *Mi-Parashat haShoah*, C-D, und Y. Klausner (Hrsg.), Die Vernichtungslager in Polen, Jerusalem 1947, S. 118–139 [hebr.]. Reders Bericht ist teilweise abgedruckt in Peter Longerich (Hrsg.), Die Ermordung der europäischen Juden. Eine umfassende Dokumentation des Holocaust 1941-1945, München 1989, S. 362-367. Siehe auch Arad, Operation Reinhard Death Camps, in: Encyclopedia of the Holocaust, S. 174–179.)

Das Lager **Bieniów** wurde im März 1942 eingerichtet und im Oktober 1943 aufgelöst.
(Wieliczker, Manuskript, S. 18.)

Das Lager **Biszów** wurde im Mai 1942 in der Nähe von Skole eingerichtet. Der Kommandant war ein ukrainischer Polizist. Am 1. Oktober wurden die 26 überlebenden Häftlinge nach Belzec deportiert.
(Wieliczker, Manuskript, S. 18.)

Das Lager **Bolechów** in der Nähe von Stryj. Im November 1942 wurden an verschiedenen Orten in dieser Stadt Zwangsarbeitslager eingerichtet: in der Nähe der Sägemühle „Delta", neben einer Gerberei und nicht weit von einer Fabrik für Fässer. Zu Beginn des Jahres 1943 wurden ungefähr 900 Juden in diesen Lagern zusammengefasst; diese Zahl stieg auf maximal 2500. Im Frühjahr 1943 begann in diesen Lagern die Selektion. Am 22. August 1943 wurden die in Bolechów verbliebenen Juden in ein Lager zusammengelegt und am nächsten Tag, dem 23. August, auf die Friedhöfe verschleppt und ermordet.
(Katzmann-Bericht, S. 8; Gedenkbuch der Märtyrer von Bolechów, S. 117–152.)

Das Lager **Bórki-Wielkie** in der Nähe von Tarnopol wurde im November 1941 eingerichtet. Dort waren Juden aus Bozdanów, Chorostków, Tarnopol, Glosta, Skole, Skałat und Podhajce inhaftiert. Die Zahl der Häftlinge – ausschließlich Juden – belief sich auf ungefähr 500, stieg jedoch auf 5000 an. In einer späteren Phase wurde das Lager dem Lager Maksimowka angeschlossen. Im Juli 1943 verschlossen die Deutschen die beiden Häftlingsbaracken im Lager und steckten sie mit den Insassen in Brand. Die Kommandanten des Lagers, die abwechselnd Dienst taten, waren Wietsk, Lambor, Schwach und Thomas Hasenberg. Das Lager wurde von seinem letzten Kommandanten, einem SS-Angehörigen mit Namen Frammer, liquidiert. Dank der Hilfe von Partisanen überlebten mehrere Juden.
(Katzmann-Bericht, S. 8; Zeugenaussagen von Mordechai Horowitz, YVA, O33/1102, und Zosia Cymerman, YVA, O33/1224.)

Das Lager **Borysław**. Im Oktober 1942 wurden alle in der Ölindustrie tätigen jüdischen Arbeiter in einem separaten Lager in dieser Stadt zusammengefasst. Der Kommandant des Lagers war Obersturmführer Hildebrand. Zur Zeit der größten Belegungsdichte beherbergte es ungefähr 1500 Juden. Die Deutschen liquidierten das Lager im April 1944. Etwa 600 Gefangene wurden in das Lager Plaszow in der Nähe von Krakau überführt.
(Katzmann-Bericht, S. 8; Gedenkbuch für Drohobycz, Borysław und Umgebung; Zeugenaussage von Tamar Sokal, YVA, O33/1552; Pinkas ha-Kehillot, Ostgalizien, S. 38.)

Das Lager **Brody** wurde im Februar 1942 eingerichtet; dort waren 364 Juden inhaftiert. Der Kommandant war Hauptsturmführer Friedrich Warzok, der von Untersturmführer Vogel abgelöst wurde. Als das Lager im November 1943 liquidiert wurde, befanden sich dort ungefähr 600 Juden. Einige von ihnen wurden in den Wäldern von Brody erschossen, die Übrigen in das Lager Janowska in Lemberg überführt.
(Nathan Gelber, „History of the Jews of Brody", in: Yehuda Leib Ha-Cohen Maimon (Hrsg.), Große jüdische Städte, Bd. 6, Jerusalem 1955 [hebr.].)

Das Lager **Bronisławówka** wurde im Februar 1942 errichtet. Am 2. Juli 1943 wurden alle etwa 100 Häftlinge vor Ort erschossen.
(Wieliczker, Manuskript, S. 19.)

Das Lager **Broszniów** in der Nähe von Stanisławów. Einem Bericht zufolge befand sich hier ein Zwangsarbeitslager für Juden, das im Juli 1943 liquidiert wurde.
(Pinkas ha-Kehillot, Ostgalizien, S. 134 f.; Wieliczker, Manuskript, S. 19.)

Das Lager **Brzeżany** wurde im November 1941 eingerichtet und hatte zu dieser Zeit etwa 400 jüdische Häftlinge. Der erste Kommandant, ein Mitglied der deutschen Ordnungspolizei mit Namen Hase, wurde von einem einheimischen volksdeutschen Zivilisten namens Gertz abgelöst. Im Mai 1942 wurden alle Insassen zur Vernichtung nach Belzec deportiert.
(Gedenkbuch für Brzeżany, Narajów und Umgebung; Wieliczker, Manuskript, S. 18; siehe auch die Zeugenaussage von Moshe Glaser, YVA, JM-3364. Für Informationen über die Vernichtung der Juden von Brzeżany siehe Brustin-Bernstein, Der protses, S. 104 f., 139–145.)

Das Lager **Busk** entstand im Mai 1942 und beherbergte etwa 100 Häftlinge. Der Kommandant war Lemer Ludwig U. Weidan. Im November 1943 wurden alle Häftlinge auf die jüdischen Friedhöfe von Busk gebracht und erschossen. Im November 1942 wurde in Busk auf einem Bauernhof der SS, dem Hof des Grafen Kazimierz Badeni, ein weiteres Lager eingerichtet. Es unterstand dem Befehl eines einheimischen volksdeutschen Zivilisten mit Namen Leier. Hier arbeiteten etwa 500 jüdische Häftlinge. Im Mai 1942 wurden sie alle zur Vernichtung nach Belzec deportiert.
(Zeugenaussage von Josef Eisner, YVA, 033/1536; Pinkas ha-Kehillot, Ostgalizien, S. 428–503; Wieliczker, Manuskript; Zeugenaussage von Hilda-Anna Erdlin, YVA, 033/638.)

Das Lager **Chorostków** in der Nähe von Tarnopol wurde im Mai 1943 eingerichtet. Im Verlauf der „Liquidierungsaktion" im Juli 1943 wurde es samt seinen 1000 Insassen in Brand gesteckt.
(Gedenkbuch für die Gemeinde Badziechów und Umgebung, S. 343–408; Pinkas ha-Kehillot, Ostgalizien, S. 489; Zeugenaussage von Leon Bernstein, YVA, 033/273; anonyme Zeugenaussage, Moreshet Archive, A/801.)

Am 15. Dezember 1941 richteten die Deutschen in **Czortków** ein Arbeitslager für Handwerker ein. In der ersten Phase lebten dort 530 Menschen. Im Hof wurden Baracken für die Arbeiter und ihre Familien errichtet. Gelegentlich holten die Deutschen eine Gruppe von Juden aus dem Lager (vornehmlich Familienangehörige der Arbeiter), führten sie in den die Stadt umgebenden Wald und ermordeten sie. Am 23. Juni 1943 wurde das Arbeitslager umstellt, und nach einer Selektion wurden die meisten Handwerker in einen Wald in der Nähe der Straße nach Jagielnica gebracht und dort ermordet. Am 1. Juli 1943 wurden die wenigen überlebenden Juden in zwei Gruppen aufgeteilt, von denen die eine in das Arbeitslager von Hłuboczek Wielki überführt und die andere auf einen Bauernhof in Swidowa gebracht wurde. Die Landarbeiter waren den Banden der ukrainischen Nationalisten ausgeliefert, die in der Gegend plünderten und mordeten. Im September 1943 wurde Czortków offiziell für *judenfrei* erklärt. Im Februar 1942 war ein weiteres Lager eingerichtet worden, das 2000 Juden aufnahm; es wurde von einem SS-Angehörigen mit Namen Thomanek kommandiert. Das Lager wurde im Juli 1943 liquidiert und alle Juden wurden hingerichtet. (Zeugenaussage von B. Seidenberg, YVA, 03/324. Für Informationen über die Vernichtung der Juden von Czortków und Umgebung siehe Brustin-Bernstein, Der protses, S. 106–149 und die Anmerkungen auf S. 140 ff. Für weitere Information über das Lager Czortków siehe das Tagebuch von Gerthe Hoellander, YVA, 033/774 und JM-2615, sowie Pinkas ha-Kehillot, Ostgalizien, S. 449.)

Das Lager **Czystyłów** in der Nähe von Tarnopol wurde im Januar 1943 eingerichtet, hatte 1700 Häftlinge und unterstand dem Befehl von Untersturmführer Wilhelm Rokita. Im August 1943 wurde das Lager liquidiert und alle Häftlinge wurden nach Tarnopol überführt.
(Wieliczker, Manuskript, S. 24.)

Das Lager **Dornfeld** in der Nähe von Czercz in der Umgebung von Lemberg. Über dieses Lager liegen keine Informationen vor.
(Wieliczker, Manuskript, S. 20.)

Das Lager **Drohobycz**. Am 8. Mai 1943 gab es sechs Zwangsarbeitslager in Drohobycz und der näheren Umgebung. Die deutsche Wehrmacht richtete ein weiteres Arbeitslager auf einem Bauernhof ein, und zwar in der Vorstadt Hierowka, wo 250 Frauen und Männer inhaftiert waren. Ende 1943 stieg die Belegung an. Die Häftlinge wurden zum Anbau von Gemüse und Heilkräutern sowie zur Zucht von Hühnern und einer qualitativ hochwertigen Rasse von Kaninchen eingesetzt.

Ende 1942 richtete die SS ein Lager in der Gorenczerska-Straße mit Schuh- und Schneiderwerkstätten ein. In einer besonderen Abteilung wurde Frauenbekleidung für die deutschen Familien in der Stadt genäht. In einem Lagerhaus wurden die Habseligkeiten von Juden aufbewahrt, die in Vernichtungslager geschickt worden waren, und eine Gruppe von Lagerinsassen war mit ihrer Sortierung beauftragt. Ein weiteres Lager wurde auf dem Gelände einer großen Ziegelbrennerei in der Nähe von Górka eingerichtet. Im Oktober 1942 beherbergte dieses Lager 1200 Juden aus allen Orten der Umgebung. Im März 1943 wurden 800 Personen aus dem Lager abtransportiert, in einen nahen Wald gebracht und dort erschossen. Auch die Klinker-Zementwerke besaßen ein Arbeitslager, in dem 250 Juden schufteten.

Am 15. Juli 1943 wurden alle Arbeiter des Lagers Górka nach Bronice gebracht und ermordet. Fünf Tage später führten 50 ukrainische Polizisten eine Razzia im Lager Hierowka durch, nahmen 280 Arbeiter mit und führten sie auf einen Hof vor dem Distriktgericht, der zu dieser Zeit als Sammelplatz für Personen diente, die ermordet werden sollten. Am 24. Juni 1943 wurden die jüdischen Arbeiter der Klinker-Zementwerke abgeholt und hingerichtet.[328] Am selben Tag wurden in Bronice 150 Kunsthandwerker getötet. Im September wurden die Arbeiter in den Ölunternehmen in großen Gruppen hingerichtet, obwohl sie Abzeichen besaßen, die sie als geschützte Arbeiter auswiesen. Verschiedene Zeugenaussagen halten fest, dass einer der deutschen Leiter dieses Unternehmens, Egon Schulz, seine Angestellten aus humanitären Gründen schützen wollte, aber vergeblich. Am 13. Dezember 1943 fand im Lager eine weitere Selektion statt, und 200 Personen wurden zur Hinrichtung nach Bronice gebracht.

---

[328] Dieter Pohl gibt als Datum der Auflösung des Lagers der Klinker-Zement in Drohobycz den 24.8.1943 an und fügt hinzu, dass einige Häftlinge von der Karpaten Öl-AG übernommen, die meisten jedoch von der Sicherheitspolizei ermordet wurden; ders., Nationalsozialistische Judenverfolgung in Ostgalizien 1941-1944, S. 358.

(Pinkas ha-Kehillot, Ostgalizien, S. 160–171; Zeugenaussage von Avraham Kirschner, Moreshet Archive, C/6.5.4; Zeugenaussagen von Konrad Nadel, YVA, JM/2794, sowie Josefa und Josef Fischer, YVA, 033/488; Gedenkband für Drohobycz, Borysław und Umgebung; Brustin-Bernstein, Der protses, S. 100–111, 143 f.)

Das Lager **Grabowce** entstand im Juli 1942 und hatte etwa 800 Häftlinge; es wurde am 17. Juli 1943 liquidiert. Alle Häftlinge wurden an Ort und Stelle erschossen.
(Wieliczker, Manuskript, S. 20.)

Das Lager **Gródek-Jagielloński** an der Durchgangsstraße 4 in der Nähe von Gródek, zwischen Przemyśl und Lemberg wurde im März/April 1943 eingerichtet. Das Personal, das etwa 50 Häftlinge beaufsichtigte, setzte sich aus zwei Ukrainern und zwei jüdischen Polizisten zusammen. Das Lager unterstand dem Befehl von Adolf Kolonko, der es auch liquidierte. Kolonko war aus dem Lager Janowska nach Gródek versetzt worden. Im März 1943, zwei Monate, nachdem das Ghetto in Gródek aufgelöst worden war, richteten die örtlichen Behörden, denen nun Arbeitskräfte fehlten, hier ein weiteres Arbeitslager ein – ein Außenlager des Lagers Janowska in Lemberg. Etwa 160 bis 300 junge jüdische Männer arbeiteten hier und waren in einem Gebäude in der Koliowa-Straße untergebracht, das als Schechter-Haus bezeichnet wurde. All diese Lager wurden im Mai 1943 liquidiert. Die Deutschen steckten das Schechter-Haus mit seinen jüdischen Bewohnern in Brand. Wer versuchte zu fliehen, wurde erschossen.
(Morgel, Grayding [Gródek-Jagielloński] Book; Zeugenaussage von Moshe Farder, YVA, 033/1513; Pinkas ha-Kehillot, Ostgalizien, S. 148; siehe zudem die Zeugenaussagen von Ya'akov Chamaydes, Jüdisches Historisches Komitee, Nr. 4719, und A. Gesund, Jüdisches Historisches Komitee, Nr. 2187.)

Das Lager **Grzędy** in der Nähe von Lemberg wurde am 1. November 1941 eingerichtet; 60 bis 100 Juden lebten dort. Am 22. November 1942 wurden einige Insassen in das Lager Janowska überführt; die anderen wurden nach Belzec deportiert.
(Wieliczker, Manuskript, S. 19.)

In **Grzymałów** wurde ein Arbeitslager für Juden eingerichtet, die mit dem Straßenbau in der Umgebung beauftragt wurden. Die

Deutschen brachten etwa 3000 Juden, die vorwiegend aus anderen Gegenden stammten, in drei Lagergebäuden unter. Im Oktober 1942 wurde die jüdische Gemeinde von Grzymałów aufgelöst, als die Juden in das Ghetto von Skałat überführt wurden, und das Arbeitslager blieb die einzige jüdische Enklave. Die Deutschen liquidierten das Lager im Januar 1943 und setzten die Gebäude mit den Insassen in Brand, sodass die meisten bei lebendigem Leib verbrannten.
(David Kahana, Blutiges Zusammentreffen (geschrieben und redaktionell bearbeitet von Bela Gutterman), Tel Aviv 1991, S. 53 [hebr.]; Pinkas ha-Kehillot, Ostgalizien, S. 139 f.; Zeugenaussage von Simon Turkel, YVA, 033/722.)

Das Lager **Hermanów** wurde im März/April 1942 eingerichtet und im Oktober desselben Jahres aufgelöst. Seine 250 jüdischen Insassen waren beim Bau der DG/4 eingesetzt. Das Lager unterstand dem Befehl von Scharführer Ernst Hainisch.
(Pinkas ha-Kehillot, Ostgalizien, S. 67, 516; Wieliczker, Manuskript, S. 20.)

Das Lager **Hłuboczek Wielki** in der Nähe von Tarnopol wurde im März 1942 eingerichtet. Dort waren etwa 2000 jüdische Häftlinge untergebracht. Am 16. Juli 1943 wurde das Lager samt seinen Insassen in Brand gesteckt.
(Katzmann-Bericht, S. 8; Zeugenaussage von Otto Schermann, YVA, 033/1489.)

Das Lager **Hohensalza**. Zeugenaussagen zufolge befand sich in der Nähe dieser Stadt ein Straflager.
(Zeugenaussagen von Yitzhak Lichtenstein, YVA, 033/135, und Maurice Weisenberg, YVA, 033/1520.)

Das Lager **Huta Komorowska**. Über dieses Lager liegt nur eine einzige Zeugenaussage vor.
(Zeugenaussage von Yosef Reisenbaum, Moreshet-Archive, A/459.)

Das Lager **Hutka**, in der Nähe von Rawa Ruska, wurde 1942 eingerichtet und unterstand dem Befehl eines SS-Mannes mit Namen Hill. Im März 1943 wurden alle 70 Insassen ermordet.
(Wieliczker, Manuskript, S. 20.)

Das Lager **Jagielnica** in der Nähe von Czortków wurde im Dezember 1942 eingerichtet. Die meisten der jungen Männer in diesem Lager waren verschleppt und zurzeit der Menschenjagden und Transporte in die Arbeitslager hierher gebracht worden. Im Frühjahr und Sommer 1942 wurde eine große Zahl von Juden aus dieser Stadt, einschließlich Frauen, auf den umliegenden Bauernhöfen zur Arbeit eingesetzt, um eine Pflanze anzubauen, von der die Deutschen hofften, dass sie damit Gummi gewinnen könnten. Einer Quelle zufolge wurden diese Arbeitskräfte von deutschen und ukrainischen Polizisten im Juli 1943 erschossen.
(Wieliczker, Manuskript, S. 24; Pinkas ha-Kehillot, Ostgalizien, S. 279 f.)

Das Lager **Jaktorów** entstand im November 1941 und wurde in zwei Phasen liquidiert: Im Mai 1942 wurden nach dem Ausbruch einer Typhusepidemie alle Insassen des Lagers – 150 Männer und 15 Frauen – ermordet und durch andere Juden ersetzt. Im Mai 1942 stieg die Zahl der jüdischen Häftlinge auf 3700. Das Lager unterstand dem Befehl von Scharführer Vox und wurde von einer Mannschaft ukrainischer Polizisten verwaltet. Die endgültige Auflösung des Lagers führte Oberscharführer Lambor im Juli 1943 durch.
(Katzmann-Bericht, S. 8; Zeugenaussagen von Zofia Pohoryles, YVA, 03/1017; Ester Katz, YVA M.1/E/860; Isidor Feirstein, YVA, M.1/E/489; Eliahu Friedel, YVA 03/3140; Karolina Berger, YVA, 03/2982; Klara Chaya Geller-Brandt, YVA, 03/706; Stella Blum, YVA, 033/138; Simcha Stetfeld, Moreshet Archive, A/575; Gedenkbuch der Gemeinde Jaktorów und Umgebung, S. 95; Zeugenaussage von Meir Heller, Archive des Jüdischen Historischen Komitees, Polen, Nr. 4716, Henryk Altshiller, Nr. 1154, Y. Lizan, Nr. 1486, Ya'akov Trinkhaus, Nr. 2483.)

Im Lager **Jaryczów Nowy** lebten 90 bis 250 Häftlinge. Es wurde am 20. März 1942 eingerichtet und im Juli 1943 liquidiert. Einer der Kommandanten des Lagers war SS-Sturmführer Grieshaber; er wurde von Hauptsturmführer Grzimek abgelöst, der anschließend in das Lager Janowska versetzt wurde.
(Zeugenaussagen von Dossia Blaustein, YVA, 033/1244, Romuld Paporish, YVA, 033/651; Simcha Stetfeld, Moreshet Archive, A/575; Pinkas ha-Kehillot, Ostgalizien, S. 286 f.)

Vor der Einrichtung des Lagers **Jaworów** in der gleichnamigen Stadt wurden die Juden in die Arbeitslager Płuhów, Kozaki, Lackie Wielkie und Jaktorów sowie in das Lager Janowska geschickt. Am 15. November 1942 wurde in dieser Stadt außerhalb des Ghettos ein Arbeitslager eingerichtet. 50 Häftlinge wurden dort in Projekten eingesetzt, die für die deutsche Wirtschaft von eminent wichtiger Bedeutung waren. Einer Häftlingsgruppe gelang die Flucht in den Wald; sie nahm Kontakt mit den Partisanen auf. Obwohl sie Waffen besaßen, wurden mehrere auf dem Weg in die Wälder getötet.
(Gedenkbuch für die Gemeinde Jaworów und Umgebung; Druk, Yidnstat Jaworów, S. 85; Pinkas ha-Kehillot, Ostgalizien, S. 274–278.)

Das Lager **Jezierna** wurde im Februar 1942 eingerichtet (einer anderen Quelle zufolge im Oktober oder November 1941) und hatte 2000 Häftlinge. Mit der Zeit wurden Juden aus den Dörfern der Umgebung und aus den Städten Kozłów, Borszczów, Czortków und Kopyczyńce hierhergebracht. Nebenan wurde ein kleines Frauenlager eingerichtet, dessen Häftlinge verschiedene Dienstleitungen für das Männerlager verrichteten (Wäsche, Mahlzeiten, Reinigung). Die Kommandanten des Lagers waren Oyst und Hasenberg. Etwa 20.000 Juden durchliefen dieses Lager. Am 30. Juni 1943 wurde es liquidiert. Die Baracken wurden in Brand gesteckt, und alle Häftlinge verbrannten bei lebendigem Leib.
(Katzmann-Bericht, S. 8; Zeugenaussagen von Romuld Paporish, YVA, 033/651; Josef Lieblich, YVA, 03/1356; Dossia Blaustein, YVA, 033/1244; Pinkas ha-Kehillot, Ostgalizien, S. 291 ff.)

In **Kamionka** richteten die Deutschen zwei Zwangsarbeitslager für Juden ein. Kamionka 1 bestand aus den Ställen des Bauernhofs Fedorowicz. Dort führten mehrere Hundert Häftlinge verschiedene Landarbeiten aus. Kamionka 2 wurde 1941 in Romanowe Sioło eingerichtet, war größer und hatte 800 jüdische Häftlinge. Ende 1942 oder Anfang 1943 richteten die Deutschen zwei Außenlager ein: Kamionka 3 in Podwołoczyska sowie Kamionka 4. Die meisten dieser Lager wurden in der zweiten Julihälfte 1943 liquidiert, und zu dieser Zeit wurden auch die meisten Häftlinge ermordet. Die anderen wurden im Verlauf von „Aktionen" in den umliegenden Städten vernichtet. Sie wurden nach Kamionka gebracht und dort ermordet.

Schätzungsweise etwa 5000 Juden kamen in den Lagern von Kamionka ums Leben.
(Katzmann-Bericht, S. 8; Pinkas ha-Kehillot, Ostgalizien, S. 531 f.; Zeugenaussagen von Ya'acov Leopold, YVA, M.1/E/226/93, und Ludowski, M.1/E/226/91.)

Das Lager **Kamionka Strumiłowa** entstand im November des Jahres 1941 und wurde am 10. Juli 1943 aufgelöst. Die 600 Häftlinge wurden aus allen umliegenden Ortschaften hierhergebracht; einige waren junge Juden aus Kamionka selbst. Mehr als 5000 Juden kamen hier ums Leben. Die Befehlshaber waren Anton Siller, der der SS angehörte und später in das Lager Stupki abkommandiert wurde, sowie Peter Blum, der hier im Winter 1942/43 eingesetzt war. Beide hatten zuvor im Lager Janowska Dienst getan.
(Zeugenaussage von Otto Schermann, YVA, 033/1489; für Statistiken über den Massenmord an Juden in Kamionka Strumiłowa und Umgebung siehe Brustin-Bernstein, Der protses, S. 112 f. und die Anmerkungen zu den Tabellen auf S. 143 f.)

Das Lager **Kopany** wurde im März des Jahres 1942 eingerichtet und im Juli 1943 liquidiert. Weitere Einzelheiten sind nicht bekannt.
(Wieliczker, Manuskript, S. 33.)

Das Zwangsarbeitslager **Korolówka** wurde auf einem großen Bauernhof außerhalb der Stadt gleichen Namens eingerichtet und war von mehreren Dutzend Juden bewohnt, die übriggeblieben waren, nachdem die jüdische Gemeinde von Korolówka am 22. Oktober 1942 liquidiert worden war. Am 23. November 1943 wurden alle Häftlinge im Lager von der ukrainischen Polizei hingerichtet.
(Wieliczker, Manuskript, S. 33.)

Das Lager **Kosów** im Distrikt von Stanisławów. Am 7. November 1942 wurden alle Juden hingerichtet und die Stadt wurde für *judenfrei* erklärt.
(Zeugenaussagen von Jehoshua Gertler, YVA, 033/143; Donia Rosen, YVA, 033/948; YVA, 033/1081; Jehoshua Gertler, Die blutige Affaire von Kosov und Umgebung, Jerusalem 1944 [hebr.]; Kosov-Buch, Tel Aviv 1964; Great Jewish Cities: Stanisławów, M.1/E-226/91; Zeugenaussage von David Cohen, Moreshet Archive, A/791.)

Das Lager **Kozaki** in der Nähe von Złoczów wurde im Januar 1942 eingerichtet und unterstand dem Befehl von Obersturmführer Hildebrand, auf den Scharführer Gebek folgte. Etwa 3000 Häftlinge waren in dem Lager interniert. Mit der Zeit verringerte sich ihre Zahl auf etwa 2000. Im Januar 1943 wurden sie alle ermordet.
(Katzmann-Bericht, S. 8; Zeugenaussage von Ya'acov Leopold, YVA M.1/E/226/93. Dieses Liquidierungsdatum nennt das Zentrale Historische Komitee in München, 226/97. Doch der Bericht Katzmanns nennt ein Lager Kozaki, das am 27. Juni noch bestand. Siehe Wieliczker, Manuskript, YVA, M.1/E/160.)

Das Lager **Kurowice** wurde im September 1941 eingerichtet und im Juli 1943 liquidiert. Es lag etwa 30 Kilometer von Lemberg entfernt in dem Dorf gleichen Namens. 300 bis 400 Häftlinge waren dort untergebracht. Die Mannschaft des Lagers setzte sich aus 15 ukrainischen Polizisten und ehemaligen Soldaten der Wlassow-Armee zusammen. Das Lager unterstand bis zum Herbst des Jahres 1942 dem Befehl von Ernst Epple. Sein Stellvertreter war Ernst Hainisch, der später den Befehl über das Lager Hermanów übernahm. Hainisch wurde von einem Mann namens Weinert abgelöst. Als Epple an die Front versetzt wurde, löste ihn ein Mann namens Kempke ab, und dieser liquidierte das Lager. 1941 wurden auch Juden aus Bóbrka und Gliniany in dieses Lager gebracht.
(Katzmann-Bericht, S. 8; siehe die Zeugenaussagen von Eliahu Friedel, YVA, 03/3140; Mendel Danziger, YVA, M.1/E/446; Ya'acov Leopold, YVA, M.1/E226/93M; Simcha Stetfeld, Moreshet Archive, A/575, und David Nir, Moreshet Archive, A-306. Am 13. August 1967 und im Januar 1968 veröffentlichte die in Lemberg herausgegebene ukrainische Zeitung *Vilna Ukraina* (Freie Ukraine) zwei Ar-

tikel, die von V. Federenko unterzeichnet waren. Der Verfasser präsentierte Interviews mit zwei Einwohnern des Dorfes, Grigori Kirilovich und Nazarenko, sowie Zeugenaussagen von mehreren ehemaligen Häftlingen des Lagers: Salo Schleicher, Simon Zinn, Moshe Grüngarten, Schlumper, Kehat Berger und Aryeh Schmieder. Siehe auch die Zeugenaussagen der Vohergenannten im Prozess gegen 17 ehemalige Angehörige der SS, die von 1942 bis 1944 in Lemberg, Kurowice und in Lagern und Ghettos in ganz Ostgalizien eingesetzt waren. Protokoll des Prozesses: YVA, TR-10/696. Siehe auch Yones, Die Straße nach Lemberg, S. 38–43.)

Das Lager **Lackie Wielkie** entstand im Herbst 1944 mit etwa 500 Juden. Das Lager besaß ein Außenlager in Mytolin. Zunächst wurde Lackie Wielkie von Friedrich Warzok kommandiert, der danach den Befehl über das Lager Janowska erhielt. Die Mehrzahl der Häftlinge wurde in das Lager Jaktorów verlegt, einige nach Janowska, und einige brachte man in die Wälder von Jaktorów und erschoss sie dort. (Katzmann-Bericht, S. 8; Zeugenaussagen von Esther Katz, YVA, M.1/E/869; Ya'akov Leopold, YVA, M.1/E226/93; Gedenkbuch der Gemeinde von Jaworów und Umgebung, S. 348; sowie die oben zitierten Zeugenaussagen in den Archiven des Jüdischen Historischen Komitees in Polen.)

Das Lager **Laszki** in der Nähe von Rawa Ruska wurde von Johann Zombaren befehligt.
(Wieliczker, Manuskript, S. 26.)

Das Lager **Lawrykowce** in der Nähe von Tarnopol wurde im November 1941 eingerichtet. Die etwa 300 Juden unterstanden dem Befehl von Scharführer Kempke, der von Rottenführer Kapicare abgelöst wurde. Das Lager wurde im November 1942 liquidiert und alle Häftlinge wurden nach Zborów überführt.
(Quellen: siehe oben.)

Lemberg

In Lemberg wurden folgende Zwangsarbeitslager eingerichtet (siehe Kapitel 7):

Das Lager in der **Czwartaków-Straße** befand sich mitten im „Deutschen Wohnviertel" in einer schmalen Gasse zwischen Potockiego- und Listopada-Straße. Es wurde eingerichtet, damit sich die Deutschen ohne Hilfe des Judenrats mit Arbeitskräften versorgen konnten. Offiziell wurde es als „Erziehungslager" bezeichnet. Das Lager leitete zunächst ein Hauptsturmführer, den die Deutschen „Rudi" nannten. Er erschoss regelmäßig eigenhändig Juden oder hängte Häftlinge an einem Galgen auf, den er hatte errichten lassen. Ihm folgte Obersturmbannführer Robert Gschwendtner, der aus den Büros des Judenrats Juden, die sich zufällig dort aufhielten, verschleppte. Auch Oberscharführer Mansfeld tat zusammen mit seinem jüdischen Lakaien Labiner im Czwartaków-Lager Dienst. Danach stand Mansfeld dem Julag, dem Lemberger Ghetto, vor. Am 16. März 1943 wurde SS-Rottenführer Albert Keil im Lager in der Czwartaków-Straße getötet. Einem der Berichte zufolge wurde er von einem Baumeister namens Kotnowski erschossen; nach einer anderen Version beging die Tat ein jüdischer Fahrer, den Keil regelmäßig gequält und mit einer Eisenstange auf den Kopf geschlagen hatte. Aus Vergeltung wurden alle Juden im Lager in der Czwartaków-Straße – etwa 200 an der Zahl – am selben Tag erschossen.

Die Zitadelle: Im Juli 1941 richteten die Deutschen in einer alten Festung in der Lemberger Innenstadt ein Lager für sowjetische Kriegsgefangene ein. Tausende von Kriegsgefangenen wurden in der feuchten, eisigen Enge der Festung unter unmenschlichen Bedingungen inhaftiert und schufteten Tag und Nacht für die Deutschen.

Der sowjetischen Untersuchungskommission zufolge, welche die Verbrechen der Deutschen nach dem Krieg untersuchte, waren die Bedingungen in dem Kriegsgefangenenlager solcherart, dass die Insassen nur wenige Monate überlebten. Es wird geschätzt, dass mehr als 208.000 Kriegsgefangene dieses Lager durchliefen, von denen 140.000 durch Hunger, Kälte, Krankheiten und Hinrichtun-

gen ums Leben kamen. Als die Mitglieder der Kommission das Gebäude der Zitadelle besichtigten, fanden sie an einer der Mauern folgende Inschrift: „Hier verhungerten Tausende russischer Kriegsgefangener. 22. Januar 1944".
(Siehe den Bericht der Kommission, Soobstshenie... Ogiz-gosizdat, 1945, S. 13; Betti Ajzenstajn (Hrsg.), Ruch podziemny w gettach i obzach; materiały i dokumenty, Warschau 1946.)

Das Lager **Łopatyń** in der Nähe von Radziechów wurde am 1. Mai 1942 eingerichtet. Eine große Gruppe von Männern wurde in die Wälder in der Nähe des Dorfes Hrycowola geschickt, um Holz für die Herstellung von Terpentin zu schlagen. Nach der Deportation der Juden des Dorfes ließen die Deutschen zwölf jüdische Familien zurück und beauftragten sie mit der Sammlung von Altmetall und dem Brennen von Schnaps. Ein jüdischer Arzt, Mitglieder seiner Familie und ein Apotheker wurden ebenfalls am Leben gelassen. Offensichtlich wurden sie alle in der zweiten Hälfte des Jahres 1943 hingerichtet. Der Kommandant war ein ukrainischer Polizist. Am 15. November 1942 wurden alle 60 verbleibenden Juden nach Belzec zur Ermordung deportiert.
(Pinkas ha-Kehillot, Ostgalizien, S. 300; Wieliczker, Manuskript, S. 26; Gedenkbuch für die Gemeinden von Radziechów, Lopatiń und Umgebung, S. 340.)

Das Lager **Maksimowka** in der Nähe von Tarnopol wurde im Oktober 1942 für etwa 400 Häftlinge eingerichtet. Im Juli 1943 wurden sie zusammen mit den Häftlingen von Borki Wielkie ermordet.
(Wieliczker, Manuskript, S. 28.)

Das Lager **Mosty Wielkie** entstand im Dezember 1942 mit etwa 2500 Häftlingen. Einem Bericht zufolge wurde es von Major Kruppe kommandiert, einem Offizier der Wehrmacht aus Wien, der die Häftlinge menschlich behandelte. Er wurde von SS-Obersturmführer Schulze abgelöst, der die Häftlinge ebenfalls nicht misshandelte. Das Lager wurde am 1. Mai 1943 liquidiert, und die 2700 Häftlinge wurden nach Potylicz und Komionka-Lipnik überführt.
(Pinkas ha-Kehillot, Ostgalizien, S. 313–317.)

Das Lager **Nadwórna** in der Nähe von Stanisławów entstand im Oktober 1941. Ein deutscher Zivilist namens Weber befehligte dort

ungefähr 1500 Häftlinge. Das Lager wurde am 1. November 1942 liquidiert; das Schicksal der Häftlinge ist unbekannt.
([Nadwórna] Zeugenaussagen und Gedenkbuch [o.O.], 1975.)

Das Lager **Niemirów** in der Nähe von Rawa Ruska wurde im Oktober 1942 eingerichtet und unterstand dem Befehl eines ukrainischen Polizisten. Bevor es liquidiert wurde, wurden 40 Häftlinge in ein Lager in der Nähe von Stanisławów überführt, 150 nach Winniki und Jaktorów geschickt, 100 nach Rawa Ruska und 200 in andere Lager. Die verbleibenden Häftlinge wurden 1943 erschossen.
(Pinkas ha-Kehillot, Ostgalizien, S. 338 ff.; Wieliczker, Manuskript, S. 28.)

Das Lager **Oharska** in der Nähe von Stryj war ein Bauernhof, der vormals zum Herzogtum Lubomirski gehört hatte und den die SS besetzte. Dort befand sich Vieh sowie Werkstätten zur Reparatur von Ausrüstung und eine Schnapsbrennerei für die Wehrmacht. Das Lager unterstand dem gemeinsamen Befehl eines SS-Hauptsturmführers und einer Gruppe von SS-Leuten aus den Niederlanden, welche die Häftlinge in ihrer Gewalt mit außergewöhnlicher Brutalität behandelten. Die Häftlinge waren Juden, vorwiegend gelernte Arbeiter, die aus Stryj und anderen Orten der Umgebung hierher gebracht worden waren. Aus dem Gefängnis in Lemberg wurden zudem polnische Häftlinge eingeliefert. Der Befehl zur Liquidierung des Lagers wurde am 7. August 1943 erteilt.
(Wilczur, Do nieba nie można od razu, S. 83 f.)

Das Lager **Olesko** in der Nähe von Brody wurde im Februar 1942 eingerichtet, und hier arbeiteten etwa 400 Juden. Der Kommandant war Walther Lambor. Das Lager wurde im Dezember 1943 aufgelöst, und alle Häftlinge wurden an Ort und Stelle ermordet.
(Protokoll des Stuttgarter Prozesses, TR/518; Pinkas ha-Kehillot, Ostgalizien, S. 56.)

Das Lager **Ostrów**, in der Nähe von Złoczów, wurde im Juni in der Nähe des Winniki-Lagers eingerichtet und unterstand dem Befehl von Scharführer Szymczek. Etwa 150 Juden waren hier interniert. Am 20. Juli 1943 wurden sie alle in die Jaktorów-Dünen verschleppt und erschossen.

(Das Lager wird im Katzmann-Bericht, YVA, O-18/14, S. 8, erwähnt. Unter anderem listete Katzmann die am 27. Juni 1943 noch existierenden Lager auf. Er fügte jedoch hinzu, dass auch diese Lager nach und nach liquidiert werden würden.)

Das Lager **Pluchów** entstand im Sommer des Jahres 1941 unter dem Befehl von Obersturmführer Reddie und hatte 1500 Häftlinge. Im Juni 1943 wurde es durch den SS-Offizier Warzok liquidiert, der zuvor im Mai 1942 die Lager Podkamień und Sasów aufgelöst hatte.
(Pinkas ha-Kehillot, Ostgalizien, S. 254–277.)

Es wird berichtet, dass in dem Lager **Pluchanów** sowohl Kinder als auch Erwachsene geschlagen und bestraft wurden. Weitere Einzelheiten sind nicht bekannt.
(Druk, Yidnstat Jaworów.)

Das Lager **Podhajce** entstand im Frühjahr 1942, um Hunderte von Handwerkern und Arbeitern aufzunehmen, die für die deutsche Wirtschaft von Bedeutung waren. Der erste Standort war ein Gebäude, das zuvor im Besitz des Bursztyner Rabbiners gewesen war; später wurde das Lager in das Haus der Familie Wienlez verlegt, das, obwohl es sich im Stadtzentrum befand, isoliert war. Nach mehreren Selektionen wurde das Lager im Juni 1942 liquidiert.
(Pinkas ha-Kehillot, Ostgalizien, S. 410–414.)

Das Lager **Podkamień** in der Nähe von Brody. Lagerkommandant war Franz Warzok, sein Stellvertreter war Josef Grzimek, der danach dem Lemberger Julag vorstand.
(Wieliczker, Manuskript, S. 31; Pinkas ha-Kehillot, Ostgalizien, S. 414 f. Siehe auch die Zeugenaussage von Feige Glass, YVA, 03/4155.)

Das Lager **Podwołoczyska** wurde vermutlich im März 1942 als Außenlager des Arbeitslagers in Kamionka eingerichtet. Das Lager beherbergte Männer und Frauen; Letztere waren in einem separaten Gebäude untergebracht. In diesem Lager gab es jüdische Kommandanten: den Vorsitzenden des Judenrats Schuler, einen Juden mit Namen Teitelbaum und eine Kommandantin in der Frauenabteilung. Der deutsche Befehlshaber war ein SS-Angehöriger namens Ribak. Das Lager wurde am 28. und 29. Juli 1943 liquidiert. SS-

Männer erschossen die meisten Insassen, etwa 600 an der Zahl, die in einem Massengrab auf dem Feitele-Hügel begraben wurden. Einer Handvoll Juden gelang die Flucht.
(Pinkas ha-Kehillot, Ostgalizien, S. 404–407.)

Das Lager **Popiele** in der Nähe von Borysław entstand im August 1941. Alle 180 Häftlinge wurden im November 1942 nach Belzec deportiert und ermordet.
(Gedenkbuch für Drohobycz, Borysław und Umgebung; Pinkas ha-Kehillot, Ostgalizien, S. 98; Wieliczker, Manuskript, S. 31.)

Das Lager **Potylicz** in der Nähe von Rawa Ruska wurde im Mai 1943 eingerichtet und von Obersturmführer Schultz kommandiert. Im Juni 1943, nur einen Monat nach der Einrichtung des Lagers, wurden alle 1000 Häftlinge nach Rawa Ruska deportiert und erschossen.
(Wieliczker, Manuskript, S. 31.)

Das Lager **Przemyślany** entstand am 21. März als Außenlager von Kurowice und wurde von einem Mann namens Kempke kommandiert. Drei Monate nach seiner Einrichtung wurde das Lager liquidiert; die 250 dort internierten Frauen wurden im Lager erschossen und die Männer nach Kurowice deportiert.
(Korech, Megilat Galina; Pinkas ha-Kehillot, Ostgalizien, S. 440–443; Wieliczker, Manuskript.)

Das Lager **Przemyśl** wurde im November 1942 eingerichtet mit anfänglich 5000 Häftlingen. Es wurde von Josef Schwammberger kommandiert und im Februar 1943 offiziell zum Arbeitslager erklärt. Nach Selektionen am 10. und 11. September wurden etwa 1200 Menschen erschossen; im Lager blieb nur eine kleine Gruppe zurück, um die Leichen einzuäschern. Bevor das Lager liquidiert wurde, lebten dort nur noch 80 Juden. Sie wurden nach Płaszów und in Munitionsfabriken in Skarżysko-Kamienna deportiert.
(Przemyśl-Buch, Tel Aviv 1964; Zeugenaussage von Feivel Pasternak, Archive des Historischen Komitees in München, Nr. 693; Zeugenaussagen von Franja Strudler, YVA, 03/1359; Isser Reis Herz, YVA, 033/1567; Pinkas ha-Kehillot, Ostgalizien, S. 439.)

Das Lager **Pyratyn** in der Nähe von Radziechów wurde am 1. Mai 1942 eingerichtet. Der Kommandant war ein ukrainischer Polizist. Am 15. September 1942 wurden alle ungefähr 100 Häftlinge nach Belzec deportiert.
(Zeugenaussage von Feige Glass, YVA, 03/4155; Pinkas ha-Kehillot, Ostgalizien, S. 498 [Radziechów]; ebenda, S. 254 [Toporów]; ebenda, S. 274 [Jaworów].)

Das Lager **Rawa Ruska** wurde am 15. Dezember 1942 eingerichtet und unterstand dem Befehl von Hauptsturmführer Josef Grzimek, der danach in Janowska Dienst tat. Das Lager war ein deutsches Propagandaobjekt. Anders als in den übrigen Lagern waren die Bedingungen hier zufriedenstellend, da die Deutschen Juden aus ihren Verstecken und aus den Wäldern locken wollten, damit sie sich stellten. Das Lager wurde im Juni 1943 liquidiert. Einige der 300 Häftlinge wurden in das Lager Janowska überführt; alle anderen wurden vor Ort erschossen.
(Zeugenaussage von Josef Eisner, YVA, 033/1536; Wieliczker, Manuskript, S. 34; Pinkas ha-Kehillot, Ostgalizien, S. 498–503.)

Das Lager **Samołuskowce** in der Nähe von Tarnopol wurde im Juni 1942 eingerichtet und von einem ukrainischen Polizisten kommandiert. Am Juli 1943 wurden 23 der hier Inhaftierten an einen unbekannten Zielort geschickt.
(Wieliczker, Manuskript, S. 29.)

Das Lager **Sielec Zawonie** in der Nähe von Mosty Wielkie unterstand dem Befehl von Sturmführer Grüsshaber. Im Verlauf der Liquidierungsaktion in Mosty Wilkie am 10. Februar 1943 wurden die Juden, die nicht an den zuvor ausgehobenen Gruben erschossen worden waren, nach Zawonie gebracht und dort ermordet. Danach erhielten 30 Männer aus dem Lager den Befehl, das Grab im Wald mit Mörtel und Erde zu füllen sowie die Kleidung der Opfer einzusammeln und zu sortieren. Bauern schleppten diese Beute in die Lagerhäuser der Deutschen. Im Mai 1943 wurde das Lager endgültig liquidiert, und die etwa 400 Häftlinge, die sich zur Zeit der Liquidierung noch dort befanden, wurden in das Lager Janowska überführt.
(Wieliczker, Manuskript, S. 34; Pinkas ha-Kehillot, Ostgalizien, S. 316.)

Das Lager **Skala** im Distrikt von Tarnopol war ein Arbeitslager, das im Herbst 1943 auf einem Bauernhof der deutschen Grenzpolizei sowie auf dem Gut Golochowski eingerichtet wurde. Nachdem Skala für *judenfrei* erklärt worden war, umstellten deutsche Polizisten das Gut Golochowski und ermordeten alle jüdischen Arbeiter. Die Juden auf dem Bauernhof der Grenzpolizei wurden am 19. Oktober 1943 in das Lager Janowska deportiert.
(Skala-Buch, S. 93–150; Landsmannschaften in Israel.)

Das Lager **Skałat** wurde am 11. November 1942 eingerichtet. Bis dahin wurden junge Juden aus Skałat in andere Lager gesandt, die in der Nähe entstanden waren: Borki Wielkie, Kamionka, Stupki und Romanowka. Die meisten der 300 Häftlinge, darunter etwa 50 Frauen, stammten von außerhalb der Stadt. Der Kommandant des Lagers war Obersturmführer Rebel. Im März des Jahres 1943 wurden die Zwangsarbeiter angewiesen, auf einem Feld außerhalb der Stadt drei große Gruben auszuheben. Am 7. April 1944 führten die Deutschen und Ukrainer Razzien im Ghetto von Skałat durch, nahmen alle Juden mit, führten sie zu den Gruben und ermordeten sie. Die Häftlinge des Lagers wurden in zwei Phasen ermordet: am 30. Juni und am 28. Juli 1943. Mehrere Häftlinge entkamen, wurden jedoch von ukrainischen Bauern festgenommen, die sie den Deutschen auslieferten; anderen gelang es, die Wälder zu erreichen.
(Unterlagen der Staatsanwaltschaft in Stuttgart; Pinkas ha-Kehillot, Ostgalizien, S. 400–404; Zeugenaussage von Shlomo Melzer, YVA, 033/1418.)

Das Lager **Skole** entstand im August 1942 und beherbergte ungefähr 500 Häftlinge, die alle am 24. Juli 1943 erschossen wurden.
(Katzmann-Bericht, S. 8; Wieliczker, Manuskript, S. 30.)

Das Lager **Sokoliki Górskie** bei Turka im Distrikt Lemberg am Fluss Stryj wurde im Februar 1942 eingerichtet und beherbergte 800 Häftlinge. Die jüdische Gemeinde und das Lager in ihrer Mitte existierten anscheinend seit der zweiten Hälfte des Jahres 1942 nicht mehr, die dortigen Juden waren nach Turka und dann im Juni in das Vernichtungslager von Belzec transportiert worden oder aber zwischen August und November 1942 direkt nach Belzec.
(Feige Glass, YVA, 03/4155, sagte aus, dass der Kommandant des Lagers ein Pole war, der jiddisch sprach und ein „grausamer und

gefährlicher Mann" war; siehe auch die Zeugenaussage von Isidor Feirstein, YVA M.1/E489; Pinkas ha-Kehillot, Ostgalizien, S. 529.)

Das Lager **Sokolniki** in der Nähe von Lemberg wurde am 1. August 1941 eingerichtet. Die 200 bis 400 Juden legten Sümpfe trocken und säuberten Wasserreservoirs unter der Aufsicht einer Einheit ukrainischer Polizisten. Der Lagerkommandant war ein Ukrainer. Im Dezember 1941 wurde das Lager liquidiert; einige der Häftlinge wurden in das Lager Zborów geschickt, andere in das Lager Lackie. Mehrere Zeugenaussagen weisen darauf hin, dass das Lager auch 1942 noch existierte.
(Wieliczker, Manuskript; Zeugenaussage von Richard Rindner, Archive des Jüdischen Historischen Komitees in Polen, Nr. 18; Brustin-Bernstein, Der protses.)

Das Lager von **Stanisławów** war im Grunde ein Durchgangslager und wurde im November 1941 eingerichtet. Der Kommandant des Lagers, Oberscharführer Schott, hielt die Zahl der Gefangenen konstant bei 500. Wann immer diese Zahl überschritten wurde, ließ er alle Häftlinge zur Vernichtung nach Belzec schaffen und ersetzte sie durch Neuzugänge. Zudem wurden auch Juden aus Ungarn nach Stanisławów gebracht. Im Juni 1942 wurden alle Häftlinge erschossen. Während der sieben Monate seines Bestehens durchliefen das Lager etwa 10.000 Juden auf ihrem letzten Weg.
(Zeugenaussagen von Yitzhak Shapira, YVA, 033/1501; Josef Kotler, YVA, 033/463; Julius Feirmann, YVA, 033/778; Josef Lieblich, YVA, 033/1356, sowie von L. Gerber, Fun letstn khurbn; Pinkas ha-Kehillot, Ostgalizien, S. 359–376.)

Das Lager **Stryj**. Im Winter 1942/43 wurden in der Nähe bedeutender Unternehmen in dieser Stadt mehrere Lager errichtet. Die Liquidierung dieser Lager, in denen insgesamt etwa 5000 Juden inhaftiert waren, begann im Juli 1943 und erfolgte schrittweise, bis am 24. August 1943 das letzte Lager aufgelöst und der letzte Häftling ermordet wurde.
(Katzmann-Bericht, S. 8; Stryj-Buch, S. 169–257; Pinkas ha-Kehillot, Ostgalizien, S. 226; Kahana, Blutiges Zusammentreffen, S. 48; Zeugenaussagen von Kurt Weigel, YVA, 033/41, und Josef Lieblich, YVA, 03/1356. Bezüglich der Vernichtung der Juden von Stryj und Umgebung siehe Brustin-Bernstein, Der protses, S. 136 f., 152 f.)

Das Lager **Strzyłki** entstand im November des Jahres 1942 und beherbergte 600 Häftlinge. Der Kommandant war ein ukrainischer Polizist. Weitere Einzelheiten sind nicht bekannt.
(Wieliczker, Manuskript, S. 34.)

Das Lager **Stupki** in der Nähe von Tarnopol hatte im Herbst 1941 oder im Februar 1942 125 Insassen, die sechs Ukrainer unter dem Kommando von Anton Siller (nach einer anderen Quelle – Schwach) bewachten. Im Winter 1941/42 wurden etwa 300 Juden aus einer nahegelegenen Stadt in das Lager gebracht. Das Lager wurde im Oktober und November des Jahres 1942 liquidiert; alle Insassen wurden erschossen.
(Gutterman, Mit dem Tod auf das Leben anstoßen, S. 46, 61; Pinkas ha-Kahillot, Ostgalizien, S. 230; Unterlagen der Staatsanwaltschaft in Stuttgart.)

Das Lager **Tarnopol** entstand im November 1942, nachdem durch mehrere „Aktionen" das Areal des Ghettos in dieser Stadt reduziert worden war. Normalerweise lebten im Lager zwischen 600 und 1000 Frauen und Männer, doch stieg die Bevölkerung auf maximal 5000 an. Bis zu seiner Auflösung wurde das Lager von Untersturmführer Wilhelm Rokita kommandiert, einem Mitglied der Belegschaft des Lagers Janowska. Im Juli 1943 wurde das Lager aufgelöst; die Häftlinge wurden in den Wald von Tarnopol gebracht und dort erschossen.
(Katzmann-Bericht, S. 8; Zeugenaussage von Romuld Paporish während des Prozesses gegen Richard Dyga vor dem Gericht in Waldshut, Deutschland, YVA, 033/651; Kahana, Blutiges Zusammentreffen; Unterlagen der Staatsanwaltschaft in Stuttgart.)

Das Lager **Tłuste** wurde im Juni 1942 für etwa 500 Häftlinge eingerichtet. Weitere Lager entstanden auf benachbarten Bauernhöfen, und die Häftlinge dort arbeiteten in der Landwirtschaft. Am 15. Juli 1943 wurden in den meisten dieser Lager „Aktionen" durchgeführt, und nur wenigen Juden gelang die Flucht. Auf dem Bauernhof Lisowce in der Nähe von Tłuste verhinderte der deutsche Vorarbeiter die Deportation der Arbeiter zur Ermordung, und der Kommandant behielt die jüdischen Häftlinge im Lager, bis am 22. März 1944 die Rote Armee eintraf und 350 überlebende Juden befreite. Im Augenblick der Befreiung geschah eine Katastrophe: In

ihrer Freude sprangen die Häftlinge auf die sowjetischen Panzer zu, um den Befreiern zu danken. Die überraschten Soldaten verstanden nicht, wer diese Leute waren. Sie eröffneten das Feuer und erschossen mehr als die Hälfte der Häftlinge, bevor sie ihren tragischen Irrtum begriffen.
(Zeugenaussage von B. Seidenberg, YVA, 033/324; Dokument 22/96, anonym, in den Archiven des Historischen Komitees in München; Zeugenaussage von Kingsberg, Tłuste Book, Tel Aviv 1965, S. 66; Pinkas ha-Kehillot, Ostgalizien, S. 266–271; Zeugenaussage von Jehoschua Schechner, YVA, 03/1492.)

Das Lager **Węglarki** in der Nähe von Brody wurde im November 1941 eingerichtet; dort lebten etwa 200 Häftlinge. Der Kommandant war ein ukrainischer Polizist namens Dratwinski. Im Mai 1943 wurde das Lager liquidiert. Mehrere Häftlinge wurden im Verlauf der Liquidierung erschossen, die anderen in das Vernichtungslager Belzec deportiert.
(Wieliczker, Manuskript, S. 21.)

Im September 1941 arbeiteten 40 bis 100 Häftlinge aus dem Lager **Wiesenburg** in der Nähe von Zółkiew auf einem Bauernhof, dessen Besitzer seine Ländereien durch Enteignung an die Deutschen verloren hatte. Die dazugehörigen Ländereien hatten die Deutschen konfisziert. Kommandanten waren nacheinander Scharführer Witte und Obersturmführer Schmidt. Am 22. November 1942 wurden mehrere Häftlinge in das Lager Janowska überführt, die Übrigen wurden nach Belzec deportiert.
(Wieliczker, Manuskript, S. 21.)

Das Lager **Winniki-Weinbergen** wurde im Herbst 1941 eingerichtet und im August/September 1943 liquidiert. Es unterstand zunächst dem Befehl von Scharführer Lison und wurde später von Rottenführer Brima kommandiert. Im Lager lebten 800 jüdische Häftlinge.
(Katzmann-Bericht, S. 8; Protokoll des Prozesses gegen Gebauer, YVA, 04/20-52-2; Pinkas ha-Kehillot, Ostgalizien, S. 188 f.; Zeugenaussage von David Nir, Moreshet Archive, A/306.)

Das Lager **Wróblaczyn** in der Nähe von Rawa Ruska wurde im März 1942 eingerichtet und unterstand dem Kommando eines ukrainischen Polizisten mit Namen Sej. Im August 1942 wurden die 50 Häftlinge in das Lager Rawa Ruska überführt.
(Wieliczker, Manuskript, S. 22; Pinkas ha-Kehillot, Ostgalizien, S. 477.)

Das Lager **Zabawa** in der Nähe von Radziechów wurde am 1. Juni 1941 eingerichtet und hatte etwa 100 Häftlinge. Kommandant war ein deutscher Polizist. Im Oktober 1943 wurde das Lager aufgelöst, und alle Häftlinge wurden nach Belzec transportiert.
(Wieliczker, Manuskript, S. 22.)

Das Lager **Zagrobela** wurde im November 1941 eingerichtet und hatte etwa 5000 Insassen. Es unterstand zunächst Untersturmführer Wilhelm Rokita und anschließend Thomas Hasenberg. Im Oktober 1942 wurden im Vorfeld der Liquidierung etwa 1800 Juden aus Zagrobela in das Lager Tarnopol überführt.
(Wieliczker, Manuskript, S. 22.)

Das Lager **Zaleszczyki** befand sich ebenfalls im Distrikt von Tarnopol. Nach dem 20. September 1942, als die Deutschen die Juden dieser Stadt (jene, die die „Aktionen" überlebt hatten) in die Ghettos der umliegenden Ortschaften deportiert hatten, blieben etwa 200 Juden zurück, sie wurden in ein Arbeitslager gebracht. In der ersten Hälfte des Jahres 1943 wurden die letzten hier internierten Juden in Arbeitslager in der Umgebung von Tłuste überführt.
(Zeugenaussage von Sara Kirschenbaum (Kiteiksher); Moreshet Archive, C/11/15; Pinkas ha-Kehillot, Ostgalizien, S. 195–199.)

Das Lager **Załoźce** lag im Distrikt Tarnopol. Nachdem die Stadt gleichen Namens im Oktober 1942 für „judenfrei" erklärt worden war, lebten hier noch zwei Gruppen von Zwangsarbeitern. Das Lager wurde im Frühjahr des Jahres 1943 aufgelöst.
(Pinkas ha-Kehillot, Ostgalizien, S. 193 ff.)

Das Lager **Zarawnica** in der Nähe von Tarnopol wurde im März 1942 eingerichtet und im Juli 1943 liquidiert.
(Wieliczker, Manuskript, S. 22.)

Das Lager **Zbieniac** in der Nähe von Zaleszczyki wurde im Herbst 1941 als Zwangsarbeitslager eingerichtet. 1942 wurden die Insassen, eine Gruppe junger Juden aus Zaleszczyki, deportiert und mit den restlichen Juden aus Zaleszczyki ermordet.
(Pinkas ha-Kehillot, Ostgalizien, S. 198.)

Das Lager **Zborów** wurde am 1. Oktober 1941 als „offenes" Lager eingerichtet. Einige Zeit später entstand hier ein weiteres Lager, das wie die anderen Zwangsarbeitslager „geschlossen" war. Beide Lager befanden sich im Westen von Tarnopol und hatten zusammen 100 bis 200 Häftlinge. Der erste Kommandant war Obersturmführer Klaus, der von Untersturmführer Sobote abgelöst wurde; Letzterer hatte zuvor zum Personal des Lagers Janowska gehört. Alles in allem durchliefen etwa 3000 Juden die beiden Lager. Am 15. Juni 1943 liquidierten die Deutschen das „offene" Lager und begannen am 23. Juni 1943 mit der Ermordung der letzten Häftlinge in dem „geschlossenen" Lager. Als Letzteres aufgelöst wurde, leisteten die Insassen Widerstand, und einige flüchteten in die Wälder. Die Deutschen fürchteten, dass die gesamte Lagerbevölkerung Widerstand leisten würde, sperrten die 600 Häftlinge in ihre Baracken und steckten die Gebäude in Brand.
(Katzmann-Bericht; Gedenkbuch für Zborów; Pinkas ha-Kehillot, Ostgalizien, S. 205; Zeugenaussagen von Dossia Blaustein, YVA, 033/1244, und von Jakob Littner (der zu dieser Zeit ein Kind war), Moreshet Archive, A/402, C/11/15.)

Das Lager **Zbroje** in der Nähe von Brody wurde im Februar 1942 eingerichtet. Alle etwa 80 Häftlinge wurden im Mai 1943 zur Ermordung in das Lager Belzec deportiert.
(Wieliczker, Manuskript, S. 23.)

Das Lager **Złoczów** wurde im Juli 1942 mit 600 Häftlingen eingerichtet, deren Zahl später auf 1200 anstieg. Nach der Liquidierung des Ghettos von Złoczów im Juli 1943 wurden die Häftlinge nach Jaktorów transportiert und dort erschossen. Den Befehl über das Lager hatte ein SS-Offizier mit Namen Friedrich Warzok, der zuvor die Lager von Pluchów, Oleski und Podkamień kommandiert hatte. Sein Stellvertreter war Josef Grzimek, der danach dem Julag in Lemberg vorstand.

(Buch der Gemeinde Złoczów; Zeugenaussage von Isidor Feirstein, YVA, M.1/E/489; Kahana, Tagebuch aus dem Ghetto Lemberg, S. 55; Pinkas ha-Kehillot, Ostgalizien, S. 217–224; Zeugenaussage von Edmond Zuckerkandel, YVA, 033/953. Für Informationen über die Vernichtung der Juden von Złoczów und Umgebung siehe Brustin-Bernstein, Der protses, S. 134–137, 152 f.; vgl. die Zeugenaussage von Nysel Baum, YVA, 033/146; Zeugenaussage von Chaim Tannenbaum, YVA, 033/1579, sowie die Unterlagen der Staatsanwaltschaft in Stuttgart.)

Das Lager **Żółkiew**. Am 25. März 1943, als die Liquidierung des Ghettos in dieser Stadt begann, wurde 60 gelernte Arbeiter ausgenommen und in ein Arbeitslager gebracht, das für sie in der Sobieski-Straße eingerichtet wurde. Die Deutschen setzten sie für verschiedene Arten von Arbeit ein, vor allem jedoch zur Straßenreinigung. Am 10. Juli 1943 wurde das Arbeitslager ebenfalls liquidiert und 40 der letzten Insassen wurden im Wald von Borek ermordet.
(Qirya nisgava (Żółkiew Book), S. 561, 520, 536–543; Zeugenaussage von Mosche Hochmann, Moreshet Archive, A/475.)

Das Lager **Zwertów** in der Nähe von Lemberg wurde am 1. November 1941 eingerichtet. Die 60 bis 100 Häftlinge wurden alle am 22. Juli 1943 zur Ermordung in das Lager Belzec deportiert.
(Wieliczker, Manuskript, S. 32.)

Das Lager **Żydaczów** wurde im August des Jahres 1942 eingerichtet. Die ungefähr 300 Häftlinge wurden im August 1943 bei der Liquidierung des Lagers alle an Ort und Stelle erschossen.
(Wieliczker, Manuskript, S. 23; Pinkas ha-Kehillot, Ostgalizien, S. 215 f.)

Anhang 2

Jüdische Widerstandsgruppen in Ostgalizien

Nachstehend findet sich eine Sammlung von Berichten über die Flucht von Juden aus Ostgalizien in die Wälder sowie über die Organisation jüdischer Widerstandsgruppen in diesen Wäldern. Die hier vorgelegte Sammlung von Berichten ist jedoch mit Sicherheit nicht vollständig.

In **Bolechów** gelang etwa 300 Juden die Flucht in die Wälder. Viele kamen im Verlauf der zahlreichen, von den Deutschen, Einheiten der Wlassow-Armee und Ortsansässigen durchgeführten Menschenjagden ums Leben. Die Überlebenden kämpften gegen die Banden Stepan Banderas, die in den Wäldern der Region operierten. Eine Anzahl von Juden nahm Kontakt mit sowjetischen Partisanen auf, und einige Juden aus Bolechów waren Teil einer Einheit unter dem Befehl eines ukrainischen Kommunisten mit Namen Babaj, die in den Wäldern von Dolina kämpfte. Nach der Befreiung taten zehn Juden aus Bolechów in einer Sondereinheit Dienst, die von den Sowjets für den Kampf gegen die Banden Banderas gebildet worden war.
(Pinkas ha-Kehillot, Ostgalizien, S. 72–79; Gedenkbuch für die Märtyrer von Bolechów.)

Zu Beginn des Frühjahrs 1942 schloss sich in **Borszczów** eine Gruppe junger Leute zusammen und begann mit der Planung von Widerstandsaktionen. Nach der ersten „Aktion" im September 1942 schlossen sich der Gruppe weitere junge Leute an, sodass die Mitgliederzahl auf mehrere Dutzend stieg. Die Gruppe wurde von Wolf Aschendorff, Joel Weintraub, Kalman Schwarz und einem jungen Juden mit Namen Lyuba geführt, der in der Roten Armee gedient hatte und aus deutscher Kriegsgefangenschaft geflüchtet war. Es gelang der Widerstandsgruppe, einige Waffen zu erbeuten, und mehrere Mitglieder brachen einige Tage vor der Liquidierung des Ghettos in die Wälder auf. Die Gruppe, die sich selbst als „Borszczówer Bande" (die jüdische Bande aus Borszczów) bezeichnete,

griff ukrainische Polizisten und Banderas Leute an. In einer wagemutigen Operation am 17. November 1943 befreite die Gruppe 50 Gefangene, darunter 20 Juden, aus dem Gefängnis in Borszczów. Die einheimische Bevölkerung stand den Kämpfern feindselig gegenüber. Am 6. Dezember 1943 wurden sie von einer großen deutschen Kampftruppe angegriffen. Im Verlauf des mehrere Stunden anhaltenden Gefechts fügte die Widerstandsgruppe den Deutschen großen Schaden zu, erlitt jedoch selbst schwere Verluste und war gezwungen, sich zurückzuziehen. Mehrere Mitglieder der Gruppe begingen Selbstmord, um nicht in die Hände des Feindes zu fallen. Diejenigen, denen nach dem Kampf die Flucht glückte, schlossen sich der sowjetischen Partisaneneinheit von Sidor Kowpak an.
(Zeugenaussagen von Zwi Grossmann, YVA, M.1/E/2205, M.1/E/1785; Isidor Feirstein, YVA, M.1/E/489; Hirsch Fenster, YVA, 03/422; Zosia Pelz, YVA, 03/429; Benio Weintraub, YVA, 03/733; Schragai Mantsir, YVA, 03/3348 [auch in der Angelegenheit von Bórki-Wielkie]; Max Marmelstein, „Erinnerungen aus dem Wald", Skała-Buch, S. 93–111.)

In **Borysław** organisierten sich mehrere Gruppen für den Kampf. Eine Einheit, die sich im Ghetto bildete, wurde von L. Hoffmann angeführt, der lange genug am Leben blieb, um einen der Lagerkommandanten zu töten. Die Gruppen waren mit Waffen ausgerüstet, die sie im Ghetto zusammengetragen hatten, fanden ihren Weg in die Wälder und nahmen an den Kämpfen gegen die Banden teil, die in den Wäldern versteckte Juden überfielen.
(Zeugenaussagen von Dzionek Elbaum, YVA, M.1/E/1570; Sender Goldmann, YVA, M.1/E/1693; Emanuel Schreck, YVA, M.1/E/1829; Max Donner, YVA, 03/1323; Marian Wilder, YVA, 03/1394.)

Nach der „Aktion" im Oktober 1942 organisierte sich in **Buczacz** eine Widerstandsgruppe. Sie setzte sich vornehmlich aus Mitgliedern der zionistischen Jugendbewegungen zusammen und unterstand der Leitung von S. Margulies, Culier, S. Evenstein, Bildner und S. Silber. Kommandant war O. Bazan (Wahrman). Der Judenrat finanzierte den Kauf von Waffen; die Verbindungsoffiziere der Gruppe gegenüber dem Judenrat waren Berish Engelberg, Mörnagel und Moshe Berger. Die Widerstandsgruppe nahm Kontakt mit zwei Einheiten jüdischer Partisanen (den Gruppen Weisinger und Friedlander) auf, die in den nahegelegenen Wäldern operierten,

und unterhielt Verbindungen zum polnischen Untergrund in der Gegend, der den Juden jedoch trotz entsprechender Zusagen nicht half. Die Gruppe beschloss, bei einer weiteren „Aktion" zur Tat zu schreiten. Am 13. April 1943 begann eine solche „Aktion", aber die Widerstandsgruppe wurde davon überrascht. Nur ein Mitglied, Andmann, eröffnete das Feuer und tötete einen ukrainischen Polizisten. Die anderen Mitglieder waren nicht in der Lage, aktiv Widerstand zu leisten. Die Gruppe zog sich in die Wälder zurück, schloss sich anderen Einheiten an und operierte unter deren Schirmherrschaft.
(Zeugenaussagen von Sarah Bernstein, YVA, M.1/E/1843; Elias Halfan, YVA, M.1/E/1559; Binyamin Herzog, YVA, M.1/E/1725; Rachel Halperin, YVA, M.1/E/2309; Yehoshua Wermut, YVA, 03/656, und Shmuel Rosen, YVA, 03/2055.)

Eine weitere Gruppe junger Juden aus Stanisławów operierte in den Wäldern in der Nähe von **Buczacz**, vorrangig in den Dörfern Schyznomir, Razfanice und Leszczyne. Die Gruppe bestand aus mehreren Dutzend Frauen und Männern, die mit automatischen Waffen und Handgranaten ausgerüstet waren und von Oskar Friedlander aus Buczacz angeführt wurden. Um ihren Verfolgern zu entgegen, wanderte die Gruppe von Ort zu Ort. Ihre Mitglieder griffen Stationen der ukrainischen Polizei an, töteten die Polizisten und stahlen deren Waffen. Als sich sowjetische Partisanen Buczacz näherten, griffen Mitglieder der Gruppe das Hauptquartier der Deutschen in der Stadt an. Der deutsche Kommandant floh nach Czwartaków. Die Angehörigen der Gruppe, darunter Naftali Laufer und Adam Elmer, liquidierten Deutsche und ukrainische Informanten, raubten Nahrungsmittel und führten gegenüber den Ukrainern der Umgebung ein Schreckensregiment. Eine weitere Gruppe war in den Wäldern entlang des Flusses Dnjestr aktiv. Auch sie setzte sich aus mehreren Dutzend junger jüdischer Männer und Frauen zusammen. Sie bewegten sich in der Gegend von Czernelica. Die Gruppe unterstand der Leitung von Lolek Metlomec und schlug mehrere Angriffe durch die deutsche und ukrainische Polizei zurück. Nach den „Aktionen" zur Liquidierung des Ghettos von Stanisławów verließen viele Juden die Stadt und zogen in den Wald von Radoczyn, 30 km von Stanisławów entfernt. Die Brüder Edward und Shmuel Luft nahmen Kontakt zu den Ukrainern Alex Ewasiuk und Lev Rawjuk auf, die ihnen als unbezahlte Führer durch den

Wald dienten. Im Wald teilten sich die Flüchtlinge in fünf Gruppen auf und schlugen ihre Lager in Abständen von zwei Kilometern auf, um Menschenjagden zu entgehen. Als die Deutschen den Wald durchkämmten, zogen die Juden in den Wald von Karchowieczyk, wo sie eine sowjetische Partisaneneinheit vorfanden, die zum Hauptquartier der Partisanen unter dem Befehl von Generalmajor Kowpak in Wolhynien gehörte. Sie wurden in ihre Reihen aufgenommen und nahmen mit dieser Einheit an Kämpfen teil. Als die Deutschen den Wald abriegelten, begann ein langwieriger Kampf. Die Partisanen erlitten schwere Verluste, und auch viele Deutsche wurden getötet. Unter den Verwundeten befanden sich ein sowjetischer Major, eine junge Frau mit Namen Marusia Liss sowie ein jüdischer Partisan namens Shapira. In der Zwischenzeit verließ der sowjetische Kommandeur, Muschenko, den Wald und nahm einen jüdischen Arzt, Dr. Zimmer, mit. Die Verletzten wurden bei den jüdischen Partisanen zurückgelassen. Nach sechs Tagen des Kampfes zogen sich die Deutschen zurück, und die Juden konnten sich um ihre Verwundeten kümmern. Einer derjenigen, die starben, war der jüdische Partisan Zdzisław Menis. Seine Kameraden hoben mit Messern ein Grab für ihn aus, und der Partisan Marek Lessing trug das *El maleh Rahamim* (das jüdische Totengebet) vor. Als die Kämpfer dem Verhungern nahe waren, erschienen plötzlich die Ukrainer Rawiuk und Ewasiuk, brachten ihnen Nahrungsmittel und führten sie in den Wald von Karchowieczyk. Nach drei Wochen relativer Ruhe wurden die Juden von den Banden Banderas angegriffen, die sich gut in diesem Wald auskannten. Der Kampf mit diesen Leuten war heftiger als der gegen die Deutschen. 15 Mitglieder der jüdischen Einheit wurden getötet und 33 gefangen genommen. Die Ukrainer misshandelten die Gefangenen brutal, zwangen sie, mit den Händen ihr eigenes Grab auszuheben, und hängten sie dann an den Bäumen auf. Die 15 überlebenden Mitglieder der Gruppe zerstoben in alle Richtungen; sieben von ihnen kehrten nach Stanisławów zurück.
(Buch der jüdischen Partisanen, B. Merhavia, S. 243; Zeugenaussage von Marek Lessing, Archive des Jüdischen Historischen Komitees, Nr. 4680; vgl. Weitz, Auf Deinen Ruinen, Stanisławów, S. 109 f.)

In **Czortków** organisierten sich mehrere Gruppen im Untergrund. Eine Einheit mit 17 Mitgliedern unter der Führung von Reuven Rosenberg war mit Waffen ausgerüstet, die sie mithilfe von Mitgliedern des polnischen Untergrunds erhalten hatte. Eine weitere Gruppe unter der Leitung von Meir Wassermann setzte sich vorwiegend aus Angehörigen der Bewegung „Betar" zusammen; sie war bewaffnet und operierte in den Wäldern zwischen Tłuste und Jagielnica. Deutsche und Ukrainer machten Jagd auf diese Gruppe. Wassermann wurde lebend festgenommen und nach schweren Misshandlungen ermordet. Alle anderen Mitglieder fielen im Kampf. Im Ghetto von Czortków versuchte Berl Schecter, ein Radio zusammenzubauen. Er wurde gefangen genommen und ermordet. Mondek und Henjek Nussbaum kämpften mit den sowjetischen Partisanen gegen die Banden Banderas. Józek Deutsch und Chana Grynszpan kämpften ebenfalls mit den sowjetischen Partisanen. Im Verlauf der großen „Aktion" in Czortków stand eine Frau mit Namen Lewita auf und hielt eine leidenschaftliche Rede auf Deutsch, in der sie zur Rache an den Deutschen aufrief. Auch sie wurde misshandelt und ermordet.
(Im Andenken an Czortków, Tel Aviv 1956 [hebr.]; Gedenkbuch an die Märtyrer von Czortków, Haifa 1967 [hebr.]; Pinkas ha-Kehillot, Ostgalizien, S. 449.)

Der Ort **Gliniany** (bei den Juden als Galina bekannt) wurde im Dezember 1942 für *judenfrei* erklärt, nachdem die Juden dort in die Ghettos von Przemyślany deportiert worden waren. Zwei Wochen bevor die Juden von Przemyślany deportiert wurden, organisierten sich etwa 60 junge Leute und flohen, ausgerüstet mit Waffen, die sie sich zuvor beschafft hatten, in die Wälder von Bogdanowka. Im Wald angelangt, teilten sie sich in zwei Gruppen auf; die eine schlug im Wald von Jaktorów ihr Lager auf, und die andere verbarg sich bei Christen. Eine Gruppe von 40 Juden aus Gliniany versteckte sich in einem Bunker, den sie in einem Wald in der Nähe von Bogdanowka vorbereitet hatte. Der Bunker wurde von Ukrainern entdeckt, die den Ort umstellten. In dem darauffolgenden heftigen Kampf fielen alle Mitglieder der Gruppe. Dutzende von Juden aus Gliniany, die nach Przemyślany deportiert wurden, flohen in Richtung Ungarn; alle wurden unterwegs ermordet, obwohl es keine Zeugenaussagen gibt, wie sie ums Leben kamen. Weitere 50 Juden flohen in den Wald von Kruschenko, ausgerüstet mit Waffen, die sie in Gliniany organisiert hatten, und taten sich mit anderen jüdischen Einheiten zusammen. Dann schlossen sie sich den Partisanen an und kämpften in ihren Reihen bis zur Ankunft der Roten Armee. (Interview mit Chana Hochberg-Praff; vgl. Korech, Kehillat Galina, S. 117 ff.)

In **Horodenka** flohen einzelne Juden und organisierte Gruppen in die umliegenden Wälder. Noch während sie sich im Ghetto aufhielten, bewaffneten sich einige junge Leute, und im Winter 1942/43 gelang es ihnen, Kontakt zu den sowjetischen Partisanen aufzunehmen und sich ihnen anzuschließen. Beim Kampf gegen die Banden Banderas arbeiteten sie mit den Polen zusammen, und vor diesem Hintergrund entwickelte sich eine jüdisch-polnische Kooperation. (Zeugenaussage von Yehoshua Wermut, YVA, 03/656; Horodenko-Buch; Pinkas ha-Kehillot, Ostgalizien, S. 181.)

In **Jaworów** schloss sich eine Gruppe mit der Absicht zusammen, zu den Partisanen zu gelangen, die in der Gegend aktiv waren. Obwohl sie bewaffnet waren, gerieten sie auf ihrem Weg in den Wald in einen Hinterhalt, und mehrere von ihnen fielen im Kampf. Zwei Einheiten schafften es, den Wald zu erreichen – die eine wurde von A. Hager geführt und die zweite unterstand dem Befehl von H. Gleich. Im Wald von Lubczweski wurden sie in ein Gefecht verwickelt, in dessen Verlauf die meisten Kämpfer fielen.
(Zeugenaussage von Ignacy Cymerman, YVA, 03/2213. Siehe zudem Barlev, Andenken an die Märtyrer der Gemeinde von Jaworów, S. 91; Pinkas ha-Kehillot, Ostgalizien, S. 274–278; Druk, Yidnstat Jaworów, S. 44.)

In **Kołomyja** begann der aktive Widerstand, als die Transporte in den Tod immer häufiger stattfanden. Juden griffen die Deutschen mit Äxten, Stangen und anderen Gegenständen an, wann immer ihre Verstecke entdeckt wurden. Auf dem Hof, auf dem die Juden für die Deportation zusammengetrieben wurden, griff eine junge jüdische Frau einen ukrainischen Polizisten an und wurde brutal ermordet. Juden, die sich Waffen beschafft hatten, organisierten einen Untergrundkampf. Mordechai Sperber, der aus einem Zug gesprungen war, der Juden nach Belzec transportierte, floh in den Wald, schloss sich einer Einheit von Partisanen an und zeigte sich

als ausgezeichneter Kämpfer. Die Deutschen setzten auf seine Ergreifung eine Belohnung aus. Junge Juden, die Waffen erlangt hatten, versuchten, sich für den Partisanenkrieg zu organisieren, hatten jedoch kaum Erfolg. Nur wenigen gelang es individuell, sich an mehreren Aktivitäten gegen die Nationalsozialisten in der Gegend zu beteiligen.
(Gedenkbuch für die Gemeinde von Kołomyja und Umgebung, Tel Aviv 1972 [hebr.]; Pinkas Kołomyja, New York 1957; Pinkas ha-Kehillot, Ostgalizien, S. 463–467.)

Das Lager von **Kurowice** lag in der Nähe eines Ortes, an dem unter polnischer Herrschaft ein Bauernhof gestanden hatte. Die Sowjets hatten Waffen und Munition in den Gebäuden des Hofes gelagert. Bevor sie sich 1941 zurückzogen, sprengten sie die Lagerräume in die Luft. Als die Deutschen in der Nähe der Stelle ein Arbeitslager einrichteten, beauftragte der SS-Mann, der das Lager kommandierte, einige Juden damit, einen Teil des Areals für einen Gemüsegarten freizulegen, der die Nahrung im Lager aufbessern sollte. Schließlich schliefen diese Arbeiter auch dort, ohne von der ukrainischen Polizei bewacht zu werden. Als die das Gelände rodeten, fanden die Mitglieder der Gartentruppe – *di Feld-Chevre*, wie sie genannt wurden – Munition, die noch zu gebrauchen war, und vergruben diese in einem Bunker, den sie zu diesem Zweck aushoben. Die Juden in Kurowice bewaffneten sich mit diesem Material, als sie in den Wald aufbrachen. Im Wald angelangt, fanden sie dort junge Juden aus den umliegenden Dörfern vor, die niemals im Ghetto gewesen waren und Nahrungsmittel und Kampfausrüstung in Bunkern im Wald deponiert hatten. Ihnen schlossen sich Juden an, die aus dem Lager entwichen waren, sowie Flüchtlinge, die beim Einmarsch der Deutschen in Ostgalizien aus Polen entkommen und in die Wälder geflohen waren.
(Yones, Die Straße nach Lemberg, S. 97 ff.)

Unter diesen Juden befanden sich die Brüder Michael („Makush") und Yitzhak Lasinger aus Sosnowiec. Michael Lasinger hatte zu Beginn des Krieges in der polnischen Armee gedient und war von den Deutschen gefangen genommen worden. Es gelang ihm, nach Sosnowiec zurückzukehren, seine Frau Manya und seinen Bruder Anszel aus der Stadt zu holen und mit ihnen in die Wälder zu flüchten. Dort beschlossen sie, in jüdische Zentren einzudringen, Juden zu befreien und in den Wald zu führen. Eine Gruppe unter der Führung von Anszel Lasinger drang in ein Außenlager von Jaktorów ein, konnte aber nicht alle Juden davon überzeugen, sich ihnen anzuschließen. Die Mitglieder der Gruppe verblieben im Lager und wurden letztendlich liquidiert. Shimon Lasinger besuchte Uniów und versuchte, die Juden dort zu überreden, in die Wälder zu fliehen. Bevor sie sich jedoch entscheiden konnten, brachten die Deutschen Verstärkung und ermordeten mit einem Maschinengewehr alle Juden im Lager.

Zusammen mit mehreren Einwohnern des Waldgebietes – die alle aus nahegelegenen Dörfern stammten, mit den Waldwegen vertraut und in der Lage waren, Gefahren auszuweichen und auf direktem Weg oder auf Umwegen in den Wald zurückzukehren – machte sich Shmuel Kirschner auf nach Kurowice und nahm Verbindung mit Mendel Danziger und Szamai Zinn auf. Zusammen mit den Angehörigen der zuvor erwähnten Gruppe von Gartenarbeitern organisierten diese Männer den Schmuggel der Munition, die im Bunker gesammelt worden war. Sie rekrutierten auch Juden, die sich in der Nähe des Lagers aufhielten und nicht wussten, wie und wohin sie fliehen sollten. Die Zugänge zum Dorf wurden von der ukrainischen Polizei sorgfältig bewacht, doch mit außergewöhnlicher Courage und List gelang es Mendel Danziger, Szamai Zinn, Poldek Kleinmann (der seinen Namen nach dem Krieg in Leopold Kozlowski änderte, sich der polnischen Armee anschloss und als Dirigent der Militärkapelle diente), Kehat Berger sowie Naftali und Zevulun von den Gartenarbeitern, Häftlinge aus dem Zwangsarbeitslager zu holen, die Kisten mit Munition aus dem Bunker zu schaffen und sie auf einen Pferdewagen zu heben, den sie vom Kommandanten des Lagers „konfisziert" hatten. Obwohl diese Operation Erfolg hatte, erlitten sie Verluste – Shmuel Kirschner, Wania und Mashalia aus Podhajce und sechs weitere Juden, die Häftlinge im Lager gewesen waren (und deren Namen nicht bekannt sind), fielen.
(Gruppeninterview; Zeugenaussage von Wilhelm Korn, YVA, M.1/E/1777; Shiloni, Einer, dem die Flucht gelang, S. 96 f.)

Danach beschlossen die Kämpfer, Juden aus einem Außenlager von Kurowice zu befreien, in dem Juden aus Przemyślany und anderen Orten interniert waren. Eine Gruppe bewaffneter Männer drang in das Außenlager ein, tötete die deutschen Wachposten und drängte die Juden, sie in die Wälder zu begleiten. Nachdem sie sich mit den

befreiten Juden auf den Weg gemacht hatten, trafen sie auf eine große Gruppe von Gendarmen, die aus Przemyślany abkommandiert worden war. In dem darauffolgenden Kampf wurden zwei Gendarmen getötet, und die Deutschen zogen sich zurück. Die Juden näherten sich dem Wald, doch einige unter ihnen, die nicht ans Kämpfen gewöhnt und sehr von diesem Zwischenfall betroffen waren, kehrten in das Lager zurück – wo sie von den wartenden Deutschen ermordet wurden. Trotzdem konnte sich eine nicht geringe Zahl der Lagerhäftlinge im Wald in Sicherheit bringen.
(Yones, Am Rande des Abgrunds, S. 105 ff.; Gruppeninterview.)

In **Podhajce** schloss sich eine Gruppe unter der Leitung von Israel Silber zusammen. Als das Ghetto liquidiert wurde, ergriffen Hunderte von Juden, darunter mehrere, die Schusswaffen besaßen, die Flucht in die Wälder. Einheimische Ukrainer sowie ukrainische und deutsche Polizisten und Angehörige der Banden unter der Führung von Bandera machten Jagd auf sie. Normalerweise lieferten die ortsansässigen Ukrainer die Juden den Deutschen aus, doch gelegentlich ermordeten sie diese selbst. Diejenigen Juden, die überlebten, sprechen mit großer Sympathie über die Hilfe und warmherzige Behandlung, die sie vonseiten der Sobotniks erhielten.[329]
(Zeugenaussagen von Mina Blumenfeld, YVA, M.1/E/343; Rachel und Frieda Feldberg, YVA, M.1/E/2206; Nahum Puschteim, YVA, 03/2983; Leah Feldberg, YVA, 03/2946; Yitzhak Loew, YVA, 03/3063.)

Im Verlauf der „Aktion" zur Liquidierung des Ghettos in **Przemyślany** am 23. Mai 1943 wurden die meisten Juden im Ghetto zur Vernichtung nach Belzec deportiert. Unter ihnen befanden sich auch zahlreiche Juden aus Gliniany, die nach der Liquidierung des Ghettos in ihrer Gemeinde nach Przemyślany gebracht worden waren. Als das Ghetto in Przemyślany aufgelöst wurde, wurde eine Gruppe junger Juden in ein Außenlager gebracht, um

---

[329] Sobotniks sind Christen, die einige der jüdischen Bräuche übernommen haben, insbesondere die Einhaltung der Shabbat-Ruhe; die Glaubensrichtung war vor allem im Süden Russlands und der Ukraine verbreitet. Das Wort „Sobotnik" ist abgeleitet vom russischen „Sobota" (Samstag oder Shabbat).

die jüdischen Habseligkeiten zu sortieren, die nach der Liquidierung übriggeblieben waren. Einige Juden aus dieser Stadt schafften es, in die Wälder der Umgebung zu fliehen. Nicht wenige von ihnen waren bewaffnet. Die Flucht aus Przemyślany wurde von Bunjo Kharmats, Jehuda Hochberg und den Gebrüdern Kanner organisiert. Unter den Flüchtlingen befanden sich auch Familien aus Gliniany. Diese Juden zogen in den Wäldern von Hanaczów umher, bis sie sich mit Juden zusammentaten, die aus Zwangsarbeitslagern und aus anderen Wäldern geflohen waren. Sie nahmen an Kämpfen teil, und viele von ihnen fielen.
(Zeugenaussagen von Josef Haberkorn, YVA, M.1/E/1919; Klara Chaya Geller-Brandt, YVA, 03/706. [Die letztgenannte Zeugenaussage umfasst auch einen Bericht über die Ereignisse in Jaktorów, Gliniany, Kurowice, Świrz und Kruschenko].)

Es existiert eine kleine Anzahl von Berichten über Kämpfe in Podkamień und Kamionka und auch, als die Frequenz der Deportationen zunahm, in **Rawa Ruska**.
(Zeugenaussagen von Paula Skorecka, YVA, M.1/E/2537; Fischel Wachalder, YVA, M.1/E/2248; Meir Frostik, YVA, M.1/E/967, und Ya'akov Kessel, YVA, M.1/E/2573.)

In **Rohatyń** diskutierten Mitglieder des Judenrats und der jüdischen Polizei die Möglichkeit des Widerstands gegen die Deutschen. In einer gemeinsamen Beratung am 15. Mai 1943 wurde beschlossen, Waffen zu organisieren und bewaffnete Gruppen in den Wald zu schicken. Einige der jungen Leute kehrten angesichts der Härten, die sie im Wald zu erdulden hatten, ins Ghetto zurück. In der Zwischenzeit hatten die Deutschen das Vorgehen entdeckt und riefen am 6. Juni alle Mitglieder der jüdischen Polizei zusammen, ermordeten sie und stellten ihre Leichen öffentlich zur Schau.
(Zeugenaussagen von Hirsch Wohl, YVA, M.1/E/851; Avraham Rubiner, YVA, M.1/E/1337; Regina Rok, YVA, M.1/E/1552; Leon-Arye Blech, YVA, 03/3012; Hermann Tsenner-Steinkohl, YVA, 03/3389; Haya Josef, YVA, 03/3411. [Die letztgenannte Zeugin sagte auch zum Antisemitismus in der sowjetischen Partisanenbewegung aus.])

Mehrere junge Juden aus **Skała** ergriffen die Flucht in den Wald und schlossen sich einer Partisaneneinheit mit 65 Mitgliedern an.

Ihre Kommandanten waren Lonek Jung, Zucker, Aschendorff und Schwarz. Von März bis Dezember 1943 operierten sie im Wald von Cygany-Zieleńce. Ende Dezember umstellten die Deutschen die Gruppe und töteten alle ihre Mitglieder in dem darauffolgenden Kampf.
(Zeugenaussage von Mendel Bretschneider, YVA, M.1/E/155; Zeugenaussage von Max Marmelstein in seinem Brief an den Verfasser.)

Nach dem Massaker, das am 7. April 1943 in **Skałat** stattfand, organisierte sich eine Gruppe von jungen Juden in dieser Stadt und plante den bewaffneten Widerstand. Unter der Leitung von Michael Glanz beschaffte die Gruppe zusammen mit anderen organisierten Einheiten von Juden, die aus dem Ghetto geflohen waren und in den umliegenden Wäldern umherzogen, Waffen und Nahrungsmittel. Eine dieser Gruppen war in der Gegend als *di yidishe Bande fun Skałat* bekannt. Diese Gruppierungen versuchten, Juden aus dem Ghetto herauszuholen und sie für den Einsatz zu rekrutieren. Die Deutschen deckten den Plan auf und beschlossen, das Ghetto zu einem früheren Zeitpunkt als ursprünglich vorgesehen zu liquidieren. Trotzdem gelang es etwa 300 Juden, in die nahegelegenen Wälder zu entkommen. Im Sommer des Jahres 1943 erreichten sowjetische Partisanen, die zur Brigade von Kowpak gehörten, das Gebiet. Etwa 30 Juden schlossen sich ihnen an. Die meisten von ihnen fielen in Kämpfen mit den Deutschen, nur sieben überlebten.
(Avraham Weisbrod, YVA, M.1/E/134, 172, 202, 272; W. Bretschneider, YVA, M.1/E/1186; Zusia Chaiczuk, YVA, 03/1312; Feige Wertmann, YVA, 03/3418.)

In **Stanisławów** ergriff während der „Aktionen" eine Handvoll junger Juden die Flucht in die Wälder der Umgebung. Dort bildeten sie zusammen mit anderen Juden aus nahegelegenen Ortschaften drei Partisanengruppen und rüsteten sich mit einigen Waffen aus. Eine der Einheiten, die sich vorwiegend aus Juden aus Stanisławów zusammensetzte, wurde von einer Chemikerin mit Namen Ende Luft geführt; ihr Mann, M. Smersler, war Mitglied ihrer Gruppe. Die Gruppe besaß nur ein Gewehr, eine automatische Waffe, 30 Pistolen und mehrere Handgranaten. Am 5. November 1943 umstellten Polizisten die Gruppe und verwickelten sie in ein Gefecht, in dem

die meisten der Kämpfer fielen. Diejenigen, die entkamen, schlossen sich anderen Gruppen in der Gegend an.
(Zeugenaussagen von Josef Phan, YVA, M.1/E/1522; Arye (Leon) Wieliczker, YVA, M.21/202; Shlomo Glassberg, YVA, 03/3160; Kassia Schenkdorf, YVA, 033/1356; anonym, YVA, 033/1078; Josef Kotler, YVA, 033/463; Liebsmann-Mikolski, YVA, JM/2064 und JM/2605. Die Zeugenaussagen enthalten eine Liste der jüdischen Partisanen, die in dieser Gegend kämpften.)

Aus **Stryj** flohen Gruppen junger Juden in die Wälder und wanderten dort ziellos umher. Die meisten von ihnen hielten den harten Bedingungen nicht stand; diejenigen, die nicht erfroren oder verhungerten, gingen ins Versteck, wurden jedoch von den ukrainischen Banden ermordet, die nach ihnen suchten.
(Zeugenaussage über die Partisanengemeinschaft in der Gegend von Stryj: Baruch Widmann, YVA, 033/686; Israel Hurwitz, Moreshet Archive, C/6.5.4.)

In **Tarnopol** bereiteten zahlreiche Juden zu der Zeit, als die große „Aktion" stattfand, Bunker vor und versteckten sich darin, aber die Bunker wurden entdeckt. Als die Deutschen vorrückten, um die Juden aus ihren Verstecken zu treiben, verteidigten sich diese mit Schusswaffen und Handgranaten. Vor der Liquidierung forderten Partisanen der ukrainischen Nationalisten jüdische Ärzte auf, sich ihnen anzuschließen und unter ihrem Schutz zu arbeiten. Als sich die Rote Armee der Gegend näherte, ermordeten die Ukrainer die Ärzte.
(Zeugenaussagen von Pinke Wilner und Helena Lazar, YVA, M.1/E/929; Abraham Ochs, YVA, 03/1017; Yitzhak Wasserstrum, YVA, 03/2136; Mendel Danziger, YVA, M.1/E/446 [Danziger sagte zudem auch über Świrz, Hanaczów und Kruschenko sowie über den Tod von Rasner aus]; Simon Weiss-Popper, Moreshet Archive, C/6.5.11; Paula Weiskirch, Moreshet Archive, A/228; Simcha Stetfeld, Moreshet Archive, A/575; David Nir, Moreshet Archive, A/306.)

Als Deutsche und Ukrainer im Verlauf einer „Aktion" das Ghetto von **Zborów** umstellten, eröffneten Mitglieder des Widerstands das Feuer auf die Polizisten und drängten die Juden zur Flucht in die Wälder. Die Deutschen zogen sich zurück und kehrten danach

mit Verstärkung wieder. Doch anstatt in das Ghetto einzumarschieren, steckten sie die Gebäude in Brand, in denen sich die Mitglieder des Widerstands verbarrikadiert hatten. Erst, als sie das Zentrum des Widerstands zerstört hatten, schlossen die Deutschen die Liquidierung des Ghettos ab. Auch als die Deutschen am 15. Juli 1943 das Arbeitslager auflösen wollten, stießen sie auf Widerstand. Um zu verhindern, dass dieser sich auf das übrige Lager ausdehnte, sperrten die Deutschen alle 600 Insassen in Baracken und steckten diese in Brand. Die wenigen Überlebenden, denen es gelang, die Wälder zu erreichen, berichteten über Einzelfälle großen Mutes (Strauker tötete einen Deutschen und entkam; Hainfalk und Simcha Weinberg schossen auf Deutsche und flüchteten in die Wälder). Die ortsansässige Bevölkerung behandelte die versteckten Juden brutal und ermordete einige von ihnen. Andererseits riskierten mehrere Polen ihr Leben, um Juden zu helfen und sie zu retten.
(Zeugenaussagen von Leah Adler, YVA, M.1/E/480/450; Benedict Friedmann, YVA, 03/2189; Zwi Evers, YVA, 03/3150; Zwi Hersch Fuhrmann, YVA, 03/3465.)

In **Złoczów** taten sich zwei jüdische Widerstandsgruppen zusammen. Die eine Gruppe bestand aus etwa 30 Mitgliedern und unterstand der Leitung von P. Nachumowicz; die zweite wurde von Hillel Safran angeführt. Die Mitglieder der Gruppe um Nachumowicz erreichten den Wald und wurden entdeckt, nachdem sie ein ukrainischer Bauer denunziert hatte, bevor sie sich richtig hatten organisieren können; die meisten von ihnen kamen im Kampf mit den Deutschen ums Leben. Die Angehörigen der Gruppe um Safran trugen im Ghetto Waffen zusammen, bevor sie sich auf den Weg in den Wald machten. Sie nahmen Verbindung zum polnischen Untergrund auf, der ihnen versprach, ihnen zu helfen, sobald sie in die Wälder zögen. Doch auch sie wurden offensichtlich verraten. Die Gruppe geriet in einen Hinterhalt der Deutschen, und alle ihre Angehörigen wurden hingerichtet. Safran griff einen der Deutschen an und entriss ihm die Schusswaffe, doch bevor er diese einsetzen konnte, schoss ihn ein ukrainischer Polizist in den Rücken. Er war auf der Stelle tot.
(Zeugenaussagen von Edmond Zuckerkandel, YVA, 033/953; Menachem Dohl, YVA, 03/3302; Simon Stroessler, YVA, 033/253.)

Bibliografie

Archive

Archiv des Allgemeinen Jüdischen Arbeitverbunds, New York

Central Archives for the History of the Jewish People, Jerusalem

Central Zionist Archives, Jerusalem
Die jüdische Presse in Polen zwischen den beiden Weltkriegen

Ghetto Fighters' House (GFHA), Kibbutz Lohamei Haghetta'ot
Akte 3216
Akte 4348

Massua-Archive, Tel Yitzhak
Zeugenaussagen

Moreshet Archive, Giv'at Haviva
Zeugenaussagen
MA D.1.524
A.466, ‚RELICO'-Hilfskomitee für Kriegsopfer, Genf, 1939–1945, Berichte und Zeugenaussagen über die Verfolgung und Vernichtung von Juden, vornehmlich in Lemberg
A.855, Zeugenaussagen
542.8 (2), Archiv des Ha-Schomer Ha-Za'ir

National and University Library, Jerusalem
Sammlung Shalom

Oral Documentation Division im Institute of Contemporary Jewry, Hebrew University of Jerusalem
Zeugenaussagen

Yad Vashem (YVA), Jerusalem
JM, Mikrofilmsammlung
    1029, Sammlung Wasser
    3445, Inventar der Berlin-Sammlung
M.1/E, Historisches Zentralkomitee München
Sammlung von Zeugenaussagen
M.9, Simon Wiesenthal Dokumentationszentrum
M.10, Ringelblum-Archiv
M.20, Dr. Abraham Silberstein-Archiv, Genf

M.21, Abteilung für Kriegsverbrechen, München, Kriegsverbrecherreferat

M.31, Gerechte unter den Völkern

M.33, Tsentralny Gosudarstvenny Arkhiv Oktyabrskoy Revolutsii (T.S.G.A.O.R) (Zentrales Staatsarchiv der Oktoberrevolution)

M.37, Dokumentation aus Archiven in der ehemaligen Sowjetunion, Abteilung Lemberg

Gosarkhiv Lvovskoy Oblasti (Staatsarchiv des Distrikts Lemberg)

Tsentralny istoritscheskyi arkhiv USSR vo Lvovye (Zentrales Historisches Archiv der UdSSR in der Stadt Lemberg)

Lvovskyi Oblastnoy Gosudarstvennyi Arkhiv (Staatsarchiv des Innenministeriums in Lemberg)

Prokuratura SSSR, Lvovskoy Oblastyi (Büro des Obersten Staatsanwalts der UdSSR, Distrikt Lemberg)

Arkhiv tsentralnoy komissii po issledovanii hitlerovskikh prestuplenii (Archiv der Hauptkommission für die Untersuchung der Hitler-Verbrechen)

O.3, Yad Vashem Zeugenaussagen

O.4, Rechtliche Dokumentation

O.6, Sammlung Polen

O.16, Polnisches Historisches Komitee (ŻIH), Sammlung von Zeugenaussagen

O.17, Yiddisher Visnshaftlecher Institut (YIVO) (Jiddisches wissenschaftliches Institut), Sammlung von Zeugenaussagen

O.14, Bericht Katzmanns, des SS- und Polizeiführers für den Distrikt Galizien, über die Lösung des Judenproblems, 30. Juni 1943

O.18, Sammlung Yitzhak Stone, NS-Dokumente

O.25, Sammlung Silberberg, Archiv des polnischen Untergrunds, London

O.33, Zeugenaussagen, Tagebücher und Erinnerungen

P–21, Sammlung Ilya Ehrenburg, nicht veröffentlichtes Material des Schwarzbuchs

TR, Rechtliche Dokumentation

1. Internationales Militärtribunal, Nürnberg (IMT)
2. Nürnberger Militärtribunal (NMT)

10. Anklageschriften, Urteile und Untersuchungsberichte der Kriegsverbrecherprozesse
YIVO Archive, New York
Żydowski Instytut Historyczny (ŻIH), Warschau
Zeugenaussagen

Prozesse

SS-Sturmmann Peter Blum;
SS-Sturmmann Martin Büttner;
SS-Oberscharführer Ernst Epple;
SS-Sturmmann Paul Fox;
Frau Elizabeth Hansberg;
SS-Sturmmann Ernst Heinisch;
SS-Hauptsturmführer Ernst Inquart;
SS-Schütze Adolf Kolonko;
SS-Hauptsturmführer Anton Löhnert;
SS-Oberscharführer Ernst Preuß;
SS-Hauptsturmführer Rudolf Röder;
SS-Scharführer Roman Schönbach;
SS-Hauptsturmführer Walter Schallock;
SS-Rottenführer Hans Sobotta;
SS-Oberscharführer Karl Ulmer;
Heinz Weber;
SS-Oberscharführer Carl Wöbke.

Ehemalige Angehörige der SS und andere, die in Lemberg und Ostgalizien zwischen 1941 und 1944 aktiv waren und 1967 in Stuttgart vor Gericht gestellt wurden (YVA, TR–10/696):

* SS-Scharführer Richard Dyga, Lager Janowska, 1960 in Waldshut vor Gericht gestellt (YVA, O-4/469).
* SS-Obersturmführer Fritz Gebauer, einer der Leiter der D.A.W. im Lager Janowska, 1968 in Saarbrücken vor Gericht gestellt und zu lebenslanger Haft verurteilt (YVA, TR–10/728).
* SS-Hauptscharführer Josef Grzimek, einer der Kommandanten des Lagers Janowska, im Januar 1949 in Warschau vor Gericht gestellt und zum Tode verurteilt (YVA, O-4/11-4-7).

* SS-Unterscharführer Heinen, SS-Offizier im Lager Janowska, in Saarbrücken vor Gericht gestellt (YVA, TR–10/1006).
* Hermann Lumm, Mitglied des Einsatzkommandos in Lemberg, im März 1961 in Bremen vor Gericht gestellt (YVA, TR–10/17).
* SS-Untersturmführer Friedrich Lex, führte Aktionen in Städten in Ostgalizien aus und kommandierte Zwangsarbeitslager, 1961 in Graz, Österreich, vor Gericht gestellt (YVA, TR–10/538).
* SS-Unterscharführer Karl Melchior, Kommandant der D.A.W. im Lager Janowska, im August 1949 in München vor Gericht gestellt und zu lebenslanger Freiheitsstrafe verurteilt (YVA, TR–10/28).
* Theodor Oberländer, politischer Kommandant des ukrainischen Bataillons Nachtigall, in Bonn und Fulda im Juni und Oktober 1960 vor Gericht gestellt (YVA, O-4/90).
* SS-Hauptscharführer Johann Rauch, Kommandant der Todesbrigade, in Krakau vor Gericht gestellt und zum Tode verurteilt (YVA, M.21/202).
* SS-Oberscharführer Richard Rokita, SS- und Polizeiführer in Tarnopol sowie Kommandant und Liquidator von Zwangsarbeitslagern in Ostgalizien, mit weiteren Angehörigen der Gestapo 1964 in Stuttgart vor Gericht gestellt (YVA, TR–10/538).
* Erwin Schulz, Kommandant des Einsatzkommandos 5, das in den ersten Tagen der deutschen Besatzung die Morde unter der jüdischen Bevölkerung Lembergs ausführte; in Nürnberg vor Gericht gestellt (U.S. - Militärtribunal II, Nürnberg: Fall Nr. 9).
* SS-Unterscharführer Anton Siller, SS-Offizier im Lager Janowska, im April 1970 in Salzburg, Österreich, vor Gericht gestellt und zu sieben Jahren Gefängnis verurteilt (YVA, TR–10/678, TR–10/659).
* SS-Hauptscharführer Oskar Waltke, Mitglied der SS im Büro für jüdische Angelegenheiten; der Mann, der die Mitglieder des Judenrates und der jüdischen Polizei auf den Balkonen des Lemberger Ghettos erhängte und Hunderte von Juden in den Dünen ermordete, 1962 in Lemberg vor Gericht gestellt (YVA, TR–10/48).

Dokumentensammlungen

Ajzensztajn, Betti (Hrsg.), Ruch podziemny w ghettach i obozach: materiały i dokumenty, Warschau 1946.

Arad, Yitzhak/Israel Gutman/Abraham Margaliot (Hrsg.), Documents on the Holocaust, Yad Vashem 1981.
Armia Krajowa w dokumentach 1939–1945, 6 Bde., London 1970–1977.
Berenstein, Tatjana/Arthur Eisenbach/Adam Rutkowski (Hrsg.), Eksterminacja Żydów na ziemiach polskich w okresie okupacji hitlerowskiej, Zbiór Dokumentów, Warschau 1957.
Biuletyn Głównej Komisji Badania zbrodni Hitlerowskich w Polsce, Wydawnictwo Ministerstwa Sprawiedliwości, 1951 ff.
The Black Book: The Nazi Crime Against the Jewish People, New York 1946.
Blumental, Nachman, Obozy. Dokumenty i materiały, Łódź 1946.
Borwicz, Michał/Rost, F.W., Dokumenty zbrodni i męczeństwa, Krakau 1945.
Die deutsche Zivilverwaltung in den ehemaligen besetzten Ostgebieten (UdSSR). Bd. I, Ludwigsburg 1968.
Dushnyck, Walter (Hrsg.), Ukrainians and the Jewish: Articles, Testimonies, Letters and Official Documents Dealing with Interrelations of Ukrainians and Jews in the Past and the Present. A Symposium, New York 1966.
Dvinov, Boris, Vlasowskoye Dvizhenye v svetle dokumentov, New York 1950.
Ehrenburg, Ilya, Merder fun felker, materialn vegen di retsikhes fun di daytchishe farchaper in die tsaytveilkik okupirte rayenen. Zamlung, Moskau 1944.
Eschwege, Helmut, Kennzeichen „J": Bilder, Dokumente, Berichte zur Geschichte der Verbrechen des Hitlerfaschismus an den deutschen Juden 1933–1945, Berlin 1966.
Faschismus – Getto – Massenmord: Dokumentation über Ausrottung und Widerstand der Juden in Polen während des Zweiten Weltkrieges, Frankfurt a. M. 1961.
Gilbert, Martin, Atlas of the Holocaust, London 1982.
Ders., The Holocaust: A Record of the Destruction of Jewish Life in Europe During the Years of Nazi Rule: Maps and Photographs, London 1978.
Ders./Israel Gutman/Ezra Mendelsohn/Jehuda Reinharz/Chone Shmeruk (Hrsg.), The Jews of Poland Between Two World Wars, Hannover/London 1989.

Istoriya Velikoy Otchestvennoy Voyny Sovetskovo Soyuza 1941–1945, Moskau 1960.
Karmaluk, U., Sbornik dokumentov, Kiew 1948.
Magocsi, Paul Robert, Ukraine: A Historical Atlas, Toronto 1985.
Ders., Galicia: A Historical Survey and Bibliographical Guide, Toronto 1983.
Material Concerning Ukrainian – Jewish Relations During the Years of Revolution, 1917–1921: Collection of Documents and Testimonies by Prominent Jewish Political Workers, München 1956.
Matthew, David/Stanisław Stroński, The Persecution of the Jews in German-Occupied Poland, London 1940.
Melamed, Voloymyr, Evrei vo L'vove. XIII-pervaja polovina XX veka, L'vov 1994.
Mendelsohn, John (Hrsg.), The Holocaust: Selected Documents in Eighteen Volumes, New York 1982.
Meyer, Alfred u.a. (Hrsg.), Das Recht der besetzten Ostgebiete: Estland, Lettland, Litauen, Weißruthenien und Ukraine: Sammlung der Verordnungen, Erlasse und sonstigen Vorschriften über Verwaltung, Rechtspflege, Wirtschaft, Finanzwesen und Verkehr mit Erläuterungen der Referenten, München/Berlin 1943.
Nazi Germany's War Against the Jews, A Publication of the American Jewish Conference, 1947.
Nimetzko–fashistskyi okupatzyinyi rezhim na Ukraini: Zbirnik dokumentov i materialov, Kiew 1963.
The Nuremberg Trial: Verdict of the International Military Tribunal, Introduction by Marion Muscat, Jerusalem 1961.
La Persécution des Juifs dans les pays de l'est, Paris 1949.
Pogonowski, Iwo, Poland: A Historical Atlas, New York 1987.
Poliakov, Leon/Joseph Wulf, Das Dritte Reich und die Juden: Dokumente und Aufsätze, Berlin 1955.
Postanovy II Velikoho Zboru Organizatzii Ukrainskikh Natzionalistiv, Stryi 1941.
Soobstshenie Chrezvychaynnoy gosudarsvennoy Komissiyi po ustanovleniyu i rassledowvniyi zlodeyanii nemyetsko–fashistskikh zakhvatchikov o zlodyeyaniach nemtsev na teritorii Lvovskoy oblasti, 1945.

Trials of Major War Criminals before the International Military Tribunal Sitting at Nuremberg, Nürnberg 1947 f. (Blaue Serie) (IMT).
Trials of War Criminals before the Nuremberg Military Tribunals under Control Council Law Nr. 70, Nürnberg 1946–1948 (Grüne Serie).
U.R.O.: United Restitution Organization Documentation, Bd. II, Frankfurt a. M. 1959–1960.
Die Verfolgung und Einordnung der europäischen Juden durch das national-sozialistische Deutschland 1933–1945 (VEJ), Band 4, bearbeitet von Klaus-Peter Friedrich und Band 7, bearbeitet von Bert Hoppe und Hildrun Glass, München 2011.
Who is Who in Occupied Europe, British War Office, London 1944.
Zbirnik statey i narisiv, München 1951.
Zverstva nemetzko–fashistskikh zakhvatchikov, Dokumenty, Bd. 8, Moskau 1943.

Gedenkbücher

Bobrka: Im Andenken an die Gemeinde von Bobrka und Umgebung), Israel/USA 1964 [hebr.].
Bolechów: Gedenkbuch für die Märtyrer von Bolechów, Haifa 1957 [hebr.].
Borszczów: Das Buch über Borszczów, Tel Aviv 1960 [hebr.].
Brzeżany: Gedenkbuch für Brzeżany, Narajów und Umgebung, hrsg. von M. Katz, Haifa 1978 [hebr.].
Buczacz: Das Buch über Buczacz, Tel Aviv 1956 [hebr.].
Drohobycz: Gedenkbuch für Drohobycz, Borysław und Umgebung, hrsg. von Nathan M. Gelber, Tel Aviv 1959 [hebr.].
Galina: Die Zerstörung von Galina, New York 1946 [jidd.].
Die Schriftrolle von Galina, hrsg. von A. Korekh, New York 1950 [hebr.].
Die Gemeinde von Galina 1473–1943, ihre Geschichte und Zerstörung), hrsg. von A. Korekh, Jerusalem 1950 [hebr.].
Grajding: Das Buch über Grajding, hrsg. von Y. Margel, Haifa 1981 [hebr.].
Horodenka: Das Buch über Horodenka, hrsg. von S. Meltzer, Tel Aviv 1963 [hebr.].

Jaworów: Gedenkbuch der Gemeinde Jaworów und Umgebung, hrsg. von M. Barlev, Haifa 1979 [hebr.].
Yudenshtat Jaworów, der umkum fun di Javorówer yidn, hrsg. von S. Druck, New York 1950.
Podhajce: Das Buch über Podhajce, hrsg. von M.S. Geshuri, Tel Aviv 1972 [hebr.].
Skala: Das Buch über Skala, New York 1978 [hebr.].
Stanisławów: „Stanisławów", in: Jüdische Mutterstädte, Bd. 5, Jerusalem 1952 [hebr.].
Zikhroynes fun Stanisławówer Geto, in: Fun letstn khurbn 8 (1948).
Stryj: Das Buch über Stryj, Tel Aviv 1962 [hebr.].
Tarnopol: „Tarnopol", in: Enzyklopädie der Diaspora, Jerusalem 1969, S. 31 [hebr.].
Zborów: Gedenkbuch für Zborów, hrsg. von A. Zilberman, Haifa 1976 [hebr.].
Złoczów: Buch der Gemeinde Złoczów, hrsg. von B. Caro, Tel Aviv 1967 [hebr.].
S. Mayer, Der Untergang fun Złoczów, München 1947.
Żółkiew: Eine erhabene Stadt (Das Buch über Żółkiew), in: Enzyklopädie der Diaspora, Jerusalem 1969 [hebr.].
Enzyklopädie der Diaspora, Polen, Bd. D, Teil A: Lemberg, Jerusalem/Tel Aviv 1956 [hebr.].
Jüdische Mutterstädte, Bd. 5, Jerusalem 1952 [hebr.].
Landsmanshaftn in Israel, Tel Aviv 1961.
Pinkas ha-Kehillot Polin, Bd. B: Ostgalizien, Jerusalem 1980 [hebr.]

Erinnerungen und Tagebücher

Anski, Shlomo, Der khurbn Galicia, in: Gezamelte Shriftn, Bd. 4, Wilna 1922.
Ders., Kegenzaytike kulturele aynflusn, Bd. 15, Wilna/Warschau/New York 1928.
Belayev, V., Razoblachenie, Lemberg 1960.
Bogatyr, Z. A., Borba v tylu vraga, Moskau 1969.
Borwicz, Michał, Literatura w obozie, Krakau 1946.
Ders., Uniwersytet Zbirów, Krakau 1946.
Ders., Spod szubienicy w teren, Paris 1980.

Ders., Außerhalb der Ghettomauern im besetzten Krakau, Jerusalem 1987 [hebr.].
Davidson, G., Justinas Tagebuch, Tel Aviv 1987 [hebr.].
Farber, Isidor, Chronik eines Lembergers und der Leiden der Kehilla unter der nationalsozialistischen Besatzung, Tel Aviv 1946, S. 5–33 [hebr.].
Fuchs, Tania, A vanderung iber okupirte gebitn, Buenos Aires 1947.
Gilboa, Yehoshua A., In ewiger Erinnerung, Tel Aviv o.J. [hebr.].
Gogołowska, S., Szkoła okrucieństwa, Lublin 1964.
Goldberg, Abraham, Tage im Feuer, Tel Aviv 1987 [hebr.] (Manuskript in deutscher Sprache YVA, JM/981).
Hanover, Nathan Nota, Sefer Yiven metsula: Die Pogrome von 1648–1649, Tel Aviv 1966 [hebr.].
Helman, Y., Die zionistischen Pioniere im Untergrund in den von der Sowjetunion annektierten Gebieten Polens, Ein Harod 1950 [hebr.].
Hescheles, Janina, Oczyma 12-letniej dziewczyny, Krakau 1946.
Der Holocaust des polnischen Judentums: Berichte und Gutachten, 1., Das Vereinigte Hilfskomitee für das polnische Judentum, Jerusalem 1940 [hebr.].
Kahana, David, Tagebuch aus dem Ghetto Lemberg, Jerusalem 1978 [hebr.].
Kaplan, H.H., Auszüge aus dem Tagebuch, in: Yalqut Moreshet 3 (Winter 1964/65) [hebr.].
Khrushchev, Nikita Sergeevich/Edward Crankshaw/Strobe Talbott, Khrushchev Remembers, New York 1981.
Klausner, Y. (Hrsg.), Die Vernichtungslager in Polen, Jerusalem 1947 [hebr.].
Levin, Yitzchak, Ich bin aus Spezia eingewandert. Erinnerungen an das Ghetto Lemberg, Tel Aviv 1947 [hebr.].
Maltiel, Jakob, Aus Rache..., Tel Aviv 1957 [hebr.].
Medwedew, D. N., Silnye dukhom, Moskau 1957.
Poraj, Kazimiera, Dziennik Lwowski, in: Buletyn Instytutu Historycznego 52 (1964).
Prizament, Shlomo, Yiddish teater in Lemberg, in: Yiddish teater in Eirope tsvishn bayde welt-milkhomes, New York 1968.
Reder, Rudolf, Bełżec, Krakau 1946.
Rennert, Z., Drei Viehwaggons 1914–1954, Jerusalem 1988 [hebr.].

Riper, M., Der Todeszug, Tel Aviv 1946 [hebr.].
Ryś, Kazimierz, Obrona Lwowa w roku 1939, Palästina 1943.
Scheinfeld, C. Joachim, Das Ghetto Lemberg und das Lager Janowska, Tel Aviv 1988 [hebr.].
Schneider, Leon (Artek), Wie ein gejagtes Tier, Tel Aviv 1977 [hebr.].
Shapira, S., Erinnerungen eines im Holocaust gequälten Juden, Tel Aviv 1953 [hebr.].
Shiloni, Yehoshua, Einer, dem die Flucht gelang, Tel Aviv 1956 [hebr.].
Silberzweig, Zalman, Leksikon fun yiddishn teater, Bd. 6, Mexico 1967.
Szende, Stefan, Der letzte Jude aus Polen, Zürich 1945.
Tenenbaum, Yosef, Galicia majn alte hajm, Buenos Aires 1952.
Turkow-Grodberg, Icchok, Azoy is es geven, Buenos Aires 1948.
Ders., Yiddish teater in poyln, Warschau 1951.
Ders., Sovietishe dramaturgy, Warschau 1955.
Ders., Oif majn weg, Buenos Aires 1978.
Wat, Aleksander, Mój Wiek. Pamietnik mówiony, Bd. 1, London 1977.
Weitz, A., Auf Deinen Ruinen, Stanisławów, Tel Aviv 1947 [hebr.].
Wilczur, J. E., Do nieba nie można od razu. Zapiski z okupowanego Lwowa, Warschau 1991.
Wieliczker-Wells, Leon, Zeugenaussage während des Eichmann-Prozesses, Jerusalem 1974 [hebr.].
Ders., The Death Brigade, New York 1978.
Yones, Eliyahu, Am Rande des Abgrunds, Jerusalem 1960 (hebr. Manuskript, YVA, O.3/7684), Titel der deutschen Ausgabe: Die Straße nach Lemberg, Frankfurt a.M. 1999.
Zaderecki, Tadeusz, Unter der Herrschaft des Hakenkreuzes, Jerusalem 1982 (Manuskript, YVA, O.6/2) [hebr.].
Zuckerman, Yitzhak, Kapitln fun ezovon, Haifa 1983.

Studien

In Eliyahu Yones, Die Juden in Lemberg während des Zweiten Weltkriegs und im Holocaust 1939–1945. Dissertation, Hebräische Universität Jerusalem

Arad, Yitzhak, Belzec, Sobibor, Treblinka: the operation Reinhard death camps, Bloomington 1987.
Arendt, Hannah, Eichmann in Jerusalem: Ein Bericht von der Banalität des Bösen, München 1964.
Armstrong, John A., Ukrainian Nationalism 1939-1945, New York/London 1963.
Balaban, Meir, Żydzi Lwowscy na przełomie XVI-XVII W, Lemberg 1906.
Ders., Dzieje Żydow w Galicji i w Rzeczypospolitei krakowskiej, Krakau 1912.
Ders., Die großen jüdischen Gemeinden im Mittelalter: die Juden von Lemberg, in: Israel Halperin (Hrsg.), Die Juden in Polen: von den ersten Tagen bis zum Holocaust, 1954-1958 [hebr.].
Bauer, Yehuda, A History of the Holocaust, New York 1973.
Ders., Die Judenräte: verschiedene Schlußfolgerungen, in: Israel Gutman (Hrsg.), Die jüdische Führerschaft in den von den Nationalsozialisten kontrollierten Gebieten.Vorträge und Diskussionen auf der Dritten Internationalen Konferenz zur Erforschung des Holocaust, Jerusalem 1980 [hebr.].
Ders., Reaktionen auf den Holocaust. Versuche des Durchhaltens, des Widerstands und der Rettung, Jerusalem 1986 [hebr.].
Brand, Emanuel, Die Untergrundbewegung der Pionierjugend im Ghetto Lemberg, in: Yediot Yad Vashem 25/26 (1961) [hebr.].
Brustin-Bernstein, Tatjana, Der protses fun farnikhtn di yidishe yishuvim oyfn shetekh fun azoy gerufenem ‚Distrikt Galicien' in: Bleter far geshichte, Bd. VI, Heft 3, S. 53-153.
Caro, Jecheskiel, Geschichte der Juden in Lemberg von den ältesten Zeiten bis zur Teilung Polens im Jahre 1792, Krakau 1894.
Dubnow, Simon, Weltgeschichte des jüdischen Volkes, Berlin 1925-1929 [Tel Aviv 1958].
Encyclopedia of the Holocaust, hrsg. von Israel Gutman, New York 1990.
Frank, Hans, Das Diensttagebuch des deutschen Generalgouverneurs in Polen 1939-1945, hrsg. von Werner Präg und Wolfgang Jacobmeyer, Stuttgart 1975.
Friedman, Filip, Zagłada Żydów Lwowskich, Łódź 1945.

Ders., Die Vernichtung der Juden von Lemberg, in: Enzyklopädie der Diaspora, Bd. D, Teil A: Lemberg, Jerusalem/Tel Aviv 1956 [hebr.].

Ders., Die Vernichtung der Lemberger Juden, in: Frank Beer/Wolfgang Benz/Barbara Distel (Hrsg.), Nach dem Untergang. Die ersten Zeugnisse der Shoah in Polen 1944–1947, Dachau/Berlin 2014, S. 27–63.

Ders., Ukrainish-yidishe batsiyungen in der tsayt fun der natsisher okupatsia, in: YIVO Blätter 41, New York 1957/58, S. 230–263.

Gelber, Nathan M., Geschichte der Juden Lembergs, in: Enzyklopädie der Diaspora, Bd. D, Teil A, Lemberg, Jerusalem/Tel Aviv 1956 [hebr.].

Ders., Die Geschichte der zionistischen Bewegung in Galizien 1875–1918. Bd. B: 1899–1918, Jerusalem 1958 [hebr.].

Gefen, M. u. a. (Hrsg.), Das Buch der jüdischen Partisanen, Merhavia 1958 [hebr.].

Gutman, Israel (Hrsg.), Rescue Attempts During the Holocaust. Proceedings of the Second Yad Vashem International Historical Conference, Jerusalem. April 8–11, Jerusalem: Yad Vashem 1977.

Ders., The Jews of Warsaw, 1939–1943. Ghetto, Underground, Revolt, Bloomington 1982.

Ders., Jüdische Arbeit für die Deutschen in Osteuropa während des Zweiten Weltkriegs, in: Zion 43 (1978), S. 119–158.

Ders./Livia Rothkirchen (Hrsg.), Der Holocaust des europäischen Judentums: ausgewählte Artikel, Jerusalem 1973 [hebr.].

Ders./Shmuel Krakowski, Unequal Victims: Poles and Jews During World War Two, New York 1986.

Gutterman, Bela, Mit dem Tod auf das Leben anstoßen: Chronik des Lagers Janowska in Lemberg (1941–1943), Magisterarbeit, Universität Tel Aviv 1983 [hebr.].

Halperin, Israel (Hrsg.), Die Juden in Polen: von den ersten Tagen bis zum Holocaust, 1954–1958 [hebr.].

Hilberg, Raul, Die Vernichtung der europäischen Juden. 3 Bde., Frankfurt a.M. 1990.

Hofer, Walter, Die Entfesselung des Zweiten Weltkrieges: Eine Studie über die internationalen Beziehungen im Sommer 1939. Mit Dokumenten, Frankfurt a.M. 1960.

Holzmann, K., Als Gott abwesend war, Tel Aviv 1956 [hebr.].
Ilnytzkyj, Roman, Deutschland und die Ukraine. 2 Bde., München 1958.
Jäckel, Eberhard, Hitlers Herrschaft. Vollzug einer Weltanschauung, Stuttgart 1986.
Kaganowicz, Moshe, Di milkhome fun di yiddishe partizaner in mizrakh eirope, Buenos Aires 1956.
Kahana, David, Blutiges Zusammentreffen (geschrieben und redaktionell bearbeitet von Bela Gutterman), Tel Aviv 1991 [hebr.].
Kamenetsky, Ihor, Hitler's Occupation of the Ukraine 1941–1944: A Study of Totalitarian Imperialism, Milwaukee 1956.
Keles, Shlomo, Grenzen, Untergrund und Flucht (1941–1945), Jerusalem 1989 [hebr.].
Kermisz, Josef, Über die Beziehungen zwischen Juden und Polen, in: Yalqut Moreshet 11 (1969) [hebr.], S. 101–107.
Kleinboim, Mosche, Die Situation der Juden in Ostgalizien, in: Die Vernichtung der europäischen Juden, Jerusalem 1940 [hebr.].
Knaan, Chaviv, Der Hass der Ukrainer auf die Juden: Ursachen und Entwicklung, in: Massua (1972) [hebr.], S. 63–110.
Landau, M., Die Bedeutung der Ugoda von 1925 in den polnisch-jüdischen Beziehungen, in: Zion 37 (1972) [hebr.], S. 66–100.
Ders., Die Juden als nationale Minderheit in der Zeit des unabhängigen Polen (1918–1925). Dissertation, Hebräische Universität Jerusalem 1973 [hebr.].
Lebed, Mykola, UPA: Ukrainska Povtstanska Armyia, München 1946.
Leshchinsky, Jacob, Das yiddishe folk in tsifern, Berlin 1922, Berlin 1922.
Ders., Di statishe bafelkerung in Poyln 1921–1931, in: YIVO-Bleter XX, Nr. 1 (September/Oktober 1942).
Ders., Yidn in di gresere shtet fun Poyln, in: YIVO Bleter XXI, Nr. 1 (Januar/Februar 1943).
Levin, Dov, Eine Zeit in Klammern: 1939–1941. Episoden aus dem Leben der Juden in den von der Sowjetunion annektierten Gebieten bei Ausbruch des Zweiten Weltkriegs, Jerusalem/Tel Aviv 1989 [hebr.].
Magocsi, Paul R. (Hrsg.), Morality and Reality: The Life and Times of Andrei Sheptytskyi, Edmonton 1989.

Mahler, Raphael, Die Geschichte der polnischen Juden (bis zum 19. Jahrhundert): Wirtschaft, Gesellschaft und rechtliche Situation, Herhavia 1946 [hebr.].

Ders., Die polnischen Juden zwischen den beiden Weltkriegen: Eine Sozialgeschichte, Tel Aviv 1953 [hebr.].

Ders., Chassidismus und Haskala in Galizien und Polen in der ersten Hälfte des 19. Jahrhunderts: die gesellschaftlichen und politischen Entstehungsbedingungen, Merhavia 1961 [hebr.].

Mendelsohn, Ezra, Polen, in: Yaakov Tsur (Hrsg.), Die Diaspora – Osteuropa, Jerusalem 1976 [hebr.].

Mick, Christoph, Kriegserfahrungen in einer multiethnischen Stadt: Lemberg 1914–1947, Wiesbaden 2010.

Netzer, Y., Die Politik der jüdischen Vertreter im neu gewählten Sejm in Polen (1918–1922). Dissertation, Universität Tel Aviv 1976 [hebr.] (als Buch unter dem Titel: Der Kampf der Juden in Polen um ihre bürgerlichen und nationalen Rechte, Tel Aviv 1980, veröffentlicht).

Pacholkiv, Svjatoslav, Zwischen Einbeziehung und Ausgrenzung: die Juden in Lemberg 1918–1919, in: Alexandra Binnenkade/Ekaterina Emaliantseva/Sjatoslav Pacholkiv (Hrsg.), Vertraut und fremd zugleich. Juden in interkulturellen Beziehungen, Köln/Weimar 2008.

Pankiwskyj, Kost, Roky Nimeckoji okupaciji, New York 1965.

Perlis, R., Die Pionierbewegungen im besetzten Polen während des Holocaust. Dissertation, Hebräische Universität Jerusalem 1982 [hebr.].

Pickhan, Gertrud, Gegen den Strom. Der Allgemeine Jüdische Arbeiterbund „Bund" in Polen 1918–1939, Stuttgart 2011.

Piekarz, Mendel, Chassidismus in Polen: Zwischen den zwei Weltkriegen und dem Holocaust 1939–1945, Jerusalem 1990 [hebr.].

Pohl, Dieter, Nationalsozialistische Judenverfolgung in Ostgalizien 1941–1944: Organisation und Durchführung eines staatlichen Massenverbrechens, München 1996.

Polonsky, Antony, The Jews in Poland and Russia, 1350–1880, Oxford 2010.

Prekerowa, Teresa, Konspiracyjna Rada Pomocy Żydom w Warszawie 1942–1945, Warschau 1982.

Prus, Edward, Władyka Swiętojurski, Warschau 1985.

Redlich, Shimon, Sheptytskyi and the Jews during World War II, in: Paul R. Magocsi (Hrsg.), Morality and Reality: The Life and Times of Andrei Sheptytskyi, Edmonton 1989, S. 147–162.
Reitlinger, Gerald, Die Endlösung, Berlin 1957.
Ringelblum, Emanuel, Ksovim fun geto: Notitsn un ophendlungen (1942–1943), Warschau 1961–1963.
Rosenblatt, Gad, Als das Feuer im Wald um sich griff: Mit der jüdischen Partisanenbrigade und der Kobpak-Einheit, Tel Aviv 1957 [hebr.].
Samet, Shimon, Die jüdische Presse in Ostgalizien, in: Geschichte der jüdischen Presse, Tel Aviv 1973 [hebr.].
Sandkühler, Thomas, „Endlösung" in Galizien: Der Judenmord in Ostpolen und die Rettungsinitiativen von Berthold Beitz 1941–1944, Bonn 1996.
Schenk, Dieter, Der Lemberger Professorenmord und der Holocaust in Ostgalizien, Bonn 2007.
Schwartz, Solomon, Di yidn in sovetn-farband, New York 1967.
Segev, Tom, Soldaten des Bösen. Zur Geschichte der KZ-Kommandanten, Reinbek 1992.
Shiffer, Y., Auf dem ukrainischen Vulkan (1600–1948), in: Israel Halperin (Hrsg.), Die Juden in Polen: Von den Anfängen bis zum Holocaust, Jerusalem 1954–1958, S. 182–184 [hebr.].
Spector, Shmuel, Die Aktion 1005 zur Auslöschung der Spuren des millionenfachen Mords im Zweiten Weltkrieg, in: Yahadut Zemanenu, Bd. 4 (1988), S. 207–225 [hebr.].
Sternberg, Yitzchak, Unter anderer Identität, Tel Aviv 1984 [hebr.].
Tenenbaum, Yosef, Die osteuropäischen Juden auf der Friedenskonferenz nach dem Ersten Weltkrieg, in: Y. Cohen/D. Sadan (Hrsg.), Geschichte Galiziens, Tel Aviv 1957 [hebr.].
Ders., Das Königreich der Rasse und des Bösen, Jerusalem 1979 [hebr.].
Thies, Klaus Jürgen, Der Polenfeldzug. Ein Lageatlas der Operationsabteilung des Generalstabs des Heeres, Osnabrück 1989.
Torzecki, Ryszard, Kwestia Ukraińska w polityce III Rzeszy (1933–1945), Warschau 1972.
Trunk, Isaiah, Judenrat: The Jewish Councils in Eastern under Nazi occupation, New York 1972.
Węgierski J., W Lwowskiej Armii Krajowej, Warschau 1989.

Weichert, Michael, Zikhroynes, Bd. 3, Tel Aviv 1960.
Ders., Yidishe alaynhilf, Tel Aviv 1962.
Weiss, A., Die jüdische Polizei im Generalgouvernement und in Oberschlesien während des Holocaust. Dissertation, Hebräische Universität Jerusalem 1973 [hebr.].
Ders., Die jüdischen Schulen in Ostgalizien unter der sowjetischen Besatzung, Gal'ed, D-E (1978) [hebr.].
Ders., Jiddisches Theater und jiddische Literatur in Ostgalizien 1939–1941, in: Behinot 8–9 (1980) [hebr.].
Werses, Shmuel, Der Chassidismus in den Augen der Haskala, in: Molad 144/5 (1950) [hebr.].
Wieliczker, Leon, Lagern in mizrakh-Galicia, in: Fun letstn khurbn 6 (1947).
Ziv, Yitzchak, Der Ha-Schomer Ha-Za'ir unter sowjetischer Besatzung in Ostpolen (Weißrussland und West-Ukraine) (September 1939 – Juni 1941), in: Yalqut Moreshet 45 (Juni 1988), S. 105-148 [hebr.].

Personenregister

A

Adler, Edmund 295
Adler, Ephraim 338
Adler, Leah 406
Agnon, Samuel Joseph 31
Ajzenstajn, Betti 382
Ajzman, Jehuda 347
Albert, Anna 341
Alebes de Souza-Freilich, Stella 342
Alejchem, Scholem 89
Aleksandrowicz 335
Alina 344f.
Allerhand, Moses (Maurycy) 109, 110, 113, 114, 141, 163
Alter, Moses Elchanan 148
Altman-Heschels, Janina 346f.
Altshiller, Henryk 376
Andmann 396
Appel, Zygmunt 337
Arad, Yitzhak 7, 19, 369
Aschendorf, Israel 80, 82, 88
Aschendorff, Wolf 394
Auerbach, Rachel 7
Avdayev, M. I. 290
Avidar, Rina 349
Avi-Yona, Nethanel (Sanjo) 19
Axer, Richard 177, 276
Azikowski (Familie) 328

B

Babad, Moses 29
Babaj 394
Backmann 309
Badeni, Kazimierz (Graf) 371
Balaban, Meir 15, 32
Bandera, Stepan 105, 127, 129f., 315, 402
Barczyńska, Anna 335
Barczyński, Józef 335
Bardan, Dr. 153
Barmat, Tadeusz (Max) 339
Bar-On, Mordechai 100
Bartel, Kazimierz 136
Barur, A. I. 15
Bauer, Otto 323
Bauer, Yehuda 7, 19
Baum, Abraham 320
Baum, Nysel 393
Bazan, O. 395
Becker 177
Begleiter, Iza (Dr.) 234, 329
Ben-Israel, Ilena 338
Ben-Zwi, M. 321
Berestecki 344
Berger, Karolina 376
Berger, Kehat 309, 380, 401
Bernfeld, Siegfried 32
Bernstein, Leon 371
Bernstein, Sarah 396
Bick, A. 33
Bick, Jakob Samuel 31
Bickermann 143
Bielajew, Wladimir 345
Bielec, Helena 332
Bieliński, Zdzisław 342
Bieliński, Zofia 342
Bielow 323
Bildner 395
Bilecka, Josefa 336
Bilecki, Franciszek (vormals Ajzik Eisenstein) 336
Bilewicz, Tadeusz 346f.
Birnboim, H. 276
Birnboim, Leon 276
Bisanz, Alfred 134, 184
Black, Sigmund 88
Blas, Joanna 335
Blau, Miriam 338
Blaustein, Alexander 157
Blaustein, Dossia 376f., 392
Blech, Leon-Arye 403
Bleich 309
Bleicher, A. 31
Blobel, Paul 287
Blum, Peter 378
Blum, Stella 376
Blumenfeld, Immanuel 29
Blumenfeld, Mina 402
Blumenkranz, Elias 305
Blumenthal, Nachman 293
Bodek, J. 31
Bogatko, Marian 86
Bogdanowicz-Begleiter, Ludmilla 329

Bogner, Dr. 309
Bombach, Mundek 100
Bomze, Nachum 82, 92
Bonek siehe Wahrman, Abraham
Bonkowski 328
Borejsza, Jerzy 80f.
Borenstein, Abek (Abraham) 100
Bormann 273
Borowez, Taras (Taras Bulba) 316
Borowik, Stefania 333
Borozowska, Anna 334
Borwicz, Michał (Dr.) 80, 82, 276, 285, 306, 310, 346
Boy-Żeleński, Tadeusz 80, 82
Brand, Emanuel 303
Braude, Aryeh Leib 29
Braun 177
Brauner 305, 341
Brauner, Teresa (geb. Albert) 305, 341
Breslauer 311
Bretschneider, Mendel 404
Bretschneider, W. 404
Brodziński 348
Broides, Reuben Asher 31
Broniewski, Władysław 80, 85
Brumbauer 273
Brzozowicz, Antonina 337
Buber, Salomon 31f.
Buchler, Yehoshua 19
Bühler, Josef 216
Byk, Emil 29

C

Canaris, Wilhelm 127, 134
Caro, Jakob 22
Chaiczuk, Zusia 404
Chajes, Viktor 66
Chamaydes, Kalman 135, 148
Chamaydes, Wieliczkie 290
Charaskiewicz, Maria 330
Chirowski (Chiger), Jerzy 344
Chirowski (Chiger), Krystyna 344
Chirowski (Chiger), Paweł 344
Chirowski (Chiger), Pepa 344
Chmelnyzkyj, Bohdan 24f.
Chodorowski, Lidia 345
Chodorowski, Zofia 345
Choms, Władysława 312, 319, 328f.
Chruschtschow, Nikita 64, 86f.
Chuprynka, Taras 316
Cohen, Charlotte 329
Cohen, David 379
Cohen, Joseph 157
Cohen, Rosa 329
Cohen, S. 276
Cooper, Rivka 307, 308
Culier 395
Cymerman, Ignacy 399
Cymerman, Zosia 370
Cyper, Gerschon 50

D

Dąbrowski, Bronisław 88
Danziger, Mendel 401
Datner, Szymon 7
David, Frieda 329
Deutsch, Józek 398
Diamant, Icze 293
Dicker, Abraham 332
Dicker, Maria 332
Dimek, Bronisława 331
Dimek, Franciszek 331
Dirlewanger, Oskar 359
Dohl, Menachem 406
Donner, Max 318, 395
Drabik, Antonina 138, 347
Dratwinski 390
Dreikurs, Leibusch 88, 92
Drezner, Karl 276
Dricks, Samuel 193, 203, 263, 266, 268, 275, 284
Drucker, Leib 332
Druzdow, Wassili 322
Druz, G. 90
Druzdov, Genia 322
Duma, Krystyna 336
Duma, Maria 336
Dunczek, Kazimierz 333
Dutkiewicz, Theodor-Ryszard 331
Dyga, Richard 295, 389
Dziedzic, Wiktoria 346
Dzinieczyk, Maria 329
Dzionek, Elbaum 395

E

Eberson, Eduard 150, 173, 197
Ehrenpreis, Joseph 100
Ehrenpreis, Moses 148
Ehrenreich, Sarah 334
Ehrlich, Joschua 142
Ehrlich, Schmuel 323
Eichmann, Adolf 354
Eicke, Theodor 359

Eineigler, Karl 93
Einstein, Julia (geb. Albert) 341
Eintow, Klara 347
Eisenkraft, Tonju 98
Eisenstein (Familie) 336
Eisner, Josef 138, 371, 386
Elbaum, Dzionek 395
Elmer, Adam 396
Emilson-Halperin, Bianca 331
Enda, Jossl 293
Engelberg, Berish 395
Enosch, Hella 314
Epple, Ernst 274, 279, 379
Erdlin, Hilda-Anna 371
Erter, Isaak 31
Ettinger, Isaak Aaron 29
Evenstein, S. 395
Evers, Zwi 406
Ewasiuk, Alex 396

F

Faber (Dr.) 305
Fanger 308
Farder, Moshe 374
Federbusch, Shimon 46
Federenko, V. 380
Fefer, Ephraim 100
Fefer, Malka 100
Feifer, Zofia 340
Feirmann, Julius 388
Feirstein, Isidor 376, 388, 393, 395
Feldberg, Frieda 402
Feldberg, Leah 402
Fenster, Hirsch 196, 395
Fernandez, Maria 346
Fink (Familie) 348
Fink, Hannah 348
Fink, Joseph 7
Fisch, Schmuel 109, 299
Fischer, Josef 374
Fjodor 322f.
Flaksej, Zachariasz 338
Fogel, Dvoyre 82
Fogel, Paulina 345
Frammer 370
Frank, Hans 121, 125f., 140f., 204, 216f.
Frankel, David 276
Freilich, Stella 342
Frenkel, Adele (geb. Gersman) 341
Frenkl 306
Freund, Levi 161

Freundlich, Guta 347
Friedel, Eliahu 256, 275, 376, 379
Friedlander, Oskar 395f.
Friedländer, Saul 9
Friedman, Filip 7, 15, 32, 180, 248
Friedman, Miriam 299
Friedmann, Benedict 406
Friedmann, Sonja 82, 84
Fris, Artur (Dr.) 335
Fris, Leah (geb. Kaner) 335
Fris, Shulamit 335
Fris, Zola 335
Frostik, Meir 403
Fuchs, Lusia 42, 64f., 71–73, 75–77, 79, 80–82, 84, 87, 336
Fuhrmann, Zwi Hersch 406

G

Galanter, Josef 305
Galeb, Kobe 293
Galler, Lipa 115
Gang 33, 250, 269, 309, 317
Gebauer, Fritz 262f., 275, 280f., 390
Gebek 379
Gędzala, Anna 334
Gędzala, Ludwik 334
Gelber, Nathan 370
Geller-Brandt, Klara Chaya 256, 275, 376, 403
Gelles, Feige 275, 293
Gelobter, Edek 96
Gens, Jakob 148
Gerber, L. 388
Gersman, Adele 341
Gertler, Jehoshua 379
Gertz 371
Geschwind, Marcel 100
Gesund, A. 374
Geva, Kobe (Kobush) 309
Gibi, Clara 19
Gimpel, Karl 87f.
Ginsberg, Isidor 142, 157
Ginzburg, Benzion 276
Glanz, Michael 404
Glanz-Sendauer, Irena 344
Glass, Feige 384, 386f.
Glassberg, Shlomo 405
Gleich, Eduard 332
Gleich, H. 399
Glickstein, Schoschana 339
Głobiak, Zofia 340

Gogol, Nikolai 316
Gold 283
Goldberg, Abraham 128, 166, 200, 304f., 309, 316
Goldberg, Zofia 309
Goldfaden, Abraham 89
Goldmann, Sender 132, 318, 395
Gordin, Jakob 89
Göring, Hermann 126, 265
Górska, Helena 80, 87
Gottlieb 309, 369
Grawicka-Waller, Waleria 335
Grayever, D. 179, 205f.
Greenbaum, Leon 19
Grieshaber 376
Gross, Giza 345
Gross, Rozalia 343
Grossmann, Zwi 395
Gross-Raubfogel, Lusia 345
Gruber-Bajgerowicz, Maria 329
Grün, Helena 310
Grün, Jerachmiel 82, 88, 92, 276, 277
Grün, R. 310
Grünbaum, Izaak 44f., 47f.
Grünberg, U. Z. 31
Grünberg, Ya'akov 331
Grüngarten, Moshe 380
Grupper, Ronit 341
Grynspan, Felicja (Weiner) 334
Grynszpan, Chana 398
Grzimek, Josef 219, 239, 240, 242, 245, 376, 384, 386, 392
Gschwendtner, Robert 381
Guliger-Szapira, Max 167, 175
Gurfinkel, Aniela 339
Gutman, Israel 7, 18, 98, 107, 119, 217, 319
Gutmanns, Reuma 329
Gutterman, Bela 269, 375

H

Haberkorn, Josef 118, 403
Hacohen, S. L. 31
Hager, A. 399
Hainfalk 406
Hainisch, Ernst 239, 375, 379
Halan, Jarosław 80
Halberstadt, Chaim 29
Halfan, Elias 396
Hallbauer, Wilhelm 184, 189, 225
Halperin, Irena 330
Halperin, Oskar 228
Halperin, Rachel 396
Hanaczów 312, 314f., 320–322, 403, 405
Hannah, Pardes 341
Hanover, Nathan 24, 25
Hase 371
Hasenberg, Thomas 370, 377, 391
Hecht, Marcel 98
Helawicz, Jossi 309
Helfgot, Miriam 338
Heller, Meir 376
Heller, Miriam (Dr.) 340, 346
Heller, Tsviya 46
Hemar, Marian 118
Hen, Ramat 340
Hendler, Oskar 96, 100
Herckowski, Michael 309
Hering, Gottlieb 369
Hermann, Josef 283
Hermann, Philip 329
Herz, Cohen Naftali 300
Herz, Isser Reis 385
Herzog, Binyamin 396
Hescheles, Kubele 293, 306
Heschels, Henryk 346
Heydrich, Reinhard 106, 140, 287, 354, 359
Hildebrand 214, 370, 379
Hill 375
Hitler, Adolf 56, 105f., 126, 129, 134, 175, 213, 215, 240, 321, 354, 359
Hoch, Leon 151, 173
Hochberg, Jehuda 308, 309, 399, 403
Hochberg-Praff, Chana 399
Hochmann, Mosche 393
Hoellander, Gerthe 372
Hoffenstandt, David 308
Hoffmann, Bruno 342
Hoffmann, L. 395
Hoffmann, Michael 306
Hofstein, David 81
Hollander, Rivka 339
Höller, Egon 205, 210f.
Homberg, Naftali Herz 30
Horowitz, Mordechai 370
Horowitz, Mosche 305
Horowitz, Nathan 299
Horowitz, Pinchas 30
Hurwitz, Israel 405

Huszcza-Borusińska, Maria 339

I

Igel, S. 74
Ignaz 338
Ilkiewicz, Marian 328
Imber, Jakob 80, 84

J

Jaffe, Ludwik 143
Jakubowski, Helena 349
Jakubowski, Maria 349
Jakubowski, Władysław 349
Jakunowicz 306
Jaszunski, Joseph 177
Johannes, Benek 98
Joran, Eugenia 345
Josef, Haya 403
Joubert, Maria 337
Julius, Rafael 19
Jung, Lonek 404
Jurek, Julia 329

K

Kacyzne, Alter 80, 82, 85, 88, 92
Kaczmarski 348
Kahana, Bertha 348
Kahana, David 135, 148f., 175, 222, 231, 277
Kahana-Schapira, Abraham Dubner 148
Kahn, Karol 293
Kalbiński (Familie) 342
Kalfus, Dr. 317
Kalmus, Sabina 328
Kamińska, Ida 68, 88f., 91
Kamiński, Jan 233, 323
Kanner, Itscha 315, 403
Kanner, Mosche 315, 403
Kanner, Oswald 321
Kanner, Yankl 293
Kantor, Michał 331
Kantor, Władysława 331
Kapicare 380
Kaplan, H. H. 357
Kaplicka, Leonora 337
Karen, Krystyna 344
Karo, Esekiel 15, 29
Katz, Charlotte 339
Katz, Ester 376
Katz, Friedrich 159, 182
Katz, Tsipora 334

Katz, Wladelka 299
Katzmann, Fritz 164, 182, 192, 197, 214, 216, 219, 229, 238f., 246f., 258, 263, 268, 282, 285, 287, 301
Katznelson, Yitzhak 16
Keil, Albert 381
Keitel, Wilhelm 126f., 213f.
Kempke 292, 379f., 385
Kepik 287
Kermisz, Chaim 98
Kermisz, Josef 7, 32
Kessel, Ya'akov 403
Kharmats, (auch Khermesh), Bunjo 308, 315, 321, 403
Khashchevetzky, Mosche 81
Kimmelmann, Oswald 142
Kin, Shlomo 30, 332, 347
Kingsberg 390
Kirilovich, Grigori 380
Kirschenbaum, Sara 391
Kirschner, Shmuel 374, 401
Kleiman, Louf 279, 290
Kleinboim, Mosche 43, 63, 70, 94
Kleinman, Peretz 88, 91, 310
Kleinman, Yehudit 19
Kleinmann, Moshe 50
Kleinmann, Poldek 279, 401
Kles, Salomon 99f.
Koch 134, 215, 278
Koczerkiewicz, Mieczysław 340
Kohen-Zedek, Joseph 32
Kohlrantz, Adolf 208
Kohlrauch 311
Kolanko, Adolf 263
Kolano 331
Kolatt, Israel 7, 19
Kolatt, Shifra 19, 298
Kolnik, Dr. 298
Kołodziej, Jan 333
Kołodziej, Marian 333
Kolonko, Adolf 374
Koltiniuk, Y. 90
Königsberg, David 81, 84, 92
Kopler-Bert, Bina 342
Kops, Lucjan 329
Koral, Janina (geb. Sandel) 341
Korn, Rachel 68, 80, 82, 92
Korn, Sewerin 314
Korn, Wilhelm 314, 324, 401
Kornijtschuk, Oleksandr 80, 83, 86
Korowec, Dymitr 343, 346
Korwicz, Jela (geb. Meisels) 331

Kosovar 317
Kostiuk, Iwan 344
Koszocki, Kazik 333
Kotler, Josef 388, 405
Kotnowski 381
Kowaledo-Gold, Miriam 299
Kowpak, Sidor 395, 397, 404
Kozlaniuk, Petro 80
Kozlowski, Leopold 401
Kraisberg, Izydor 329
Kremin, Viktor 205, 207
Krochmal, Nachman 31
Krüger, Friedrich-Wilhelm 121, 122, 192, 219, 246, 285
Kruk, Camilla 347
Kruk, Janina 347
Kruschenko 322, 398, 403, 405
Kulik, Marynia 341
Kupper, Rivka 308
Kurda, Edward 329
Kurzrock, Maximilian 157, 231, 273
Kusnezow, Nikolai Iwanowitsch 323
Kutscher 68

L

Laba, Vasyl 135
Labiner 381
Lahousen, Erwin 127
Lamarz 348
Lambor, Walther 370, 376, 383
Landau, Camelja 330
Landau, Eliszewa 331
Landau, Leib 178, 205
Landau, Naftali 142, 159, 194
Landberg, Rozolia 297
Landheim-Ajzman, Y. 347
Landsberg, Henryk 142, 147–149, 164, 172f., 179, 187, 189, 191, 233
Langnas, Shaul 66
Langner, Władysław 53
Lanz, Miriam 336
Lanz, Salomon 336
Lasar, Moshe 66
Lasch, Karl 119, 164, 194
Lasinger, Anszel 401
Lasinger, Michael 400
Lasinger, Shimon 401
Lasinger, Yitzhak 400
Laszczower 292
Laufer, Naftali 396
Laufer, Regina 345

Lawer, Emanuel Stanisław 338
Lawer-Mławska, Franciszka 338
Lazar, Helena 405
Lebed, Mykola 37
Leder, Salomon 40, 66, 206
Leib, Aryeh Judah 26
Leib, Hermann 124
Leibbrandt, Georg 216
Leier 371
Leiter, Nathan 148
Leitheisen, Henryk 305
Lencicki, Ignac 290, 292
Leshchinsky, Jacob 27, 38, 39, 41
Lessing, Marek 224, 397
Lessinger, Michael 315
Leszczyński, Jan 335
Letteris, Meir Halevi 31
Levi, Abraham 357
Levitt, Paula 115
Lewin, Cwija 330
Lewin, Janek 330
Lewin, Jecheskel 79, 118, 133
Lewin, Natan 349
Lewin, Yitzhak 349
Lewinson, Henryk 345
Lewinstein, Y.B. 29
Lewinter, Schalom 308f.
Lewita 398
Lichtenberg, Szunio 308, 320, 328
Lichtenstein, Yitzhak 375
Lichter, Meir 343
Lichter, Tova (geb. Selig) 343
Lieberson, Levi 99
Lieblich, Josef 377, 388
Liebsmann-Mikolski 405
Likman, Stefania 336f.
Lipnik, Czesława 333, 382
Lison 390
Liss, Marusia 397
Littner, Jakob 392
Livne, Adam (Dr.) 341
Lizan, Y. 347 376
Loew, Yitzhak 402
Loker, Berl 32
Lombe, Józefina 343
Löhnert, Anton 214
Longerich, Peter 369
Łozińska, Pelagia 327f.
Łozińska, Suzanna 338
Lubisz, Marcel 121, 210, 275, 299, 302, 318, 348
Ludowski 378

Luft, Ende 404
Luft, Henryk 88
Luft, Shmuel 396
Lyuba 394

M

Mahler, Raphael 32, 180
Majewska, Maria 329
Malenkiewicz, Iwan 344
Malenkiewicz, Maria 344
Maltiel, Jakob 175
Mansfeld 239, 381
Mantsir, Schragai 395
Marciniszyn, Zofia 347
Marco, Stek 349
Margolis, Bronia 305
Margulies, S. 395
Margulis, Klara 344
Markisch, Peretz 90f.
Marmelstein, Max 395, 404
Maryńska-Teitelbaum, Anita 341
Mashalia 401
Matal, Nathan 333
Matwiszyn, Katarzyna 333
Mazurek, Tadeusz 330
Medfus, Stanisław 163
Medwedew 316, 321, 323f.
Melnyk, Andrej 127, 129, 315, 316
Melzer, Shlomo 387
Mendeler 309
Menis, Zdzisław 397
Menkes-Post, Zyla 348
Meron-Kaminski, Ida 303
Meschulam, Jakob 29
Metlomec, Lolek 396
Mieses, I.L. 30
Mieses, Matthias 32
Minkes, A. 32
Mitrega (Familie) 340
Mitrega, Antoni 340
Modlinger, Hadassah 19
Mohr, A. 31
Moldover, Michael 295
Molotow, Wjatscheslaw 12, 53, 56, 352
Morgenstern, Frank 346
Motzkin, Kiryat 332, 340
Moździerz, Helena 331
Moździerz, Kazimierz 331
Mund, Josef 283
Muschenko 397
Muszałowska, Janina 341

N

Nachumowicz, P. 406
Nadel, Baruch 19
Nadel, Konrad 374
Nagler, K. 66
Naliwajko, Seweryn 24
Nathanson, Joseph Saul 29
Natkin 115
Nazarenko 380
Nazarewicz, Kazimiera 343
Nissenboim, Shlomo 293
Nitsche 123
Noszwic 290
Nowakowski, Antoni 337
Nuss, Gizela 341
Nussbaum, Henjek 398
Nussboim 314

O

Oberländer, Theodor 8, 128, 316
Ochs, Abraham 405
Ofer, Dalia 7, 19
Ohana, Aviva 336, 337
Oker, Daniel 276
Olszewska, Mirosława 337
Orenstein, Zwi Hirsch 29
Ornstein, Adela 332
Ościeński, Roman 334
Osman, M. 276
Osman, W. 276
Ostersetzer, Israel 115
Oyst 377

P

Paczanowski, Samuel 153
Paczkowski, Kazimierz 348
Paliński, Józef 348
Pampus, Jadwiga 337
Panich, Piotr 82
Paporish, Romuld 376, 377, 389
Parnas, Jakub 68
Parnes, Josef 142, 144–146, 149, 162, 169, 170
Pasternak, Feivel 385
Pasternak, Leon 80, 83
Pastor, Jan 337
Pastor, Stanisława 337
Pawlenko 85
Pawluk, Pawlo 24
Pecnowska, Stefania 306
Peled, Miriam 321

Peleg-Mariańska, Miriam 347
Pelz, Ephraim 340
Pelz, Zosia 395
Pelz-Freund, Deborah 340
Peretz, Isaac Leib 88–90
Perl, Jehoschua 82
Perl, Joseph 31
Perl, Schoschannah 100
Peska, Władysława 330
Petljura, Symon 35, 116, 131–133, 182, 221, 249
Petruschewytsch, Jewhen 36
Pfeffer, Henryk 115
Phan, Josef 405
Philip, Deborah 177
Piach 83
Piłsudski, Józef 38, 48
Pliskin, Boris (Dr.) 276, 307, 310, 347
Podolczak, Maria 345
Podolczak, Michał 345
Poduszyn, Josef 340
Pohoryles, Zofia 256, 275, 376
Pokrywka, Wiktoria 347
Polewka, Adam 80
Poljanskyj, Jurij 131, 140–142
Polonski, Miriam 347
Polski, Miriam 43, 331f.
Poraj, Kazimiera 108, 136, 327
Porat, Dina 7, 19
Praga (Familie) 328
Preston, Alina Cypora 345
Pristofa, Fjodor 322
Propicio 97
Przyszkolnik, Grisha 344
Pups, Eva 335
Puschteim, Nahum 402
Putrament, Jerzy 80

R

Rabinowicz 305
Radewski, Ignacy 332
Radner, Marek (Dr.) 318
Rajs, Hana 332
Rajs, Moshe 332
Rapoport, Schmalke 148
Rappaport, Salomo Juda 31, 157, 160, 188, 203
Rasch, Emil Otto 106–108, 143
Rasner 405
Rauch, Johann 237, 287
Rawjuk, Lew 396

Ray, Klara 328
Rebel 387
Reddie 384
Reder, Rudolf 113, 119, 132, 166, 368, 369
Reich, Leon 46f.
Reich, Lucja (Dr.) 340, 346
Reich, Moses 66
Reisenbaum, Yosef 375
Reisler, Isidor 205
Reisp, Dr. 205, 210
Repa, Kazimierz 349
Repalowski-Epsztajn, Bronislaw 346
Resner, Chaim 314, 340
Resner-Hochberg, Batya (Dr.) 340
Reznik, Lipa 88, 90
Ribak 384
Ribbentrop, Joachim von 12, 53f., 56, 126, 352
Richling, Josefa 340
Rindner, Richard 236, 388
Ringel, Michael 46
Ringel, Mira 314
Ringelblum, Emanuel 18, 56, 66, 75f., 79, 178, 204, 224
Roisen, Baruch 168, 173
Roizen 309
Rok, Regina 403
Rokeach, Schalom 29
Rokita, Richard 263, 273, 280, 283
Rokita, Wilhelm 372, 389, 391
Romano, Paulo 222
Romaschkian 348
Rosa, Cohen 119, 206, 210, 268, 275, 329, 335
Rosen, Donia 379
Rosen, Shmuel 396
Rosenberg, Hersch 98
Rosenberg, Lila 343
Rosenberg, Reuven 398
Rosenfeld, Hirsch 148
Rosengart 309
Rosenmann, Abraham 168, 171
Rosenzweig, Danuta 337
Rosmaryn, Henryk 46
Rosner-Hochberg, Batya (Dr.) 346
Rotenstrauch, Fischel 305
Roth, Bronia 139
Roth, Gershon 88
Rothenstein, Dzunek 98
Rothenstreich, Fischel 46

Rothfeld, Adolf 142, 145f., 170
Rothfeld, Stanisław 153
Rubiner, Avraham 403
Rudnicki, Adolf 308
Ruma 341
Rupert 168, 173, 175, 309
Rysińska, Józefa 346f.

S

Saban, Anna 338
Safran, Hillel 406
Saikin, Jakob 68, 88f.
Sandman, Yitzhak 19
Sawicka, Halina 336
Sawicki 321
Schächter, David 23, 205
Schallock, Walter 287–289
Schapranski 309
Schechner, Jehoschua 390
Schecter, Berl 398
Scheffer, Janina 307, 321, 345
Scheffer-Minmer, Zippora 307, 321
Schefis, Ruth 308
Schein, Jakob 142
Scheinmann 311, 334
Schell, J. 32
Schenkdorf, Kassia 405
Schenker, Alfred 338
Scheps, Chaim 314
Scheptyzkyj, Andrej 129f., 133–135, 340. 348f.
Scheptyzkyj, Kazimierz 349
Scheptyzkyj, Klymentij 135, 349
Schermann, Otto 375, 378
Scherzer, Edmund 142
Scherzer, Josef 98
Schiffer, J. 32
Schimmel, Moses 82, 84, 92
Schleicher, Salo 188, 380
Schlumper, Marek 309, 380
Schmelkes, Isaak Judah 29
Schmidt, Werner 208, 311, 390
Schmieder, Aryeh 100, 292–294, 380
Schmieder, Sino 100
Schnapper, Ber 82
Schneid, Anna 69, 299
Schneider, Dr. 323
Schneider, Lionek 98
Schneur, Rosia (geb. Chamaydes) 332
Schorr, Moses 32

Schorr, Zygmund 277
Schott 388
Schrager, Josef 328
Schrager, Józefa 110
Schrager, N. 66
Schreiber, Anschel 148
Schreiber, Simon 33
Schuchewytsch, Roman 128, 316
Schudrich, Jakob 81, 84, 92, 305, 307
Schulz, Egon 373
Schulz, Erwin 107
Schulze 382
Schuster, Valenti 117
Schutzmann, Ephraim 155
Schwabacher, S.A. 29
Schwach 370, 389
Schwamm 309
Schwammberger, Josef 385
Schwartz, Irena 332
Schwartz, Jakob 100
Schwarz, Kalman 394
Schwarzbart, Scholom 132
Seidenberg, B. 372, 390
Seidenfrau, Isaak 142, 160, 177
Sej 391
Semkow, Jarosław (Prof.) 345
Semkow, Paulina (geb. Fogel) 345
Sendauer (Familie) 344
Seniszin 328
Sewarin, Alma 295
Shikler, Mordechai 344
Sic, Janina 332
Sichting, Rolf 299
Sikorski, Władysław 18
Silber, Israel 402
Silber, S. 395
Silberbusch, David Isaiah 31
Silberstein, Abraham 46
Siller, Anton 239, 378, 389
Siv, Itzchak 94
Siwek, Antonina 339
Skorecka, Paula 403
Slipyj, Jossyf 135
Słonieski, Marian 345
Słonieski, Władysława 345
Smersler, M. 404
Smolenskin, Peretz 32
Sobol, Józefa 236, 332
Sobote 392
Socha, Leopold 344f.
Sofer, Chatam 33

Solant, Marek 330
Sommerstein, Emil 66
Sperber, Julius 327
Sperber, Mordechai 399
Spilka, Marek 323
Starak, Józef 330
Starak, Julia 330
Staropulski, Dr. 317
Staub, Friedrich 321
Steger, Jomek 305
Steinberg, Eduard 283, 310
Stern, Lily 340
Stetfeld, Simcha 376, 379, 405
Stowe, Harriet Beecher 88
Strauker 406
Strelisker, Motte 320
Stricks, Gedalia 314
Stricks, Leon 283
Stroessler, Simon 406
Stroop, Jürgen 239, 244, 246
Strudler, Franja 385
Stupnicka, Cywia 343
Świrz 312, 403, 405
Szarkiewicz, Anelja 330
Szczepaniak, Natalia 341
Szemplińska, Elżbieta 80, 82
Szenk (Dr.) 335
Szenk, Fela 139
Szenk, Regina 335
Szenwald, Lucjan 80, 82
Szeryński, Józef 166
Szostakiewicz, Jadwiga 347
Szrager, Józefa 110
Szymańska, Wiktoria 341
Szymczek 383

T

Taft, Bennek 98
Talalayevski, Motl 81
Tannenbaum, Chaim 393
Tannenboim, Bunjo 320
Tau, Ozjasz 331
Tauber, Shimon 344
Teichholz, Bino 164
Teitelbaum 384
Teomim, Benjamin 97
Thier, Theobald 244
Thomanek 372
Thon, Joschua 46f.
Tik, Zofia 336
Tobiasiewicz, Kazimierz 132, 199, 334f.

Toll, Nelly 138f.
Tomasik 348
Tov, Ba'al Schem 26
Towaszewicz, Zippora 307
Trinkhaus, Ya'akov 376
Trojanowska-Bertyńska, Stefania 340
Trotzki, Leo 84
Tsaban, Walde (Dr.) 329
Tsenner-Steinkohl, Hermann 403
Tudor, Stepan 80, 86
Turkel, Simon 375
Tur-Sternlicht, Ida 333
Twardzicka, Zofia 337
Tymoficzyk, Stanisław 343

U

Ułanowska, Henryka 330
Ullrich, Robert 140, 154, 184, 186f.
Umbeck 184
Unkert, Sofia 68
Urich, Pearl 68
Urich, Sam 19
Ustianowski, Ignac 344

V

Vig, Zakhari 88
Vilner, Schmuel 87, 314
Vogel, Maria 337

W

Wachalder, Fischel 403
Wächter, Otto 119, 124, 328, 363
Wahrman, Abraham (Bonek) 276, 305f., 309, 347
Waich, Hannah 330
Wait, Imgard 340
Waks, Szarlotta 346
Wallgenthal, Amster 305
Wander, Chaim 314
Wania 401
Warzok, Friedrich 281f., 293–295, 370, 380, 384, 392
Wasielicka-Ogustiniak, Renta 346
Wasilewska, Wanda 80, 82, 86, 92
Waske 323
Wasser, Hirsch 18, 105, 196, 199, 270, 278, 286, 312
Wassermann, Meir 398
Wat, Aleksander 80, 85
Ważyk, Adam 80
Weber, Heinz 123, 166

Index 433

Weber, Hersch 82
Weber, Paul 167, 212
Weg, Mundek 100
Węgierski, Jerzy 309, 320, 321, 324
Węgrzynowicz, Remigiusz 339
Weidan, Lemer Ludwig U. 371
Weigel, Kurt 388
Weinberg 344, 406
Weinberg, Simcha 344, 406
Weinert 379
Weinstock, Leon 66, 113
Weintraub, Benio 395
Weintraub, Joel 394
Weisbrod, Avraham 404
Weise (Major) 184
Weisenberg, Maurice 375
Weiskirch, Paula 405
Weiss (Familie) 344
Werber, Janina 343
Wermut, Yehoshua 396, 399
Wertmann, Feige 404
Wesołowska, Maria 338
Widmann, Baruch 405
Wieliczker Wells, Leon 275, 343
Wiesenthal, Simon 208, 281, 311, 334
Wieski-Ajzer, Artur 297
Wild, Tova 345
Wilder, Czesława 330
Wilder, Felicja (geb. Mazurek) 330
Wilder, Marian 318, 395
Willhaus, Gustav 263f., 273, 279–281, 294
Wilner, Pinke 405
Winiarska 347
Wirth, Christian 367
Wiśniewski, Boleslaw (Prof.) 342
Witowicz 322
Witt, Fritz 346
Witte 390

Wlassow, Andrei 263, 283, 359, 379, 394
Wohl, Hirsch 403
Wojciechowska, Józefa 328
Wojciechowska-Schrager, Josefa 328
Wolfsberg, Israel Leib 147f.
Wróblewski, Stefan 344
Wrubel, Lolek 100
Wulf, Joseph 7
Wysocka, Wanda 334

Y

Yaffe, Dr. 153, 170, 191
Yattes, Hannah 299
Yones, Eliyahu 7–9, 19, 67, 128, 316
Yones, Simah 19

Z

Zaderecki, Tadeusz 109, 180f., 233, 245
Żak, Walentyna 345
Załuska, Karolina 341
Zarwinzer, Pessach 153
Zenon, Ben 309, 346
Zilewska, Jenny (Prof.) 342
Zimmer (Dr.) 309, 397
Zinn, Simon 380
Zinn, Szamai 401
Zombaren, Johann 380
Zorawiecka, Janke 342
Zorawiecki, Severin (Prof. Dr.) 342
Zormerstein, Emil 46
Zucker, Max 330
Zuckerkandel, Edmond 275, 393, 406
Zuckerman, Itzchak (Antek) 96, 98
Zunz, Leopold 31
Zwili, Schlomo 320

ibidem.eu

www.ingramcontent.com/pod-product-compliance
Lightning Source LLC
Chambersburg PA
CBHW032126010526
44111CB00033B/130